第五次中国城乡老年人生活状况抽样调查总数据集

The Fifth Sample Survey on The Living Conditions of China's Urban and Rural Older Persons Datasets

中国老龄协会　编

华龄出版社

图书在版编目(CIP)数据

第五次中国城乡老年人生活状况抽样调查总数据集 / 中国老龄协会编. -- 北京 : 华龄出版社, 2024. 12.
ISBN 978-7-5169-2940-7

Ⅰ. D669. 6

中国国家版本馆 CIP 数据核字第2024J0P789 号

责任编辑 程 扬 李梦娇 **责任印制** 李未圻
责任校对 张春燕 **封面设计** 北京嘉鑫艺术设计有限公司

书　名 第五次中国城乡老年人生活状况抽样调查总数据集		**作　者** 中国老龄协会	
出　版 发　行 华龄出版社 HUALING PRESS			
社　址 北京市东城区安定门外大街甲 57 号		**邮　编** 100011	
电　话 （010）58122250		**传　真** （010）84049572	
印　刷 廊坊市博林印务有限公司			
版　次 2024 年 12 月第 1 版		**印　次** 2024 年 12 月第 1 次印刷	
规　格 880mm × 1230mm		**开　本** 1/16	
印　张 22.75		**字　数** 500 千字	
书　号 ISBN 978-7-5169-2940-7			
定　价 148.00 元			

第五次中国城乡老年人生活状况抽样调查
总数据集编委会

主　任：刘振国

副主任：肖才伟　吕晓莉　王绍忠

委　员：高成运　刘增瑞　王振云　孔　伟　李志宏
庞　涛　胡福君　李明镇

编辑组

组　长：高成运

副组长：李明镇　王　品　周　宏

成　员：徐　平　祁　莹
王莉莉　王海涛　方　彧　田峰光　伍小兰
李　晶　杨晓奇　辛　涛　张秋霞　张福顺
陈泰昌　欧阳铮　罗晓辉　郭金来　翟德华
魏彦彦　程　扬

执行组

组　长：辛　涛

成　员：何亚楠

序 言

“中国城乡老年人生活状况抽样调查”是由全国老龄工作委员会领导、国家统计局批准，每五年开展一次的大型调查项目，已逐步发展成为我国规模最大、影响力最广的老年民生国情调查。

人口老龄化是人类社会发展的客观趋势，人口老龄化问题是我国建设社会主义现代化国家必须积极面对和着力解决的重大问题。新时代老龄工作要用科学眼光、系统思维看待，既要把握方向，统筹谋划，做好顶层设计，又要结合实际，精准施策，因地制宜开展工作。这就需要全面深入地开展调查研究，找准问题，把握趋势，统筹制定老龄事业发展战略、规划和政策。2021 年，国家卫生健康委员会（全国老龄办）、民政部、财政部、中国老龄协会、中国计划生育协会共同组织开展了第五次中国城乡老年人生活状况抽样调查（以下简称第五次抽样调查），成立了领导小组及办公室，办公室设在中国老龄协会。国家卫生健康委（全国老龄办）协调地方卫生健康部门支持配合调查工作，协调解决相关问题，承担项目立项申报等工作。民政部协调地方民政部门协助中国计划生育协会落实抽样方案、开展入户调查等工作。财政部负责指导地方财政部门做好相关经费保障工作。中国老龄协会负责调查各项具体工作，中国老龄协会所属中国老龄科学研究中心负责提供技术支持。中国计划生育协会指导地方计划生育协会参与落实抽样方案，配合做好各地调查员、督导员选拔培训，开展入户调查等工作。

第五次抽样调查内容主要包括老年人口基本情况、家庭状况、健康状况、照料护理服务状况、经济状况、宜居环境状况、社会参与状况、维权意识与行为状况、精神文化生活状况等。调查采取电子化问卷形式收集数据。

第五次抽样调查对象为居住在中华人民共和国境内的（不包括港澳台地区）60 周岁及以上的中国公民。设计样本量为 12. 76 万，有效样本量为 12. 7287 万，总抽样比约为 0. 5‰。调查范围为全国 31 个省、自治区、直辖市及新疆生产建设兵团，涉及 315 个县（市、区），3320 个乡镇（街道），6300 个村（居）委会；涉及新疆生产建设兵团 5 个师，40 个团场。样本以省级代表性抽取，根据国家统计局第七次全国人口普查 60 周岁及以上老年人口相关汇总结果，中国老龄科学研究中心对本次调查数据进行了加权。经委托第三方专业机构评估，加权后的结果能够比较准确地反映截至 2021 年 8 月 1 日零时我国老年人的总体情况。第五次抽样调查的开展对摸清我国老龄化基本国情、补齐老年民生保障短板、推动老龄事业全面协调可持续发展等具有重大意义。

目　录

第一部分　老年人口基本状况

1-1　分省、自治区、直辖市老年人性别状况

省、市、自治区	男	女	总计	男	女	总计
	人数（人）			%		
安徽省	5621334	5847902	11469236	49.0	51.0	100.0
北京市	2025904	2272686	4298590	47.1	52.9	100.0
福建省	3215381	3422488	6637869	48.4	51.6	100.0
甘肃省	2110547	2150444	4260991	49.5	50.5	100.0
广东省	7493151	8071915	15565066	48.1	51.9	100.0
广西壮族自治区	3962770	4401009	8363779	47.4	52.6	100.0
贵州省	2831602	3099755	5931357	47.7	52.3	100.0
海南省	708730	767869	1476599	48.0	52.0	100.0
河北省	7113626	7698422	14812048	48.0	52.0	100.0
河南省	8517022	9447026	17964048	47.4	52.6	100.0
黑龙江省	3513382	3882308	7395690	47.5	52.5	100.0
湖北省	5742846	6052149	11794995	48.7	51.3	100.0
湖南省	6483815	6727466	13211281	49.1	50.9	100.0
吉林省	2634023	2917142	5551165	47.4	52.6	100.0
江苏省	8935630	9569715	18505345	48.3	51.7	100.0
江西省	3701704	3923077	7624781	48.5	51.5	100.0
辽宁省	5253987	5700480	10954467	48.0	52.0	100.0
内蒙古自治区	2294492	2462741	4757233	48.2	51.8	100.0
宁夏回族自治区	479532	494610	974142	49.2	50.8	100.0
青海省	344901	374501	719402	47.9	52.1	100.0
山东省	10043696	11177110	21220806	47.3	52.7	100.0
山西省	3272353	3334672	6607025	49.5	50.5	100.0
陕西省	3730111	3861091	7591202	49.1	50.9	100.0
上海市	2795095	3020367	5815462	48.1	51.9	100.0
四川省	8909931	9253873	18163804	49.1	50.9	100.0
天津市	1450085	1552603	3002688	48.3	51.7	100.0
西藏自治区	140329	170655	310984	45.1	54.9	100.0
新疆维吾尔自治区	1430356	1486653	2917009	49.0	51.0	100.0
云南省	3345309	3692721	7038030	47.5	52.5	100.0
浙江省	5949026	6123658	12072684	49.3	50.7	100.0
重庆市	3495930	3514510	7010440	49.9	50.1	100.0
新疆生产建设兵团*	267500	307300	574800	46.5	53.5	100.0
总计	127814100	136778918	264593018	48.3	51.7	100.0

1-2　分省、自治区、直辖市老年人的年龄状况

省、市、自治区	年龄组（五岁组）						
	60至64岁	65至69岁	70至74岁	75至79岁	80至84岁	85岁及以上	总计
	人数（人）						
安徽省	2362407	3266571	2394698	1655964	1026300	763296	11469236
北京市	1407472	1191724	656997	410918	356373	275105	4298589
福建省	2061915	1813692	1117934	717440	498427	428460	6637868
甘肃省	1130158	1186632	858143	589699	334618	161741	4260991
广东省	4808807	4179040	2611375	1667130	1246149	1052564	15565065
广西壮族自治区	2306558	2174537	1486976	1083246	731836	580626	8363779
贵州省	1501788	1630142	1177418	810108	523479	288421	5931356
海南省	431682	373811	249150	156527	136762	128666	1476598
河北省	4485480	4339148	2837516	1536751	939603	673550	14812048
河南省	4650621	5258400	3534824	2162230	1309171	1048801	17964047
黑龙江省	2440030	2109977	1269975	737262	522378	316069	7395691
湖北省	3411752	3267236	2274777	1418918	831390	588463	11792536
湖南省	3439966	3647595	2634533	1585378	1129220	774590	13211282
吉林省	1826874	1613631	972741	539733	348526	249661	5551166
江苏省	4865268	5089476	3535379	2292433	1517398	1205392	18505346
江西省	2309298	2025397	1428988	844166	600325	416607	7624781
辽宁省	3609499	3104721	1823246	1133129	718233	565639	10954467
内蒙古自治区	1638506	1318665	785769	467076	343194	204023	4757233
宁夏回族自治区	286914	273001	178889	124388	73662	37288	974142
青海省	207951	195366	134437	96927	55755	28966	719402
山东省	5934642	6082679	4001346	2415358	1526011	1260770	21220806
山西省	2142257	1816266	1171255	686075	471701	319472	6607026
陕西省	2348547	2059243	1384300	903541	571483	324088	7591202
上海市	1795314	1624215	1011792	544671	383873	449690	5809555
四川省	4075818	5300962	3651889	2522162	1531898	1081076	18163805
天津市	965958	856528	522311	301876	200552	155464	3002689
西藏自治区	105426	79454	56867	38253	19166	11818	310984
新疆维吾尔自治区	926552	710673	519604	392682	243530	123968	2917009
云南省	1997988	1915540	1281121	897678	567725	377978	7038030
浙江省	3557227	3245245	2258253	1266510	918911	826537	12072683
重庆市	1567937	2067601	1406302	967766	582728	418107	7010441
新疆生产建设兵团*	150649	113453	98608	100711	75816	35563	574800
总计	74751261	73930621	49327413	31066706	20336193	15172459	264584653

续表

省、市、自治区	年龄组（五岁组）						
	60至64岁	65至69岁	70至74岁	75至79岁	80至84岁	85岁及以上	总计
	%						
安徽省	20.6	28.5	20.9	14.4	8.9	6.7	100.0
北京市	32.7	27.7	15.3	9.6	8.3	6.4	100.0
福建省	31.1	27.3	16.8	10.8	7.5	6.5	100.0
甘肃省	26.5	27.8	20.1	13.8	7.9	3.8	100.0
广东省	30.9	26.8	16.8	10.7	8.0	6.8	100.0
广西壮族自治区	27.6	26.0	17.8	13.0	8.8	6.9	100.0
贵州省	25.3	27.5	19.9	13.7	8.8	4.9	100.0
海南省	29.2	25.3	16.9	10.6	9.3	8.7	100.0
河北省	30.3	29.3	19.2	10.4	6.3	4.5	100.0
河南省	25.9	29.3	19.7	12.0	7.3	5.8	100.0
黑龙江省	33.0	28.5	17.2	10.0	7.1	4.3	100.0
湖北省	28.9	27.7	19.3	12.0	7.1	5.0	100.0
湖南省	26.0	27.6	19.9	12.0	8.5	5.9	100.0
吉林省	32.9	29.1	17.5	9.7	6.3	4.5	100.0
江苏省	26.3	27.5	19.1	12.4	8.2	6.5	100.0
江西省	30.3	26.6	18.7	11.1	7.9	5.5	100.0
辽宁省	33.0	28.3	16.6	10.3	6.6	5.2	100.0
内蒙古自治区	34.4	27.7	16.5	9.8	7.2	4.3	100.0
宁夏回族自治区	29.5	28.0	18.4	12.8	7.6	3.8	100.0
青海省	28.9	27.2	18.7	13.5	7.8	4.0	100.0
山东省	28.0	28.7	18.9	11.4	7.2	5.9	100.0
山西省	32.4	27.5	17.7	10.4	7.1	4.8	100.0
陕西省	30.9	27.1	18.2	11.9	7.5	4.3	100.0
上海市	30.9	28.0	17.4	9.4	6.6	7.7	100.0
四川省	22.4	29.2	20.1	13.9	8.4	6.0	100.0
天津市	32.2	28.5	17.4	10.1	6.7	5.2	100.0
西藏自治区	33.9	25.5	18.3	12.3	6.2	3.8	100.0
新疆维吾尔自治区	31.8	24.4	17.8	13.5	8.3	4.2	100.0
云南省	28.4	27.2	18.2	12.8	8.1	5.4	100.0
浙江省	29.5	26.9	18.7	10.5	7.6	6.8	100.0
重庆市	22.4	29.5	20.1	13.8	8.3	6.0	100.0
新疆生产建设兵团*	26.2	19.7	17.2	17.5	13.2	6.2	100.0
总计	28.3	27.9	18.6	11.7	7.7	5.7	100.0

1-3-1 按年龄、性别分的老年人民族分布

年龄（岁）			男	女	总计	男	女	总计
			人数（人）			%		
60 至 64 岁	民族前 10 分类	汉族	35400983	35060097	70461080	94.3	94.2	94.3
		壮族	253339	297474	550813	0.7	0.8	0.7
		回族	369745	362100	731845	1.0	1.0	1.0
		满族	220492	150509	371001	0.6	0.4	0.5
		维吾尔族	159903	179930	339833	0.4	0.5	0.5
		苗族	202925	183375	386300	0.5	0.5	0.5
		彝族	73469	79258	152727	0.2	0.2	0.2
		土家族	79642	84352	163994	0.2	0.2	0.2
		藏族	121883	138700	260583	0.3	0.4	0.3
		蒙古族	153436	168871	322307	0.4	0.5	0.4
		其他少数民族	507765	503012	1010777	1.4	1.4	1.4
		总计	37543582	37207678	74751260	100.0	100.0	100.0
65 至 69 岁	民族前 10 分类	汉族	34385448	35532861	69918309	94.7	94.4	94.6
		壮族	243324	277814	521138	0.7	0.7	0.7
		回族	330099	356247	686346	0.9	0.9	0.9
		满族	168625	170745	339370	0.5	0.5	0.5
		维吾尔族	110187	122128	232315	0.3	0.3	0.3
		苗族	203257	217403	420660	0.6	0.6	0.6
		彝族	113136	134237	247373	0.3	0.4	0.3
		土家族	151578	123006	274584	0.4	0.3	0.4
		藏族	101938	110776	212714	0.3	0.3	0.3
		蒙古族	114090	135060	249150	0.3	0.4	0.3
		其他少数民族	379444	449218	828662	1.0	1.2	1.1
		总计	36301126	37629495	73930621	100.0	100.0	100.0
70 至 74 岁	民族前 10 分类	汉族	22787591	23832553	46620144	94.8	94.2	94.5
		壮族	150543	207354	357897	0.6	0.8	0.7
		回族	269456	254204	523660	1.1	1.0	1.1
		满族	84818	91694	176512	0.4	0.4	0.4
		维吾尔族	107798	113450	221248	0.4	0.4	0.4
		苗族	125785	151794	277579	0.5	0.6	0.6
		彝族	53504	83584	137088	0.2	0.3	0.3
		土家族	80781	90177	170958	0.3	0.4	0.3
		藏族	58402	96174	154576	0.2	0.4	0.3
		蒙古族	67652	86394	154046	0.3	0.3	0.3

续表

年龄（岁）			男	女	总计	男	女	总计
			人数（人）			%		
70 至 74 岁	民族前 10 分类	其他少数民族	242869	290837	533706	1.0	1.1	1.1
		总计	24029199	25298215	49327414	100.0	100.0	100.0
75 至 79 岁	民族前 10 分类	汉族	13890016	15400071	29290087	94.5	94.1	94.3
		壮族	131985	188422	320407	0.9	1.2	1.0
		回族	136748	141131	277879	0.9	0.9	0.9
		满族	59642	50642	110284	0.4	0.3	0.4
		维吾尔族	60837	50414	111251	0.4	0.3	0.4
		苗族	62006	124616	186622	0.4	0.8	0.6
		彝族	39807	67572	107379	0.3	0.4	0.3
		土家族	86821	59368	146189	0.6	0.4	0.5
		藏族	49634	68799	118433	0.3	0.4	0.4
		蒙古族	22125	30503	52628	0.2	0.2	0.2
		其他少数民族	155328	190219	345547	1.1	1.2	1.1
		总计	14694949	16371757	31066706	100.0	100.0	100.0
80 至 84 岁	民族前 10 分类	汉族	8703793	10491753	19195546	95.0	93.9	94.4
		壮族	96055	129229	225284	1.0	1.2	1.1
		回族	49486	119584	169070	0.5	1.1	0.8
		满族	39536	28116	67652	0.4	0.3	0.3
		维吾尔族	43195	25957	69152	0.5	0.2	0.3
		苗族	59617	86057	145674	0.7	0.8	0.7
		彝族	18771	40519	59290	0.2	0.4	0.3
		土家族	41671	47879	89550	0.5	0.4	0.4
		藏族	24540	33584	58124	0.3	0.3	0.3
		蒙古族	12522	61056	73578	0.1	0.5	0.4
		其他少数民族	68786	114487	183273	0.8	1.0	0.9
		总计	9157972	11178221	20336193	100.0	100.0	100.0
85 岁及以上	民族前 10 分类	汉族	5856875	8692150	14549025	96.3	95.6	95.9
		壮族	42928	95138	138066	0.7	1.0	0.9
		回族	47783	61163	108946	0.8	0.7	0.7
		满族	13666	11399	25065	0.2	0.1	0.2
		维吾尔族	30502	14260	44762	0.5	0.2	0.3
		苗族	18935	42470	61405	0.3	0.5	0.4
		彝族	2471	20830	23301	0.0	0.2	0.2
		土家族	17347	19267	36614	0.3	0.2	0.2
		藏族	13927	24477	38404	0.2	0.3	0.3
		蒙古族	9411	15957	25368	0.2	0.2	0.2

续表

年龄（岁）			男	女	总计	男	女	总计
			人数（人）			%		
85 岁及以上	民族前 10 分类	其他少数民族	27515	93989	121504	0.5	1.0	0.8
		总计	6081360	9091100	15172460	100.0	100.0	100.0
总计	民族前 10 分类	汉族	121024706	129009485	250034191	94.7	94.3	94.5
		壮族	918174	1195431	2113605	0.7	0.9	0.8
		回族	1203317	1294429	2497746	0.9	0.9	0.9
		满族	586779	503105	1089884	0.5	0.4	0.4
		维吾尔族	512422	506139	1018561	0.4	0.4	0.4
		苗族	672525	805715	1478240	0.5	0.6	0.6
		彝族	301158	426000	727158	0.2	0.3	0.3
		土家族	457840	424049	881889	0.4	0.3	0.3
		藏族	370324	472510	842834	0.3	0.3	0.3
		蒙古族	379236	497841	877077	0.3	0.4	0.3
		其他少数民族	1381707	1641762	3023469	1.1	1.2	1.1
		总计	127808188	136776466	264584654	100.0	100.0	100.0

1-3-2 按城乡、年龄、性别分的老年人民族分布

城乡	年龄（岁）			男	女	总计	男	女	总计
				人数（人）			%		
城镇	60 至 64 岁	民族前 10 分类	汉族	20365931	20841831	41207762	95.6	95.5	95.6
			壮族	106400	133068	239468	0.5	0.6	0.6
			回族	259844	267853	527697	1.2	1.2	1.2
			满族	147455	95767	243222	0.7	0.4	0.6
			维吾尔族	87459	112038	199497	0.4	0.5	0.5
			苗族	47720	35071	82791	0.2	0.2	0.2
			彝族	15735	11652	27387	0.1	0.1	0.1
			土家族	28606	34420	63026	0.1	0.2	0.1
			藏族	42945	45464	88409	0.2	0.2	0.2
			蒙古族	60880	63049	123929	0.3	0.3	0.3
			其他少数民族	140829	179126	319955	0.7	0.8	0.7
			总计	21303804	21819339	43123143	100.0	100.0	100.0
	65 至 69 岁	民族前 10 分类	汉族	18363459	19708041	38071500	95.8	95.8	95.8
			壮族	110983	124197	235180	0.6	0.6	0.6
			回族	211988	259318	471306	1.1	1.3	1.2
			满族	110255	96140	206395	0.6	0.5	0.5

续表

城乡	年龄（岁）			男	女	总计	男	女	总计
				人数（人）			%		
	65至69岁	民族前10分类	维吾尔族	54232	68764	122996	0.3	0.3	0.3
			苗族	55334	36054	91388	0.3	0.2	0.2
			彝族	26516	26356	52872	0.1	0.1	0.1
			土家族	52547	43645	96192	0.3	0.2	0.2
			藏族	35125	36333	71458	0.2	0.2	0.2
			蒙古族	33239	42526	75765	0.2	0.2	0.2
			其他少数民族	112506	134712	247218	0.6	0.7	0.6
			总计	19166184	20576086	39742270	100.0	100.0	100.0
城镇	70至74岁	民族前10分类	汉族	11639568	12629337	24268905	95.9	95.3	95.6
			壮族	31236	86585	117821	0.3	0.7	0.5
			回族	190037	187040	377077	1.6	1.4	1.5
			满族	47302	62277	109579	0.4	0.5	0.4
			维吾尔族	55399	60478	115877	0.5	0.5	0.5
			苗族	22244	31836	54080	0.2	0.2	0.2
			彝族	12501	17068	29569	0.1	0.1	0.1
			土家族	28249	32598	60847	0.2	0.2	0.2
			藏族	17866	29485	47351	0.1	0.2	0.2
			蒙古族	30917	34622	65539	0.3	0.3	0.3
			其他少数民族	65569	85269	150838	0.5	0.6	0.6
			总计	12140888	13256595	25397483	100.0	100.0	100.0
	75至79岁	民族前10分类	汉族	7045411	8133049	15178460	95.5	95.7	95.6
			壮族	48348	66744	115092	0.7	0.8	0.7
			回族	85961	77195	163156	1.2	0.9	1.0
			满族	39853	42391	82244	0.5	0.5	0.5
			维吾尔族	42050	31531	73581	0.6	0.4	0.5
			苗族	11941	24564	36505	0.2	0.3	0.2
			彝族	4023	17269	21292	0.1	0.2	0.1
			土家族	33032	19241	52273	0.4	0.2	0.3
			藏族	15394	23799	39193	0.2	0.3	0.2
			蒙古族	9500	16899	26399	0.1	0.2	0.2
			其他少数民族	42379	41694	84073	0.6	0.5	0.5
			总计	7377892	8494376	15872268	100.0	100.0	100.0
	80至84岁	民族前10分类	汉族	4709866	5700499	10410365	96.8	95.1	95.8
			壮族	31629	46881	78510	0.7	0.8	0.7
			回族	26231	88636	114867	0.5	1.5	1.1
			满族	28261	22166	50427	0.6	0.4	0.5

续表

城乡	年龄（岁）			男	女	总计	男	女	总计
				人数（人）			%		
城镇	80 至 84 岁	民族前 10 分类	维吾尔族	20630	15753	36383	0.4	0.3	0.3
			苗族	12305	22531	34836	0.3	0.4	0.3
			彝族	4799	8209	13008	0.1	0.1	0.1
			土家族	7412	11365	18777	0.2	0.2	0.2
			藏族	8020	11535	19555	0.2	0.2	0.2
			蒙古族	2426	34949	37375	0.0	0.6	0.3
			其他少数民族	14263	33511	47774	0.3	0.6	0.4
			总计	4865842	5996035	10861877	100.0	100.0	100.0
	85 岁及以上	民族前 10 分类	汉族	3133563	4562974	7696537	96.6	96.6	96.6
			壮族	21999	44910	66909	0.7	1.0	0.8
			回族	28140	32356	60496	0.9	0.7	0.8
			满族	9321	3997	13318	0.3	0.1	0.2
			维吾尔族	22423	6234	28657	0.7	0.1	0.4
			苗族	13159	2428	15587	0.4	0.1	0.2
			土家族	0	5078	5078		0.1	0.1
			藏族	9263	5867	15130	0.3	0.1	0.2
			蒙古族	0	10199	10199		0.2	0.1
			其他少数民族	5912	48810	54722	0.2	1.0	0.7
			总计	3243780	4722853	7966633	100.0	100.0	100.0
	总计	民族前 10 分类	汉族	65257798	71575731	136833529	95.8	95.6	95.7
			壮族	350595	502385	852980	0.5	0.7	0.6
			回族	802201	912398	1714599	1.2	1.2	1.2
			满族	382447	322738	705185	0.6	0.4	0.5
			维吾尔族	282193	294798	576991	0.4	0.4	0.4
			苗族	162703	152484	315187	0.2	0.2	0.2
			彝族	63574	80554	144128	0.1	0.1	0.1
			土家族	149846	146347	296193	0.2	0.2	0.2
			藏族	128613	152483	281096	0.2	0.2	0.2
			蒙古族	136962	202244	339206	0.2	0.3	0.2
			其他少数民族	381458	523122	904580	0.6	0.7	0.6
			总计	68098390	74865284	142963674	100.0	100.0	100.0
农村	60 至 64 岁	民族前 10 分类	汉族	15035052	14218266	29253318	92.6	92.4	92.5
			壮族	146939	164407	311346	0.9	1.1	1.0
			回族	109901	94247	204148	0.7	0.6	0.6
			满族	73037	54742	127779	0.4	0.4	0.4
			维吾尔族	72444	67892	140336	0.4	0.4	0.4

续表

城乡	年龄（岁）			男	女	总计	男	女	总计
				人数（人）			%		
农村	60至64岁	民族前10分类	苗族	155205	148304	303509	1.0	1.0	1.0
			彝族	57734	67605	125339	0.4	0.4	0.4
			土家族	51036	49932	100968	0.3	0.3	0.3
			藏族	78938	93236	172174	0.5	0.6	0.5
			蒙古族	92556	105822	198378	0.6	0.7	0.6
			其他少数民族	366937	323885	690822	2.3	2.1	2.2
			总计	16239779	15388338	31628117	100.0	100.0	100.0
	65至69岁	民族前10分类	汉族	16021989	15824821	31846810	93.5	92.8	93.2
			壮族	132341	153617	285958	0.8	0.9	0.8
			回族	118111	96929	215040	0.7	0.6	0.6
			满族	58371	74606	132977	0.3	0.4	0.4
			维吾尔族	55955	53364	109319	0.3	0.3	0.3
			苗族	147922	181349	329271	0.9	1.1	1.0
			彝族	86620	107881	194501	0.5	0.6	0.6
			土家族	99031	79360	178391	0.6	0.5	0.5
			藏族	66812	74443	141255	0.4	0.4	0.4
			蒙古族	80851	92534	173385	0.5	0.5	0.5
			其他少数民族	266939	314506	581445	1.6	1.8	1.7
			总计	17134942	17053410	34188352	100.0	100.0	100.0
	70至74岁	民族前10分类	汉族	11148023	11203216	22351239	93.8	93.0	93.4
			壮族	119308	120769	240077	1.0	1.0	1.0
			回族	79419	67164	146583	0.7	0.6	0.6
			满族	37516	29418	66934	0.3	0.2	0.3
			维吾尔族	52399	52971	105370	0.4	0.4	0.4
			苗族	103542	119958	223500	0.9	1.0	0.9
			彝族	41003	66516	107519	0.3	0.6	0.4
			土家族	52532	57579	110111	0.4	0.5	0.5
			藏族	40536	66689	107225	0.3	0.6	0.4
			蒙古族	36735	51772	88507	0.3	0.4	0.4
			其他少数民族	177300	205568	382868	1.5	1.7	1.6
			总计	11888313	12041620	23929933	100.0	100.0	100.0
	75至79岁	民族前10分类	汉族	6844605	7267022	14111627	93.5	92.3	92.9
			壮族	83638	121678	205316	1.1	1.5	1.4
			回族	50787	63936	114723	0.7	0.8	0.8
			满族	19790	8251	28041	0.3	0.1	0.2
			维吾尔族	18786	18883	37669	0.3	0.2	0.2

续表

城乡	年龄（岁）			男	女	总计	男	女	总计
				人数（人）			%		
	75至79岁	民族前10分类	苗族	50065	100052	150117	0.7	1.3	1.0
			彝族	35784	50303	86087	0.5	0.6	0.6
			土家族	53788	40127	93915	0.7	0.5	0.6
			藏族	34240	45000	79240	0.5	0.6	0.5
			蒙古族	12625	13604	26229	0.2	0.2	0.2
			其他少数民族	112949	148525	261474	1.5	1.9	1.7
			总计	7317057	7877381	15194438	100.0	100.0	100.0
	80至84岁	民族前10分类	汉族	3993928	4791253	8785181	93.1	92.5	92.7
			壮族	64425	82348	146773	1.5	1.6	1.5
			回族	23255	30949	54204	0.5	0.6	0.6
			满族	11276	5950	17226	0.3	0.1	0.2
			维吾尔族	22565	10204	32769	0.5	0.2	0.3
			苗族	47312	63525	110837	1.1	1.2	1.2
			彝族	13971	32310	46281	0.3	0.6	0.5
			土家族	34259	36514	70773	0.8	0.7	0.7
			藏族	16520	22049	38569	0.4	0.4	0.4
			蒙古族	10096	26107	36203	0.2	0.5	0.4
			其他少数民族	54523	80976	135499	1.3	1.6	1.4
农村			总计	4292130	5182185	9474315	100.0	100.0	100.0
	85岁及以上	民族前10分类	汉族	2723313	4129177	6852490	96.0	94.5	95.1
			壮族	20929	50227	71156	0.7	1.1	1.0
			回族	19643	28807	48450	0.7	0.7	0.7
			满族	4344	7402	11746	0.2	0.2	0.2
			维吾尔族	8079	8026	16105	0.3	0.2	0.2
			苗族	5775	40042	45817	0.2	0.9	0.6
			彝族	2471	20830	23301	0.1	0.5	0.3
			土家族	17347	14189	31536	0.6	0.3	0.4
			藏族	4664	18609	23273	0.2	0.4	0.3
			蒙古族	9411	5758	15169	0.3	0.1	0.2
			其他少数民族	21603	45179	66782	0.8	1.0	0.9
			总计	2837579	4368246	7205825	100.0	100.0	100.0
	总计	民族前10分类	汉族	55766910	57433755	113200665	93.4	92.8	93.1
			壮族	567580	693046	1260626	1.0	1.1	1.0
			回族	401116	382032	783148	0.7	0.6	0.6
			满族	204334	180369	384703	0.3	0.3	0.3
			维吾尔族	230228	211340	441568	0.4	0.3	0.4

续表

城乡	年龄（岁）			男	女	总计	男	女	总计
				人数（人）			%		
农村	总计	民族前10分类	苗族	509821	653230	1163051	0.9	1.1	1.0
			彝族	237583	345445	583028	0.4	0.6	0.5
			土家族	307993	277701	585694	0.5	0.4	0.5
			藏族	241710	320026	561736	0.4	0.5	0.5
			蒙古族	242274	295597	537871	0.4	0.5	0.4
			其他少数民族	1000251	1118639	2118890	1.7	1.8	1.7
			总计	59709800	61911180	121620980	100.0	100.0	100.0

1-4-1 按年龄、性别分的老年人婚姻状况

年龄（岁）			男	女	总计	男	女	总计
			人数（人）			%		
60至64岁	您现在的婚姻状况	已婚	33761888	31123076	64884964	89.9	83.6	86.8
		离婚	1062637	869266	1931903	2.8	2.3	2.6
		丧偶	1710802	4964008	6674810	4.6	13.3	8.9
		从未结婚	1008256	251327	1259583	2.7	0.7	1.7
		总计	37543583	37207677	74751260	100.0	100.0	100.0
65至69岁	您现在的婚姻状况	已婚	31660593	29466510	61127103	87.2	78.3	82.7
		离婚	716164	582026	1298190	2.0	1.5	1.8
		丧偶	2731446	7290248	10021694	7.5	19.4	13.6
		从未结婚	1192922	290711	1483633	3.3	0.8	2.0
		总计	36301125	37629495	73930620	100.0	100.0	100.0
70至74岁	您现在的婚姻状况	已婚	20285895	16847669	37133564	84.4	66.6	75.3
		离婚	279097	196027	475124	1.2	0.8	1.0
		丧偶	2700572	8099723	10800295	11.2	32.0	21.9
		从未结婚	763634	154796	918430	3.2	0.6	1.9
		总计	24029198	25298215	49327413	100.0	100.0	100.0
75至79岁	您现在的婚姻状况	已婚	11510560	8344498	19855058	78.3	51.0	63.9
		离婚	146461	75010	221471	1.0	0.5	0.7
		丧偶	2547871	7837787	10385658	17.3	47.9	33.4
		从未结婚	490059	114463	604522	3.3	0.7	1.9
		总计	14694951	16371758	31066709	100.0	100.0	100.0
80至84岁	您现在的婚姻状况	已婚	6284857	3723503	10008360	68.6	33.3	49.2
		离婚	78637	48993	127630	0.9	0.4	0.6
		丧偶	2537565	7316368	9853933	27.7	65.5	48.5
		从未结婚	256914	89356	346270	2.8	0.8	1.7

续表

年龄（岁）			男	女	总计	男	女	总计
			人数（人）			%		
80 至 84 岁	您现在的婚姻状况	总计	9157973	11178220	20336193	100.0	100.0	100.0
85 岁及以上	您现在的婚姻状况	已婚	2996894	1571786	4568680	49.3	17.3	30.1
		离婚	11953	45594	57547	0.2	0.5	0.4
		丧偶	2976646	7421483	10398129	48.9	81.6	68.5
		从未结婚	95868	52235	148103	1.6	0.6	1.0
		总计	6081361	9091098	15172459	100.0	100.0	100.0
总计	您现在的婚姻状况	已婚	106500687	91077042	197577729	83.3	66.6	74.7
		离婚	2294949	1816916	4111865	1.8	1.3	1.6
		丧偶	15204902	42929617	58134519	11.9	31.4	22.0
		从未结婚	3807653	952888	4760541	3.0	0.7	1.8
		总计	127808191	136776463	264584654	100.0	100.0	100.0

1-4-2 按城乡、年龄、性别分的老年人婚姻状况

城乡	年龄（岁）			男	女	总计	男	女	总计
				人数（人）			%		
城镇	60 至 64 岁	您现在的婚姻状况	已婚	19445773	18218163	37663936	91.3	83.5	87.3
			离婚	763403	810672	1574075	3.6	3.7	3.7
			丧偶	796020	2728937	3524957	3.7	12.5	8.2
			从未结婚	298606	61567	360173	1.4	0.3	0.8
			总计	21303802	21819339	43123141	100.0	100.0	100.0
	65 至 69 岁	您现在的婚姻状况	已婚	17129994	16022803	33152797	89.4	77.9	83.4
			离婚	488853	498983	987836	2.6	2.4	2.5
			丧偶	1188653	3961551	5150204	6.2	19.3	13.0
			从未结婚	358684	92747	451431	1.9	0.5	1.1
			总计	19166184	20576084	39742268	100.0	100.0	100.0
	70 至 74 岁	您现在的婚姻状况	已婚	10581762	8953509	19535271	87.2	67.5	76.9
			离婚	170251	165836	336087	1.4	1.3	1.3
			丧偶	1148110	4088289	5236399	9.5	30.8	20.6
			从未结婚	240765	48961	289726	2.0	0.4	1.1
			总计	12140888	13256595	25397483	100.0	100.0	100.0
	75 至 79 岁	您现在的婚姻状况	已婚	6077052	4422014	10499066	82.4	52.1	66.1
			离婚	77532	51689	129221	1.1	0.6	0.8
			丧偶	1063372	3976803	5040175	14.4	46.8	31.8
			从未结婚	159937	43871	203808	2.2	0.5	1.3
			总计	7377893	8494377	15872270	100.0	100.0	100.0

续表

城乡	年龄（岁）			男	女	总计	男	女	总计
				人数（人）			%		
城镇	80至84岁	您现在的婚姻状况	已婚	3546270	1982439	5528709	72.9	33.1	50.9
			离婚	38990	33487	72477	0.8	0.6	0.7
			丧偶	1186746	3951317	5138063	24.4	65.9	47.3
			从未结婚	93836	28792	122628	1.9	0.5	1.1
			总计	4865842	5996035	10861877	100.0	100.0	100.0
	85岁及以上	您现在的婚姻状况	已婚	1780031	860465	2640496	54.9	18.2	33.1
			离婚	2414	27512	29926	0.1	0.6	0.4
			丧偶	1431407	3817101	5248508	44.1	80.8	65.9
			从未结婚	29929	17775	47704	0.9	0.4	0.6
			总计	3243781	4722853	7966634	100.0	100.0	100.0
	总计	您现在的婚姻状况	已婚	58560882	50459393	109020275	86.0	67.4	76.3
			离婚	1541443	1588179	3129622	2.3	2.1	2.2
			丧偶	6814308	22523998	29338306	10.0	30.1	20.5
			从未结婚	1181757	293713	1475470	1.7	0.4	1.0
			总计	68098390	74865283	142963673	100.0	100.0	100.0
农村	60至64岁	您现在的婚姻状况	已婚	14316115	12904913	27221028	88.2	83.9	86.1
			离婚	299234	58594	357828	1.8	0.4	1.1
			丧偶	914782	2235071	3149853	5.6	14.5	10.0
			从未结婚	709649	189761	899410	4.4	1.2	2.8
			总计	16239780	15388339	31628119	100.0	100.0	100.0
	65至69岁	您现在的婚姻状况	已婚	14530599	13443706	27974305	84.8	78.8	81.8
			离婚	227312	83043	310355	1.3	0.5	0.9
			丧偶	1542793	3328697	4871490	9.0	19.5	14.2
			从未结婚	834238	197964	1032202	4.9	1.2	3.0
			总计	17134942	17053410	34188352	100.0	100.0	100.0
	70至74岁	您现在的婚姻状况	已婚	9704133	7894160	17598293	81.6	65.6	73.5
			离婚	108847	30191	139038	0.9	0.3	0.6
			丧偶	1552462	4011434	5563896	13.1	33.3	23.3
			从未结婚	522869	105835	628704	4.4	0.9	2.6
			总计	11888311	12041620	23929931	100.0	100.0	100.0
	75至79岁	您现在的婚姻状况	已婚	5433507	3922484	9355991	74.3	49.8	61.6
			离婚	68929	23321	92250	0.9	0.3	0.6
			丧偶	1484500	3860984	5345484	20.3	49.0	35.2
			从未结婚	330122	70592	400714	4.5	0.9	2.6
			总计	7317058	7877381	15194439	100.0	100.0	100.0

续表

城乡	年龄（岁）			男	女	总计	男	女	总计
				人数（人）			%		
农村	80 至 84 岁	您现在的婚姻状况	已婚	2738587	1741064	4479651	63.8	33.6	47.3
			离婚	39647	15506	55153	0.9	0.3	0.6
			丧偶	1350819	3365051	4715870	31.5	64.9	49.8
			从未结婚	163078	60563	223641	3.8	1.2	2.4
			总计	4292131	5182184	9474315	100.0	100.0	100.0
	85 岁及以上	您现在的婚姻状况	已婚	1216863	711321	1928184	42.9	16.3	26.8
			离婚	9539	18082	27621	0.3	0.4	0.4
			丧偶	1545239	3604383	5149622	54.5	82.5	71.5
			从未结婚	65939	34460	100399	2.3	0.8	1.4
			总计	2837580	4368246	7205826	100.0	100.0	100.0
	总计	您现在的婚姻状况	已婚	47939804	40617648	88557452	80.3	65.6	72.8
			离婚	753508	228737	982245	1.3	0.4	0.8
			丧偶	8390595	20405620	28796215	14.1	33.0	23.7
			从未结婚	2625895	659175	3285070	4.4	1.1	2.7
			总计	59709802	61911180	121620982	100.0	100.0	100.0

1-5-1 按年龄、性别分的已婚老年人婚姻状况满意度

年龄（岁）			男	女	总计	男	女	总计
			人数（人）			%		
60 至 64 岁	您对现在的婚姻状况满意吗?	非常满意	26276219	21927394	48203613	77.8	70.5	74.3
		比较满意	5960638	6510134	12470772	17.7	20.9	19.2
		一般	1374634	2394973	3769607	4.1	7.7	5.8
		比较不满意	98059	197929	295988	0.3	0.6	0.5
		非常不满意	52338	92646	144984	0.2	0.3	0.2
		总计	33761888	31123076	64884964	100.0	100.0	100.0
65 至 69 岁	您对现在的婚姻状况满意吗?	非常满意	24520641	20729378	45250019	77.5	70.3	74.0
		比较满意	5659518	6261039	11920557	17.9	21.2	19.5
		一般	1336366	2163673	3500039	4.2	7.3	5.7
		比较不满意	101036	227784	328820	0.3	0.8	0.5
		非常不满意	38624	84637	123261	0.1	0.3	0.2
		总计	31656185	29466511	61122696	100.0	100.0	100.0
70 至 74 岁	您对现在的婚姻状况满意吗?	非常满意	15681348	11857100	27538448	77.3	70.4	74.2
		比较满意	3690482	3495612	7186094	18.2	20.7	19.4
		一般	829753	1285834	2115587	4.1	7.6	5.7
		比较不满意	50979	130192	181171	0.3	0.8	0.5

续表

年龄（岁）			男	女	总计	男	女	总计
			人数（人）			%		
70 至 74 岁	您对现在的婚姻状况满意吗？	非常不满意	33333	78931	112264	0.2	0.5	0.3
		总计	20285895	16847669	37133564	100.0	100.0	100.0
75 至 79 岁	您对现在的婚姻状况满意吗？	非常满意	8805755	5872727	14678482	76.5	70.4	73.9
		比较满意	2176862	1840786	4017648	18.9	22.1	20.2
		一般	483900	550671	1034571	4.2	6.6	5.2
		比较不满意	22727	57253	79980	0.2	0.7	0.4
		非常不满意	21316	23062	44378	0.2	0.3	0.2
		总计	11510560	8344499	19855059	100.0	100.0	100.0
80 至 84 岁	您对现在的婚姻状况满意吗？	非常满意	4903800	2722338	7626138	78.0	73.1	76.2
		比较满意	1165556	734331	1899887	18.5	19.7	19.0
		一般	195050	232200	427250	3.1	6.2	4.3
		比较不满意	14329	16125	30454	0.2	0.4	0.3
		非常不满意	6121	18509	24630	0.1	0.5	0.2
		总计	6284856	3723503	10008359	100.0	100.0	100.0
85 岁及以上	您对现在的婚姻状况满意吗？	非常满意	2316477	1181917	3498394	77.3	75.3	76.6
		比较满意	576914	301004	877918	19.3	19.2	19.2
		一般	95615	82894	178509	3.2	5.3	3.9
		比较不满意	7887	3322	11209	0.3	0.2	0.2
		总计	2996893	1569137	4566030	100.0	100.0	100.0
总计	您对现在的婚姻状况满意吗？	非常满意	82504240	64290854	146795094	77.5	70.6	74.3
		比较满意	19229970	19142906	38372876	18.1	21.0	19.4
		一般	4315318	6710245	11025563	4.1	7.4	5.6
		比较不满意	295017	632605	927622	0.3	0.7	0.5
		非常不满意	151732	297785	449517	0.1	0.3	0.2
		总计	106496277	91074395	197570672	100.0	100.0	100.0

1-5-2 按城乡、年龄、性别分的已婚老年人婚姻状况满意度

城乡	年龄（岁）			男	女	总计	男	女	总计
				人数（人）			%		
城镇	60 至 64 岁	您对现在的婚姻状况满意吗？	非常满意	15189838	12792299	27982137	78.1	70.2	74.3
			比较满意	3387634	3825559	7213193	17.4	21.0	19.2
			一般	781607	1434408	2216015	4.0	7.9	5.9
			比较不满意	57467	102866	160333	0.3	0.6	0.4
			非常不满意	29227	63030	92257	0.2	0.3	0.2
			总计	19445773	18218162	37663935	100.0	100.0	100.0

续表

城乡	年龄（岁）			男	女	总计	男	女	总计
				人数（人）			%		
城镇	65至69岁	您对现在的婚姻状况满意吗？	非常满意	13323738	11317012	24640750	77.8	70.6	74.3
			比较满意	3019731	3368000	6387731	17.6	21.0	19.3
			一般	710248	1196246	1906494	4.1	7.5	5.8
			比较不满意	46592	94547	141139	0.3	0.6	0.4
			非常不满意	25276	46999	72275	0.1	0.3	0.2
			总计	17125585	16022804	33148389	100.0	100.0	100.0
	70至74岁	您对现在的婚姻状况满意吗？	非常满意	8232105	6415751	14647856	77.8	71.7	75.0
			比较满意	1887088	1771366	3658454	17.8	19.8	18.7
			一般	426530	669359	1095889	4.0	7.5	5.6
			比较不满意	18261	59134	77395	0.2	0.7	0.4
			非常不满意	17779	37899	55678	0.2	0.4	0.3
			总计	10581763	8953509	19535272	100.0	100.0	100.0
	75至79岁	您对现在的婚姻状况满意吗？	非常满意	4691286	3149917	7841203	77.2	71.2	74.7
			比较满意	1095872	964658	2060530	18.0	21.8	19.6
			一般	263420	271920	535340	4.3	6.1	5.1
			比较不满意	10528	23385	33913	0.2	0.5	0.3
			非常不满意	15946	12134	28080	0.3	0.3	0.3
			总计	6077052	4422014	10499066	100.0	100.0	100.0
	80至84岁	您对现在的婚姻状况满意吗？	非常满意	2797810	1484406	4282216	78.9	74.9	77.5
			比较满意	649553	377222	1026775	18.3	19.0	18.6
			一般	94951	99793	194744	2.7	5.0	3.5
			比较不满意	3957	8993	12950	0.1	0.5	0.2
			非常不满意	0	12024	12024		0.6	0.2
			总计	3546271	1982438	5528709	100.0	100.0	100.0
	85岁及以上	您对现在的婚姻状况满意吗？	非常满意	1381386	690531	2071917	77.6	80.3	78.5
			比较满意	335801	142362	478163	18.9	16.5	18.1
			一般	57459	27573	85032	3.2	3.2	3.2
			比较不满意	5386	0	5386	0.3		0.2
			总计	1780032	860466	2640498	100.0	100.0	100.0
	总计	您对现在的婚姻状况满意吗？	非常满意	45616163	35849916	81466079	77.9	71.0	74.7
			比较满意	10375679	10449167	20824846	17.7	20.7	19.1
			一般	2334215	3699299	6033514	4.0	7.3	5.5
			比较不满意	142191	288925	431116	0.2	0.6	0.4
			非常不满意	88228	172086	260314	0.2	0.3	0.2
			总计	58556476	50459393	109015869	100.0	100.0	100.0

续表

城乡	年龄（岁）			男	女	总计	男	女	总计
				人数（人）			%		
农村	60至64岁	您对现在的婚姻状况满意吗？	非常满意	11086381	9135095	20221476	77.4	70.8	74.3
			比较满意	2573005	2684574	5257579	18.0	20.8	19.3
			一般	593026	960565	1553591	4.1	7.4	5.7
			比较不满意	40592	95063	135655	0.3	0.7	0.5
			非常不满意	23111	29616	52727	0.2	0.2	0.2
			总计	14316115	12904913	27221028	100.0	100.0	100.0
	65至69岁	您对现在的婚姻状况满意吗？	非常满意	11196902	9412366	20609268	77.1	70.0	73.7
			比较满意	2639787	2893039	5532826	18.2	21.5	19.8
			一般	626118	967427	1593545	4.3	7.2	5.7
			比较不满意	54444	133237	187681	0.4	1.0	0.7
			非常不满意	13348	37638	50986	0.1	0.3	0.2
			总计	14530599	13443707	27974306	100.0	100.0	100.0
	70至74岁	您对现在的婚姻状况满意吗？	非常满意	7449243	5441349	12890592	76.8	68.9	73.2
			比较满意	1803394	1724247	3527641	18.6	21.8	20.0
			一般	403224	616475	1019699	4.2	7.8	5.8
			比较不满意	32718	71058	103776	0.3	0.9	0.6
			非常不满意	15555	41031	56586	0.2	0.5	0.3
			总计	9704134	7894160	17598294	100.0	100.0	100.0
	75至79岁	您对现在的婚姻状况满意吗？	非常满意	4114469	2722810	6837279	75.7	69.4	73.1
			比较满意	1080990	876128	1957118	19.9	22.3	20.9
			一般	220480	278751	499231	4.1	7.1	5.3
			比较不满意	12199	33868	46067	0.2	0.9	0.5
			非常不满意	5369	10928	16297	0.1	0.3	0.2
			总计	5433507	3922485	9355992	100.0	100.0	100.0
	80至84岁	您对现在的婚姻状况满意吗？	非常满意	2105991	1237932	3343923	76.9	71.1	74.6
			比较满意	516003	357109	873112	18.8	20.5	19.5
			一般	100099	132407	232506	3.7	7.6	5.2
			比较不满意	10372	7132	17504	0.4	0.4	0.4
			非常不满意	6121	6485	12606	0.2	0.4	0.3
			总计	2738586	1741065	4479651	100.0	100.0	100.0
	85岁及以上	您对现在的婚姻状况满意吗？	非常满意	935092	491387	1426479	76.8	69.3	74.1
			比较满意	241114	158643	399757	19.8	22.4	20.8
			一般	38157	55322	93479	3.1	7.8	4.9
			比较不满意	2501	3322	5823	0.2	0.5	0.3
			总计	1216864	708674	1925538	100.0	100.0	100.0

续表

城乡	年龄（岁）			男	女	总计	男	女	总计
				人数（人）			%		
农村	总计	您对现在的婚姻状况满意吗？	非常满意	36888078	28440939	65329017	76.9	70.0	73.8
			比较满意	8854293	8693740	17548033	18.5	21.4	19.8
			一般	1981104	3010947	4992051	4.1	7.4	5.6
			比较不满意	152826	343680	496506	0.3	0.8	0.6
			非常不满意	63504	125698	189202	0.1	0.3	0.2
			总计	47939805	40615004	88554809	100.0	100.0	100.0

1-6-1 按年龄、性别分的老年人政治面貌

年龄（岁）			男	女	总计	男	女	总计
			人数（人）			%		
60至64岁	您的政治面貌	群众	31104263	35493754	66598017	82.8	95.4	89.1
		中共党员	6158660	1575328	7733988	16.4	4.2	10.3
		民主党派	29641	22282	51923	0.1	0.1	0.1
		无党派人士	251019	116313	367332	0.7	0.3	0.5
		总计	37543583	37207677	74751260	100.0	100.0	100.0
65至69岁	您的政治面貌	群众	29349550	35807428	65156978	80.9	95.2	88.1
		中共党员	6708021	1700387	8408408	18.5	4.5	11.4
		民主党派	36199	15274	51473	0.1	0.0	0.1
		无党派人士	207355	106407	313762	0.6	0.3	0.4
		总计	36301125	37629496	73930621	100.0	100.0	100.0
70至74岁	您的政治面貌	群众	18714958	23769068	42484026	77.9	94.0	86.1
		中共党员	5154229	1456942	6611171	21.4	5.8	13.4
		民主党派	9911	7266	17177	0.0	0.0	0.0
		无党派人士	150100	64939	215039	0.6	0.3	0.4
		总计	24029198	25298215	49327413	100.0	100.0	100.0
75至79岁	您的政治面貌	群众	11016142	15306613	26322755	75.0	93.5	84.7
		中共党员	3549282	1017952	4567234	24.2	6.2	14.7
		民主党派	24329	3954	28283	0.2	0.0	0.1
		无党派人士	105198	43239	148437	0.7	0.3	0.5
		总计	14694951	16371758	31066709	100.0	100.0	100.0
80至84岁	您的政治面貌	群众	6667863	10224175	16892038	72.8	91.5	83.1
		中共党员	2421880	893752	3315632	26.4	8.0	16.3
		民主党派	22882	11689	34571	0.2	0.1	0.2
		无党派人士	45348	48605	93953	0.5	0.4	0.5
		总计	9157973	11178221	20336194	100.0	100.0	100.0

续表

年龄（岁）			男	女	总计	男	女	总计
			人数（人）			%		
85 岁及以上	您的政治面貌	群众	4157294	8383073	12540367	68.4	92.2	82.7
		中共党员	1867225	675074	2542299	30.7	7.4	16.8
		民主党派	11605	2802	14407	0.2	0.0	0.1
		无党派人士	45236	30149	75385	0.7	0.3	0.5
		总计	6081360	9091098	15172458	100.0	100.0	100.0
总计	您的政治面貌	群众	101010070	128984111	229994181	79.0	94.3	86.9
		中共党员	25859297	7319435	33178732	20.2	5.4	12.5
		民主党派	134567	63267	197834	0.1	0.0	0.1
		无党派人士	804256	409652	1213908	0.6	0.3	0.5
		总计	127808190	136776465	264584655	100.0	100.0	100.0

1-6-2 按城乡、年龄、性别分的老年人政治面貌

城乡	年龄（岁）			男	女	总计	男	女	总计
				人数（人）			%		
城镇	60 至 64 岁	您的政治面貌	群众	16777303	20355980	37133283	78.8	93.3	86.1
			中共党员	4340625	1350690	5691315	20.4	6.2	13.2
			民主党派	25691	15597	41288	0.1	0.1	0.1
			无党派人士	160184	97071	257255	0.8	0.4	0.6
			总计	21303803	21819338	43123141	100.0	100.0	100.0
	65 至 69 岁	您的政治面貌	群众	14368977	19044987	33413964	75.0	92.6	84.1
			中共党员	4629595	1434558	6064153	24.2	7.0	15.3
			民主党派	31017	15274	46291	0.2	0.1	0.1
			无党派人士	136595	81266	217861	0.7	0.4	0.5
			总计	19166184	20576085	39742269	100.0	100.0	100.0
	70 至 74 岁	您的政治面貌	群众	8632724	11990790	20623514	71.1	90.5	81.2
			中共党员	3398037	1209992	4608029	28.0	9.1	18.1
			民主党派	7917	7266	15183	0.1	0.1	0.1
			无党派人士	102209	48547	150756	0.8	0.4	0.6
			总计	12140887	13256595	25397482	100.0	100.0	100.0
	75 至 79 岁	您的政治面貌	群众	4850134	7617008	12467142	65.7	89.7	78.5
			中共党员	2434143	844108	3278251	33.0	9.9	20.7
			民主党派	24329	3954	28283	0.3	0.0	0.2
			无党派人士	69287	29307	98594	0.9	0.3	0.6
			总计	7377893	8494377	15872270	100.0	100.0	100.0
	80 至 84 岁	您的政治面貌	群众	3147345	5207536	8354881	64.7	86.8	76.9

续表

城乡	年龄（岁）			男	女	总计	男	女	总计
				人数（人）			%		
城镇	80 至 84 岁	您的政治面貌	中共党员	1682559	736740	2419299	34.6	12.3	22.3
			民主党派	17594	11689	29283	0.4	0.2	0.3
			无党派人士	18344	40070	58414	0.4	0.7	0.5
			总计	4865842	5996035	10861877	100.0	100.0	100.0
	85 岁及以上	您的政治面貌	群众	1845352	4176280	6021632	56.9	88.4	75.6
			中共党员	1347707	518630	1866337	41.5	11.0	23.4
			民主党派	11605	2802	14407	0.4	0.1	0.2
			无党派人士	39117	25141	64258	1.2	0.5	0.8
			总计	3243781	4722853	7966634	100.0	100.0	100.0
	总计	您的政治面貌	群众	49621835	68392581	118014416	72.9	91.4	82.5
			中共党员	17832666	6094718	23927384	26.2	8.1	16.7
			民主党派	118153	56582	174735	0.2	0.1	0.1
			无党派人士	525736	321402	847138	0.8	0.4	0.6
			总计	68098390	74865283	142963673	100.0	100.0	100.0
农村	60 至 64 岁	您的政治面貌	群众	14326959	15137773	29464732	88.2	98.4	93.2
			中共党员	1818035	224638	2042673	11.2	1.5	6.5
			民主党派	3951	6685	10636	0.0	0.0	0.0
			无党派人士	90835	19242	110077	0.6	0.1	0.3
			总计	16239780	15388338	31628118	100.0	100.0	100.0
	65 至 69 岁	您的政治面貌	群众	14980573	16762441	31743014	87.4	98.3	92.8
			中共党员	2078427	265828	2344255	12.1	1.6	6.9
			民主党派	5182	0	5182	0.0		0.0
			无党派人士	70760	25141	95901	0.4	0.1	0.3
			总计	17134942	17053410	34188352	100.0	100.0	100.0
	70 至 74 岁	您的政治面貌	群众	10082233	11778278	21860511	84.8	97.8	91.4
			中共党员	1756193	246950	2003143	14.8	2.1	8.4
			民主党派	1994	0	1994	0.0		0.0
			无党派人士	47891	16392	64283	0.4	0.1	0.3
			总计	11888311	12041620	23929931	100.0	100.0	100.0
	75 至 79 岁	您的政治面貌	群众	6166008	7689605	13855613	84.3	97.6	91.2
			中共党员	1115139	173843	1288982	15.2	2.2	8.5
			无党派人士	35911	13932	49843	0.5	0.2	0.3
			总计	7317058	7877380	15194438	100.0	100.0	100.0
	80 至 84 岁	您的政治面貌	群众	3520517	5016639	8537156	82.0	96.8	90.1
			中共党员	739321	157012	896333	17.2	3.0	9.5

续表

城乡	年龄（岁）			男	女	总计	男	女	总计
				人数（人）			%		
农村	80 至 84 岁	您的政治面貌	民主党派	5288	0	5288	0. 1		0. 1
			无党派人士	27004	8535	35539	0. 6	0. 2	0. 4
			总计	4292130	5182186	9474316	100. 0	100. 0	100. 0
	85 岁及以上	您的政治面貌	群众	2311942	4206794	6518736	81. 5	96. 3	90. 5
			中共党员	519518	156444	675962	18. 3	3. 6	9. 4
			无党派人士	6119	5008	11127	0. 2	0. 1	0. 2
			总计	2837579	4368246	7205825	100. 0	100. 0	100. 0
	总计	您的政治面貌	群众	51388232	60591530	111979762	86. 1	97. 9	92. 1
			中共党员	8026633	1224715	9251348	13. 4	2. 0	7. 6
			民主党派	16415	6685	23100	0. 0	0. 0	0. 0
			无党派人士	278520	88250	366770	0. 5	0. 1	0. 3
			总计	59709800	61911180	121620980	100. 0	100. 0	100. 0

第二部分　老年人家庭状况

2-1-1 按年龄、性别分的老年人居住安排

年龄（岁）			男	女	总计	男	女	总计
			人数（人）			%		
60 至 64 岁	居住安排	独居老人	3483515	3067964	6551479	9.3	8.2	8.8
		仅与配偶住老人	18149564	16873062	35022626	48.3	45.3	46.9
		与其他家庭成员一起居住老人	15910503	17266650	33177153	42.4	46.4	44.4
		总计	37543582	37207676	74751258	100.0	100.0	100.0
65 至 69 岁	居住安排	独居老人	3763034	4161946	7924980	10.4	11.1	10.7
		仅与配偶住老人	18447408	17769054	36216462	50.8	47.2	49.0
		与其他家庭成员一起居住老人	14090683	15698495	29789178	38.8	41.7	40.3
		总计	36301125	37629495	73930620	100.0	100.0	100.0
70 至 74 岁	居住安排	独居老人	2691948	4537200	7229148	11.2	17.9	14.7
		仅与配偶住老人	13639226	11610148	25249374	56.8	45.9	51.2
		与其他家庭成员一起居住老人	7698024	9150867	16848891	32.0	36.2	34.2
		总计	24029198	25298215	49327413	100.0	100.0	100.0
75 至 79 岁	居住安排	独居老人	2196652	4337101	6533753	14.9	26.5	21.0
		仅与配偶住老人	8156622	5722912	13879534	55.5	35.0	44.7
		与其他家庭成员一起居住老人	4341676	6311744	10653420	29.5	38.6	34.3
		总计	14694950	16371757	31066707	100.0	100.0	100.0
80 至 84 岁	居住安排	独居老人	1581903	3526047	5107950	17.3	31.5	25.1
		仅与配偶住老人	4562866	2594232	7157098	49.8	23.2	35.2
		与其他家庭成员一起居住老人	3013204	5057941	8071145	32.9	45.2	39.7
		总计	9157973	11178220	20336193	100.0	100.0	100.0
85 岁及以上	居住安排	独居老人	1380765	2859804	4240569	22.7	31.5	27.9
		仅与配偶住老人	2113724	868637	2982361	34.8	9.6	19.7
		与其他家庭成员一起居住老人	2586872	5362658	7949530	42.5	59.0	52.4
		总计	6081361	9091099	15172460	100.0	100.0	100.0
总计	居住安排	独居老人	15097817	22490062	37587879	11.8	16.4	14.2
		仅与配偶住老人	65069410	55438045	120507455	50.9	40.5	45.5
		与其他家庭成员一起居住老人	47640962	58848355	106489317	37.3	43.0	40.2
		总计	127808189	136776462	264584651	100.0	100.0	100.0

2-1-2 按城乡、年龄、性别分的老年人居住安排

城乡	年龄（岁）			男	女	总计	男	女	总计
				人数（人）			%		
城镇	60至64岁	居住安排	独居老人	1645300	1724005	3369305	7.7	7.9	7.8
			仅与配偶住老人	10470664	9447748	19918412	49.1	43.3	46.2
			与其他家庭成员一起居住老人	9187838	10647585	19835423	43.1	48.8	46.0
			总计	21303802	21819338	43123140	100.0	100.0	100.0
	65至69岁	居住安排	独居老人	1498821	2202494	3701315	7.8	10.7	9.3
			仅与配偶住老人	9683369	9297799	18981168	50.5	45.2	47.8
			与其他家庭成员一起居住老人	7983993	9075792	17059785	41.7	44.1	42.9
			总计	19166183	20576085	39742268	100.0	100.0	100.0
	70至74岁	居住安排	独居老人	1037563	2151900	3189463	8.5	16.2	12.6
			仅与配偶住老人	6937566	6065037	13002603	57.1	45.8	51.2
			与其他家庭成员一起居住老人	4165759	5039658	9205417	34.3	38.0	36.2
			总计	12140888	13256595	25397483	100.0	100.0	100.0
	75至79岁	居住安排	独居老人	856488	2102934	2959422	11.6	24.8	18.6
			仅与配偶住老人	4310573	3052482	7363055	58.4	35.9	46.4
			与其他家庭成员一起居住老人	2210832	3338961	5549793	30.0	39.3	35.0
			总计	7377893	8494377	15872270	100.0	100.0	100.0
	80至84岁	居住安排	独居老人	682536	1918024	2600560	14.0	32.0	23.9
			仅与配偶住老人	2583083	1413669	3996752	53.1	23.6	36.8
			与其他家庭成员一起居住老人	1600224	2664343	4264567	32.9	44.4	39.3
			总计	4865843	5996036	10861879	100.0	100.0	100.0
	85岁及以上	居住安排	独居老人	570678	1368472	1939150	17.6	29.0	24.3
			仅与配偶住老人	1302410	491237	1793647	40.2	10.4	22.5
			与其他家庭成员一起居住老人	1370694	2863143	4233837	42.3	60.6	53.1
			总计	3243782	4722852	7966634	100.0	100.0	100.0
	总计	居住安排	独居老人	6291386	11467829	17759215	9.2	15.3	12.4
			仅与配偶住老人	35287665	29767972	65055637	51.8	39.8	45.5
			与其他家庭成员一起居住老人	26519340	33629482	60148822	38.9	44.9	42.1
			总计	68098391	74865283	142963674	100.0	100.0	100.0
农村	60至64岁	居住安排	独居老人	1838215	1343959	3182174	11.3	8.7	10.1
			仅与配偶住老人	7678900	7425314	15104214	47.3	48.3	47.8
			与其他家庭成员一起居住老人	6722665	6619066	13341731	41.4	43.0	42.2
			总计	16239780	15388339	31628119	100.0	100.0	100.0
	65至69岁	居住安排	独居老人	2264213	1959453	4223666	13.2	11.5	12.4
			仅与配偶住老人	8764039	8471255	17235294	51.1	49.7	50.4

续表

城乡	年龄（岁）			男	女	总计	男	女	总计
				人数（人）			%		
农村	65至69岁	居住安排	与其他家庭成员一起居住老人	6106690	6622703	12729393	35.6	38.8	37.2
			总计	17134942	17053411	34188353	100.0	100.0	100.0
	70至74岁	居住安排	独居老人	1654385	2385299	4039684	13.9	19.8	16.9
			仅与配偶住老人	6701661	5545111	12246772	56.4	46.0	51.2
			与其他家庭成员一起居住老人	3532266	4111209	7643475	29.7	34.1	31.9
			总计	11888312	12041619	23929931	100.0	100.0	100.0
	75至79岁	居住安排	独居老人	1340164	2234167	3574331	18.3	28.4	23.5
			仅与配偶住老人	3846050	2670430	6516480	52.6	33.9	42.9
			与其他家庭成员一起居住老人	2130844	2972784	5103628	29.1	37.7	33.6
			总计	7317058	7877381	15194439	100.0	100.0	100.0
	80至84岁	居住安排	独居老人	899367	1608023	2507390	21.0	31.0	26.5
			仅与配偶住老人	1979784	1180563	3160347	46.1	22.8	33.4
			与其他家庭成员一起居住老人	1412980	2393599	3806579	32.9	46.2	40.2
			总计	4292131	5182185	9474316	100.0	100.0	100.0
	85岁及以上	居住安排	独居老人	810088	1491332	2301420	28.5	34.1	31.9
			仅与配偶住老人	811314	377400	1188714	28.6	8.6	16.5
			与其他家庭成员一起居住老人	1216177	2499514	3715691	42.9	57.2	51.6
			总计	2837579	4368246	7205825	100.0	100.0	100.0
	总计	居住安排	独居老人	8806432	11022233	19828665	14.7	17.8	16.3
			仅与配偶住老人	29781748	25670073	55451821	49.9	41.5	45.6
			与其他家庭成员一起居住老人	21121622	25218875	46340497	35.4	40.7	38.1
			总计	59709802	61911181	121620983	100.0	100.0	100.0

2-2-1 按年龄、性别分的老年人平均子女数

年龄（岁）	男	女
	人数（人）	
60至64岁	1.97	2.08
65至69岁	2.11	2.29
70至74岁	2.47	2.78
75至79岁	2.96	3.41
80至84岁	3.46	3.84
85岁及以上	3.97	4.30
总计	2.42	2.72

2-2-2 按城乡、年龄、性别分的老年人平均子女数

城乡	年龄（岁）	男	女
		人数（人）	
城镇	60至64岁	1.74	1.82
	65至69岁	1.86	2.00
	70至74岁	2.20	2.49
	75至79岁	2.73	3.14
	80至84岁	3.19	3.49
	85岁及以上	3.60	4.02
	总计	2.16	2.41
农村	60至64岁	2.26	2.46
	65至69岁	2.38	2.63
	70至74岁	2.73	3.09
	75至79岁	3.20	3.70
	80至84岁	3.76	4.25
	85岁及以上	4.38	4.60
	总计	2.71	3.09

2-3-1 按年龄、性别分的老年人子女在外地人数

年龄（岁）	男	女
	人数（人）	
60至64岁	0.68	0.67
65至69岁	0.71	0.69
70至74岁	0.75	0.74
75至79岁	0.80	0.79
80至84岁	0.84	0.82
85岁及以上	0.77	0.73
总计	0.73	0.72

2-3-2 按城乡、年龄、性别分的老年人子女在外地人数

城乡	年龄（岁）	男	女
		人数（人）	
城镇	60至64岁	0.50	0.47
	65至69岁	0.49	0.47
	70至74岁	0.50	0.50
	75至79岁	0.57	0.55
	80至84岁	0.64	0.54
	85岁及以上	0.54	0.57
	总计	0.52	0.49
农村	60至64岁	0.92	0.95
	65至69岁	0.97	0.96
	70至74岁	1.00	1.00
	75至79岁	1.04	1.06
	80至84岁	1.07	1.14
	85岁及以上	1.03	0.90
	总计	0.98	0.99

2-4-1 按年龄、性别分的老年人在经济上支持子女状况

年龄（岁）			男	女	总计	男	女	总计
			人数（人）			%		
60 至 64 岁	您在经济上支持子女吗？	有	11461968	9664844	21126812	31.6	26.2	28.9
		无	24840558	27230854	52071412	68.4	73.8	71.1
		总计	36302526	36895698	73198224	100.0	100.0	100.0
65 至 69 岁	您在经济上支持子女吗？	有	9192203	8073651	17265854	26.2	21.6	23.9
		无	25832721	29232706	55065427	73.8	78.4	76.1
		总计	35024924	37306357	72331281	100.0	100.0	100.0
70 至 74 岁	您在经济上支持子女吗？	有	5052409	4383908	9436317	21.7	17.5	19.5
		无	18185335	20735760	38921095	78.3	82.5	80.5
		总计	23237744	25119668	48357412	100.0	100.0	100.0
75 至 79 岁	您在经济上支持子女吗？	有	2754267	2227151	4981418	19.4	13.7	16.4
		无	11456008	14029335	25485343	80.6	86.3	83.6
		总计	14210275	16256486	30466761	100.0	100.0	100.0
80 至 84 岁	您在经济上支持子女吗？	有	1571840	1331829	2903669	17.7	12.0	14.5
		无	7300666	9757586	17058252	82.3	88.0	85.5
		总计	8872506	11089415	19961921	100.0	100.0	100.0
85 岁及以上	您在经济上支持子女吗？	有	1031911	960131	1992042	17.2	10.6	13.3
		无	4951256	8059996	13011252	82.8	89.4	86.7
		总计	5983167	9020127	15003294	100.0	100.0	100.0
总计	您在经济上支持子女吗？	有	31064598	26641514	57706112	25.1	19.6	22.3
		无	92566544	109046237	201612781	74.9	80.4	77.7
		总计	123631142	135687751	259318893	100.0	100.0	100.0

2-4-2 按城乡、年龄、性别分的老年人在经济上支持子女状况

城乡	年龄（岁）			男	女	总计	男	女	总计
				人数（人）			%		
城镇	60 至 64 岁	您在经济上支持子女吗？	有	7487854	6739738	14227592	36.0	31.2	33.6
			无	13302539	14861837	28164376	64.0	68.8	66.4
			总计	20790393	21601575	42391968	100.0	100.0	100.0
	65 至 69 岁	您在经济上支持子女吗？	有	6058693	5528839	11587532	32.4	27.2	29.7
			无	12655938	14807525	27463463	67.6	72.8	70.3
			总计	18714631	20336364	39050995	100.0	100.0	100.0
	70 至 74 岁	您在经济上支持子女吗？	有	3310610	2997580	6308190	27.9	22.8	25.2
			无	8556835	10136601	18693436	72.1	77.2	74.8

续表

城乡	年龄（岁）			男	女	总计	男	女	总计
				人数（人）			%		
城镇	70至74岁	您在经济上支持子女吗？	总计	11867445	13134181	25001626	100.0	100.0	100.0
	75至79岁	您在经济上支持子女吗？	有	1864822	1543660	3408482	25.8	18.3	21.8
			无	5354067	6877565	12231632	74.2	81.7	78.2
			总计	7218889	8421225	15640114	100.0	100.0	100.0
	80至84岁	您在经济上支持子女吗？	有	1095566	972557	2068123	23.0	16.3	19.3
			无	3669332	4981343	8650675	77.0	83.7	80.7
			总计	4764898	5953900	10718798	100.0	100.0	100.0
	85岁及以上	您在经济上支持子女吗？	有	731850	645973	1377823	22.9	13.8	17.5
			无	2470979	4038978	6509957	77.1	86.2	82.5
			总计	3202829	4684951	7887780	100.0	100.0	100.0
	总计	您在经济上支持子女吗？	有	20549395	18428347	38977742	30.9	24.9	27.7
			无	46009690	55703849	101713539	69.1	75.1	72.3
			总计	66559085	74132196	140691281	100.0	100.0	100.0
农村	60至64岁	您在经济上支持子女吗？	有	3974113	2925106	6899219	25.6	19.1	22.4
			无	11538019	12369017	23907036	74.4	80.9	77.6
			总计	15512132	15294123	30806255	100.0	100.0	100.0
	65至69岁	您在经济上支持子女吗？	有	3133510	2544811	5678321	19.2	15.0	17.1
			无	13176783	14425181	27601964	80.8	85.0	82.9
			总计	16310293	16969992	33280285	100.0	100.0	100.0
	70至74岁	您在经济上支持子女吗？	有	1741799	1386327	3128126	15.3	11.6	13.4
			无	9628499	10599159	20227658	84.7	88.4	86.6
			总计	11370298	11985486	23355784	100.0	100.0	100.0
	75至79岁	您在经济上支持子女吗？	有	889444	683491	1572935	12.7	8.7	10.6
			无	6101941	7151770	13253711	87.3	91.3	89.4
			总计	6991385	7835261	14826646	100.0	100.0	100.0
	80至84岁	您在经济上支持子女吗？	有	476273	359271	835544	11.6	7.0	9.0
			无	3631334	4776242	8407576	88.4	93.0	91.0
			总计	4107607	5135513	9243120	100.0	100.0	100.0
	85岁及以上	您在经济上支持子女吗？	有	300061	314159	614220	10.8	7.2	8.6
			无	2480277	4021018	6501295	89.2	92.8	91.4
			总计	2780338	4335177	7115515	100.0	100.0	100.0
	总计	您在经济上支持子女吗？	有	10515200	8213165	18728365	18.4	13.3	15.8
			无	46556853	53342387	99899240	81.6	86.7	84.2
			总计	57072053	61555552	118627605	100.0	100.0	100.0

2-5-1 按年龄、性别分的老年人是否愿意和子女长期一起生活

年龄（岁）			男	女	总计	男	女	总计
			人数（人）			%		
60 至 64 岁	您愿意和子女长期一起生活吗？	愿意	22864555	22806794	45671349	63.0	61.8	62.4
		不愿意	13437971	14088904	27526875	37.0	38.2	37.6
		总计	36302526	36895698	73198224	100.0	100.0	100.0
65 至 69 岁	您愿意和子女长期一起生活吗？	愿意	21627943	22502579	44130522	61.8	60.3	61.0
		不愿意	13396981	14803777	28200758	38.2	39.7	39.0
		总计	35024924	37306356	72331280	100.0	100.0	100.0
70 至 74 岁	您愿意和子女长期一起生活吗？	愿意	13595952	14543795	28139747	58.5	57.9	58.2
		不愿意	9641792	10575872	20217664	41.5	42.1	41.8
		总计	23237744	25119667	48357411	100.0	100.0	100.0
75 至 79 岁	您愿意和子女长期一起生活吗？	愿意	8087007	9262373	17349380	56.9	57.0	56.9
		不愿意	6123268	6994113	13117381	43.1	43.0	43.1
		总计	14210275	16256486	30466761	100.0	100.0	100.0
80 至 84 岁	您愿意和子女长期一起生活吗？	愿意	5030017	6967876	11997893	56.7	62.8	60.1
		不愿意	3842489	4121539	7964028	43.3	37.2	39.9
		总计	8872506	11089415	19961921	100.0	100.0	100.0
85 岁及以上	您愿意和子女长期一起生活吗？	愿意	3679421	6518997	10198418	61.5	72.3	68.0
		不愿意	2303746	2501131	4804877	38.5	27.7	32.0
		总计	5983167	9020128	15003295	100.0	100.0	100.0
总计	您愿意和子女长期一起生活吗？	愿意	74884895	82602414	157487309	60.6	60.9	60.7
		不愿意	48746247	53085336	101831583	39.4	39.1	39.3
		总计	123631142	135687750	259318892	100.0	100.0	100.0

2-5-2 按城乡、年龄、性别分的老年人是否愿意和子女长期一起生活

城乡	年龄（岁）			男	女	总计	男	女	总计
				人数（人）			%		
城镇	60 至 64 岁	您愿意和子女长期一起生活吗？	愿意	12522229	12865564	25387793	60.2	59.6	59.9
			不愿意	8268165	8736012	17004177	39.8	40.4	40.1
			总计	20790394	21601576	42391970	100.0	100.0	100.0
	65 至 69 岁	您愿意和子女长期一起生活吗？	愿意	11176462	11873393	23049855	59.7	58.4	59.0
			不愿意	7538168	8462971	16001139	40.3	41.6	41.0
			总计	18714630	20336364	39050994	100.0	100.0	100.0
	70 至 74 岁	您愿意和子女长期一起生活吗？	愿意	6769053	7391283	14160336	57.0	56.3	56.6
			不愿意	5098392	5742898	10841290	43.0	43.7	43.4

续表

城乡	年龄（岁）			男	女	总计	男	女	总计
				人数（人）			%		
	70 至 74 岁	您愿意和子女长期一起生活吗？	总计	11867445	13134181	25001626	100.0	100.0	100.0
	75 至 79 岁	您愿意和子女长期一起生活吗？	愿意	3871629	4546119	8417748	53.6	54.0	53.8
			不愿意	3347261	3875106	7222367	46.4	46.0	46.2
			总计	7218890	8421225	15640115	100.0	100.0	100.0
城镇	80 至 84 岁	您愿意和子女长期一起生活吗？	愿意	2593926	3626527	6220453	54.4	60.9	58.0
			不愿意	2170973	2327374	4498347	45.6	39.1	42.0
			总计	4764899	5953901	10718800	100.0	100.0	100.0
	85 岁及以上	您愿意和子女长期一起生活吗？	愿意	1875298	3336800	5212098	58.6	71.2	66.1
			不愿意	1327531	1348150	2675681	41.4	28.8	33.9
			总计	3202829	4684950	7887779	100.0	100.0	100.0
	总计	您愿意和子女长期一起生活吗？	愿意	38808597	43639686	82448283	58.3	58.9	58.6
			不愿意	27750490	30492511	58243001	41.7	41.1	41.4
			总计	66559087	74132197	140691284	100.0	100.0	100.0
农村	60 至 64 岁	您愿意和子女长期一起生活吗？	愿意	10342326	9941231	20283557	66.7	65.0	65.8
			不愿意	5169806	5352893	10522699	33.3	35.0	34.2
			总计	15512132	15294124	30806256	100.0	100.0	100.0
	65 至 69 岁	您愿意和子女长期一起生活吗？	愿意	10451480	10629186	21080666	64.1	62.6	63.3
			不愿意	5858813	6340807	12199620	35.9	37.4	36.7
			总计	16310293	16969993	33280286	100.0	100.0	100.0
	70 至 74 岁	您愿意和子女长期一起生活吗？	愿意	6826899	7152513	13979412	60.0	59.7	59.9
			不愿意	4543400	4832974	9376374	40.0	40.3	40.1
			总计	11370299	11985487	23355786	100.0	100.0	100.0
	75 至 79 岁	您愿意和子女长期一起生活吗？	愿意	4215378	4716254	8931632	60.3	60.2	60.2
			不愿意	2776008	3119008	5895016	39.7	39.8	39.8
			总计	6991386	7835262	14826648	100.0	100.0	100.0
	80 至 84 岁	您愿意和子女长期一起生活吗？	愿意	2436091	3341349	5777440	59.3	65.1	62.5
			不愿意	1671516	1794164	3465680	40.7	34.9	37.5
			总计	4107607	5135513	9243120	100.0	100.0	100.0
	85 岁及以上	您愿意和子女长期一起生活吗？	愿意	1804123	3182197	4986320	64.9	73.4	70.1
			不愿意	976215	1152980	2129195	35.1	26.6	29.9
			总计	2780338	4335177	7115515	100.0	100.0	100.0
	总计	您愿意和子女长期一起生活吗？	愿意	36076297	38962730	75039027	63.2	63.3	63.3
			不愿意	20995758	22592826	43588584	36.8	36.7	36.7
			总计	57072055	61555556	118627611	100.0	100.0	100.0

2-6-1 按年龄、性别分的老年人是否帮子女照看家

年龄（岁）			男	女	总计	男	女	总计
			人数（人）			%		
60 至 64 岁	照看家	未选择	19515173	17493287	37008460	53.7	47.4	50.5
		选择	16815960	19407009	36222969	46.3	52.6	49.5
		总计	36331133	36900296	73231429	100.0	100.0	100.0
65 至 69 岁	照看家	未选择	18526840	18402482	36929322	52.9	49.3	51.0
		选择	16504773	18912962	35417735	47.1	50.7	49.0
		总计	35031613	37315444	72347057	100.0	100.0	100.0
70 至 74 岁	照看家	未选择	13236935	13719792	26956727	57.0	54.6	55.7
		选择	10006066	11402816	21408882	43.0	45.4	44.3
		总计	23243001	25122608	48365609	100.0	100.0	100.0
75 至 79 岁	照看家	未选择	8643605	9673774	18317379	60.8	59.5	60.1
		选择	5568265	6587697	12155962	39.2	40.5	39.9
		总计	14211870	16261471	30473341	100.0	100.0	100.0
80 至 84 岁	照看家	未选择	6035320	7408381	13443701	68.0	66.8	67.3
		选择	2837186	3681257	6518443	32.0	33.2	32.7
		总计	8872506	11089638	19962144	100.0	100.0	100.0
85 岁及以上	照看家	未选择	4551904	7018931	11570835	76.1	77.8	77.1
		选择	1433105	2001351	3434456	23.9	22.2	22.9
		总计	5985009	9020282	15005291	100.0	100.0	100.0
总计	照看家	未选择	70509777	73716647	144226424	57.0	54.3	55.6
		选择	53165355	61993092	115158447	43.0	45.7	44.4
		总计	123675132	135709739	259384871	100.0	100.0	100.0

2-6-2 按城乡、年龄、性别分的老年人是否帮子女照看家

城乡	年龄（岁）			男	女	总计	男	女	总计
				人数（人）			%		
城镇	60 至 64 岁	照看家	未选择	12511236	11029045	23540281	60.1	51.0	55.5
			选择	8299879	10576392	18876271	39.9	49.0	44.5
			总计	20811115	21605437	42416552	100.0	100.0	100.0
	65 至 69 岁	照看家	未选择	10893004	11061578	21954582	58.2	54.4	56.2
			选择	7823508	9281267	17104775	41.8	45.6	43.8
			总计	18716512	20342845	39059357	100.0	100.0	100.0
	70 至 74 岁	照看家	未选择	7597767	8041087	15638854	64.0	61.2	62.5
			选择	4269679	5094982	9364661	36.0	38.8	37.5

续表

城乡	年龄（岁）			男	女	总计	男	女	总计
				人数（人）			%		
城镇	70 至 74 岁	照看家	总计	11867446	13136069	25003515	100.0	100.0	100.0
	75 至 79 岁	照看家	未选择	5041141	5633916	10675057	69.8	66.9	68.2
			选择	2178091	2788955	4967046	30.2	33.1	31.8
			总计	7219232	8422871	15642103	100.0	100.0	100.0
	80 至 84 岁	照看家	未选择	3608327	4412054	8020381	75.7	74.1	74.8
			选择	1156571	1541847	2698418	24.3	25.9	25.2
			总计	4764898	5953901	10718799	100.0	100.0	100.0
	85 岁及以上	照看家	未选择	2705252	3942318	6647570	84.5	84.1	84.3
			选择	497578	742632	1240210	15.5	15.9	15.7
			总计	3202830	4684950	7887780	100.0	100.0	100.0
	总计	照看家	未选择	42356727	44119998	86476725	63.6	59.5	61.4
			选择	24225306	30026075	54251381	36.4	40.5	38.6
			总计	66582033	74146073	140728106	100.0	100.0	100.0
农村	60 至 64 岁	照看家	未选择	7003937	6464242	13468179	45.1	42.3	43.7
			选择	8516081	8830616	17346697	54.9	57.7	56.3
			总计	15520018	15294858	30814876	100.0	100.0	100.0
	65 至 69 岁	照看家	未选择	7633837	7340904	14974741	46.8	43.3	45.0
			选择	8681265	9631694	18312959	53.2	56.7	55.0
			总计	16315102	16972598	33287700	100.0	100.0	100.0
	70 至 74 岁	照看家	未选择	5639169	5678705	11317874	49.6	47.4	48.4
			选择	5736387	6307834	12044221	50.4	52.6	51.6
			总计	11375556	11986539	23362095	100.0	100.0	100.0
	75 至 79 岁	照看家	未选择	3602464	4039858	7642322	51.5	51.5	51.5
			选择	3390174	3798742	7188916	48.5	48.5	48.5
			总计	6992638	7838600	14831238	100.0	100.0	100.0
	80 至 84 岁	照看家	未选择	2426992	2996328	5423320	59.1	58.3	58.7
			选择	1680615	2139410	3820025	40.9	41.7	41.3
			总计	4107607	5135738	9243345	100.0	100.0	100.0
	85 岁及以上	照看家	未选择	1846652	3076613	4923265	66.4	71.0	69.2
			选择	935527	1258719	2194246	33.6	29.0	30.8
			总计	2782179	4335332	7117511	100.0	100.0	100.0
	总计	照看家	未选择	28153051	29596650	57749701	49.3	48.1	48.7
			选择	28940049	31967015	60907064	50.7	51.9	51.3
			总计	57093100	61563665	118656765	100.0	100.0	100.0

2-7-1 按年龄、性别分的老年人是否帮子女做家务

年龄（岁）			男	女	总计	男	女	总计
			人数（人）			%		
60 至 64 岁	做家务	未选择	20819124	17676090	38495214	57.3	47.9	52.6
		选择	15512009	19224206	34736215	42.7	52.1	47.4
		总计	36331133	36900296	73231429	100.0	100.0	100.0
65 至 69 岁	做家务	未选择	20420369	19281209	39701578	58.3	51.7	54.9
		选择	14611245	18034235	32645480	41.7	48.3	45.1
		总计	35031614	37315444	72347058	100.0	100.0	100.0
70 至 74 岁	做家务	未选择	15131966	15414960	30546926	65.1	61.4	63.2
		选择	8111035	9707649	17818684	34.9	38.6	36.8
		总计	23243001	25122609	48365610	100.0	100.0	100.0
75 至 79 岁	做家务	未选择	10299527	11372631	21672158	72.5	69.9	71.1
		选择	3912344	4888840	8801184	27.5	30.1	28.9
		总计	14211871	16261471	30473342	100.0	100.0	100.0
80 至 84 岁	做家务	未选择	7137974	8794320	15932294	80.5	79.3	79.8
		选择	1734532	2295318	4029850	19.5	20.7	20.2
		总计	8872506	11089638	19962144	100.0	100.0	100.0
85 岁及以上	做家务	未选择	5352936	8024454	13377390	89.4	89.0	89.2
		选择	632073	995828	1627901	10.6	11.0	10.8
		总计	5985009	9020282	15005291	100.0	100.0	100.0
总计	做家务	未选择	79161896	80563664	159725560	64.0	59.4	61.6
		选择	44513238	55146076	99659314	36.0	40.6	38.4
		总计	123675134	135709740	259384874	100.0	100.0	100.0

2-7-2 按城乡、年龄、性别分的老年人是否帮子女做家务

城乡	年龄（岁）			男	女	总计	男	女	总计
				人数（人）			%		
城镇	60 至 64 岁	做家务	未选择	12691065	10628864	23319929	61.0	49.2	55.0
			选择	8120050	10976574	19096624	39.0	50.8	45.0
			总计	20811115	21605438	42416553	100.0	100.0	100.0
	65 至 69 岁	做家务	未选择	11260294	10886999	22147293	60.2	53.5	56.7
			选择	7456218	9455846	16912064	39.8	46.5	43.3
			总计	18716512	20342845	39059357	100.0	100.0	100.0
	70 至 74 岁	做家务	未选择	8132762	8317329	16450091	68.5	63.3	65.8
			选择	3734683	4818740	8553423	31.5	36.7	34.2

续表

城乡	年龄（岁）			男	女	总计	男	女	总计
				人数（人）			%		
城镇	70 至 74 岁	做家务	总计	11867445	13136069	25003514	100.0	100.0	100.0
	75 至 79 岁	做家务	未选择	5472304	6187765	11660069	75.8	73.5	74.5
			选择	1746928	2235106	3982034	24.2	26.5	25.5
			总计	7219232	8422871	15642103	100.0	100.0	100.0
	80 至 84 岁	做家务	未选择	3968397	4886825	8855222	83.3	82.1	82.6
			选择	796502	1067075	1863577	16.7	17.9	17.4
			总计	4764899	5953900	10718799	100.0	100.0	100.0
	85 岁及以上	做家务	未选择	2940149	4224753	7164902	91.8	90.2	90.8
			选择	262680	460198	722878	8.2	9.8	9.2
			总计	3202829	4684951	7887780	100.0	100.0	100.0
	总计	做家务	未选择	44464971	45132535	89597506	66.8	60.9	63.7
			选择	22117061	29013539	51130600	33.2	39.1	36.3
			总计	66582032	74146074	140728106	100.0	100.0	100.0
农村	60 至 64 岁	做家务	未选择	8128059	7047226	15175285	52.4	46.1	49.2
			选择	7391959	8247632	15639591	47.6	53.9	50.8
			总计	15520018	15294858	30814876	100.0	100.0	100.0
	65 至 69 岁	做家务	未选择	9160075	8394209	17554284	56.1	49.5	52.7
			选择	7155027	8578389	15733416	43.9	50.5	47.3
			总计	16315102	16972598	33287700	100.0	100.0	100.0
	70 至 74 岁	做家务	未选择	6999204	7097631	14096835	61.5	59.2	60.3
			选择	4376352	4888908	9265260	38.5	40.8	39.7
			总计	11375556	11986539	23362095	100.0	100.0	100.0
	75 至 79 岁	做家务	未选择	4827223	5184865	10012088	69.0	66.1	67.5
			选择	2165415	2653734	4819149	31.0	33.9	32.5
			总计	6992638	7838599	14831237	100.0	100.0	100.0
	80 至 84 岁	做家务	未选择	3169577	3907495	7077072	77.2	76.1	76.6
			选择	938031	1228243	2166274	22.8	23.9	23.4
			总计	4107608	5135738	9243346	100.0	100.0	100.0
	85 岁及以上	做家务	未选择	2412787	3799702	6212489	86.7	87.6	87.3
			选择	369393	535630	905023	13.3	12.4	12.7
			总计	2782180	4335332	7117512	100.0	100.0	100.0
	总计	做家务	未选择	34696925	35431128	70128053	60.8	57.6	59.1
			选择	22396177	26132536	48528713	39.2	42.4	40.9
			总计	57093102	61563664	118656766	100.0	100.0	100.0

2-8-1 按年龄、性别分的老年人是否帮子女照看孙子女/外孙子女

年龄（岁）			男	女	总计	男	女	总计
			人数（人）			%		
60至64岁	照看孙子女/外孙子女	未选择	18677704	16910764	35588468	51.4	45.8	48.6
		选择	17653429	19989532	37642961	48.6	54.2	51.4
		总计	36331133	36900296	73231429	100.0	100.0	100.0
65至69岁	照看孙子女/外孙子女	未选择	19327881	20629148	39957029	55.2	55.3	55.2
		选择	15703733	16686296	32390029	44.8	44.7	44.8
		总计	35031614	37315444	72347058	100.0	100.0	100.0
70至74岁	照看孙子女/外孙子女	未选择	15834881	18220195	34055076	68.1	72.5	70.4
		选择	7408120	6902413	14310533	31.9	27.5	29.6
		总计	23243001	25122608	48365609	100.0	100.0	100.0
75至79岁	照看孙子女/外孙子女	未选择	11280664	13634183	24914847	79.4	83.8	81.8
		选择	2931206	2627288	5558494	20.6	16.2	18.2
		总计	14211870	16261471	30473341	100.0	100.0	100.0
80至84岁	照看孙子女/外孙子女	未选择	7836439	10104237	17940676	88.3	91.1	89.9
		选择	1036067	985402	2021469	11.7	8.9	10.1
		总计	8872506	11089639	19962145	100.0	100.0	100.0
85岁及以上	照看孙子女/外孙子女	未选择	5654581	8661492	14316073	94.5	96.0	95.4
		选择	330428	358790	689218	5.5	4.0	4.6
		总计	5985009	9020282	15005291	100.0	100.0	100.0
总计	照看孙子女/外孙子女	未选择	78612150	88160019	166772169	63.6	65.0	64.3
		选择	45062983	47549721	92612704	36.4	35.0	35.7
		总计	123675133	135709740	259384873	100.0	100.0	100.0

2-8-2 按城乡、年龄、性别分的老年人是否帮子女照看孙子女/外孙子女

城乡	年龄（岁）			男	女	总计	男	女	总计
				人数（人）			%		
城镇	60至64岁	照看孙子女/外孙子女	未选择	10398790	9314047	19712837	50.0	43.1	46.5
			选择	10412325	12291390	22703715	50.0	56.9	53.5
			总计	20811115	21605437	42416552	100.0	100.0	100.0
	65至69岁	照看孙子女/外孙子女	未选择	9515278	10665002	20180280	50.8	52.4	51.7
			选择	9201234	9677844	18879078	49.2	47.6	48.3
			总计	18716512	20342846	39059358	100.0	100.0	100.0
	70至74岁	照看孙子女/外孙子女	未选择	7736656	9296964	17033620	65.2	70.8	68.1
			选择	4130790	3839105	7969895	34.8	29.2	31.9
			总计	11867446	13136069	25003515	100.0	100.0	100.0

续表

城乡	年龄（岁）			男	女	总计	男	女	总计
				人数（人）			%		
城镇	75 至 79 岁	照看孙子女/外孙子女	未选择	5643884	7108381	12752265	78.2	84.4	81.5
			选择	1575348	1314490	2889838	21.8	15.6	18.5
			总计	7219232	8422871	15642103	100.0	100.0	100.0
	80 至 84 岁	照看孙子女/外孙子女	未选择	4222798	5487921	9710719	88.6	92.2	90.6
			选择	542100	465980	1008080	11.4	7.8	9.4
			总计	4764898	5953901	10718799	100.0	100.0	100.0
	85 岁及以上	照看孙子女/外孙子女	未选择	3049939	4537556	7587495	95.2	96.9	96.2
			选择	152890	147394	300284	4.8	3.1	3.8
			总计	3202829	4684950	7887779	100.0	100.0	100.0
	总计	照看孙子女/外孙子女	未选择	40567345	46409871	86977216	60.9	62.6	61.8
			选择	26014687	27736203	53750890	39.1	37.4	38.2
			总计	66582032	74146074	140728106	100.0	100.0	100.0
农村	60 至 64 岁	照看孙子女/外孙子女	未选择	8278914	7596717	15875631	53.3	49.7	51.5
			选择	7241104	7698142	14939246	46.7	50.3	48.5
			总计	15520018	15294859	30814877	100.0	100.0	100.0
	65 至 69 岁	照看孙子女/外孙子女	未选择	9812603	9964146	19776749	60.1	58.7	59.4
			选择	6502499	7008452	13510951	39.9	41.3	40.6
			总计	16315102	16972598	33287700	100.0	100.0	100.0
	70 至 74 岁	照看孙子女/外孙子女	未选择	8098225	8923231	17021456	71.2	74.4	72.9
			选择	3277331	3063308	6340639	28.8	25.6	27.1
			总计	11375556	11986539	23362095	100.0	100.0	100.0
	75 至 79 岁	照看孙子女/外孙子女	未选择	5636780	6525802	12162582	80.6	83.3	82.0
			选择	1355858	1312798	2668656	19.4	16.7	18.0
			总计	6992638	7838600	14831238	100.0	100.0	100.0
	80 至 84 岁	照看孙子女/外孙子女	未选择	3613641	4616316	8229957	88.0	89.9	89.0
			选择	493967	519422	1013389	12.0	10.1	11.0
			总计	4107608	5135738	9243346	100.0	100.0	100.0
	85 岁及以上	照看孙子女/外孙子女	未选择	2604642	4123936	6728578	93.6	95.1	94.5
			选择	177538	211396	388934	6.4	4.9	5.5
			总计	2782180	4335332	7117512	100.0	100.0	100.0
	总计	照看孙子女/外孙子女	未选择	38044805	41750148	79794953	66.6	67.8	67.2
			选择	19048297	19813518	38861815	33.4	32.2	32.8
			总计	57093102	61563666	118656768	100.0	100.0	100.0

2-9-1 按年龄、性别分的老年人是否帮子女干农活

年龄（岁）			男	女	总计	男	女	总计
			人数（人）			%		
60至64岁	干农活	未选择	25921537	27762722	53684259	71.3	75.2	73.3
		选择	10409596	9137574	19547170	28.7	24.8	26.7
		总计	36331133	36900296	73231429	100.0	100.0	100.0
65至69岁	干农活	未选择	25156388	28416378	53572766	71.8	76.2	74.0
		选择	9875225	8899065	18774290	28.2	23.8	26.0
		总计	35031613	37315443	72347056	100.0	100.0	100.0
70至74岁	干农活	未选择	17681276	20784465	38465741	76.1	82.7	79.5
		选择	5561725	4338143	9899868	23.9	17.3	20.5
		总计	23243001	25122608	48365609	100.0	100.0	100.0
75至79岁	干农活	未选择	11850463	14370367	26220830	83.4	88.4	86.0
		选择	2361407	1891104	4252511	16.6	11.6	14.0
		总计	14211870	16261471	30473341	100.0	100.0	100.0
80至84岁	干农活	未选择	8073132	10466056	18539188	91.0	94.4	92.9
		选择	799374	623582	1422956	9.0	5.6	7.1
		总计	8872506	11089638	19962144	100.0	100.0	100.0
85岁及以上	干农活	未选择	5737318	8827115	14564433	95.9	97.9	97.1
		选择	247691	193168	440859	4.1	2.1	2.9
		总计	5985009	9020283	15005292	100.0	100.0	100.0
总计	干农活	未选择	94420114	110627103	205047217	76.3	81.5	79.1
		选择	29255018	25082636	54337654	23.7	18.5	20.9
		总计	123675132	135709739	259384871	100.0	100.0	100.0

2-9-2 按城乡、年龄、性别分的老年人是否帮子女干农活

城乡	年龄（岁）			男	女	总计	男	女	总计
				人数（人）			%		
城镇	60至64岁	干农活	未选择	17489222	18516556	36005778	84.0	85.7	84.9
			选择	3321893	3088882	6410775	16.0	14.3	15.1
			总计	20811115	21605438	42416553	100.0	100.0	100.0
	65至69岁	干农活	未选择	15647332	17470099	33117431	83.6	85.9	84.8
			选择	3069180	2872746	5941926	16.4	14.1	15.2
			总计	18716512	20342845	39059357	100.0	100.0	100.0
	70至74岁	干农活	未选择	10224170	11798300	22022470	86.2	89.8	88.1
			选择	1643276	1337770	2981046	13.8	10.2	11.9

续表

城乡	年龄（岁）			男	女	总计	男	女	总计
				人数（人）			%		
城镇	70至74岁	干农活	总计	11867446	13136070	25003516	100.0	100.0	100.0
	75至79岁	干农活	未选择	6523092	7854807	14377899	90.4	93.3	91.9
			选择	696141	568064	1264205	9.6	6.7	8.1
			总计	7219233	8422871	15642104	100.0	100.0	100.0
	80至84岁	干农活	未选择	4541498	5751879	10293377	95.3	96.6	96.0
			选择	223400	202022	425422	4.7	3.4	4.0
			总计	4764898	5953901	10718799	100.0	100.0	100.0
	85岁及以上	干农活	未选择	3150247	4630674	7780921	98.4	98.8	98.6
			选择	52582	54276	106858	1.6	1.2	1.4
			总计	3202829	4684950	7887779	100.0	100.0	100.0
	总计	干农活	未选择	57575561	66022315	123597876	86.5	89.0	87.8
			选择	9006472	8123760	17130232	13.5	11.0	12.2
			总计	66582033	74146075	140728108	100.0	100.0	100.0
农村	60至64岁	干农活	未选择	8432315	9246166	17678481	54.3	60.5	57.4
			选择	7087703	6048692	13136395	45.7	39.5	42.6
			总计	15520018	15294858	30814876	100.0	100.0	100.0
	65至69岁	干农活	未选择	9509056	10946279	20455335	58.3	64.5	61.5
			选择	6806045	6026319	12832364	41.7	35.5	38.5
			总计	16315101	16972598	33287699	100.0	100.0	100.0
	70至74岁	干农活	未选择	7457106	8986166	16443272	65.6	75.0	70.4
			选择	3918450	3000373	6918823	34.4	25.0	29.6
			总计	11375556	11986539	23362095	100.0	100.0	100.0
	75至79岁	干农活	未选择	5327371	6515559	11842930	76.2	83.1	79.9
			选择	1665266	1323040	2988306	23.8	16.9	20.1
			总计	6992637	7838599	14831236	100.0	100.0	100.0
	80至84岁	干农活	未选择	3531634	4714177	8245811	86.0	91.8	89.2
			选择	575974	421561	997535	14.0	8.2	10.8
			总计	4107608	5135738	9243346	100.0	100.0	100.0
	85岁及以上	干农活	未选择	2587071	4196440	6783511	93.0	96.8	95.3
			选择	195109	138891	334000	7.0	3.2	4.7
			总计	2782180	4335331	7117511	100.0	100.0	100.0
	总计	干农活	未选择	36844553	44604787	81449340	64.5	72.5	68.6
			选择	20248547	16958876	37207423	35.5	27.5	31.4
			总计	57093100	61563663	118656763	100.0	100.0	100.0

2-10-1 按年龄、性别分的老年人是否由子女轮流赡养

年龄（岁）			男	女	总计	男	女	总计
			人数（人）			%		
60至64岁	您是不是由子女轮流赡养?	是	2837326	3412806	6250132	7.8	9.2	8.5
		否	33465200	33482893	66948093	92.2	90.8	91.5
		总计	36302526	36895699	73198225	100.0	100.0	100.0
65至69岁	您是不是由子女轮流赡养?	是	3111883	3957418	7069301	8.9	10.6	9.8
		否	31913040	33348938	65261978	91.1	89.4	90.2
		总计	35024923	37306356	72331279	100.0	100.0	100.0
70至74岁	您是不是由子女轮流赡养?	是	2306936	3109304	5416240	9.9	12.4	11.2
		否	20930808	22010363	42941171	90.1	87.6	88.8
		总计	23237744	25119667	48357411	100.0	100.0	100.0
75至79岁	您是不是由子女轮流赡养?	是	1789243	2756538	4545781	12.6	17.0	14.9
		否	12421032	13499949	25920981	87.4	83.0	85.1
		总计	14210275	16256487	30466762	100.0	100.0	100.0
80至84岁	您是不是由子女轮流赡养?	是	1526797	2621202	4147999	17.2	23.6	20.8
		否	7345709	8468213	15813922	82.8	76.4	79.2
		总计	8872506	11089415	19961921	100.0	100.0	100.0
85岁及以上	您是不是由子女轮流赡养?	是	1521025	3067124	4588149	25.4	34.0	30.6
		否	4462142	5953004	10415146	74.6	66.0	69.4
		总计	5983167	9020128	15003295	100.0	100.0	100.0
总计	您是不是由子女轮流赡养?	是	13093210	18924392	32017602	10.6	13.9	12.3
		否	110537931	116763360	227301291	89.4	86.1	87.7
		总计	123631141	135687752	259318893	100.0	100.0	100.0

2-10-2 按城乡、年龄、性别分的老年人是否由子女轮流赡养

城乡	年龄（岁）			男	女	总计	男	女	总计
				人数（人）			%		
城镇	60至64岁	您是不是由子女轮流赡养?	是	1502343	1748280	3250623	7.2	8.1	7.7
			否	19288050	19853295	39141345	92.8	91.9	92.3
			总计	20790393	21601575	42391968	100.0	100.0	100.0
	65至69岁	您是不是由子女轮流赡养?	是	1442263	1874606	3316869	7.7	9.2	8.5
			否	17272367	18461758	35734125	92.3	90.8	91.5
			总计	18714630	20336364	39050994	100.0	100.0	100.0
	70至74岁	您是不是由子女轮流赡养?	是	992435	1528192	2520627	8.4	11.6	10.1
			否	10875010	11605989	22480999	91.6	88.4	89.9
			总计	11867445	13134181	25001626	100.0	100.0	100.0

续表

城乡	年龄（岁）			男	女	总计	男	女	总计
				人数（人）			%		
城镇	75至79岁	您是不是由子女轮流赡养？	是	786882	1218310	2005192	10.9	14.5	12.8
			否	6432007	7202915	13634922	89.1	85.5	87.2
			总计	7218889	8421225	15640114	100.0	100.0	100.0
	80至84岁	您是不是由子女轮流赡养？	是	699935	1241555	1941490	14.7	20.9	18.1
			否	4064964	4712345	8777309	85.3	79.1	81.9
			总计	4764899	5953900	10718799	100.0	100.0	100.0
	85岁及以上	您是不是由子女轮流赡养？	是	698539	1501035	2199574	21.8	32.0	27.9
			否	2504290	3183916	5688206	78.2	68.0	72.1
			总计	3202829	4684951	7887780	100.0	100.0	100.0
	总计	您是不是由子女轮流赡养？	是	6122397	9111978	15234375	9.2	12.3	10.8
			否	60436688	65020218	125456906	90.8	87.7	89.2
			总计	66559085	74132196	140691281	100.0	100.0	100.0
农村	60至64岁	您是不是由子女轮流赡养？	是	1334982	1664525	2999507	8.6	10.9	9.7
			否	14177150	13629598	27806748	91.4	89.1	90.3
			总计	15512132	15294123	30806255	100.0	100.0	100.0
	65至69岁	您是不是由子女轮流赡养？	是	1669620	2082812	3752432	10.2	12.3	11.3
			否	14640673	14887181	29527854	89.8	87.7	88.7
			总计	16310293	16969993	33280286	100.0	100.0	100.0
	70至74岁	您是不是由子女轮流赡养？	是	1314501	1581113	2895614	11.6	13.2	12.4
			否	10055797	10404374	20460171	88.4	86.8	87.6
			总计	11370298	11985487	23355785	100.0	100.0	100.0
	75至79岁	您是不是由子女轮流赡养？	是	1002361	1538228	2540589	14.3	19.6	17.1
			否	5989025	6297033	12286058	85.7	80.4	82.9
			总计	6991386	7835261	14826647	100.0	100.0	100.0
	80至84岁	您是不是由子女轮流赡养？	是	826862	1379646	2206508	20.1	26.9	23.9
			否	3280746	3755867	7036613	79.9	73.1	76.1
			总计	4107608	5135513	9243121	100.0	100.0	100.0
	85岁及以上	您是不是由子女轮流赡养？	是	822486	1566089	2388575	29.6	36.1	33.6
			否	1957852	2769088	4726940	70.4	63.9	66.4
			总计	2780338	4335177	7115515	100.0	100.0	100.0
	总计	您是不是由子女轮流赡养？	是	6970812	9812413	16783225	12.2	15.9	14.1
			否	50101243	51743141	101844384	87.8	84.1	85.9
			总计	57072055	61555554	118627609	100.0	100.0	100.0

2-11-1 按年龄、性别分的老年人认为自己子女孝顺状况

年龄（岁）			男	女	总计	男	女	总计
			人数（人）			%		
60至64岁	您觉得您的子女孝顺吗?	孝顺	32098799	32788513	64887312	88.4	88.9	88.7
		一般	3917786	3798451	7716237	10.8	10.3	10.5
		不孝顺	165805	136544	302349	0.5	0.4	0.4
		有的孝顺，有的不孝顺	115729	165441	281170	0.3	0.4	0.4
		总计	36298119	36888949	73187068	100.0	100.0	100.0
65至69岁	您觉得您的子女孝顺吗?	孝顺	30481063	32712878	63193941	87.0	87.7	87.4
		一般	4115657	4136102	8251759	11.8	11.1	11.4
		不孝顺	257407	207714	465121	0.7	0.6	0.6
		有的孝顺，有的不孝顺	170796	249662	420458	0.5	0.7	0.6
		总计	35024923	37306356	72331279	100.0	100.0	100.0
70至74岁	您觉得您的子女孝顺吗?	孝顺	19978784	21887570	41866354	86.0	87.1	86.6
		一般	2944689	2810195	5754884	12.7	11.2	11.9
		不孝顺	110308	186370	296678	0.5	0.7	0.6
		有的孝顺，有的不孝顺	203964	235532	439496	0.9	0.9	0.9
		总计	23237745	25119667	48357412	100.0	100.0	100.0
75至79岁	您觉得您的子女孝顺吗?	孝顺	12011979	13929407	25941386	84.5	85.7	85.1
		一般	1908049	1940199	3848248	13.4	11.9	12.6
		不孝顺	108491	113452	221943	0.8	0.7	0.7
		有的孝顺，有的不孝顺	181756	273427	455183	1.3	1.7	1.5
		总计	14210275	16256485	30466760	100.0	100.0	100.0
80至84岁	您觉得您的子女孝顺吗?	孝顺	7443790	9640581	17084371	83.9	86.9	85.6
		一般	1210390	1186397	2396787	13.6	10.7	12.0
		不孝顺	67787	71386	139173	0.8	0.6	0.7
		有的孝顺，有的不孝顺	150538	191050	341588	1.7	1.7	1.7
		总计	8872505	11089414	19961919	100.0	100.0	100.0
85岁及以上	您觉得您的子女孝顺吗?	孝顺	5186115	7933035	13119150	86.7	87.9	87.4
		一般	637061	818436	1455497	10.6	9.1	9.7
		不孝顺	37591	51097	88688	0.6	0.6	0.6
		有的孝顺，有的不孝顺	122400	217560	339960	2.0	2.4	2.3
		总计	5983167	9020128	15003295	100.0	100.0	100.0
总计	您觉得您的子女孝顺吗?	孝顺	107200530	118891984	226092514	86.7	87.6	87.2
		一般	14733632	14689780	29423412	11.9	10.8	11.3
		不孝顺	747389	766563	1513952	0.6	0.6	0.6
		有的孝顺，有的不孝顺	945183	1332672	2277855	0.8	1.0	0.9
		总计	123626734	135680999	259307733	100.0	100.0	100.0

2-11-2 按城乡、年龄、性别分的老年人认为自己子女孝顺状况

城乡	年龄（岁）			男	女	总计	男	女	总计
				人数（人）			%		
	60至64岁	您觉得您的子女孝顺吗？	孝顺	18364687	19300447	37665134	88.4	89.3	88.9
			一般	2282891	2157010	4439901	11.0	10.0	10.5
			不孝顺	87309	68136	155445	0.4	0.3	0.4
			有的孝顺，有的不孝顺	51100	75983	127083	0.2	0.4	0.3
			总计	20785987	21601576	42387563	100.0	100.0	100.0
	65至69岁	您觉得您的子女孝顺吗？	孝顺	16405388	17991368	34396756	87.7	88.5	88.1
			一般	2109208	2148744	4257952	11.3	10.6	10.9
			不孝顺	130690	98663	229353	0.7	0.5	0.6
			有的孝顺，有的不孝顺	69344	97589	166933	0.4	0.5	0.4
			总计	18714630	20336364	39050994	100.0	100.0	100.0
	70至74岁	您觉得您的子女孝顺吗？	孝顺	10334135	11579003	21913138	87.1	88.2	87.6
			一般	1418697	1389099	2807796	12.0	10.6	11.2
			不孝顺	43328	78113	121441	0.4	0.6	0.5
			有的孝顺，有的不孝顺	71285	87966	159251	0.6	0.7	0.6
			总计	11867445	13134181	25001626	100.0	100.0	100.0
城镇	75至79岁	您觉得您的子女孝顺吗？	孝顺	6258958	7337344	13596302	86.7	87.1	86.9
			一般	844070	917651	1761721	11.7	10.9	11.3
			不孝顺	46613	42436	89049	0.6	0.5	0.6
			有的孝顺，有的不孝顺	69248	123794	193042	1.0	1.5	1.2
			总计	7218889	8421225	15640114	100.0	100.0	100.0
	80至84岁	您觉得您的子女孝顺吗？	孝顺	4087032	5226954	9313986	85.8	87.8	86.9
			一般	586393	585859	1172252	12.3	9.8	10.9
			不孝顺	31229	45558	76787	0.7	0.8	0.7
			有的孝顺，有的不孝顺	60245	95529	155774	1.3	1.6	1.5
			总计	4764899	5953900	10718799	100.0	100.0	100.0
	85岁及以上	您觉得您的子女孝顺吗？	孝顺	2826753	4170579	6997332	88.3	89.0	88.7
			一般	298471	400173	698644	9.3	8.5	8.9
			不孝顺	16481	14384	30865	0.5	0.3	0.4
			有的孝顺，有的不孝顺	61124	99814	160938	1.9	2.1	2.0
			总计	3202829	4684950	7887779	100.0	100.0	100.0
	总计	您觉得您的子女孝顺吗？	孝顺	58276953	65605695	123882648	87.6	88.5	88.1
			一般	7539730	7598536	15138266	11.3	10.2	10.8
			不孝顺	355650	347290	702940	0.5	0.5	0.5
			有的孝顺，有的不孝顺	382346	580675	963021	0.6	0.8	0.7
			总计	66554679	74132196	140686875	100.0	100.0	100.0

续表

城乡	年龄（岁）			男	女	总计	男	女	总计
				人数（人）			%		
农村	60至64岁	您觉得您的子女孝顺吗?	孝顺	13734112	13488067	27222179	88.5	88.2	88.4
			一般	1634894	1641440	3276334	10.5	10.7	10.6
			不孝顺	78496	68408	146904	0.5	0.4	0.5
			有的孝顺，有的不孝顺	64629	89459	154088	0.4	0.6	0.5
			总计	15512131	15287374	30799505	100.0	100.0	100.0
	65至69岁	您觉得您的子女孝顺吗?	孝顺	14075675	14721510	28797185	86.3	86.8	86.5
			一般	2006449	1987359	3993808	12.3	11.7	12.0
			不孝顺	126717	109051	235768	0.8	0.6	0.7
			有的孝顺，有的不孝顺	101452	152073	253525	0.6	0.9	0.8
			总计	16310293	16969993	33280286	100.0	100.0	100.0
	70至74岁	您觉得您的子女孝顺吗?	孝顺	9644649	10308567	19953216	84.8	86.0	85.4
			一般	1525992	1421095	2947087	13.4	11.9	12.6
			不孝顺	66980	108258	175238	0.6	0.9	0.8
			有的孝顺，有的不孝顺	132679	147566	280245	1.2	1.2	1.2
			总计	11370300	11985486	23355786	100.0	100.0	100.0
	75至79岁	您觉得您的子女孝顺吗?	孝顺	5753021	6592064	12345085	82.3	84.1	83.3
			一般	1063978	1022548	2086526	15.2	13.1	14.1
			不孝顺	61878	71017	132895	0.9	0.9	0.9
			有的孝顺，有的不孝顺	112507	149633	262140	1.6	1.9	1.8
			总计	6991384	7835262	14826646	100.0	100.0	100.0
	80至84岁	您觉得您的子女孝顺吗?	孝顺	3356759	4413627	7770386	81.7	85.9	84.1
			一般	623997	600538	1224535	15.2	11.7	13.2
			不孝顺	36558	25828	62386	0.9	0.5	0.7
			有的孝顺，有的不孝顺	90293	95521	185814	2.2	1.9	2.0
			总计	4107607	5135514	9243121	100.0	100.0	100.0
	85岁及以上	您觉得您的子女孝顺吗?	孝顺	2359362	3762456	6121818	84.9	86.8	86.0
			一般	338589	418263	756852	12.2	9.6	10.6
			不孝顺	21110	36713	57823	0.8	0.8	0.8
			有的孝顺，有的不孝顺	61276	117745	179021	2.2	2.7	2.5
			总计	2780337	4335177	7115514	100.0	100.0	100.0
	总计	您觉得您的子女孝顺吗?	孝顺	48923578	53286291	102209869	85.7	86.6	86.2
			一般	7193899	7091243	14285142	12.6	11.5	12.0
			不孝顺	391739	419275	811014	0.7	0.7	0.7
			有的孝顺，有的不孝顺	562836	751997	1314833	1.0	1.2	1.1
			总计	57072052	61548806	118620858	100.0	100.0	100.0

第三部分　老年人健康医疗状况

3-1-1 按年龄、性别分的老年人慢性病患病情况

年龄（岁）			男	女	总计	男	女	总计
			人数（人）			%		
60至64岁	慢病	是	26795695	29326405	56122100	71.4	78.8	75.1
		否	10747887	7881271	18629158	28.6	21.2	24.9
		总计	37543582	37207676	74751258	100.0	100.0	100.0
65至69岁	慢病	是	27431065	31088821	58519886	75.6	82.6	79.2
		否	8870060	6540674	15410734	24.4	17.4	20.8
		总计	36301125	37629495	73930620	100.0	100.0	100.0
70至74岁	慢病	是	19014488	21913196	40927684	79.1	86.6	83.0
		否	5014710	3385019	8399729	20.9	13.4	17.0
		总计	24029198	25298215	49327413	100.0	100.0	100.0
75至79岁	慢病	是	12114146	14310607	26424753	82.4	87.4	85.1
		否	2580805	2061151	4641956	17.6	12.6	14.9
		总计	14694951	16371758	31066709	100.0	100.0	100.0
80至84岁	慢病	是	7584468	9711812	17296280	82.8	86.9	85.1
		否	1573505	1466409	3039914	17.2	13.1	14.9
		总计	9157973	11178221	20336194	100.0	100.0	100.0
85岁及以上	慢病	是	4836100	7658308	12494408	79.5	84.2	82.3
		否	1245260	1432791	2678051	20.5	15.8	17.7
		总计	6081360	9091099	15172459	100.0	100.0	100.0
总计	慢病	是	97775962	114009149	211785111	76.5	83.4	80.0
		否	30032227	22767315	52799542	23.5	16.6	20.0
		总计	127808189	136776464	264584653	100.0	100.0	100.0

3-1-2 按城乡、年龄、性别分的老年人慢性病患病情况

城乡	年龄（岁）			男	女	总计	男	女	总计
				人数（人）			%		
城镇	60至64岁	慢病	是	15268891	16961079	32229970	71.7	77.7	74.7
			否	6034911	4858260	10893171	28.3	22.3	25.3
			总计	21303802	21819339	43123141	100.0	100.0	100.0
	65至69岁	慢病	是	14440273	16947306	31387579	75.3	82.4	79.0
			否	4725910	3628779	8354689	24.7	17.6	21.0
			总计	19166183	20576085	39742268	100.0	100.0	100.0

续表

城乡	年龄（岁）			男	女	总计	男	女	总计
				人数（人）			%		
城镇	70 至 74 岁	慢病	是	9641335	11547007	21188342	79.4	87.1	83.4
			否	2499552	1709588	4209140	20.6	12.9	16.6
			总计	12140887	13256595	25397482	100.0	100.0	100.0
	75 至 79 岁	慢病	是	6187409	7458425	13645834	83.9	87.8	86.0
			否	1190484	1035952	2226436	16.1	12.2	14.0
			总计	7377893	8494377	15872270	100.0	100.0	100.0
	80 至 84 岁	慢病	是	4096124	5312641	9408765	84.2	88.6	86.6
			否	769718	683395	1453113	15.8	11.4	13.4
			总计	4865842	5996036	10861878	100.0	100.0	100.0
	85 岁及以上	慢病	是	2627476	4126363	6753839	81.0	87.4	84.8
			否	616306	596490	1212796	19.0	12.6	15.2
			总计	3243782	4722853	7966635	100.0	100.0	100.0
	总计	慢病	是	52261508	62352821	114614329	76.7	83.3	80.2
			否	15836881	12512464	28349345	23.3	16.7	19.8
			总计	68098389	74865285	142963674	100.0	100.0	100.0
农村	60 至 64 岁	慢病	是	11526804	12365327	23892131	71.0	80.4	75.5
			否	4712976	3023012	7735988	29.0	19.6	24.5
			总计	16239780	15388339	31628119	100.0	100.0	100.0
	65 至 69 岁	慢病	是	12990792	14141515	27132307	75.8	82.9	79.4
			否	4144149	2911895	7056044	24.2	17.1	20.6
			总计	17134941	17053410	34188351	100.0	100.0	100.0
	70 至 74 岁	慢病	是	9373154	10366188	19739342	78.8	86.1	82.5
			否	2515158	1675431	4190589	21.2	13.9	17.5
			总计	11888312	12041619	23929931	100.0	100.0	100.0
	75 至 79 岁	慢病	是	5926736	6852182	12778918	81.0	87.0	84.1
			否	1390321	1025199	2415520	19.0	13.0	15.9
			总计	7317057	7877381	15194438	100.0	100.0	100.0
	80 至 84 岁	慢病	是	3488344	4399171	7887515	81.3	84.9	83.3
			否	803787	783014	1586801	18.7	15.1	16.7
			总计	4292131	5182185	9474316	100.0	100.0	100.0
	85 岁及以上	慢病	是	2208625	3531944	5740569	77.8	80.9	79.7
			否	628954	836301	1465255	22.2	19.1	20.3
			总计	2837579	4368245	7205824	100.0	100.0	100.0
	总计	慢病	是	45514455	51656327	97170782	76.2	83.4	79.9
			否	14195345	10254852	24450197	23.8	16.6	20.1
			总计	59709800	61911179	121620979	100.0	100.0	100.0

3-2-1 按年龄、性别分的老年人抽烟状况

年龄（岁）			男	女	总计	男	女	总计
			人数（人）			%		
60 至 64 岁	您抽烟吗?	经常	15910196	981347	16891543	42.4	2.6	22.6
		偶尔	4709443	480949	5190392	12.5	1.3	6.9
		不吸烟	16923943	35745380	52669323	45.1	96.1	70.5
		总计	37543582	37207676	74751258	100.0	100.0	100.0
65 至 69 岁	您抽烟吗?	经常	13986923	954860	14941783	38.5	2.5	20.2
		偶尔	4301958	444038	4745996	11.9	1.2	6.4
		不吸烟	18012243	36230596	54242839	49.6	96.3	73.4
		总计	36301124	37629494	73930618	100.0	100.0	100.0
70 至 74 岁	您抽烟吗?	经常	7906176	762418	8668594	32.9	3.0	17.6
		偶尔	2767319	336771	3104090	11.5	1.3	6.3
		不吸烟	13355704	24199026	37554730	55.6	95.7	76.1
		总计	24029199	25298215	49327414	100.0	100.0	100.0
75 至 79 岁	您抽烟吗?	经常	4127177	485189	4612366	28.1	3.0	14.8
		偶尔	1646797	308899	1955696	11.2	1.9	6.3
		不吸烟	8920977	15577670	24498647	60.7	95.1	78.9
		总计	14694951	16371758	31066709	100.0	100.0	100.0
80 至 84 岁	您抽烟吗?	经常	2143711	416603	2560314	23.4	3.7	12.6
		偶尔	1038574	212146	1250720	11.3	1.9	6.2
		不吸烟	5975688	10549472	16525160	65.3	94.4	81.3
		总计	9157973	11178221	20336194	100.0	100.0	100.0
85 岁及以上	您抽烟吗?	经常	1122617	309084	1431701	18.5	3.4	9.4
		偶尔	570689	153725	724414	9.4	1.7	4.8
		不吸烟	4388055	8628290	13016345	72.2	94.9	85.8
		总计	6081361	9091099	15172460	100.0	100.0	100.0
总计	您抽烟吗?	经常	45196800	3909501	49106301	35.4	2.9	18.6
		偶尔	15034780	1936528	16971308	11.8	1.4	6.4
		不吸烟	67576610	130930434	198507044	52.9	95.7	75.0
		总计	127808190	136776463	264584653	100.0	100.0	100.0

3-2-2 按城乡、年龄、性别分的老年人抽烟状况

城乡	年龄（岁）			男	女	总计	男	女	总计
				人数（人）			%		
城镇	60至64岁	您抽烟吗?	经常	8807322	444912	9252234	41.3	2.0	21.5
			偶尔	2608737	265293	2874030	12.2	1.2	6.7
			不吸烟	9887744	21109133	30996877	46.4	96.7	71.9
			总计	21303803	21819338	43123141	100.0	100.0	100.0
	65至69岁	您抽烟吗?	经常	6940966	402285	7343251	36.2	2.0	18.5
			偶尔	2223130	182912	2406042	11.6	0.9	6.1
			不吸烟	10002087	19990888	29992975	52.2	97.2	75.5
			总计	19166183	20576085	39742268	100.0	100.0	100.0
	70至74岁	您抽烟吗?	经常	3676019	294946	3970965	30.3	2.2	15.6
			偶尔	1341966	163930	1505896	11.1	1.2	5.9
			不吸烟	7122902	12797720	19920622	58.7	96.5	78.4
			总计	12140887	13256596	25397483	100.0	100.0	100.0
	75至79岁	您抽烟吗?	经常	1745297	210987	1956284	23.7	2.5	12.3
			偶尔	722496	142671	865167	9.8	1.7	5.5
			不吸烟	4910099	8140719	13050818	66.6	95.8	82.2
			总计	7377892	8494377	15872269	100.0	100.0	100.0
	80至84岁	您抽烟吗?	经常	969353	195028	1164381	19.9	3.3	10.7
			偶尔	500538	101987	602525	10.3	1.7	5.5
			不吸烟	3395952	5699020	9094972	69.8	95.0	83.7
			总计	4865843	5996035	10861878	100.0	100.0	100.0
	85岁及以上	您抽烟吗?	经常	454543	130826	585369	14.0	2.8	7.3
			偶尔	227382	76851	304233	7.0	1.6	3.8
			不吸烟	2561857	4515176	7077033	79.0	95.6	88.8
			总计	3243782	4722853	7966635	100.0	100.0	100.0
	总计	您抽烟吗?	经常	22593500	1678984	24272484	33.2	2.2	17.0
			偶尔	7624249	933644	8557893	11.2	1.2	6.0
			不吸烟	37880641	72252656	110133297	55.6	96.5	77.0
			总计	68098390	74865284	142963674	100.0	100.0	100.0
农村	60至64岁	您抽烟吗?	经常	7102874	536435	7639309	43.7	3.5	24.2
			偶尔	2100706	215656	2316362	12.9	1.4	7.3
			不吸烟	7036200	14636247	21672447	43.3	95.1	68.5
			总计	16239780	15388338	31628118	100.0	100.0	100.0
	65至69岁	您抽烟吗?	经常	7045957	552576	7598533	41.1	3.2	22.2
			偶尔	2078828	261126	2339954	12.1	1.5	6.8

续表

城乡	年龄（岁）			男	女	总计	男	女	总计
				人数（人）			%		
农村	65 至 69 岁	您抽烟吗？	不吸烟	8010156	16239709	24249865	46.7	95.2	70.9
			总计	17134941	17053411	34188352	100.0	100.0	100.0
	70 至 74 岁	您抽烟吗？	经常	4230157	467472	4697629	35.6	3.9	19.6
			偶尔	1425352	172842	1598194	12.0	1.4	6.7
			不吸烟	6232802	11401306	17634108	52.4	94.7	73.7
			总计	11888311	12041620	23929931	100.0	100.0	100.0
	75 至 79 岁	您抽烟吗？	经常	2381880	274202	2656082	32.6	3.5	17.5
			偶尔	924300	166227	1090527	12.6	2.1	7.2
			不吸烟	4010878	7436952	11447830	54.8	94.4	75.3
			总计	7317058	7877381	15194439	100.0	100.0	100.0
	80 至 84 岁	您抽烟吗？	经常	1174358	221574	1395932	27.4	4.3	14.7
			偶尔	538037	110159	648196	12.5	2.1	6.8
			不吸烟	2579736	4850452	7430188	60.1	93.6	78.4
			总计	4292131	5182185	9474316	100.0	100.0	100.0
	85 岁及以上	您抽烟吗？	经常	668075	178258	846333	23.5	4.1	11.7
			偶尔	343307	76874	420181	12.1	1.8	5.8
			不吸烟	1826198	4113113	5939311	64.4	94.2	82.4
			总计	2837580	4368245	7205825	100.0	100.0	100.0
	总计	您抽烟吗？	经常	22603301	2230517	24833818	37.9	3.6	20.4
			偶尔	7410530	1002884	8413414	12.4	1.6	6.9
			不吸烟	29695970	58677779	88373749	49.7	94.8	72.7
			总计	59709801	61911180	121620981	100.0	100.0	100.0

3-3-1 按年龄、性别分的老年人吃保健品状况

年龄（岁）			男	女	总计	男	女	总计
			人数（人）			%		
60 至 64 岁	您吃保健品吗？	经常	1191135	1698281	2889416	3.2	4.6	3.9
		偶尔	3235941	3867944	7103885	8.6	10.4	9.5
		不吃	33116506	31641451	64757957	88.2	85.0	86.6
		总计	37543582	37207676	74751258	100.0	100.0	100.0
65 至 69 岁	您吃保健品吗？	经常	1511621	1927475	3439096	4.2	5.1	4.7
		偶尔	3527359	4277488	7804847	9.7	11.4	10.6
		不吃	31262145	31424532	62686677	86.1	83.5	84.8
		总计	36301125	37629495	73930620	100.0	100.0	100.0

续表

年龄（岁）			男	女	总计	男	女	总计
			人数（人）			%		
70 至 74 岁	您吃保健品吗？	经常	1173888	1522950	2696838	4.9	6.0	5.5
		偶尔	2957283	3211142	6168425	12.3	12.7	12.5
		不吃	19898027	20564123	40462150	82.8	81.3	82.0
		总计	24029198	25298215	49327413	100.0	100.0	100.0
75 至 79 岁	您吃保健品吗？	经常	913157	1177157	2090314	6.2	7.2	6.7
		偶尔	2000316	2149931	4150247	13.6	13.1	13.4
		不吃	11781478	13044670	24826148	80.2	79.7	79.9
		总计	14694951	16371758	31066709	100.0	100.0	100.0
80 至 84 岁	您吃保健品吗？	经常	594797	923711	1518508	6.5	8.3	7.5
		偶尔	1359890	1566898	2926788	14.8	14.0	14.4
		不吃	7203286	8687611	15890897	78.7	77.7	78.1
		总计	9157973	11178220	20336193	100.0	100.0	100.0
85 岁及以上	您吃保健品吗？	经常	531629	628792	1160421	8.7	6.9	7.6
		偶尔	839640	1251728	2091368	13.8	13.8	13.8
		不吃	4710091	7210579	11920670	77.5	79.3	78.6
		总计	6081360	9091099	15172459	100.0	100.0	100.0
总计	您吃保健品吗？	经常	5916227	7878366	13794593	4.6	5.8	5.2
		偶尔	13920429	16325131	30245560	10.9	11.9	11.4
		不吃	107971533	112572966	220544499	84.5	82.3	83.4
		总计	127808189	136776463	264584652	100.0	100.0	100.0

3-3-2 按城乡、年龄、性别分的老年人吃保健品状况

城乡	年龄（岁）			男	女	总计	男	女	总计
				人数（人）			%		
城镇	60 至 64 岁	您吃保健品吗？	经常	693856	1028277	1722133	3.3	4.7	4.0
			偶尔	1818154	2346475	4164629	8.5	10.8	9.7
			不吃	18791792	18444586	37236378	88.2	84.5	86.3
			总计	21303802	21819338	43123140	100.0	100.0	100.0
	65 至 69 岁	您吃保健品吗？	经常	800033	1131637	1931670	4.2	5.5	4.9
			偶尔	1725222	2484548	4209770	9.0	12.1	10.6
			不吃	16640929	16959900	33600829	86.8	82.4	84.5
			总计	19166184	20576085	39742269	100.0	100.0	100.0
	70 至 74 岁	您吃保健品吗？	经常	669352	880408	1549760	5.5	6.6	6.1
			偶尔	1441610	1674251	3115861	11.9	12.6	12.3
			不吃	10029924	10701936	20731860	82.6	80.7	81.6

续表

城乡	年龄（岁）			男	女	总计	男	女	总计
				人数（人）			%		
	70 至 74 岁	您吃保健品吗？	总计	12140886	13256595	25397481	100.0	100.0	100.0
	75 至 79 岁	您吃保健品吗？	经常	480286	656046	1136332	6.5	7.7	7.2
			偶尔	961020	1119259	2080279	13.0	13.2	13.1
			不吃	5936588	6719072	12655660	80.5	79.1	79.7
			总计	7377894	8494377	15872271	100.0	100.0	100.0
	80 至 84 岁	您吃保健品吗？	经常	333910	552183	886093	6.9	9.2	8.2
			偶尔	736059	766175	1502234	15.1	12.8	13.8
			不吃	3795873	4677677	8473550	78.0	78.0	78.0
城镇			总计	4865842	5996035	10861877	100.0	100.0	100.0
	85 岁及以上	您吃保健品吗？	经常	300631	318812	619443	9.3	6.8	7.8
			偶尔	416544	635741	1052285	12.8	13.5	13.2
			不吃	2526606	3768300	6294906	77.9	79.8	79.0
			总计	3243781	4722853	7966634	100.0	100.0	100.0
	总计	您吃保健品吗？	经常	3278068	4567363	7845431	4.8	6.1	5.5
			偶尔	7098609	9026449	16125058	10.4	12.1	11.3
			不吃	57721712	61271471	118993183	84.8	81.8	83.2
			总计	68098389	74865283	142963672	100.0	100.0	100.0
	60 至 64 岁	您吃保健品吗？	经常	497279	670004	1167283	3.1	4.4	3.7
			偶尔	1417787	1521469	2939256	8.7	9.9	9.3
			不吃	14324714	13196865	27521579	88.2	85.8	87.0
			总计	16239780	15388338	31628118	100.0	100.0	100.0
	65 至 69 岁	您吃保健品吗？	经常	711588	795838	1507426	4.2	4.7	4.4
			偶尔	1802137	1792940	3595077	10.5	10.5	10.5
			不吃	14621217	14464632	29085849	85.3	84.8	85.1
			总计	17134942	17053410	34188352	100.0	100.0	100.0
农村	70 至 74 岁	您吃保健品吗？	经常	504536	642541	1147077	4.2	5.3	4.8
			偶尔	1515673	1536891	3052564	12.7	12.8	12.8
			不吃	9868102	9862187	19730289	83.0	81.9	82.5
			总计	11888311	12041619	23929930	100.0	100.0	100.0
	75 至 79 岁	您吃保健品吗？	经常	432871	521111	953982	5.9	6.6	6.3
			偶尔	1039296	1030672	2069968	14.2	13.1	13.6
			不吃	5844891	6325598	12170489	79.9	80.3	80.1
			总计	7317058	7877381	15194439	100.0	100.0	100.0
	80 至 84 岁	您吃保健品吗？	经常	260887	371528	632415	6.1	7.2	6.7
			偶尔	623831	800724	1424555	14.5	15.5	15.0

续表

城乡	年龄（岁）			男	女	总计	男	女	总计
				人数（人）			%		
农村	80 至 84 岁	您吃保健品吗？	不吃	3407413	4009933	7417346	79.4	77.4	78.3
			总计	4292131	5182185	9474316	100.0	100.0	100.0
	85 岁及以上	您吃保健品吗？	经常	230998	309980	540978	8.1	7.1	7.5
			偶尔	423096	615987	1039083	14.9	14.1	14.4
			不吃	2183485	3442279	5625764	76.9	78.8	78.1
			总计	2837579	4368246	7205825	100.0	100.0	100.0
	总计	您吃保健品吗？	经常	2638159	3311002	5949161	4.4	5.3	4.9
			偶尔	6821820	7298683	14120503	11.4	11.8	11.6
			不吃	50249822	51301494	101551316	84.2	82.9	83.5
			总计	59709801	61911179	121620980	100.0	100.0	100.0

3-4-1 按年龄、性别分的老年人喝酒状况

年龄（岁）			男	女	总计	男	女	总计
			人数（人）			%		
60 至 64 岁	您有喝酒的习惯吗？	从不	17602288	33632517	51234805	46.9	90.4	68.5
		偶尔	12417474	3035221	15452695	33.1	8.2	20.7
		经常	7145597	425099	7570696	19.0	1.1	10.1
		经常醉酒	378224	114839	493063	1.0	0.3	0.7
		总计	37543583	37207676	74751259	100.0	100.0	100.0
65 至 69 岁	您有喝酒的习惯吗？	从不	18578185	34120870	52699055	51.2	90.7	71.3
		偶尔	10734166	2919525	13653691	29.6	7.8	18.5
		经常	6670800	466157	7136957	18.4	1.2	9.7
		经常醉酒	317974	122944	440918	0.9	0.3	0.6
		总计	36301125	37629496	73930621	100.0	100.0	100.0
70 至 74 岁	您有喝酒的习惯吗？	从不	13680692	22865919	36546611	56.9	90.4	74.1
		偶尔	6124474	1989833	8114307	25.5	7.9	16.4
		经常	4045026	335765	4380791	16.8	1.3	8.9
		经常醉酒	179006	106697	285703	0.7	0.4	0.6
		总计	24029198	25298214	49327412	100.0	100.0	100.0
75 至 79 岁	您有喝酒的习惯吗？	从不	9186846	14909083	24095929	62.5	91.1	77.6
		偶尔	3390080	1121577	4511657	23.1	6.9	14.5
		经常	1984115	257719	2241834	13.5	1.6	7.2
		经常醉酒	133910	83378	217288	0.9	0.5	0.7
		总计	14694951	16371757	31066708	100.0	100.0	100.0
80 至 84 岁	您有喝酒的习惯吗？	从不	6384013	10169749	16553762	69.7	91.0	81.4

续表

年龄（岁）			男	女	总计	男	女	总计
			人数（人）			%		
80至84岁	您有喝酒的习惯吗？	偶尔	1728166	758347	2486513	18.9	6.8	12.2
		经常	991378	202725	1194103	10.8	1.8	5.9
		经常醉酒	54417	47400	101817	0.6	0.4	0.5
		总计	9157974	11178221	20336195	100.0	100.0	100.0
85岁及以上	您有喝酒的习惯吗？	从不	4475132	8341476	12816608	73.6	91.8	84.5
		偶尔	1033738	536047	1569785	17.0	5.9	10.3
		经常	538126	163895	702021	8.8	1.8	4.6
		经常醉酒	34364	49681	84045	0.6	0.5	0.6
		总计	6081360	9091099	15172459	100.0	100.0	100.0
总计	您有喝酒的习惯吗？	从不	69907156	124039614	193946770	54.7	90.7	73.3
		偶尔	35428098	10360550	45788648	27.7	7.6	17.3
		经常	21375042	1851360	23226402	16.7	1.4	8.8
		经常醉酒	1097895	524939	1622834	0.9	0.4	0.6
		总计	127808191	136776463	264584654	100.0	100.0	100.0

3-4-2 按城乡、年龄、性别分的老年人喝酒状况

城乡	年龄（岁）			男	女	总计	男	女	总计
				人数（人）			%		
城镇	60至64岁	您有喝酒的习惯吗？	从不	9643276	19778464	29421740	45.3	90.6	68.2
			偶尔	7516741	1751579	9268320	35.3	8.0	21.5
			经常	3982467	221899	4204366	18.7	1.0	9.7
			经常醉酒	161319	67396	228715	0.8	0.3	0.5
			总计	21303803	21819338	43123141	100.0	100.0	100.0
	65至69岁	您有喝酒的习惯吗？	从不	9600515	18706524	28307039	50.1	90.9	71.2
			偶尔	6039185	1605530	7644715	31.5	7.8	19.2
			经常	3392657	204731	3597388	17.7	1.0	9.1
			经常醉酒	133827	59299	193126	0.7	0.3	0.5
			总计	19166184	20576084	39742268	100.0	100.0	100.0
	70至74岁	您有喝酒的习惯吗？	从不	6820821	12096468	18917289	56.2	91.2	74.5
			偶尔	3306842	969086	4275928	27.2	7.3	16.8
			经常	1947247	161902	2109149	16.0	1.2	8.3
			经常醉酒	65977	29139	95116	0.5	0.2	0.4
			总计	12140887	13256595	25397482	100.0	100.0	100.0
	75至79岁	您有喝酒的习惯吗？	从不	4539601	7839797	12379398	61.5	92.3	78.0
			偶尔	1835948	517422	2353370	24.9	6.1	14.8

续表

城乡	年龄（岁）			男	女	总计	男	女	总计
				人数（人）			%		
城镇	75 至 79 岁	您有喝酒的习惯吗?	经常	943528	97723	1041251	12.8	1.2	6.6
			经常醉酒	58815	39435	98250	0.8	0.5	0.6
			总计	7377892	8494377	15872269	100.0	100.0	100.0
	80 至 84 岁	您有喝酒的习惯吗?	从不	3453172	5535128	8988300	71.0	92.3	82.8
			偶尔	875590	366573	1242163	18.0	6.1	11.4
			经常	516546	73544	590090	10.6	1.2	5.4
			经常醉酒	20535	20790	41325	0.4	0.3	0.4
			总计	4865843	5996035	10861878	100.0	100.0	100.0
	85 岁及以上	您有喝酒的习惯吗?	从不	2446009	4338546	6784555	75.4	91.9	85.2
			偶尔	529004	302776	831780	16.3	6.4	10.4
			经常	254360	57229	311589	7.8	1.2	3.9
			经常醉酒	14409	24301	38710	0.4	0.5	0.5
			总计	3243782	4722852	7966634	100.0	100.0	100.0
	总计	您有喝酒的习惯吗?	从不	36503394	68294927	104798321	53.6	91.2	73.3
			偶尔	20103310	5512966	25616276	29.5	7.4	17.9
			经常	11036805	817028	11853833	16.2	1.1	8.3
			经常醉酒	454882	240360	695242	0.7	0.3	0.5
			总计	68098391	74865281	142963672	100.0	100.0	100.0
农村	60 至 64 岁	您有喝酒的习惯吗?	从不	7959012	13854053	21813065	49.0	90.0	69.0
			偶尔	4900733	1283642	6184375	30.2	8.3	19.6
			经常	3163130	203200	3366330	19.5	1.3	10.6
			经常醉酒	216905	47443	264348	1.3	0.3	0.8
			总计	16239780	15388338	31628118	100.0	100.0	100.0
	65 至 69 岁	您有喝酒的习惯吗?	从不	8977670	15414345	24392015	52.4	90.4	71.3
			偶尔	4694981	1313995	6008976	27.4	7.7	17.6
			经常	3278144	261426	3539570	19.1	1.5	10.4
			经常醉酒	184147	63645	247792	1.1	0.4	0.7
			总计	17134942	17053411	34188353	100.0	100.0	100.0
	70 至 74 岁	您有喝酒的习惯吗?	从不	6859871	10769451	17629322	57.7	89.4	73.7
			偶尔	2817632	1020747	3838379	23.7	8.5	16.0
			经常	2097779	173863	2271642	17.6	1.4	9.5
			经常醉酒	113029	77559	190588	1.0	0.6	0.8
			总计	11888311	12041620	23929931	100.0	100.0	100.0
	75 至 79 岁	您有喝酒的习惯吗?	从不	4647245	7069286	11716531	63.5	89.7	77.1
			偶尔	1554131	604155	2158286	21.2	7.7	14.2

续表

城乡	年龄（岁）			男	女	总计	男	女	总计
				人数（人）			%		
	75 至 79 岁	您有喝酒的习惯吗？	经常	1040587	159996	1200583	14.2	2.0	7.9
			经常醉酒	75095	43943	119038	1.0	0.6	0.8
			总计	7317058	7877380	15194438	100.0	100.0	100.0
	80 至 84 岁	您有喝酒的习惯吗？	从不	2930841	4634621	7565462	68.3	89.4	79.9
			偶尔	852577	391773	1244350	19.9	7.6	13.1
			经常	474832	129181	604013	11.1	2.5	6.4
			经常醉酒	33882	26610	60492	0.8	0.5	0.6
			总计	4292132	5182185	9474317	100.0	100.0	100.0
农村	85 岁及以上	您有喝酒的习惯吗？	从不	2029124	4002930	6032054	71.5	91.6	83.7
			偶尔	504734	233271	738005	17.8	5.3	10.2
			经常	283766	106665	390431	10.0	2.4	5.4
			经常醉酒	19955	25380	45335	0.7	0.6	0.6
			总计	2837579	4368246	7205825	100.0	100.0	100.0
	总计	您有喝酒的习惯吗？	从不	33403763	55744686	89148449	55.9	90.0	73.3
			偶尔	15324788	4847583	20172371	25.7	7.8	16.6
			经常	10338238	1034331	11372569	17.3	1.7	9.4
			经常醉酒	643013	284580	927593	1.1	0.5	0.8
			总计	59709802	61911180	121620982	100.0	100.0	100.0

3-5-1 按年龄、性别分的老年人睡眠质量状况

年龄（岁）			男	女	总计	男	女	总计
			人数（人）			%		
60 至 64 岁	您平时的睡眠质量如何？	非常好	10224690	6684757	16909447	27.2	18.0	22.6
		比较好	11006955	8651141	19658096	29.3	23.3	26.3
		一般	11831032	13256517	25087549	31.5	35.6	33.6
		比较差	3743425	7035110	10778535	10.0	18.9	14.4
		非常差	737481	1580152	2317633	2.0	4.2	3.1
		总计	37543583	37207677	74751260	100.0	100.0	100.0
65 至 69 岁	您平时的睡眠质量如何？	非常好	9895549	6549654	16445203	27.3	17.4	22.2
		比较好	10496837	8366585	18863422	28.9	22.2	25.5
		一般	11065429	12964876	24030305	30.5	34.5	32.5
		比较差	4125968	7945629	12071597	11.4	21.1	16.3
		非常差	717342	1802751	2520093	2.0	4.8	3.4
		总计	36301125	37629495	73930620	100.0	100.0	100.0

续表

年龄（岁）			男	女	总计	男	女	总计
			人数（人）			%		
70 至 74 岁	您平时的睡眠质量如何？	非常好	6533666	4115668	10649334	27.2	16.3	21.6
		比较好	7197214	5699184	12896398	30.0	22.5	26.1
		一般	7080096	8678095	15758191	29.5	34.3	31.9
		比较差	2756666	5524840	8281506	11.5	21.8	16.8
		非常差	461556	1280427	1741983	1.9	5.1	3.5
		总计	24029198	25298214	49327412	100.0	100.0	100.0
75 至 79 岁	您平时的睡眠质量如何？	非常好	3647610	2640864	6288474	24.8	16.1	20.2
		比较好	4554386	3735487	8289873	31.0	22.8	26.7
		一般	4280843	5434762	9715605	29.1	33.2	31.3
		比较差	1855291	3660846	5516137	12.6	22.4	17.8
		非常差	356821	899799	1256620	2.4	5.5	4.0
		总计	14694951	16371758	31066709	100.0	100.0	100.0
80 至 84 岁	您平时的睡眠质量如何？	非常好	2290463	1817643	4108106	25.0	16.3	20.2
		比较好	2881954	2585446	5467400	31.5	23.1	26.9
		一般	2660374	3744949	6405323	29.0	33.5	31.5
		比较差	1084452	2447312	3531764	11.8	21.9	17.4
		非常差	240730	582870	823600	2.6	5.2	4.0
		总计	9157973	11178220	20336193	100.0	100.0	100.0
85 岁及以上	您平时的睡眠质量如何？	非常好	1365889	1455683	2821572	22.5	16.0	18.6
		比较好	1930794	2436091	4366885	31.7	26.8	28.8
		一般	1853833	3087288	4941121	30.5	34.0	32.6
		比较差	777289	1731776	2509065	12.8	19.0	16.5
		非常差	153554	380261	533815	2.5	4.2	3.5
		总计	6081359	9091099	15172458	100.0	100.0	100.0
总计	您平时的睡眠质量如何？	非常好	33957867	23264269	57222136	26.6	17.0	21.6
		比较好	38068140	31473934	69542074	29.8	23.0	26.3
		一般	38771607	47166487	85938094	30.3	34.5	32.5
		比较差	14343091	28345513	42688604	11.2	20.7	16.1
		非常差	2667484	6526260	9193744	2.1	4.8	3.5
		总计	127808189	136776463	264584652	100.0	100.0	100.0

3-5-2 按城乡、年龄、性别分的老年人睡眠质量状况

城乡	年龄（岁）			男	女	总计	男	女	总计
				人数（人）			%		
城镇	60 至 64 岁	您平时的睡眠质量如何？	非常好	5710893	4023994	9734887	26.8	18.4	22.6
			比较好	6510677	5358477	11869154	30.6	24.6	27.5
			一般	6818391	7949479	14767870	32.0	36.4	34.2
			比较差	1853987	3670675	5524662	8.7	16.8	12.8
			非常差	409854	816713	1226567	1.9	3.7	2.8
			总计	21303802	21819338	43123140	100.0	100.0	100.0
	65 至 69 岁	您平时的睡眠质量如何？	非常好	5272782	3712340	8985122	27.5	18.0	22.6
			比较好	5801416	4939373	10740789	30.3	24.0	27.0
			一般	5880992	7179441	13060433	30.7	34.9	32.9
			比较差	1862080	3872914	5734994	9.7	18.8	14.4
			非常差	348914	872017	1220931	1.8	4.2	3.1
			总计	19166184	20576085	39742269	100.0	100.0	100.0
	70 至 74 岁	您平时的睡眠质量如何？	非常好	3271651	2243018	5514669	26.9	16.9	21.7
			比较好	3775907	3082643	6858550	31.1	23.3	27.0
			一般	3698075	4733000	8431075	30.5	35.7	33.2
			比较差	1191718	2585091	3776809	9.8	19.5	14.9
			非常差	203536	612844	816380	1.7	4.6	3.2
			总计	12140887	13256596	25397483	100.0	100.0	100.0
	75 至 79 岁	您平时的睡眠质量如何？	非常好	1848632	1422554	3271186	25.1	16.7	20.6
			比较好	2393146	2012067	4405213	32.4	23.7	27.8
			一般	2156848	2871436	5028284	29.2	33.8	31.7
			比较差	796306	1727008	2523314	10.8	20.3	15.9
			非常差	182960	461311	644271	2.5	5.4	4.1
			总计	7377892	8494376	15872268	100.0	100.0	100.0
	80 至 84 岁	您平时的睡眠质量如何？	非常好	1235357	1068791	2304148	25.4	17.8	21.2
			比较好	1575509	1404152	2979661	32.4	23.4	27.4
			一般	1391426	2009967	3401393	28.6	33.5	31.3
			比较差	549992	1192936	1742928	11.3	19.9	16.0
			非常差	113559	320190	433749	2.3	5.3	4.0
			总计	4865843	5996036	10861879	100.0	100.0	100.0
	85 岁及以上	您平时的睡眠质量如何？	非常好	735978	747723	1483701	22.7	15.8	18.6
			比较好	1094715	1324980	2419695	33.7	28.1	30.4
			一般	949549	1555154	2504703	29.3	32.9	31.4
			比较差	384462	893909	1278371	11.9	18.9	16.0

续表

城乡	年龄（岁）			男	女	总计	男	女	总计
				人数（人）			%		
城镇	85岁及以上	您平时的睡眠质量如何？	非常差	79078	201086	280164	2.4	4.3	3.5
			总计	3243782	4722852	7966634	100.0	100.0	100.0
	总计	您平时的睡眠质量如何？	非常好	18075293	13218420	31293713	26.5	17.7	21.9
			比较好	21151370	18121692	39273062	31.1	24.2	27.5
			一般	20895281	26298477	47193758	30.7	35.1	33.0
			比较差	6638545	13942533	20581078	9.7	18.6	14.4
			非常差	1337901	3284161	4622062	2.0	4.4	3.2
			总计	68098390	74865283	142963673	100.0	100.0	100.0
农村	60至64岁	您平时的睡眠质量如何？	非常好	4513797	2660763	7174560	27.8	17.3	22.7
			比较好	4496277	3292663	7788940	27.7	21.4	24.6
			一般	5012640	5307038	10319678	30.9	34.5	32.6
			比较差	1889438	3364435	5253873	11.6	21.9	16.6
			非常差	327627	763439	1091066	2.0	5.0	3.4
			总计	16239779	15388338	31628117	100.0	100.0	100.0
	65至69岁	您平时的睡眠质量如何？	非常好	4622767	2837314	7460081	27.0	16.6	21.8
			比较好	4695421	3427213	8122634	27.4	20.1	23.8
			一般	5184438	5785435	10969873	30.3	33.9	32.1
			比较差	2263889	4072715	6336604	13.2	23.9	18.5
			非常差	368428	930734	1299162	2.2	5.5	3.8
			总计	17134943	17053411	34188354	100.0	100.0	100.0
	70至74岁	您平时的睡眠质量如何？	非常好	3262015	1872650	5134665	27.4	15.6	21.5
			比较好	3421307	2616541	6037848	28.8	21.7	25.2
			一般	3382021	3945096	7327117	28.4	32.8	30.6
			比较差	1564947	2939749	4504696	13.2	24.4	18.8
			非常差	258020	667583	925603	2.2	5.5	3.9
			总计	11888310	12041619	23929929	100.0	100.0	100.0
	75至79岁	您平时的睡眠质量如何？	非常好	1798979	1218309	3017288	24.6	15.5	19.9
			比较好	2161239	1723420	3884659	29.5	21.9	25.6
			一般	2123994	2563326	4687320	29.0	32.5	30.8
			比较差	1058985	1933837	2992822	14.5	24.5	19.7
			非常差	173860	438488	612348	2.4	5.6	4.0
			总计	7317057	7877380	15194437	100.0	100.0	100.0
	80至84岁	您平时的睡眠质量如何？	非常好	1055106	748853	1803959	24.6	14.5	19.0
			比较好	1306445	1181294	2487739	30.4	22.8	26.3
			一般	1268948	1734981	3003929	29.6	33.5	31.7

续表

城乡	年龄（岁）			男	女	总计	男	女	总计
				人数（人）			%		
农村	80 至 84 岁	您平时的睡眠质量如何？	比较差	534461	1254376	1788837	12.5	24.2	18.9
			非常差	127171	262681	389852	3.0	5.1	4.1
			总计	4292131	5182185	9474316	100.0	100.0	100.0
	85 岁及以上	您平时的睡眠质量如何？	非常好	629911	707960	1337871	22.2	16.2	18.6
			比较好	836080	1111110	1947190	29.5	25.4	27.0
			一般	904285	1532134	2436419	31.9	35.1	33.8
			比较差	392827	837867	1230694	13.8	19.2	17.1
			非常差	74476	179175	253651	2.6	4.1	3.5
			总计	2837579	4368246	7205825	100.0	100.0	100.0
	总计	您平时的睡眠质量如何？	非常好	15882575	10045849	25928424	26.6	16.2	21.3
			比较好	16916769	13352241	30269010	28.3	21.6	24.9
			一般	17876326	20868010	38744336	29.9	33.7	31.9
			比较差	7704547	14402979	22107526	12.9	23.3	18.2
			非常差	1329582	3242100	4571682	2.2	5.2	3.8
			总计	59709799	61911179	121620978	100.0	100.0	100.0

3-6-1 按年龄、性别分的老年人锻炼身体状况

年龄（岁）			男	女	总计	男	女	总计
			人数（人）			%		
60 至 64 岁	您平时锻炼身体吗？	从不	9807286	10350386	20157672	26.1	27.8	27.0
		偶尔	11303761	12668476	23972237	30.1	34.0	32.1
		经常	16432534	14188814	30621348	43.8	38.1	41.0
		总计	37543581	37207676	74751257	100.0	100.0	100.0
65 至 69 岁	您平时锻炼身体吗？	从不	10036190	11230115	21266305	27.6	29.8	28.8
		偶尔	10481477	12302106	22783583	28.9	32.7	30.8
		经常	15783459	14097274	29880733	43.5	37.5	40.4
		总计	36301126	37629495	73930621	100.0	100.0	100.0
70 至 74 岁	您平时锻炼身体吗？	从不	6599316	8154244	14753560	27.5	32.2	29.9
		偶尔	6949258	8001186	14950444	28.9	31.6	30.3
		经常	10480624	9142785	19623409	43.6	36.1	39.8
		总计	24029198	25298215	49327413	100.0	100.0	100.0
75 至 79 岁	您平时锻炼身体吗？	从不	4030346	5659772	9690118	27.4	34.6	31.2
		偶尔	4413597	5234088	9647685	30.0	32.0	31.1
		经常	6251008	5477898	11728906	42.5	33.5	37.8
		总计	14694951	16371758	31066709	100.0	100.0	100.0

续表

年龄（岁）			男	女	总计	男	女	总计
			人数（人）			%		
80 至 84 岁	您平时锻炼身体吗？	从不	3107783	4544909	7652692	33.9	40.7	37.6
		偶尔	2783304	3489842	6273146	30.4	31.2	30.8
		经常	3266885	3143469	6410354	35.7	28.1	31.5
		总计	9157972	11178220	20336192	100.0	100.0	100.0
85 岁及以上	您平时锻炼身体吗？	从不	2504769	4930655	7435424	41.2	54.2	49.0
		偶尔	1868755	2709675	4578430	30.7	29.8	30.2
		经常	1707837	1450769	3158606	28.1	16.0	20.8
		总计	6081361	9091099	15172460	100.0	100.0	100.0
总计	您平时锻炼身体吗？	从不	36085690	44870081	80955771	28.2	32.8	30.6
		偶尔	37800152	44405373	82205525	29.6	32.5	31.1
		经常	53922347	47501009	101423356	42.2	34.7	38.3
		总计	127808189	136776463	264584652	100.0	100.0	100.0

3-6-2 按城乡、年龄、性别分的老年人锻炼身体状况

城乡	年龄（岁）			男	女	总计	男	女	总计
				人数（人）			%		
城镇	60 至 64 岁	您平时锻炼身体吗？	从不	4341841	4792481	9134322	20.4	22.0	21.2
			偶尔	6376917	7481337	13858254	29.9	34.3	32.1
			经常	10585045	9545520	20130565	49.7	43.7	46.7
			总计	21303803	21819338	43123141	100.0	100.0	100.0
	65 至 69 岁	您平时锻炼身体吗？	从不	4112392	4751449	8863841	21.5	23.1	22.3
			偶尔	5377078	6586667	11963745	28.1	32.0	30.1
			经常	9676714	9237968	18914682	50.5	44.9	47.6
			总计	19166184	20576084	39742268	100.0	100.0	100.0
	70 至 74 岁	您平时锻炼身体吗？	从不	2571371	3380284	5951655	21.2	25.5	23.4
			偶尔	3349288	4113600	7462888	27.6	31.0	29.4
			经常	6220228	5762712	11982940	51.2	43.5	47.2
			总计	12140887	13256596	25397483	100.0	100.0	100.0
	75 至 79 岁	您平时锻炼身体吗？	从不	1558112	2453415	4011527	21.1	28.9	25.3
			偶尔	2089942	2609876	4699818	28.3	30.7	29.6
			经常	3729839	3431086	7160925	50.6	40.4	45.1
			总计	7377893	8494377	15872270	100.0	100.0	100.0
	80 至 84 岁	您平时锻炼身体吗？	从不	1375457	2019190	3394647	28.3	33.7	31.3
			偶尔	1381429	1857354	3238783	28.4	31.0	29.8
			经常	2108956	2119492	4228448	43.3	35.3	38.9
			总计	4865842	5996036	10861878	100.0	100.0	100.0

续表

城乡	年龄（岁）			男	女	总计	男	女	总计
				人数（人）			%		
城镇	85岁及以上	您平时锻炼身体吗？	从不	1233118	2313810	3546928	38.0	49.0	44.5
			偶尔	955749	1527266	2483015	29.5	32.3	31.2
			经常	1054914	881777	1936691	32.5	18.7	24.3
			总计	3243781	4722853	7966634	100.0	100.0	100.0
	总计	您平时锻炼身体吗？	从不	15192291	19710629	34902920	22.3	26.3	24.4
			偶尔	19530403	24176100	43706503	28.7	32.3	30.6
			经常	33375696	30978555	64354251	49.0	41.4	45.0
			总计	68098390	74865284	142963674	100.0	100.0	100.0
农村	60至64岁	您平时锻炼身体吗？	从不	5465445	5557905	11023350	33.7	36.1	34.9
			偶尔	4926845	5187139	10113984	30.3	33.7	32.0
			经常	5847490	4643294	10490784	36.0	30.2	33.2
			总计	16239780	15388338	31628118	100.0	100.0	100.0
	65至69岁	您平时锻炼身体吗？	从不	5923798	6478666	12402464	34.6	38.0	36.3
			偶尔	5104399	5715439	10819838	29.8	33.5	31.6
			经常	6106745	4859306	10966051	35.6	28.5	32.1
			总计	17134942	17053411	34188353	100.0	100.0	100.0
	70至74岁	您平时锻炼身体吗？	从不	4027945	4773961	8801906	33.9	39.6	36.8
			偶尔	3599970	3887586	7487556	30.3	32.3	31.3
			经常	4260396	3380072	7640468	35.8	28.1	31.9
			总计	11888311	12041619	23929930	100.0	100.0	100.0
	75至79岁	您平时锻炼身体吗？	从不	2472234	3206356	5678590	33.8	40.7	37.4
			偶尔	2323655	2624212	4947867	31.8	33.3	32.6
			经常	2521169	2046813	4567982	34.5	26.0	30.1
			总计	7317058	7877381	15194439	100.0	100.0	100.0
	80至84岁	您平时锻炼身体吗？	从不	1732326	2525720	4258046	40.4	48.7	44.9
			偶尔	1401875	1632488	3034363	32.7	31.5	32.0
			经常	1157929	1023977	2181906	27.0	19.8	23.0
			总计	4292130	5182185	9474315	100.0	100.0	100.0
	85岁及以上	您平时锻炼身体吗？	从不	1271651	2616845	3888496	44.8	59.9	54.0
			偶尔	913006	1182409	2095415	32.2	27.1	29.1
			经常	652922	568992	1221914	23.0	13.0	17.0
			总计	2837579	4368246	7205825	100.0	100.0	100.0
	总计	您平时锻炼身体吗？	从不	20893399	25159453	46052852	35.0	40.6	37.9
			偶尔	18269750	20229273	38499023	30.6	32.7	31.7
			经常	20546651	16522454	37069105	34.4	26.7	30.5
			总计	59709800	61911180	121620980	100.0	100.0	100.0

3-7-1 按年龄、性别分的老年人两周患病情况

年龄（岁）			男	女	总计	男	女	总计
			人数（人）			%		
60 至 64 岁	调查前两周，您是否生过病?	是	4093739	5591120	9684859	10.9	15.0	13.0
		否	33449843	31616557	65066400	89.1	85.0	87.0
		总计	37543582	37207677	74751259	100.0	100.0	100.0
65 至 69 岁	调查前两周，您是否生过病?	是	4614088	6710466	11324554	12.7	17.8	15.3
		否	31687037	30919029	62606066	87.3	82.2	84.7
		总计	36301125	37629495	73930620	100.0	100.0	100.0
70 至 74 岁	调查前两周，您是否生过病?	是	3476949	4775383	8252332	14.5	18.9	16.7
		否	20552249	20522832	41075081	85.5	81.1	83.3
		总计	24029198	25298215	49327413	100.0	100.0	100.0
75 至 79 岁	调查前两周，您是否生过病?	是	2347911	3161171	5509082	16.0	19.3	17.7
		否	12347039	13210587	25557626	84.0	80.7	82.3
		总计	14694950	16371758	31066708	100.0	100.0	100.0
80 至 84 岁	调查前两周，您是否生过病?	是	1398325	2141956	3540281	15.3	19.2	17.4
		否	7759648	9036265	16795913	84.7	80.8	82.6
		总计	9157973	11178221	20336194	100.0	100.0	100.0
85 岁及以上	调查前两周，您是否生过病?	是	928711	1703427	2632138	15.3	18.7	17.3
		否	5152650	7387672	12540322	84.7	81.3	82.7
		总计	6081361	9091099	15172460	100.0	100.0	100.0
总计	调查前两周，您是否生过病?	是	16859723	24083523	40943246	13.2	17.6	15.5
		否	110948466	112692942	223641408	86.8	82.4	84.5
		总计	127808189	136776465	264584654	100.0	100.0	100.0

3-7-2 按城乡、年龄、性别分的老年人两周患病情况

城乡	年龄（岁）			男	女	总计	男	女	总计
				人数（人）			%		
城镇	60 至 64 岁	调查前两周，您是否生过病?	是	1989628	2833459	4823087	9.3	13.0	11.2
			否	19314175	18985879	38300054	90.7	87.0	88.8
			总计	21303803	21819338	43123141	100.0	100.0	100.0
	65 至 69 岁	调查前两周，您是否生过病?	是	1999540	3260548	5260088	10.4	15.8	13.2
			否	17166644	17315536	34482180	89.6	84.2	86.8
			总计	19166184	20576084	39742268	100.0	100.0	100.0
	70 至 74 岁	调查前两周，您是否生过病?	是	1498924	2109550	3608474	12.3	15.9	14.2
			否	10641963	11147046	21789009	87.7	84.1	85.8

续表

城乡	年龄（岁）			男	女	总计	男	女	总计
				人数（人）			%		
	70 至 74 岁	调查前两周，您是否生过病？	总计	12140887	13256596	25397483	100.0	100.0	100.0
	75 至 79 岁	调查前两周，您是否生过病？	是	979508	1344256	2323764	13.3	15.8	14.6
			否	6398385	7150121	13548506	86.7	84.2	85.4
			总计	7377893	8494377	15872270	100.0	100.0	100.0
	80 至 84 岁	调查前两周，您是否生过病？	是	634974	1031918	1666892	13.0	17.2	15.3
			否	4230868	4964117	9194985	87.0	82.8	84.7
城镇			总计	4865842	5996035	10861877	100.0	100.0	100.0
	85 岁及以上	调查前两周，您是否生过病？	是	420805	759842	1180647	13.0	16.1	14.8
			否	2822977	3963011	6785988	87.0	83.9	85.2
			总计	3243782	4722853	7966635	100.0	100.0	100.0
	总计	调查前两周，您是否生过病？	是	7523379	11339573	18862952	11.0	15.1	13.2
			否	60575012	63525710	124100722	89.0	84.9	86.8
			总计	68098391	74865283	142963674	100.0	100.0	100.0
	60 至 64 岁	调查前两周，您是否生过病？	是	2104111	2757661	4861772	13.0	17.9	15.4
			否	14135669	12630677	26766346	87.0	82.1	84.6
			总计	16239780	15388338	31628118	100.0	100.0	100.0
	65 至 69 岁	调查前两周，您是否生过病？	是	2614548	3449918	6064466	15.3	20.2	17.7
			否	14520393	13603493	28123886	84.7	79.8	82.3
			总计	17134941	17053411	34188352	100.0	100.0	100.0
	70 至 74 岁	调查前两周，您是否生过病？	是	1978026	2665833	4643859	16.6	22.1	19.4
			否	9910286	9375786	19286072	83.4	77.9	80.6
			总计	11888312	12041619	23929931	100.0	100.0	100.0
			是	1368403	1816915	3185318	18.7	23.1	21.0
农村	75 至 79 岁	调查前两周，您是否生过病？	否	5948655	6060466	12009121	81.3	76.9	79.0
			总计	7317058	7877381	15194439	100.0	100.0	100.0
	80 至 84 岁	调查前两周，您是否生过病？	是	763351	1110037	1873388	17.8	21.4	19.8
			否	3528780	4072148	7600928	82.2	78.6	80.2
			总计	4292131	5182185	9474316	100.0	100.0	100.0
	85 岁及以上	调查前两周，您是否生过病？	是	507906	943585	1451491	17.9	21.6	20.1
			否	2329673	3424660	5754333	82.1	78.4	79.9
			总计	2837579	4368245	7205824	100.0	100.0	100.0
	总计	调查前两周，您是否生过病？	是	9336345	12743949	22080294	15.6	20.6	18.2
			否	50373456	49167230	99540686	84.4	79.4	81.8
			总计	59709801	61911179	121620980	100.0	100.0	100.0

3-8-1 按年龄、性别分的老年人主要看病场所状况①

年龄（岁）			男	女	总计	男	女	总计
			人数（人）			%		
60 至 64 岁	平时您主要在哪里看病?	社区（村）卫生服务中心	1683879	2423247	4107126	12.4	15.9	14.2
		乡镇/街道卫生院	3364541	3543772	6908313	24.8	23.2	24.0
		县/市医院	8175545	8733139	16908684	60.2	57.2	58.6
		其他医疗机构（请说明）	356938	560660	917598	2.6	3.7	3.2
		总计	13580903	15260818	28841721	100.0	100.0	100.0
65 至 69 岁	平时您主要在哪里看病?	社区（村）卫生服务中心	2121669	2531298	4652967	14.8	15.3	15.0
		乡镇/街道卫生院	3926587	4346888	8273475	27.3	26.2	26.7
		县/市医院	8005021	9198637	17203658	55.7	55.4	55.5
		其他医疗机构（请说明）	320510	521259	841769	2.2	3.1	2.7
		总计	14373787	16598082	30971869	100.0	100.0	100.0
70 至 74 岁	平时您主要在哪里看病?	社区（村）卫生服务中心	1480528	1903551	3384079	14.6	16.3	15.5
		乡镇/街道卫生院	2934777	3296470	6231247	28.8	28.2	28.5
		县/市医院	5547262	6201572	11748834	54.5	53.0	53.7
		其他医疗机构（请说明）	211632	289298	500930	2.1	2.5	2.3
		总计	10174199	11690891	21865090	100.0	100.0	100.0
75 至 79 岁	平时您主要在哪里看病?	社区（村）卫生服务中心	915073	1303750	2218823	14.2	16.5	15.5
		乡镇/街道卫生院	1879652	2352719	4232371	29.2	29.8	29.6
		县/市医院	3482652	4065947	7548599	54.1	51.6	52.7
		其他医疗机构（请说明）	157292	163339	320631	2.4	2.1	2.2
		总计	6434669	7885755	14320424	100.0	100.0	100.0
80 至 84 岁	平时您主要在哪里看病?	社区（村）卫生服务中心	541414	790485	1331899	13.3	15.4	14.5
		乡镇/街道卫生院	1129843	1547487	2677330	27.8	30.2	29.1
		县/市医院	2306256	2633599	4939855	56.8	51.4	53.8
		其他医疗机构（请说明）	86066	154740	240806	2.1	3.0	2.6
		总计	4063579	5126311	9189890	100.0	100.0	100.0
85 岁及以上	平时您主要在哪里看病?	社区（村）卫生服务中心	341711	760498	1102209	12.6	19.6	16.7
		乡镇/街道卫生院	664570	1081884	1746454	24.5	27.8	26.4
		县/市医院	1636736	1934403	3571139	60.3	49.7	54.1
		其他医疗机构（请说明）	71318	112293	183611	2.6	2.9	2.8
		总计	2714335	3889078	6603413	100.0	100.0	100.0
总计	平时您主要在哪里看病?	社区（村）卫生服务中心	7084274	9712829	16797103	13.8	16.1	15.0
		乡镇/街道卫生院	13899970	16169220	30069190	27.1	26.7	26.9

① 此表属于跳问问题，总体为 2020 年看过病的老年人。

续表

年龄（岁）			男	女	总计	男	女	总计
			人数（人）			%		
总计	平时您主要在哪里看病？	县/市医院	29153472	32767297	61920769	56.8	54.2	55.4
		其他医疗机构（请说明）	1203756	1801589	3005345	2.3	3.0	2.7
		总计	51341472	60450935	111792407	100.0	100.0	100.0

3-8-2 按城乡、年龄、性别分的老年人主要看病场所状况[①]

城乡	年龄（岁）			男	女	总计	男	女	总计
				人数（人）			%		
城镇	60至64岁	平时您主要在哪里看病？	社区（村）卫生服务中心	699284	1152743	1852027	9.6	13.4	11.6
			乡镇/街道卫生院	1412085	1629668	3041753	19.3	18.9	19.1
			县/市医院	4949039	5429898	10378937	67.6	63.0	65.1
			其他医疗机构（请说明）	256571	402558	659129	3.5	4.7	4.1
			总计	7316979	8614867	15931846	100.0	100.0	100.0
	65至69岁	平时您主要在哪里看病？	社区（村）卫生服务中心	875771	1060371	1936142	12.1	12.2	12.1
			乡镇/街道卫生院	1650867	1782307	3433174	22.8	20.5	21.5
			县/市医院	4494204	5503628	9997832	62.1	63.2	62.7
			其他医疗机构（请说明）	221661	361404	583065	3.1	4.2	3.7
			总计	7242503	8707710	15950213	100.0	100.0	100.0
	70至74岁	平时您主要在哪里看病？	社区（村）卫生服务中心	631302	756723	1388025	12.8	12.8	12.8
			乡镇/街道卫生院	1141346	1341521	2482867	23.1	22.8	22.9
			县/市医院	3015746	3606433	6622179	61.1	61.2	61.2
			其他医疗机构（请说明）	145797	187469	333266	3.0	3.2	3.1
			总计	4934191	5892146	10826337	100.0	100.0	100.0
	75至79岁	平时您主要在哪里看病？	社区（村）卫生服务中心	339047	493387	832434	10.9	12.6	11.8
			乡镇/街道卫生院	727530	947222	1674752	23.3	24.1	23.8
			县/市医院	1954779	2384920	4339699	62.6	60.7	61.6
			其他医疗机构（请说明）	98905	103384	202289	3.2	2.6	2.9
			总计	3120261	3928913	7049174	100.0	100.0	100.0
	80至84岁	平时您主要在哪里看病？	社区（村）卫生服务中心	196786	299802	496588	9.2	11.1	10.3
			乡镇/街道卫生院	465224	653419	1118643	21.8	24.2	23.1
			县/市医院	1405065	1623795	3028860	65.8	60.2	62.7
			其他医疗机构（请说明）	69795	120029	189824	3.3	4.5	3.9
			总计	2136870	2697045	4833915	100.0	100.0	100.0

① 此表属于跳问问题，总体为2020年看过病的老年人。

续表

城乡	年龄（岁）			男	女	总计	男	女	总计
				人数（人）			%		
城镇	85岁及以上	平时您主要在哪里看病?	社区（村）卫生服务中心	134109	314298	448407	9.0	15.2	12.6
			乡镇/街道卫生院	278987	417361	696348	18.7	20.2	19.6
			县/市医院	1022660	1258227	2280887	68.5	60.9	64.1
			其他医疗机构（请说明）	56158	76782	132940	3.8	3.7	3.7
			总计	1491914	2066668	3558582	100.0	100.0	100.0
	总计	平时您主要在哪里看病?	社区（村）卫生服务中心	2876299	4077324	6953623	11.0	12.8	12.0
			乡镇/街道卫生院	5676039	6771498	12447537	21.6	21.2	21.4
			县/市医院	16841493	19806901	36648394	64.2	62.1	63.0
			其他医疗机构（请说明）	848887	1251626	2100513	3.2	3.9	3.6
			总计	26242718	31907349	58150067	100.0	100.0	100.0
农村	60至64岁	平时您主要在哪里看病?	社区（村）卫生服务中心	984594	1270505	2255099	15.7	19.1	17.5
			乡镇/街道卫生院	1952456	1914104	3866560	31.2	28.8	30.0
			县/市医院	3226505	3303240	6529745	51.5	49.7	50.6
			其他医疗机构（请说明）	100367	158102	258469	1.6	2.4	2.0
			总计	6263922	6645951	12909873	100.0	100.0	100.0
	65至69岁	平时您主要在哪里看病?	社区（村）卫生服务中心	1245897	1470928	2716825	17.5	18.6	18.1
			乡镇/街道卫生院	2275719	2564581	4840300	31.9	32.5	32.2
			县/市医院	3510817	3695009	7205826	49.2	46.8	48.0
			其他医疗机构（请说明）	98849	159854	258703	1.4	2.0	1.7
			总计	7131282	7890372	15021654	100.0	100.0	100.0
	70至74岁	平时您主要在哪里看病?	社区（村）卫生服务中心	849226	1146827	1996053	16.2	19.8	18.1
			乡镇/街道卫生院	1793431	1954949	3748380	34.2	33.7	34.0
			县/市医院	2531516	2595139	5126655	48.3	44.8	46.4
			其他医疗机构（请说明）	65835	101829	167664	1.3	1.8	1.5
			总计	5240008	5798744	11038752	100.0	100.0	100.0
	75至79岁	平时您主要在哪里看病?	社区（村）卫生服务中心	576026	810363	1386389	17.4	20.5	19.1
			乡镇/街道卫生院	1152123	1405497	2557620	34.8	35.5	35.2
			县/市医院	1527873	1681027	3208900	46.1	42.5	44.1
			其他医疗机构（请说明）	58387	59955	118342	1.8	1.5	1.6
			总计	3314409	3956842	7271251	100.0	100.0	100.0
	80至84岁	平时您主要在哪里看病?	社区（村）卫生服务中心	344629	490683	835312	17.9	20.2	19.2
			乡镇/街道卫生院	664618	894067	1558685	34.5	36.8	35.8
			县/市医院	901191	1009805	1910996	46.8	41.6	43.9
			其他医疗机构（请说明）	16271	34712	50983	0.8	1.4	1.2
			总计	1926709	2429267	4355976	100.0	100.0	100.0

续表

城乡	年龄（岁）			男	女	总计	男	女	总计
				人数（人）			%		
农村	85 岁及以上	平时您主要在哪里看病?	社区（村）卫生服务中心	207602	446200	653802	17.0	24.5	21.5
			乡镇/街道卫生院	385582	664523	1050105	31.5	36.5	34.5
			县/市医院	614076	676176	1290252	50.2	37.1	42.4
			其他医疗机构（请说明）	15160	35512	50672	1.2	1.9	1.7
			总计	1222420	1822411	3044831	100.0	100.0	100.0
	总计	平时您主要在哪里看病?	社区（村）卫生服务中心	4207974	5635506	9843480	16.8	19.7	18.4
			乡镇/街道卫生院	8223929	9397721	17621650	32.8	32.9	32.9
			县/市医院	12311978	12960396	25272374	49.1	45.4	47.1
			其他医疗机构（请说明）	354869	549964	904833	1.4	1.9	1.7
			总计	25098750	28543587	53642337	100.0	100.0	100.0

3-9-1 按年龄、性别分的老年人是否认为就医过程方便[①]

年龄（岁）			男	女	总计	男	女	总计
			人数（人）			%		
60 至 64 岁	您感觉就医过程方便吗?	方便	11856912	13057140	24914052	87.3	85.6	86.4
		不方便	1723990	2201404	3925394	12.7	14.4	13.6
		总计	13580902	15258544	28839446	100.0	100.0	100.0
65 至 69 岁	您感觉就医过程方便吗?	方便	12635100	14099864	26734964	87.9	84.9	86.3
		不方便	1738687	2498218	4236905	12.1	15.1	13.7
		总计	14373787	16598082	30971869	100.0	100.0	100.0
70 至 74 岁	您感觉就医过程方便吗?	方便	8762865	9807783	18570648	86.1	83.9	84.9
		不方便	1411334	1883108	3294442	13.9	16.1	15.1
		总计	10174199	11690891	21865090	100.0	100.0	100.0
75 至 79 岁	您感觉就医过程方便吗?	方便	5445203	6514745	11959948	84.6	82.6	83.5
		不方便	989466	1371009	2360475	15.4	17.4	16.5
		总计	6434669	7885754	14320423	100.0	100.0	100.0
80 至 84 岁	您感觉就医过程方便吗?	方便	3498684	4323528	7822212	86.1	84.3	85.1
		不方便	564895	802783	1367678	13.9	15.7	14.9
		总计	4063579	5126311	9189890	100.0	100.0	100.0
85 岁及以上	您感觉就医过程方便吗?	方便	2262646	3218982	5481628	83.4	82.8	83.0
		不方便	451688	670097	1121785	16.6	17.2	17.0
		总计	2714334	3889079	6603413	100.0	100.0	100.0

① 此表属于跳问问题，总体为 2020 年看过病的老年人。

续表

年龄（岁）			男	女	总计	男	女	总计
			人数（人）			%		
总计	您感觉就医过程方便吗？	方便	44461410	51022042	95483452	86.6	84.4	85.4
		不方便	6880060	9426619	16306679	13.4	15.6	14.6
		总计	51341470	60448661	111790131	100.0	100.0	100.0

3-9-2 按城乡、年龄、性别分的老年人是否认为就医过程方便[①]

城乡	年龄（岁）			男	女	总计	男	女	总计
				人数（人）			%		
城镇	60至64岁	您感觉就医过程方便吗？	方便	6417211	7511565	13928776	87.7	87.2	87.4
			不方便	899769	1103301	2003070	12.3	12.8	12.6
			总计	7316980	8614866	15931846	100.0	100.0	100.0
	65至69岁	您感觉就医过程方便吗？	方便	6467289	7534262	14001551	89.3	86.5	87.8
			不方便	775214	1173448	1948662	10.7	13.5	12.2
			总计	7242503	8707710	15950213	100.0	100.0	100.0
	70至74岁	您感觉就医过程方便吗？	方便	4282585	5048065	9330650	86.8	85.7	86.2
			不方便	651606	844081	1495687	13.2	14.3	13.8
			总计	4934191	5892146	10826337	100.0	100.0	100.0
	75至79岁	您感觉就医过程方便吗？	方便	2656765	3322130	5978895	85.1	84.6	84.8
			不方便	463496	606782	1070278	14.9	15.4	15.2
			总计	3120261	3928912	7049173	100.0	100.0	100.0
	80至84岁	您感觉就医过程方便吗？	方便	1877692	2342052	4219744	87.9	86.8	87.3
			不方便	259177	354993	614170	12.1	13.2	12.7
			总计	2136869	2697045	4833914	100.0	100.0	100.0
	85岁及以上	您感觉就医过程方便吗？	方便	1250825	1750817	3001642	83.8	84.7	84.3
			不方便	241090	315851	556941	16.2	15.3	15.7
			总计	1491915	2066668	3558583	100.0	100.0	100.0
	总计	您感觉就医过程方便吗？	方便	22952367	27508891	50461258	87.5	86.2	86.8
			不方便	3290352	4398456	7688808	12.5	13.8	13.2
			总计	26242719	31907347	58150066	100.0	100.0	100.0
农村	60至64岁	您感觉就医过程方便吗？	方便	5439701	5545575	10985276	86.8	83.5	85.1
			不方便	824222	1098103	1922325	13.2	16.5	14.9
			总计	6263923	6643678	12907601	100.0	100.0	100.0
	65至69岁	您感觉就医过程方便吗？	方便	6167810	6565602	12733412	86.5	83.2	84.8
			不方便	963472	1324770	2288242	13.5	16.8	15.2

① 此表属于跳问问题，总体为2020年看过病的老年人。

续表

城乡	年龄（岁）			男	女	总计	男	女	总计
				人数（人）			%		
农村	65 至 69 岁	您感觉就医过程方便吗？	总计	7131282	7890372	15021654	100.0	100.0	100.0
	70 至 74 岁	您感觉就医过程方便吗？	方便	4480280	4759718	9239998	85.5	82.1	83.7
			不方便	759728	1039026	1798754	14.5	17.9	16.3
			总计	5240008	5798744	11038752	100.0	100.0	100.0
	75 至 79 岁	您感觉就医过程方便吗？	方便	2788438	3192615	5981053	84.1	80.7	82.3
			不方便	525970	764227	1290197	15.9	19.3	17.7
			总计	3314408	3956842	7271250	100.0	100.0	100.0
	80 至 84 岁	您感觉就医过程方便吗？	方便	1620991	1981476	3602467	84.1	81.6	82.7
			不方便	305718	447791	753509	15.9	18.4	17.3
			总计	1926709	2429267	4355976	100.0	100.0	100.0
	85 岁及以上	您感觉就医过程方便吗？	方便	1011821	1468165	2479986	82.8	80.6	81.4
			不方便	210599	354246	564845	17.2	19.4	18.6
			总计	1222420	1822411	3044831	100.0	100.0	100.0
	总计	您感觉就医过程方便吗？	方便	21509041	23513151	45022192	85.7	82.4	83.9
			不方便	3589709	5028163	8617872	14.3	17.6	16.1
			总计	25098750	28541314	53640064	100.0	100.0	100.0

3-10-1 按年龄、性别分的老年人平均住院次数①

年龄（岁）	男	女
	次数（次）	
60 至 64 岁	0.78	0.70
65 至 69 岁	0.88	0.84
70 至 74 岁	1.02	0.96
75 至 79 岁	1.09	1.03
80 至 84 岁	1.19	1.13
85 岁及以上	1.20	1.06
总计	0.95	0.89

3-10-2 按城乡、年龄、性别分的老年人平均住院次数②

城乡	年龄（岁）	男	女
		次数（次）	
城镇	60 至 64 岁	0.70	0.65
	65 至 69 岁	0.82	0.76
城镇	70 至 74 岁	0.94	0.85
	75 至 79 岁	1.02	0.93

① 此表属于跳问问题，总体为 2020 年看过病的老年人。
② 此表属于跳问问题，总体为 2020 年看过病的老年人。

续表

城乡	年龄（岁）	男	女
		次数（次）	
城镇	80 至 84 岁	1.12	1.00
	85 岁及以上	1.13	0.98
	总计	0.87	0.80
农村	60 至 64 岁	0.88	0.78
	65 至 69 岁	0.95	0.92
	70 至 74 岁	1.10	1.08
	75 至 79 岁	1.16	1.13
	80 至 84 岁	1.27	1.28
	85 岁及以上	1.29	1.15
	总计	1.03	0.99

3-11-1 按年龄、性别分的老年人住院自付医药费情况①

年龄（岁）	男	女
	次数（次）	
60 至 64 岁	10973.92	10552.90
65 至 69 岁	12526.91	9950.79
70 至 74 岁	10119.52	8802.16
75 至 79 岁	8580.81	7396.78
80 至 84 岁	7654.19	7596.75
85 岁及以上	7579.17	6569.70
总计	10345.82	8959.51

3-11-2 按城乡、年龄、性别分的老年人住院自付医药费情况②

城乡	年龄（岁）	男	女
		次数（次）	
城镇	60 至 64 岁	11424.51	12415.81
	65 至 69 岁	14493.62	11109.31
	70 至 74 岁	12329.53	10095.06
	75 至 79 岁	10073.51	8389.16
	80 至 84 岁	8645.93	8703.48
	85 岁及以上	7937.81	7088.91
	总计	11696.10	10239.35
农村	60 至 64 岁	10508.47	8499.84
	65 至 69 岁	10798.74	8828.75
	70 至 74 岁	8275.52	7633.00
	75 至 79 岁	7240.34	6527.36
	80 至 84 岁	6658.92	6515.67
	85 岁及以上	7203.95	5995.83
	总计	9093.91	7708.89

3-12-1 按年龄、性别分的老年人自费购买药物花费情况

年龄（岁）	男	女
	次数（次）	
60 至 64 岁	1885.54	2164.24
65 至 69 岁	1975.07	2288.42
70 至 74 岁	2019.66	2248.11
75 至 79 岁	2253.91	2369.20

① 此表属于跳问问题，总体为 2020 年看过病的老年人。
② 此表属于跳问问题，总体为 2020 年看过病的老年人。

续表

年龄（岁）	男	女	年龄（岁）	男	女
	次数（次）			次数（次）	
80 至 84 岁	2281.59	2309.50	总计	2020.92	2238.87
85 岁及以上	2179.69	1991.91			

3-12-2 按城乡、年龄、性别分的老年人自费购买药物花费情况

城乡	年龄（岁）	男	女	城乡	年龄（岁）	男	女
		次数（次）				次数（次）	
城镇	60 至 64 岁	1946.46	2251.56	农村	60 至 64 岁	1805.61	2040.44
	65 至 69 岁	2095.80	2434.94		65 至 69 岁	1840.10	2111.69
	70 至 74 岁	2219.68	2512.29		70 至 74 岁	1815.38	1957.28
	75 至 79 岁	2581.16	2783.54		75 至 79 岁	1923.93	1922.41
	80 至 84 岁	2709.26	2674.06		80 至 84 岁	1796.84	1887.69
	85 岁及以上	2600.56	2369.75		85 岁及以上	1698.56	1583.39
	总计	2191.65	2449.79		总计	1826.24	1983.84

3-13-1 按年龄、性别分的老年人对现在的医疗卫生服务满意情况

年龄（岁）			男	女	总计	男	女	总计
			人数（人）			%		
60 至 64 岁	总的来说，您对现在的医疗卫生服务满意吗？	非常满意	16226530	17579450	33805980	43.2	47.2	45.2
		比较满意	12743225	12137691	24880916	33.9	32.6	33.3
		一般	6463204	5955599	12418803	17.2	16.0	16.6
		不太满意	1761338	1356305	3117643	4.7	3.6	4.2
		非常不满意	349285	178630	527915	0.9	0.5	0.7
		总计	37543582	37207675	74751257	100.0	100.0	100.0
65 至 69 岁	总的来说，您对现在的医疗卫生服务满意吗？	非常满意	17048867	19247575	36296442	47.0	51.2	49.1
		比较满意	11839867	11978531	23818398	32.6	31.8	32.2
		一般	5444014	5133757	10577771	15.0	13.6	14.3
		不太满意	1651846	1060606	2712452	4.6	2.8	3.7
		非常不满意	316532	209026	525558	0.9	0.6	0.7
		总计	36301126	37629495	73930621	100.0	100.0	100.0
70 至 74 岁	总的来说，您对现在的医疗卫生服务满意吗？	非常满意	11717598	13438914	25156512	48.8	53.1	51.0
		比较满意	7740574	7886994	15627568	32.2	31.2	31.7
		一般	3395317	3195143	6590460	14.1	12.6	13.4
		不太满意	973359	647190	1620549	4.1	2.6	3.3

续表

年龄（岁）			男	女	总计	男	女	总计
			人数（人）			%		
70 至 74 岁	总的来说，您对现在的医疗卫生服务满意吗？	非常不满意	202351	129974	332325	0.8	0.5	0.7
		总计	24029199	25298215	49327414	100.0	100.0	100.0
75 至 79 岁	总的来说，您对现在的医疗卫生服务满意吗？	非常满意	7423719	8960144	16383863	50.5	54.7	52.7
		比较满意	4833613	5065727	9899340	32.9	30.9	31.9
		一般	1775949	1844882	3620831	12.1	11.3	11.7
		不太满意	570881	437142	1008023	3.9	2.7	3.2
		非常不满意	90789	63862	154651	0.6	0.4	0.5
		总计	14694951	16371757	31066708	100.0	100.0	100.0
80 至 84 岁	总的来说，您对现在的医疗卫生服务满意吗？	非常满意	4746666	5896432	10643098	51.8	52.7	52.3
		比较满意	2917708	3661208	6578916	31.9	32.8	32.4
		一般	1105365	1349120	2454485	12.1	12.1	12.1
		不太满意	349167	240383	589550	3.8	2.2	2.9
		非常不满意	39066	31078	70144	0.4	0.3	0.3
		总计	9157972	11178221	20336193	100.0	100.0	100.0
85 岁及以上	总的来说，您对现在的医疗卫生服务满意吗？	非常满意	2958170	4478235	7436405	48.6	49.3	49.0
		比较满意	2152877	3169338	5322215	35.4	34.9	35.1
		一般	776774	1228309	2005083	12.8	13.5	13.2
		不太满意	174016	186081	360097	2.9	2.0	2.4
		非常不满意	19524	29135	48659	0.3	0.3	0.3
		总计	6081361	9091098	15172459	100.0	100.0	100.0
总计	总的来说，您对现在的医疗卫生服务满意吗？	非常满意	60121550	69600750	129722300	47.0	50.9	49.0
		比较满意	42227864	43899489	86127353	33.0	32.1	32.6
		一般	18960623	18706810	37667433	14.8	13.7	14.2
		不太满意	5480607	3927707	9408314	4.3	2.9	3.6
		非常不满意	1017547	641705	1659252	0.8	0.5	0.6
		总计	127808191	136776461	264584652	100.0	100.0	100.0

3-13-2 按城乡、年龄、性别分的老年人对现在的医疗卫生服务满意情况

城乡	年龄（岁）			男	女	总计	男	女	总计
				人数（人）			%		
城镇	60 至 64 岁	总的来说，您对现在的医疗卫生服务满意吗？	非常满意	8137678	9317046	17454724	38.2	42.7	40.5
			比较满意	7543489	7354748	14898237	35.4	33.7	34.5
			一般	4220193	4112481	8332674	19.8	18.8	19.3

续表

城乡	年龄（岁）			男	女	总计	男	女	总计
				人数（人）			%		
	60 至 64 岁	总的来说，您对现在的医疗卫生服务满意吗？	不太满意	1135042	913127	2048169	5.3	4.2	4.7
			非常不满意	267401	121936	389337	1.3	0.6	0.9
			总计	21303803	21819338	43123141	100.0	100.0	100.0
	65 至 69 岁	总的来说，您对现在的医疗卫生服务满意吗？	非常满意	8025429	9423433	17448862	41.9	45.8	43.9
			比较满意	6506630	6820988	13327618	33.9	33.2	33.5
			一般	3362531	3417328	6779859	17.5	16.6	17.1
			不太满意	1048054	764923	1812977	5.5	3.7	4.6
			非常不满意	223539	149413	372952	1.2	0.7	0.9
			总计	19166183	20576085	39742268	100.0	100.0	100.0
	70 至 74 岁	总的来说，您对现在的医疗卫生服务满意吗？	非常满意	5073752	6413809	11487561	41.8	48.4	45.2
			比较满意	4240460	4330815	8571275	34.9	32.7	33.7
			一般	2037733	2003309	4041042	16.8	15.1	15.9
			不太满意	646411	416068	1062479	5.3	3.1	4.2
			非常不满意	142530	92594	235124	1.2	0.7	0.9
			总计	12140886	13256595	25397481	100.0	100.0	100.0
城镇	75 至 79 岁	总的来说，您对现在的医疗卫生服务满意吗？	非常满意	3334477	4278828	7613305	45.2	50.4	48.0
			比较满意	2592150	2785520	5377670	35.1	32.8	33.9
			一般	1021964	1087789	2109753	13.9	12.8	13.3
			不太满意	363670	297937	661607	4.9	3.5	4.2
			非常不满意	65632	44304	109936	0.9	0.5	0.7
			总计	7377893	8494378	15872271	100.0	100.0	100.0
	80 至 84 岁	总的来说，您对现在的医疗卫生服务满意吗？	非常满意	2270288	2927666	5197954	46.7	48.8	47.9
			比较满意	1648027	2073586	3721613	33.9	34.6	34.3
			一般	662267	812748	1475015	13.6	13.6	13.6
			不太满意	262367	163201	425568	5.4	2.7	3.9
			非常不满意	22893	18835	41728	0.5	0.3	0.4
			总计	4865842	5996036	10861878	100.0	100.0	100.0
	85 岁及以上	总的来说，您对现在的医疗卫生服务满意吗？	非常满意	1406435	2124467	3530902	43.4	45.0	44.3
			比较满意	1251505	1758185	3009690	38.6	37.2	37.8
			一般	455294	708718	1164012	14.0	15.0	14.6
			不太满意	114262	111252	225514	3.5	2.4	2.8
			非常不满意	16286	20230	36516	0.5	0.4	0.5
			总计	3243782	4722852	7966634	100.0	100.0	100.0

续表

城乡	年龄（岁）			男	女	总计	男	女	总计
				人数（人）			%		
城镇	总计	总的来说，您对现在的医疗卫生服务满意吗?	非常满意	28248059	34485249	62733308	41.5	46.1	43.9
			比较满意	23782261	25123842	48906103	34.9	33.6	34.2
			一般	11759982	12142373	23902355	17.3	16.2	16.7
			不太满意	3569806	2666508	6236314	5.2	3.6	4.4
			非常不满意	738281	447312	1185593	1.1	0.6	0.8
			总计	68098389	74865284	142963673	100.0	100.0	100.0
农村	60至64岁	总的来说，您对现在的医疗卫生服务满意吗?	非常满意	8088853	8262404	16351257	49.8	53.7	51.7
			比较满意	5199736	4782943	9982679	32.0	31.1	31.6
			一般	2243012	1843118	4086130	13.8	12.0	12.9
			不太满意	626296	443179	1069475	3.9	2.9	3.4
			非常不满意	81884	56694	138578	0.5	0.4	0.4
			总计	16239781	15388338	31628119	100.0	100.0	100.0
	65至69岁	总的来说，您对现在的医疗卫生服务满意吗?	非常满意	9023438	9824142	18847580	52.7	57.6	55.1
			比较满意	5333236	5157543	10490779	31.1	30.2	30.7
			一般	2081483	1716429	3797912	12.1	10.1	11.1
			不太满意	603792	295684	899476	3.5	1.7	2.6
			非常不满意	92993	59613	152606	0.5	0.3	0.4
			总计	17134942	17053411	34188353	100.0	100.0	100.0
	70至74岁	总的来说，您对现在的医疗卫生服务满意吗?	非常满意	6643846	7025105	13668951	55.9	58.3	57.1
			比较满意	3500113	3556179	7056292	29.4	29.5	29.5
			一般	1357584	1191834	2549418	11.4	9.9	10.7
			不太满意	326947	231122	558069	2.8	1.9	2.3
			非常不满意	59820	37380	97200	0.5	0.3	0.4
			总计	11888310	12041620	23929930	100.0	100.0	100.0
	75至79岁	总的来说，您对现在的医疗卫生服务满意吗?	非常满意	4089241	4681317	8770558	55.9	59.4	57.7
			比较满意	2241464	2280207	4521671	30.6	28.9	29.8
			一般	753985	757094	1511079	10.3	9.6	9.9
			不太满意	207211	139205	346416	2.8	1.8	2.3
			非常不满意	25157	19558	44715	0.3	0.2	0.3
			总计	7317058	7877381	15194439	100.0	100.0	100.0
	80至84岁	总的来说，您对现在的医疗卫生服务满意吗?	非常满意	2476378	2968766	5445144	57.7	57.3	57.5
			比较满意	1269681	1587622	2857303	29.6	30.6	30.2
			一般	443098	536373	979471	10.3	10.4	10.3
			不太满意	86800	77182	163982	2.0	1.5	1.7

续表

城乡	年龄（岁）			男	女	总计	男	女	总计
				人数（人）			%		
农村	80至84岁	总的来说，您对现在的医疗卫生服务满意吗？	非常不满意	16173	12243	28416	0.4	0.2	0.3
			总计	4292130	5182186	9474316	100.0	100.0	100.0
	85岁及以上	总的来说，您对现在的医疗卫生服务满意吗？	非常满意	1551735	2353769	3905504	54.7	53.9	54.2
			比较满意	901372	1411153	2312525	31.8	32.3	32.1
			一般	321480	519591	841071	11.3	11.9	11.7
			不太满意	59754	74829	134583	2.1	1.7	1.9
			非常不满意	3238	8904	12142	0.1	0.2	0.2
			总计	2837579	4368246	7205825	100.0	100.0	100.0
	总计	总的来说，您对现在的医疗卫生服务满意吗？	非常满意	31873491	35115503	66988994	53.4	56.7	55.1
			比较满意	18445602	18775647	37221249	30.9	30.3	30.6
			一般	7200642	6564439	13765081	12.1	10.6	11.3
			不太满意	1910800	1261201	3172001	3.2	2.0	2.6
			非常不满意	279265	194392	473657	0.5	0.3	0.4
			总计	59709800	61911182	121620982	100.0	100.0	100.0

3-14-1 按年龄、性别分的老年人健康自评

年龄（岁）			男	女	总计	男	女	总计
			人数（人）			%		
60至64岁	现在您觉得自己的健康状况如何？	非常好	7783083	5569340	13352423	20.7	15.0	17.9
		比较好	11790862	10275292	22066154	31.4	27.6	29.5
		一般	14231939	15774415	30006354	37.9	42.4	40.1
		比较差	3119398	4626253	7745651	8.3	12.4	10.4
		非常差	618300	962376	1580676	1.6	2.6	2.1
		总计	37543582	37207676	74751258	100.0	100.0	100.0
65至69岁	现在您觉得自己的健康状况如何？	非常好	6565218	4886604	11451822	18.1	13.0	15.5
		比较好	11150113	9907794	21057907	30.7	26.3	28.5
		一般	14162075	16007857	30169932	39.0	42.5	40.8
		比较差	3552306	5446769	8999075	9.8	14.5	12.2
		非常差	871414	1380470	2251884	2.4	3.7	3.0
		总计	36301126	37629494	73930620	100.0	100.0	100.0
70至74岁	现在您觉得自己的健康状况如何？	非常好	3616059	2740536	6356595	15.0	10.8	12.9
		比较好	7337311	6320504	13657815	30.5	25.0	27.7
		一般	9670554	10896990	20567544	40.2	43.1	41.7
		比较差	2773994	4208984	6982978	11.5	16.6	14.2

续表

年龄（岁）			男	女	总计	男	女	总计
			人数（人）			%		
70 至 74 岁	现在您觉得自己的健康状况如何？	非常差	631280	1131201	1762481	2.6	4.5	3.6
		总计	24029198	25298215	49327413	100.0	100.0	100.0
75 至 79 岁	现在您觉得自己的健康状况如何？	非常好	1859278	1674243	3533521	12.7	10.2	11.4
		比较好	4480208	3992167	8472375	30.5	24.4	27.3
		一般	5866441	6960040	12826481	39.9	42.5	41.3
		比较差	1986618	2988871	4975489	13.5	18.3	16.0
		非常差	502406	756437	1258843	3.4	4.6	4.1
		总计	14694951	16371758	31066709	100.0	100.0	100.0
80 至 84 岁	现在您觉得自己的健康状况如何？	非常好	1067061	1057967	2125028	11.7	9.5	10.4
		比较好	2703943	2810959	5514902	29.5	25.1	27.1
		一般	3696956	4669466	8366422	40.4	41.8	41.1
		比较差	1294995	2103731	3398726	14.1	18.8	16.7
		非常差	395019	536097	931116	4.3	4.8	4.6
		总计	9157974	11178220	20336194	100.0	100.0	100.0
85 岁及以上	现在您觉得自己的健康状况如何？	非常好	624605	775615	1400220	10.3	8.5	9.2
		比较好	1821022	2199033	4020055	29.9	24.2	26.5
		一般	2463053	3758241	6221294	40.5	41.3	41.0
		比较差	878795	1779856	2658651	14.5	19.6	17.5
		非常差	293886	578353	872239	4.8	6.4	5.7
		总计	6081361	9091098	15172459	100.0	100.0	100.0
总计	现在您觉得自己的健康状况如何？	非常好	21515304	16704305	38219609	16.8	12.2	14.4
		比较好	39283459	35505749	74789208	30.7	26.0	28.3
		一般	50091018	58067009	108158027	39.2	42.5	40.9
		比较差	13606106	21154464	34760570	10.6	15.5	13.1
		非常差	3312305	5344934	8657239	2.6	3.9	3.3
		总计	127808192	136776461	264584653	100.0	100.0	100.0

3-14-2 按城乡、年龄、性别分的老年人健康自评[①]

城乡	年龄（岁）			男	女	总计	男	女	总计
				人数（人）			%		
城镇	60 至 64 岁	现在您觉得自己的健康状况如何？	非常好	4604127	3449113	8053240	21.6	15.8	18.7
			比较好	7253664	6625548	13879212	34.0	30.4	32.2
			一般	7860608	9237086	17097694	36.9	42.3	39.6

① 此表属于跳问问题，总体为 2020 年看过病的老年人。

续表

城乡	年龄（岁）			男	女	总计	男	女	总计
				人数（人）			%		
城镇	60至64岁	现在您觉得自己的健康状况如何?	比较差	1373277	2125032	3498309	6.4	9.7	8.1
			非常差	212127	382558	594685	1.0	1.8	1.4
			总计	21303803	21819337	43123140	100.0	100.0	100.0
	65至69岁	现在您觉得自己的健康状况如何?	非常好	3618862	2840416	6459278	18.9	13.8	16.3
			比较好	6376618	5942333	12318951	33.3	28.9	31.0
			一般	7333939	8816471	16150410	38.3	42.8	40.6
			比较差	1471603	2379485	3851088	7.7	11.6	9.7
			非常差	365162	597380	962542	1.9	2.9	2.4
			总计	19166184	20576085	39742269	100.0	100.0	100.0
	70至74岁	现在您觉得自己的健康状况如何?	非常好	1920609	1565862	3486471	15.8	11.8	13.7
			比较好	4047285	3558187	7605472	33.3	26.8	29.9
			一般	4796912	5871592	10668504	39.5	44.3	42.0
			比较差	1132199	1804421	2936620	9.3	13.6	11.6
			非常差	243881	456533	700414	2.0	3.4	2.8
			总计	12140886	13256595	25397481	100.0	100.0	100.0
	75至79岁	现在您觉得自己的健康状况如何?	非常好	993589	961183	1954772	13.5	11.3	12.3
			比较好	2515866	2215089	4730955	34.1	26.1	29.8
			一般	2866235	3712407	6578642	38.8	43.7	41.4
			比较差	809118	1302318	2111436	11.0	15.3	13.3
			非常差	193085	303381	496466	2.6	3.6	3.1
			总计	7377893	8494378	15872271	100.0	100.0	100.0
	80至84岁	现在您觉得自己的健康状况如何?	非常好	585906	659196	1245102	12.0	11.0	11.5
			比较好	1585321	1645196	3230517	32.6	27.4	29.7
			一般	1961511	2593759	4555270	40.3	43.3	41.9
			比较差	583664	875073	1458737	12.0	14.6	13.4
			非常差	149441	222812	372253	3.1	3.7	3.4
			总计	4865843	5996036	10861879	100.0	100.0	100.0
	85岁及以上	现在您觉得自己的健康状况如何?	非常好	301136	421094	722230	9.3	8.9	9.1
			比较好	1030293	1191491	2221784	31.8	25.2	27.9
			一般	1335417	2002605	3338022	41.2	42.4	41.9
			比较差	435482	868075	1303557	13.4	18.4	16.4
			非常差	141453	239588	381041	4.4	5.1	4.8
			总计	3243781	4722853	7966634	100.0	100.0	100.0
	总计	现在您觉得自己的健康状况如何?	非常好	12024229	9896864	21921093	17.7	13.2	15.3
			比较好	22809047	21177844	43986891	33.5	28.3	30.8

续表

城乡	年龄（岁）			男	女	总计	男	女	总计
				人数（人）			%		
城镇	总计	现在您觉得自己的健康状况如何？	一般	26154622	32233920	58388542	38.4	43.1	40.8
			比较差	5805343	9354404	15159747	8.5	12.5	10.6
			非常差	1305149	2202252	3507401	1.9	2.9	2.5
			总计	68098390	74865284	142963674	100.0	100.0	100.0
农村	60至64岁	现在您觉得自己的健康状况如何？	非常好	3178956	2120227	5299183	19.6	13.8	16.8
			比较好	4537198	3649744	8186942	27.9	23.7	25.9
			一般	6371332	6537328	12908660	39.2	42.5	40.8
			比较差	1746120	2501221	4247341	10.8	16.3	13.4
			非常差	406174	579818	985992	2.5	3.8	3.1
			总计	16239780	15388338	31628118	100.0	100.0	100.0
	65至69岁	现在您觉得自己的健康状况如何？	非常好	2946356	2046188	4992544	17.2	12.0	14.6
			比较好	4773495	3965462	8738957	27.9	23.3	25.6
			一般	6828136	7191386	14019522	39.8	42.2	41.0
			比较差	2080703	3067284	5147987	12.1	18.0	15.1
			非常差	506251	783090	1289341	3.0	4.6	3.8
			总计	17134941	17053410	34188351	100.0	100.0	100.0
	70至74岁	现在您觉得自己的健康状况如何？	非常好	1695450	1174674	2870124	14.3	9.8	12.0
			比较好	3290026	2762317	6052343	27.7	22.9	25.3
			一般	4873642	5025398	9899040	41.0	41.7	41.4
			比较差	1641795	2404563	4046358	13.8	20.0	16.9
			非常差	387399	674668	1062067	3.3	5.6	4.4
			总计	11888312	12041620	23929932	100.0	100.0	100.0
	75至79岁	现在您觉得自己的健康状况如何？	非常好	865688	713061	1578749	11.8	9.1	10.4
			比较好	1964342	1777078	3741420	26.8	22.6	24.6
			一般	3000206	3247633	6247839	41.0	41.2	41.1
			比较差	1177500	1686553	2864053	16.1	21.4	18.8
			非常差	309322	453056	762378	4.2	5.8	5.0
			总计	7317058	7877381	15194439	100.0	100.0	100.0
	80至84岁	现在您觉得自己的健康状况如何？	非常好	481155	398771	879926	11.2	7.7	9.3
			比较好	1118622	1165764	2284386	26.1	22.5	24.1
			一般	1735444	2075707	3811151	40.4	40.1	40.2
			比较差	711331	1228658	1939989	16.6	23.7	20.5
			非常差	245577	313284	558861	5.7	6.0	5.9
			总计	4292129	5182184	9474313	100.0	100.0	100.0

续表

城乡	年龄（岁）			男	女	总计	男	女	总计
				人数（人）			%		
农村	85岁及以上	现在您觉得自己的健康状况如何？	非常好	323469	354522	677991	11.4	8.1	9.4
			比较好	790728	1007543	1798271	27.9	23.1	25.0
			一般	1127636	1755636	2883272	39.7	40.2	40.0
			比较差	443312	911780	1355092	15.6	20.9	18.8
			非常差	152434	338765	491199	5.4	7.8	6.8
			总计	2837579	4368246	7205825	100.0	100.0	100.0
	总计	现在您觉得自己的健康状况如何？	非常好	9491074	6807443	16298517	15.9	11.0	13.4
			比较好	16474411	14327908	30802319	27.6	23.1	25.3
			一般	23936396	25833088	49769484	40.1	41.7	40.9
			比较差	7800761	11800059	19600820	13.1	19.1	16.1
			非常差	2007157	3142681	5149838	3.4	5.1	4.2
			总计	59709799	61911179	121620978	100.0	100.0	100.0

第四部分　照料护理服务状况

4-1-1 按年龄、性别分的老年人日常生活自理能力

年龄（岁）			男	女	总计	男	女	总计
			人数（人）			%		
60至64岁	生活自理能力（ADL）	完全能自理	35540856	34807527	70348383	94.7	93.5	94.1
		部分失能	1298758	1851832	3150590	3.5	5.0	4.2
		完全失能	703968	548318	1252286	1.9	1.5	1.7
		总计	37543582	37207677	74751259	100.0	100.0	100.0
65至69岁	生活自理能力（ADL）	完全能自理	33863463	34240510	68103973	93.3	91.0	92.1
		部分失能	1598523	2520124	4118647	4.4	6.7	5.6
		完全失能	839138	868861	1707999	2.3	2.3	2.3
		总计	36301124	37629495	73930619	100.0	100.0	100.0
70至74岁	生活自理能力（ADL）	完全能自理	21769169	22150034	43919203	90.6	87.6	89.0
		部分失能	1423470	2186634	3610104	5.9	8.6	7.3
		完全失能	836559	961546	1798105	3.5	3.8	3.6
		总计	24029198	25298214	49327412	100.0	100.0	100.0
75至79岁	生活自理能力（ADL）	完全能自理	12815171	13542626	26357797	87.2	82.7	84.8
		部分失能	1087150	1795537	2882687	7.4	11.0	9.3
		完全失能	792630	1033595	1826225	5.4	6.3	5.9
		总计	14694951	16371758	31066709	100.0	100.0	100.0
80至84岁	生活自理能力（ADL）	完全能自理	7356012	8311785	15667797	80.3	74.4	77.0
		部分失能	927719	1559904	2487623	10.1	14.0	12.2
		完全失能	874242	1306531	2180773	9.5	11.7	10.7
		总计	9157973	11178220	20336193	100.0	100.0	100.0
85岁及以上	生活自理能力（ADL）	完全能自理	4148289	5335350	9483639	68.2	58.7	62.5
		部分失能	874120	1606656	2480776	14.4	17.7	16.4
		完全失能	1058951	2149092	3208043	17.4	23.6	21.1
		总计	6081360	9091098	15172458	100.0	100.0	100.0
总计	生活自理能力（ADL）	完全能自理	115492960	118387832	233880792	90.4	86.6	88.4
		部分失能	7209740	11520687	18730427	5.6	8.4	7.1
		完全失能	5105488	6867943	11973431	4.0	5.0	4.5
		总计	127808188	136776462	264584650	100.0	100.0	100.0

4-1-2 按城乡、年龄、性别分的老年人日常生活自理能力

城乡	年龄（岁）			男	女	总计	男	女	总计
				人数（人）			%		
城镇	60至64岁	生活自理能力（ADL）	完全能自理	20439390	20774311	41213701	95.9	95.2	95.6
			部分失能	556111	786597	1342708	2.6	3.6	3.1
			完全失能	308302	258430	566732	1.4	1.2	1.3
			总计	21303803	21819338	43123141	100.0	100.0	100.0
	65至69岁	生活自理能力（ADL）	完全能自理	18189760	19179618	37369378	94.9	93.2	94.0
			部分失能	627834	1006330	1634164	3.3	4.9	4.1
			完全失能	348589	390136	738725	1.8	1.9	1.9
			总计	19166183	20576084	39742267	100.0	100.0	100.0
	70至74岁	生活自理能力（ADL）	完全能自理	11223321	11914310	23137631	92.4	89.9	91.1
			部分失能	525994	943071	1469065	4.3	7.1	5.8
			完全失能	391572	399215	790787	3.2	3.0	3.1
			总计	12140887	13256596	25397483	100.0	100.0	100.0
	75至79岁	生活自理能力（ADL）	完全能自理	6572918	7256988	13829906	89.1	85.4	87.1
			部分失能	415747	796996	1212743	5.6	9.4	7.6
			完全失能	389228	440394	829622	5.3	5.2	5.2
			总计	7377893	8494378	15872271	100.0	100.0	100.0
	80至84岁	生活自理能力（ADL）	完全能自理	3970135	4618620	8588755	81.6	77.0	79.1
			部分失能	452755	775278	1228033	9.3	12.9	11.3
			完全失能	442953	602137	1045090	9.1	10.0	9.6
			总计	4865843	5996035	10861878	100.0	100.0	100.0
	85岁及以上	生活自理能力（ADL）	完全能自理	2190707	2830848	5021555	67.5	59.9	63.0
			部分失能	481089	817431	1298520	14.8	17.3	16.3
			完全失能	571986	1074573	1646559	17.6	22.8	20.7
			总计	3243782	4722852	7966634	100.0	100.0	100.0
	总计	生活自理能力（ADL）	完全能自理	62586231	66574695	129160926	91.9	88.9	90.3
			部分失能	3059530	5125703	8185233	4.5	6.8	5.7
			完全失能	2452630	3164885	5617515	3.6	4.2	3.9
			总计	68098391	74865283	142963674	100.0	100.0	100.0
农村	60至64岁	生活自理能力（ADL）	完全能自理	15101467	14033216	29134683	93.0	91.2	92.1
			部分失能	742647	1065235	1807882	4.6	6.9	5.7
			完全失能	395666	289888	685554	2.4	1.9	2.2
			总计	16239780	15388339	31628119	100.0	100.0	100.0
	65至69岁	生活自理能力（ADL）	完全能自理	15673704	15060892	30734596	91.5	88.3	89.9
			部分失能	970689	1513794	2484483	5.7	8.9	7.3

续表

城乡	年龄（岁）			男	女	总计	男	女	总计
				人数（人）			%		
农村	65至69岁	生活自理能力（ADL）	完全失能	490549	478725	969274	2.9	2.8	2.8
			总计	17134942	17053411	34188353	100.0	100.0	100.0
	70至74岁	生活自理能力（ADL）	完全能自理	10545848	10235724	20781572	88.7	85.0	86.8
			部分失能	897476	1243563	2141039	7.5	10.3	8.9
			完全失能	444987	562332	1007319	3.7	4.7	4.2
			总计	11888311	12041619	23929930	100.0	100.0	100.0
	75至79岁	生活自理能力（ADL）	完全能自理	6242252	6285638	12527890	85.3	79.8	82.5
			部分失能	671403	998541	1669944	9.2	12.7	11.0
			完全失能	403402	593201	996603	5.5	7.5	6.6
			总计	7317057	7877380	15194437	100.0	100.0	100.0
	80至84岁	生活自理能力（ADL）	完全能自理	3385877	3693165	7079042	78.9	71.3	74.7
			部分失能	474965	784626	1259591	11.1	15.1	13.3
			完全失能	431289	704395	1135684	10.0	13.6	12.0
			总计	4292131	5182186	9474317	100.0	100.0	100.0
	85岁及以上	生活自理能力（ADL）	完全能自理	1957582	2504502	4462084	69.0	57.3	61.9
			部分失能	393031	789225	1182256	13.9	18.1	16.4
			完全失能	486966	1074519	1561485	17.2	24.6	21.7
			总计	2837579	4368246	7205825	100.0	100.0	100.0
	总计	生活自理能力（ADL）	完全能自理	52906730	51813137	104719867	88.6	83.7	86.1
			部分失能	4150211	6394984	10545195	7.0	10.3	8.7
			完全失能	2652859	3703060	6355919	4.4	6.0	5.2
			总计	59709800	61911181	121620981	100.0	100.0	100.0

4-2-1 按年龄、性别分的老年人独立吃饭状况

年龄（岁）			男	女	总计	男	女	总计
			人数（人）			%		
60至64岁	吃饭	做得了	36702284	36610750	73313034	97.8	98.4	98.1
		有些困难	501570	409493	911063	1.3	1.1	1.2
		做不了	339729	187433	527162	0.9	0.5	0.7
		总计	37543583	37207676	74751259	100.0	100.0	100.0
65至69岁	吃饭	做得了	35393963	36714278	72108241	97.5	97.6	97.5
		有些困难	531557	602531	1134088	1.5	1.6	1.5
		做不了	375605	312686	688291	1.0	0.8	0.9
		总计	36301125	37629495	73930620	100.0	100.0	100.0

续表

年龄（岁）			男	女	总计	男	女	总计
			人数（人）			%		
70 至 74 岁	吃饭	做得了	23244283	24396595	47640878	96.7	96.4	96.6
		有些困难	443209	590471	1033680	1.8	2.3	2.1
		做不了	341706	311149	652855	1.4	1.2	1.3
		总计	24029198	25298215	49327413	100.0	100.0	100.0
75 至 79 岁	吃饭	做得了	13993704	15501287	29494991	95.2	94.7	94.9
		有些困难	368067	551165	919232	2.5	3.4	3.0
		做不了	333180	319305	652485	2.3	2.0	2.1
		总计	14694951	16371757	31066708	100.0	100.0	100.0
80 至 84 岁	吃饭	做得了	8502201	10183263	18685464	92.8	91.1	91.9
		有些困难	345737	480910	826647	3.8	4.3	4.1
		做不了	310035	514047	824082	3.4	4.6	4.1
		总计	9157973	11178220	20336193	100.0	100.0	100.0
85 岁及以上	吃饭	做得了	5324347	7714591	13038938	87.6	84.9	85.9
		有些困难	308078	619642	927720	5.1	6.8	6.1
		做不了	448935	756865	1205800	7.4	8.3	7.9
		总计	6081360	9091098	15172458	100.0	100.0	100.0
总计	吃饭	做得了	123160782	131120764	254281546	96.4	95.9	96.1
		有些困难	2498218	3254212	5752430	2.0	2.4	2.2
		做不了	2149190	2401485	4550675	1.7	1.8	1.7
		总计	127808190	136776461	264584651	100.0	100.0	100.0

4-2-2 按城乡、年龄、性别分的老年人独立吃饭状况

城乡	年龄（岁）			男	女	总计	男	女	总计
				人数（人）			%		
城镇	60 至 64 岁	吃饭	做得了	20929626	21562903	42492529	98.2	98.8	98.5
			有些困难	226070	158010	384080	1.1	0.7	0.9
			做不了	148107	98425	246532	0.7	0.5	0.6
			总计	21303803	21819338	43123141	100.0	100.0	100.0
	65 至 69 岁	吃饭	做得了	18803810	20207812	39011622	98.1	98.2	98.2
			有些困难	195769	239338	435107	1.0	1.2	1.1
			做不了	166605	128934	295539	0.9	0.6	0.7
			总计	19166184	20576084	39742268	100.0	100.0	100.0
	70 至 74 岁	吃饭	做得了	11819992	12889352	24709344	97.4	97.2	97.3
			有些困难	154286	240663	394949	1.3	1.8	1.6

续表

城乡	年龄（岁）			男	女	总计	男	女	总计
				人数（人）			%		
城镇	70 至 74 岁	吃饭	做不了	166609	126581	293190	1.4	1.0	1.2
			总计	12140887	13256596	25397483	100.0	100.0	100.0
	75 至 79 岁	吃饭	做得了	7052260	8123071	15175331	95.6	95.6	95.6
			有些困难	158236	257261	415497	2.1	3.0	2.6
			做不了	167397	114045	281442	2.3	1.3	1.8
			总计	7377893	8494377	15872270	100.0	100.0	100.0
	80 至 84 岁	吃饭	做得了	4547723	5536162	10083885	93.5	92.3	92.8
			有些困难	173167	188677	361844	3.6	3.1	3.3
			做不了	144953	271197	416150	3.0	4.5	3.8
			总计	4865843	5996036	10861879	100.0	100.0	100.0
	85 岁及以上	吃饭	做得了	2848386	4094893	6943279	87.8	86.7	87.2
			有些困难	163201	275181	438382	5.0	5.8	5.5
			做不了	232194	352779	584973	7.2	7.5	7.3
			总计	3243781	4722853	7966634	100.0	100.0	100.0
	总计	吃饭	做得了	66001797	72414193	138415990	96.9	96.7	96.8
			有些困难	1070729	1359130	2429859	1.6	1.8	1.7
			做不了	1025865	1091961	2117826	1.5	1.5	1.5
			总计	68098391	74865284	142963675	100.0	100.0	100.0
农村	60 至 64 岁	吃饭	做得了	15772657	15047847	30820504	97.1	97.8	97.4
			有些困难	275500	251483	526983	1.7	1.6	1.7
			做不了	191622	89009	280631	1.2	0.6	0.9
			总计	16239779	15388339	31628118	100.0	100.0	100.0
	65 至 69 岁	吃饭	做得了	16590152	16506466	33096618	96.8	96.8	96.8
			有些困难	335788	363192	698980	2.0	2.1	2.0
			做不了	209000	183752	392752	1.2	1.1	1.1
			总计	17134940	17053410	34188350	100.0	100.0	100.0
	70 至 74 岁	吃饭	做得了	11424291	11507244	22931535	96.1	95.6	95.8
			有些困难	288923	349808	638731	2.4	2.9	2.7
			做不了	175097	184568	359665	1.5	1.5	1.5
			总计	11888311	12041620	23929931	100.0	100.0	100.0
	75 至 79 岁	吃饭	做得了	6941444	7378216	14319660	94.9	93.7	94.2
			有些困难	209831	293904	503735	2.9	3.7	3.3
			做不了	165783	205260	371043	2.3	2.6	2.4
			总计	7317058	7877380	15194438	100.0	100.0	100.0
	80 至 84 岁	吃饭	做得了	3954478	4647101	8601579	92.1	89.7	90.8

续表

城乡	年龄（岁）			男	女	总计	男	女	总计
				人数（人）			%		
农村	80至84岁	吃饭	有些困难	172570	292234	464804	4.0	5.6	4.9
			做不了	165082	242850	407932	3.8	4.7	4.3
			总计	4292130	5182185	9474315	100.0	100.0	100.0
	85岁及以上	吃饭	做得了	2475961	3619698	6095659	87.3	82.9	84.6
			有些困难	144877	344461	489338	5.1	7.9	6.8
			做不了	216741	404086	620827	7.6	9.3	8.6
			总计	2837579	4368245	7205824	100.0	100.0	100.0
	总计	吃饭	做得了	57158983	58706572	115865555	95.7	94.8	95.3
			有些困难	1427489	1895082	3322571	2.4	3.1	2.7
			做不了	1123325	1309525	2432850	1.9	2.1	2.0
			总计	59709797	61911179	121620976	100.0	100.0	100.0

4-3-1 按年龄、性别分的老年人独立穿衣状况

年龄（岁）			男	女	总计	男	女	总计
			人数（人）			%		
60至64岁	穿衣	做得了	36917626	36604325	73521951	98.3	98.4	98.4
		有些困难	482967	444341	927308	1.3	1.2	1.2
		做不了	142989	159011	302000	0.4	0.4	0.4
		总计	37543582	37207677	74751259	100.0	100.0	100.0
65至69岁	穿衣	做得了	35491722	36625068	72116790	97.8	97.3	97.5
		有些困难	583787	742686	1326473	1.6	2.0	1.8
		做不了	225615	261741	487356	0.6	0.7	0.7
		总计	36301124	37629495	73930619	100.0	100.0	100.0
70至74岁	穿衣	做得了	23320935	24388489	47709424	97.1	96.4	96.7
		有些困难	439561	650468	1090029	1.8	2.6	2.2
		做不了	268702	259258	527960	1.1	1.0	1.1
		总计	24029198	25298215	49327413	100.0	100.0	100.0
75至79岁	穿衣	做得了	14080442	15614449	29694891	95.8	95.4	95.6
		有些困难	373337	495171	868508	2.5	3.0	2.8
		做不了	241172	262138	503310	1.6	1.6	1.6
		总计	14694951	16371758	31066709	100.0	100.0	100.0
80至84岁	穿衣	做得了	8558497	10262410	18820907	93.5	91.8	92.5
		有些困难	348747	547295	896042	3.8	4.9	4.4
		做不了	250730	368516	619246	2.7	3.3	3.0
		总计	9157974	11178221	20336195	100.0	100.0	100.0

续表

年龄（岁）			男	女	总计	男	女	总计
			人数（人）			%		
85岁及以上	穿衣	做得了	5394630	7722224	13116854	88.7	84.9	86.5
		有些困难	321114	732723	1053837	5.3	8.1	6.9
		做不了	365617	636151	1001768	6.0	7.0	6.6
		总计	6081361	9091098	15172459	100.0	100.0	100.0
总计	穿衣	做得了	123763852	131216965	254980817	96.8	95.9	96.4
		有些困难	2549513	3612684	6162197	2.0	2.6	2.3
		做不了	1494825	1946815	3441640	1.2	1.4	1.3
		总计	127808190	136776464	264584654	100.0	100.0	100.0

4-3-2 按城乡、年龄、性别分的老年人独立穿衣状况

城乡	年龄（岁）			男	女	总计	男	女	总计
				人数（人）			%		
城镇	60至64岁	穿衣	做得了	21027203	21568597	42595800	98.7	98.9	98.8
			有些困难	211460	166084	377544	1.0	0.8	0.9
			做不了	65140	84657	149797	0.3	0.4	0.3
			总计	21303803	21819338	43123141	100.0	100.0	100.0
	65至69岁	穿衣	做得了	18801975	20113280	38915255	98.1	97.8	97.9
			有些困难	252169	320644	572813	1.3	1.6	1.4
			做不了	112040	142161	254201	0.6	0.7	0.6
			总计	19166184	20576085	39742269	100.0	100.0	100.0
	70至74岁	穿衣	做得了	11826444	12865298	24691742	97.4	97.0	97.2
			有些困难	154608	273875	428483	1.3	2.1	1.7
			做不了	159835	117423	277258	1.3	0.9	1.1
			总计	12140887	13256596	25397483	100.0	100.0	100.0
	75至79岁	穿衣	做得了	7085473	8176203	15261676	96.0	96.3	96.2
			有些困难	179472	220462	399934	2.4	2.6	2.5
			做不了	112948	97711	210659	1.5	1.2	1.3
			总计	7377893	8494376	15872269	100.0	100.0	100.0
	80至84岁	穿衣	做得了	4578769	5582661	10161430	94.1	93.1	93.6
			有些困难	151072	218716	369788	3.1	3.6	3.4
			做不了	136002	194658	330660	2.8	3.2	3.0
			总计	4865843	5996035	10861878	100.0	100.0	100.0
	85岁及以上	穿衣	做得了	2860500	4068965	6929465	88.2	86.2	87.0
			有些困难	174029	312077	486106	5.4	6.6	6.1
			做不了	209253	341811	551064	6.5	7.2	6.9

续表

城乡	年龄（岁）			男	女	总计	男	女	总计
				人数（人）			%		
城镇	85岁及以上	穿衣	总计	3243782	4722853	7966635	100.0	100.0	100.0
	总计	穿衣	做得了	66180364	72375004	138555368	97.2	96.7	96.9
			有些困难	1122810	1511858	2634668	1.6	2.0	1.8
			做不了	795218	978421	1773639	1.2	1.3	1.2
			总计	68098392	74865283	142963675	100.0	100.0	100.0
农村	60至64岁	穿衣	做得了	15890423	15035728	30926151	97.8	97.7	97.8
			有些困难	271508	278257	549765	1.7	1.8	1.7
			做不了	77849	74354	152203	0.5	0.5	0.5
			总计	16239780	15388339	31628119	100.0	100.0	100.0
	65至69岁	穿衣	做得了	16689747	16511787	33201534	97.4	96.8	97.1
			有些困难	331619	422042	753661	1.9	2.5	2.2
			做不了	113576	119581	233157	0.7	0.7	0.7
			总计	17134942	17053410	34188352	100.0	100.0	100.0
	70至74岁	穿衣	做得了	11494491	11523192	23017683	96.7	95.7	96.2
			有些困难	284953	376593	661546	2.4	3.1	2.8
			做不了	108867	141834	250701	0.9	1.2	1.0
			总计	11888311	12041619	23929930	100.0	100.0	100.0
	75至79岁	穿衣	做得了	6994969	7438246	14433215	95.6	94.4	95.0
			有些困难	193865	274709	468574	2.6	3.5	3.1
			做不了	128224	164426	292650	1.8	2.1	1.9
			总计	7317058	7877381	15194439	100.0	100.0	100.0
	80至84岁	穿衣	做得了	3979728	4679749	8659477	92.7	90.3	91.4
			有些困难	197675	328578	526253	4.6	6.3	5.6
			做不了	114728	173858	288586	2.7	3.4	3.0
			总计	4292131	5182185	9474316	100.0	100.0	100.0
	85岁及以上	穿衣	做得了	2534130	3653259	6187389	89.3	83.6	85.9
			有些困难	147085	420647	567732	5.2	9.6	7.9
			做不了	156364	294340	450704	5.5	6.7	6.3
			总计	2837579	4368246	7205825	100.0	100.0	100.0
	总计	穿衣	做得了	57583488	58841961	116425449	96.4	95.0	95.7
			有些困难	1426705	2100826	3527531	2.4	3.4	2.9
			做不了	699608	968393	1668001	1.2	1.6	1.4
			总计	59709801	61911180	121620981	100.0	100.0	100.0

4-4-1 按年龄、性别分的老年人独立上厕所状况

年龄（岁）			男	女	总计	男	女	总计
			人数（人）			%		
60至64岁	上厕所	做得了	36786838	36184916	72971754	98.0	97.3	97.6
		有些困难	597634	865619	1463253	1.6	2.3	2.0
		做不了	159111	157142	316253	0.4	0.4	0.4
		总计	37543583	37207677	74751260	100.0	100.0	100.0
65至69岁	上厕所	做得了	35248969	36094658	71343627	97.1	95.9	96.5
		有些困难	812416	1260889	2073305	2.2	3.4	2.8
		做不了	239741	273948	513689	0.7	0.7	0.7
		总计	36301126	37629495	73930621	100.0	100.0	100.0
70至74岁	上厕所	做得了	23058055	23903188	46961243	96.0	94.5	95.2
		有些困难	700686	1100676	1801362	2.9	4.4	3.7
		做不了	270457	294352	564809	1.1	1.2	1.1
		总计	24029198	25298216	49327414	100.0	100.0	100.0
75至79岁	上厕所	做得了	13925828	15229039	29154867	94.8	93.0	93.8
		有些困难	558099	830471	1388570	3.8	5.1	4.5
		做不了	211023	312247	523270	1.4	1.9	1.7
		总计	14694950	16371757	31066707	100.0	100.0	100.0
80至84岁	上厕所	做得了	8449245	9944846	18394091	92.3	89.0	90.5
		有些困难	439209	828263	1267472	4.8	7.4	6.2
		做不了	269519	405112	674631	2.9	3.6	3.3
		总计	9157973	11178221	20336194	100.0	100.0	100.0
85岁及以上	上厕所	做得了	5268073	7331242	12599315	86.6	80.6	83.0
		有些困难	417236	1027375	1444611	6.9	11.3	9.5
		做不了	396052	732481	1128533	6.5	8.1	7.4
		总计	6081361	9091098	15172459	100.0	100.0	100.0
总计	上厕所	做得了	122737008	128687889	251424897	96.0	94.1	95.0
		有些困难	3525280	5913293	9438573	2.8	4.3	3.6
		做不了	1545903	2175282	3721185	1.2	1.6	1.4
		总计	127808191	136776464	264584655	100.0	100.0	100.0

4-4-2 按城乡、年龄、性别分的老年人独立上厕所状况

城乡	年龄（岁）			男	女	总计	男	女	总计
				人数（人）			%		
城镇	60至64岁	上厕所	做得了	21004923	21399362	42404285	98.6	98.1	98.3

续表

城乡	年龄（岁）			男	女	总计	男	女	总计
				人数（人）			%		
城镇	60 至 64 岁	上厕所	有些困难	217830	335114	552944	1.0	1.5	1.3
			做不了	81049	84862	165911	0.4	0.4	0.4
			总计	21303802	21819338	43123140	100.0	100.0	100.0
	65 至 69 岁	上厕所	做得了	18718872	19945101	38663973	97.7	96.9	97.3
			有些困难	337500	497682	835182	1.8	2.4	2.1
			做不了	109812	133302	243114	0.6	0.6	0.6
			总计	19166184	20576085	39742269	100.0	100.0	100.0
	70 至 74 岁	上厕所	做得了	11735719	12688291	24424010	96.7	95.7	96.2
			有些困难	243923	435658	679581	2.0	3.3	2.7
			做不了	161245	132647	293892	1.3	1.0	1.2
			总计	12140887	13256596	25397483	100.0	100.0	100.0
	75 至 79 岁	上厕所	做得了	7059833	8080202	15140035	95.7	95.1	95.4
			有些困难	219783	302456	522239	3.0	3.6	3.3
			做不了	98277	111719	209996	1.3	1.3	1.3
			总计	7377893	8494377	15872270	100.0	100.0	100.0
	80 至 84 岁	上厕所	做得了	4554819	5452708	10007527	93.6	90.9	92.1
			有些困难	174249	323864	498113	3.6	5.4	4.6
			做不了	136775	219464	356239	2.8	3.7	3.3
			总计	4865843	5996036	10861879	100.0	100.0	100.0
	85 岁及以上	上厕所	做得了	2815141	3895887	6711028	86.8	82.5	84.2
			有些困难	201354	447571	648925	6.2	9.5	8.1
			做不了	227287	379395	606682	7.0	8.0	7.6
			总计	3243782	4722853	7966635	100.0	100.0	100.0
	总计	上厕所	做得了	65889307	71461551	137350858	96.8	95.5	96.1
			有些困难	1394639	2342345	3736984	2.0	3.1	2.6
			做不了	814445	1061389	1875834	1.2	1.4	1.3
			总计	68098391	74865285	142963676	100.0	100.0	100.0
农村	60 至 64 岁	上厕所	做得了	15781914	14785554	30567468	97.2	96.1	96.6
			有些困难	379804	530505	910309	2.3	3.4	2.9
			做不了	78062	72279	150341	0.5	0.5	0.5
			总计	16239780	15388338	31628118	100.0	100.0	100.0
	65 至 69 岁	上厕所	做得了	16530097	16149557	32679654	96.5	94.7	95.6
			有些困难	474915	763207	1238122	2.8	4.5	3.6
			做不了	129929	140646	270575	0.8	0.8	0.8
			总计	17134941	17053410	34188351	100.0	100.0	100.0

续表

城乡	年龄（岁）			男	女	总计	男	女	总计
				人数（人）			%		
农村	70 至 74 岁	上厕所	做得了	11322336	11214897	22537233	95.2	93.1	94.2
			有些困难	456763	665018	1121781	3.8	5.5	4.7
			做不了	109212	161704	270916	0.9	1.3	1.1
			总计	11888311	12041619	23929930	100.0	100.0	100.0
	75 至 79 岁	上厕所	做得了	6865995	7148837	14014832	93.8	90.8	92.2
			有些困难	338316	528015	866331	4.6	6.7	5.7
			做不了	112746	200528	313274	1.5	2.5	2.1
			总计	7317057	7877380	15194437	100.0	100.0	100.0
	80 至 84 岁	上厕所	做得了	3894427	4492138	8386565	90.7	86.7	88.5
			有些困难	264960	504399	769359	6.2	9.7	8.1
			做不了	132744	185648	318392	3.1	3.6	3.4
			总计	4292131	5182185	9474316	100.0	100.0	100.0
	85 岁及以上	上厕所	做得了	2452932	3435355	5888287	86.4	78.6	81.7
			有些困难	215882	579805	795687	7.6	13.3	11.0
			做不了	168765	353087	521852	5.9	8.1	7.2
			总计	2837579	4368247	7205826	100.0	100.0	100.0
	总计	上厕所	做得了	56847701	57226338	114074039	95.2	92.4	93.8
			有些困难	2130640	3570949	5701589	3.6	5.8	4.7
			做不了	731458	1113892	1845350	1.2	1.8	1.5
			总计	59709799	61911179	121620978	100.0	100.0	100.0

4-5-1 按年龄、性别分的老年人独立上下床状况

年龄（岁）			男	女	总计	男	女	总计
			人数（人）			%		
60 至 64 岁	上下床	做得了	36857118	36275179	73132297	98.2	97.5	97.8
		有些困难	568076	789582	1357658	1.5	2.1	1.8
		做不了	118388	142916	261304	0.3	0.4	0.3
		总计	37543582	37207677	74751259	100.0	100.0	100.0
65 至 69 岁	上下床	做得了	35347630	36166353	71513983	97.4	96.1	96.7
		有些困难	759934	1236846	1996780	2.1	3.3	2.7
		做不了	193562	226296	419858	0.5	0.6	0.6
		总计	36301126	37629495	73930621	100.0	100.0	100.0
70 至 74 岁	上下床	做得了	23141759	23992260	47134019	96.3	94.8	95.6
		有些困难	657916	1048706	1706622	2.7	4.1	3.5
		做不了	229523	257250	486773	1.0	1.0	1.0

续表

年龄（岁）			男	女	总计	男	女	总计
			人数（人）			%		
70 至 74 岁	上下床	总计	24029198	25298216	49327414	100.0	100.0	100.0
75 至 79 岁	上下床	做得了	13972107	15293516	29265623	95.1	93.4	94.2
		有些困难	532375	835827	1368202	3.6	5.1	4.4
		做不了	190468	242415	432883	1.3	1.5	1.4
		总计	14694950	16371758	31066708	100.0	100.0	100.0
80 至 84 岁	上下床	做得了	8485035	10065188	18550223	92.7	90.0	91.2
		有些困难	440573	755164	1195737	4.8	6.8	5.9
		做不了	232365	357869	590234	2.5	3.2	2.9
		总计	9157973	11178221	20336194	100.0	100.0	100.0
85 岁及以上	上下床	做得了	5349307	7467032	12816339	88.0	82.1	84.5
		有些困难	395564	979051	1374615	6.5	10.8	9.1
		做不了	336489	645015	981504	5.5	7.1	6.5
		总计	6081360	9091098	15172458	100.0	100.0	100.0
总计	上下床	做得了	123152956	129259528	252412484	96.4	94.5	95.4
		有些困难	3354438	5645176	8999614	2.6	4.1	3.4
		做不了	1300795	1871761	3172556	1.0	1.4	1.2
		总计	127808189	136776465	264584654	100.0	100.0	100.0

4-5-2 按城乡、年龄、性别分的老年人独立上下床状况

城乡	年龄（岁）			男	女	总计	男	女	总计
				人数（人）			%		
城镇	60 至 64 岁	上下床	做得了	21012339	21475432	42487771	98.6	98.4	98.5
			有些困难	226157	258222	484379	1.1	1.2	1.1
			做不了	65307	85684	150991	0.3	0.4	0.4
			总计	21303803	21819338	43123141	100.0	100.0	100.0
	65 至 69 岁	上下床	做得了	18785905	19955522	38741427	98.0	97.0	97.5
			有些困难	279395	499974	779369	1.5	2.4	2.0
			做不了	100883	120589	221472	0.5	0.6	0.6
			总计	19166183	20576085	39742268	100.0	100.0	100.0
	70 至 74 岁	上下床	做得了	11759598	12741023	24500621	96.9	96.1	96.5
			有些困难	241969	403330	645299	2.0	3.0	2.5
			做不了	139320	112243	251563	1.1	0.8	1.0
			总计	12140887	13256596	25397483	100.0	100.0	100.0
	75 至 79 岁	上下床	做得了	7077962	8098159	15176121	95.9	95.3	95.6
			有些困难	199958	305298	505256	2.7	3.6	3.2

续表

城乡	年龄（岁）			男	女	总计	男	女	总计
				人数（人）			%		
城镇	75 至 79 岁	上下床	做不了	99973	90921	190894	1.4	1.1	1.2
			总计	7377893	8494378	15872271	100.0	100.0	100.0
	80 至 84 岁	上下床	做得了	4544068	5505787	10049855	93.4	91.8	92.5
			有些困难	193604	291497	485101	4.0	4.9	4.5
			做不了	128170	198752	326922	2.6	3.3	3.0
			总计	4865842	5996036	10861878	100.0	100.0	100.0
	85 岁及以上	上下床	做得了	2851429	3963378	6814807	87.9	83.9	85.5
			有些困难	198432	411114	609546	6.1	8.7	7.7
			做不了	193921	348360	542281	6.0	7.4	6.8
			总计	3243782	4722852	7966634	100.0	100.0	100.0
	总计	上下床	做得了	66031301	71739301	137770602	97.0	95.8	96.4
			有些困难	1339515	2169435	3508950	2.0	2.9	2.5
			做不了	727574	956549	1684123	1.1	1.3	1.2
			总计	68098390	74865285	142963675	100.0	100.0	100.0
农村	60 至 64 岁	上下床	做得了	15844779	14799747	30644526	97.6	96.2	96.9
			有些困难	341920	531360	873280	2.1	3.5	2.8
			做不了	53081	57232	110313	0.3	0.4	0.3
			总计	16239780	15388339	31628119	100.0	100.0	100.0
	65 至 69 岁	上下床	做得了	16561724	16210831	32772555	96.7	95.1	95.9
			有些困难	480539	736873	1217412	2.8	4.3	3.6
			做不了	92678	105707	198385	0.5	0.6	0.6
			总计	17134941	17053411	34188352	100.0	100.0	100.0
	70 至 74 岁	上下床	做得了	11382161	11251237	22633398	95.7	93.4	94.6
			有些困难	415947	645376	1061323	3.5	5.4	4.4
			做不了	90203	145007	235210	0.8	1.2	1.0
			总计	11888311	12041620	23929931	100.0	100.0	100.0
	75 至 79 岁	上下床	做得了	6894145	7195357	14089502	94.2	91.3	92.7
			有些困难	332418	530530	862948	4.5	6.7	5.7
			做不了	90495	151494	241989	1.2	1.9	1.6
			总计	7317058	7877381	15194439	100.0	100.0	100.0
	80 至 84 岁	上下床	做得了	3940967	4559402	8500369	91.8	88.0	89.7
			有些困难	246969	463666	710635	5.8	8.9	7.5
			做不了	104195	159117	263312	2.4	3.1	2.8
			总计	4292131	5182185	9474316	100.0	100.0	100.0
	85 岁及以上	上下床	做得了	2497878	3503654	6001532	88.0	80.2	83.3

续表

城乡	年龄（岁）			男	女	总计	男	女	总计
				人数（人）			%		
农村	85岁及以上	上下床	有些困难	197133	567937	765070	6.9	13.0	10.6
			做不了	142568	296655	439223	5.0	6.8	6.1
			总计	2837579	4368246	7205825	100.0	100.0	100.0
	总计	上下床	做得了	57121654	57520228	114641882	95.7	92.9	94.3
			有些困难	2014926	3475742	5490668	3.4	5.6	4.5
			做不了	573220	915212	1488432	1.0	1.5	1.2
			总计	59709800	61911182	121620982	100.0	100.0	100.0

4-6-1 按年龄、性别分的老年人独立在室内走动状况

年龄（岁）			男	女	总计	男	女	总计
			人数（人）			%		
60至64岁	在室内走动	做得了	36822460	36166512	72988972	98.1	97.2	97.6
		有些困难	577488	865047	1442535	1.5	2.3	1.9
		做不了	143635	176118	319753	0.4	0.5	0.4
		总计	37543583	37207677	74751260	100.0	100.0	100.0
65至69岁	在室内走动	做得了	35293596	36149804	71443400	97.2	96.1	96.6
		有些困难	799805	1195839	1995644	2.2	3.2	2.7
		做不了	207724	283852	491576	0.6	0.8	0.7
		总计	36301125	37629495	73930620	100.0	100.0	100.0
70至74岁	在室内走动	做得了	23117175	23952620	47069795	96.2	94.7	95.4
		有些困难	640536	1077701	1718237	2.7	4.3	3.5
		做不了	271487	267894	539381	1.1	1.1	1.1
		总计	24029198	25298215	49327413	100.0	100.0	100.0
75至79岁	在室内走动	做得了	13837119	15161629	28998748	94.2	92.6	93.3
		有些困难	621673	925337	1547010	4.2	5.7	5.0
		做不了	236159	284792	520951	1.6	1.7	1.7
		总计	14694951	16371758	31066709	100.0	100.0	100.0
80至84岁	在室内走动	做得了	8362776	9862222	18224998	91.3	88.2	89.6
		有些困难	516250	899751	1416001	5.6	8.0	7.0
		做不了	278947	416248	695195	3.0	3.7	3.4
		总计	9157973	11178221	20336194	100.0	100.0	100.0
85岁及以上	在室内走动	做得了	5213820	7266668	12480488	85.7	79.9	82.3
		有些困难	489076	1033079	1522155	8.0	11.4	10.0
		做不了	378465	791352	1169817	6.2	8.7	7.7
		总计	6081361	9091099	15172460	100.0	100.0	100.0

续表

年龄（岁）			男	女	总计	男	女	总计
			人数（人）			%		
总计	在室内走动	做得了	122646946	128559455	251206401	96.0	94.0	94.9
		有些困难	3644828	5996754	9641582	2.9	4.4	3.6
		做不了	1516417	2220256	3736673	1.2	1.6	1.4
		总计	127808191	136776465	264584656	100.0	100.0	100.0

4-6-2 按城乡、年龄、性别分的老年人独立在室内走动状况

城乡	年龄（岁）			男	女	总计	男	女	总计
				人数（人）			%		
城镇	60至64岁	在室内走动	做得了	20989772	21371650	42361422	98.5	97.9	98.2
			有些困难	237151	342004	579155	1.1	1.6	1.3
			做不了	76880	105685	182565	0.4	0.5	0.4
			总计	21303803	21819339	43123142	100.0	100.0	100.0
	65至69岁	在室内走动	做得了	18764358	19941421	38705779	97.9	96.9	97.4
			有些困难	295955	501626	797581	1.5	2.4	2.0
			做不了	105871	133038	238909	0.6	0.6	0.6
			总计	19166184	20576085	39742269	100.0	100.0	100.0
	70至74岁	在室内走动	做得了	11747246	12700315	24447561	96.8	95.8	96.3
			有些困难	237499	422397	659896	2.0	3.2	2.6
			做不了	156141	133884	290025	1.3	1.0	1.1
			总计	12140886	13256596	25397482	100.0	100.0	100.0
	75至79岁	在室内走动	做得了	7007587	8000841	15008428	95.0	94.2	94.6
			有些困难	240735	373960	614695	3.3	4.4	3.9
			做不了	129571	119576	249147	1.8	1.4	1.6
			总计	7377893	8494377	15872270	100.0	100.0	100.0
	80至84岁	在室内走动	做得了	4489824	5415672	9905496	92.3	90.3	91.2
			有些困难	229283	360988	590271	4.7	6.0	5.4
			做不了	146736	219376	366112	3.0	3.7	3.4
			总计	4865843	5996036	10861879	100.0	100.0	100.0
	85岁及以上	在室内走动	做得了	2789619	3875007	6664626	86.0	82.0	83.7
			有些困难	255274	438781	694055	7.9	9.3	8.7
			做不了	198888	409064	607952	6.1	8.7	7.6
			总计	3243781	4722852	7966633	100.0	100.0	100.0
	总计	在室内走动	做得了	65788406	71304906	137093312	96.6	95.2	95.9
			有些困难	1495897	2439756	3935653	2.2	3.3	2.8
			做不了	814087	1120623	1934710	1.2	1.5	1.4

续表

城乡	年龄（岁）			男	女	总计	男	女	总计
				人数（人）			%		
城镇	总计	在室内走动	总计	68098390	74865285	142963675	100.0	100.0	100.0
农村	60至64岁	在室内走动	做得了	15832687	14794862	30627549	97.5	96.1	96.8
			有些困难	340337	523043	863380	2.1	3.4	2.7
			做不了	66755	70433	137188	0.4	0.5	0.4
			总计	16239779	15388338	31628117	100.0	100.0	100.0
	65至69岁	在室内走动	做得了	16529238	16208383	32737621	96.5	95.0	95.8
			有些困难	503850	694213	1198063	2.9	4.1	3.5
			做不了	101854	150815	252669	0.6	0.9	0.7
			总计	17134942	17053411	34188353	100.0	100.0	100.0
	70至74岁	在室内走动	做得了	11369929	11252305	22622234	95.6	93.4	94.5
			有些困难	403036	655304	1058340	3.4	5.4	4.4
			做不了	115346	134010	249356	1.0	1.1	1.0
			总计	11888311	12041619	23929930	100.0	100.0	100.0
	75至79岁	在室内走动	做得了	6829533	7160788	13990321	93.3	90.9	92.1
			有些困难	380938	551376	932314	5.2	7.0	6.1
			做不了	106587	165217	271804	1.5	2.1	1.8
			总计	7317058	7877381	15194439	100.0	100.0	100.0
	80至84岁	在室内走动	做得了	3872952	4446550	8319502	90.2	85.8	87.8
			有些困难	286968	538763	825731	6.7	10.4	8.7
			做不了	132211	196872	329083	3.1	3.8	3.5
			总计	4292131	5182185	9474316	100.0	100.0	100.0
	85岁及以上	在室内走动	做得了	2424201	3391660	5815861	85.4	77.6	80.7
			有些困难	233802	594298	828100	8.2	13.6	11.5
			做不了	179577	382288	561865	6.3	8.8	7.8
			总计	2837580	4368246	7205826	100.0	100.0	100.0
	总计	在室内走动	做得了	56858540	57254548	114113088	95.2	92.5	93.8
			有些困难	2148931	3556997	5705928	3.6	5.7	4.7
			做不了	702330	1099635	1801965	1.2	1.8	1.5
			总计	59709801	61911180	121620981	100.0	100.0	100.0

4-7-1 按年龄、性别分的老年人独立洗澡状况

年龄（岁）			男	女	总计	男	女	总计
			人数（人）			%		
60至64岁	洗澡	做得了	36496284	35960286	72456570	97.2	96.6	96.9
		有些困难	602335	859819	1462154	1.6	2.3	2.0

续表

年龄（岁）			男	女	总计	男	女	总计
			人数（人）			%		
60至64岁	洗澡	做不了	444964	387572	832536	1.2	1.0	1.1
		总计	37543583	37207677	74751260	100.0	100.0	100.0
65至69岁	洗澡	做得了	34911696	35670481	70582177	96.2	94.8	95.5
		有些困难	809531	1284889	2094420	2.2	3.4	2.8
		做不了	579897	674124	1254021	1.6	1.8	1.7
		总计	36301124	37629494	73930618	100.0	100.0	100.0
70至74岁	洗澡	做得了	22652493	23235939	45888432	94.3	91.8	93.0
		有些困难	756566	1307111	2063677	3.1	5.2	4.2
		做不了	620139	755165	1375304	2.6	3.0	2.8
		总计	24029198	25298215	49327413	100.0	100.0	100.0
75至79岁	洗澡	做得了	13462331	14315485	27777816	91.6	87.4	89.4
		有些困难	646735	1232824	1879559	4.4	7.5	6.1
		做不了	585886	823448	1409334	4.0	5.0	4.5
		总计	14694952	16371757	31066709	100.0	100.0	100.0
80至84岁	洗澡	做得了	7805993	8928339	16734332	85.2	79.9	82.3
		有些困难	649720	1197635	1847355	7.1	10.7	9.1
		做不了	702260	1052246	1754506	7.7	9.4	8.6
		总计	9157973	11178220	20336193	100.0	100.0	100.0
85岁及以上	洗澡	做得了	4471403	5823131	10294534	73.5	64.1	67.9
		有些困难	736325	1363584	2099909	12.1	15.0	13.8
		做不了	873633	1904384	2778017	14.4	20.9	18.3
		总计	6081361	9091099	15172460	100.0	100.0	100.0
总计	洗澡	做得了	119800200	123933661	243733861	93.7	90.6	92.1
		有些困难	4201212	7245862	11447074	3.3	5.3	4.3
		做不了	3806779	5596939	9403718	3.0	4.1	3.6
		总计	127808191	136776462	264584653	100.0	100.0	100.0

4-7-2 按城乡、年龄、性别分的老年人独立洗澡状况

城乡	年龄（岁）			男	女	总计	男	女	总计
				人数（人）			%		
城镇	60至64岁	洗澡	做得了	20804443	21249196	42053639	97.7	97.4	97.5
			有些困难	291547	380441	671988	1.4	1.7	1.6
			做不了	207813	189701	397514	1.0	0.9	0.9
			总计	21303803	21819338	43123141	100.0	100.0	100.0

续表

城乡	年龄（岁）			男	女	总计	男	女	总计
				人数（人）			%		
城镇	65 至 69 岁	洗澡	做得了	18584816	19738783	38323599	97.0	95.9	96.4
			有些困难	333126	527008	860134	1.7	2.6	2.2
			做不了	248241	310294	558535	1.3	1.5	1.4
			总计	19166183	20576085	39742268	100.0	100.0	100.0
	70 至 74 岁	洗澡	做得了	11532824	12351157	23883981	95.0	93.2	94.0
			有些困难	295435	589140	884575	2.4	4.4	3.5
			做不了	312627	316298	628925	2.6	2.4	2.5
			总计	12140886	13256595	25397481	100.0	100.0	100.0
	75 至 79 岁	洗澡	做得了	6792710	7548435	14341145	92.1	88.9	90.4
			有些困难	285101	587798	872899	3.9	6.9	5.5
			做不了	300082	358145	658227	4.1	4.2	4.1
			总计	7377893	8494378	15872271	100.0	100.0	100.0
	80 至 84 岁	洗澡	做得了	4170384	4862414	9032798	85.7	81.1	83.2
			有些困难	324776	642469	967245	6.7	10.7	8.9
			做不了	370682	491152	861834	7.6	8.2	7.9
			总计	4865842	5996035	10861877	100.0	100.0	100.0
	85 岁及以上	洗澡	做得了	2318772	3049469	5368241	71.5	64.6	67.4
			有些困难	438640	716421	1155061	13.5	15.2	14.5
			做不了	486370	956962	1443332	15.0	20.3	18.1
			总计	3243782	4722852	7966634	100.0	100.0	100.0
	总计	洗澡	做得了	64203949	68799454	133003403	94.3	91.9	93.0
			有些困难	1968625	3443277	5411902	2.9	4.6	3.8
			做不了	1925815	2622552	4548367	2.8	3.5	3.2
			总计	68098389	74865283	142963672	100.0	100.0	100.0
农村	60 至 64 岁	洗澡	做得了	15691841	14711090	30402931	96.6	95.6	96.1
			有些困难	310787	479378	790165	1.9	3.1	2.5
			做不了	237151	197871	435022	1.5	1.3	1.4
			总计	16239779	15388339	31628118	100.0	100.0	100.0
	65 至 69 岁	洗澡	做得了	16326880	15931699	32258579	95.3	93.4	94.4
			有些困难	476405	757881	1234286	2.8	4.4	3.6
			做不了	331656	363831	695487	1.9	2.1	2.0
			总计	17134941	17053411	34188352	100.0	100.0	100.0
	70 至 74 岁	洗澡	做得了	11119669	10884782	22004451	93.5	90.4	92.0
			有些困难	461131	717970	1179101	3.9	6.0	4.9
			做不了	307511	438867	746378	2.6	3.6	3.1

续表

城乡	年龄（岁）			男	女	总计	男	女	总计
				人数（人）			%		
农村	70 至 74 岁	洗澡	总计	11888311	12041619	23929930	100.0	100.0	100.0
	75 至 79 岁	洗澡	做得了	6669621	6767051	13436672	91.2	85.9	88.4
			有些困难	361633	645026	1006659	4.9	8.2	6.6
			做不了	285804	465304	751108	3.9	5.9	4.9
			总计	7317058	7877381	15194439	100.0	100.0	100.0
	80 至 84 岁	洗澡	做得了	3635609	4065925	7701534	84.7	78.5	81.3
			有些困难	324944	555166	880110	7.6	10.7	9.3
			做不了	331578	561094	892672	7.7	10.8	9.4
			总计	4292131	5182185	9474316	100.0	100.0	100.0
	85 岁及以上	洗澡	做得了	2152631	2773661	4926292	75.9	63.5	68.4
			有些困难	297685	647163	944848	10.5	14.8	13.1
			做不了	387263	947422	1334685	13.6	21.7	18.5
			总计	2837579	4368246	7205825	100.0	100.0	100.0
	总计	洗澡	做得了	55596251	55134208	110730459	93.1	89.1	91.0
			有些困难	2232585	3802584	6035169	3.7	6.1	5.0
			做不了	1880963	2974389	4855352	3.2	4.8	4.0
			总计	59709799	61911181	121620980	100.0	100.0	100.0

4-8-1 按年龄、性别分的老年人大便失禁状况

年龄（岁）			男	女	总计	男	女	总计
			人数（人）			%		
60 至 64 岁	大便失禁	未选择	36350407	35891646	72242053	96.8	96.5	96.6
		选择	1193175	1316031	2509206	3.2	3.5	3.4
		总计	37543582	37207677	74751259	100.0	100.0	100.0
65 至 69 岁	大便失禁	未选择	34915722	35756941	70672663	96.2	95.0	95.6
		选择	1385403	1872554	3257957	3.8	5.0	4.4
		总计	36301125	37629495	73930620	100.0	100.0	100.0
70 至 74 岁	大便失禁	未选择	22782014	23845340	46627354	94.8	94.3	94.5
		选择	1247184	1452875	2700059	5.2	5.7	5.5
		总计	24029198	25298215	49327413	100.0	100.0	100.0
75 至 79 岁	大便失禁	未选择	13803624	15311685	29115309	93.9	93.5	93.7
		选择	891326	1060073	1951399	6.1	6.5	6.3
		总计	14694950	16371758	31066708	100.0	100.0	100.0
80 至 84 岁	大便失禁	未选择	8436781	10232591	18669372	92.1	91.5	91.8
		选择	721193	945630	1666823	7.9	8.5	8.2

续表

年龄（岁）			男	女	总计	男	女	总计
			人数（人）			%		
80至84岁	大便失禁	总计	9157974	11178221	20336195	100.0	100.0	100.0
85岁及以上	大便失禁	未选择	5402686	7925809	13328495	88.8	87.2	87.8
		选择	678675	1165289	1843964	11.2	12.8	12.2
		总计	6081361	9091098	15172459	100.0	100.0	100.0
总计	大便失禁	未选择	121691234	128964012	250655246	95.2	94.3	94.7
		选择	6116956	7812452	13929408	4.8	5.7	5.3
		总计	127808190	136776464	264584654	100.0	100.0	100.0

4-8-2 按城乡、年龄、性别分的老年人大便失禁状况

城乡	年龄（岁）			男	女	总计	男	女	总计
				人数（人）			%		
城镇	60至64岁	大便失禁	未选择	20816358	21273758	42090116	97.7	97.5	97.6
			选择	487445	545580	1033025	2.3	2.5	2.4
			总计	21303803	21819338	43123141	100.0	100.0	100.0
	65至69岁	大便失禁	未选择	18621958	19803763	38425721	97.2	96.2	96.7
			选择	544225	772322	1316547	2.8	3.8	3.3
			总计	19166183	20576085	39742268	100.0	100.0	100.0
	70至74岁	大便失禁	未选择	11679045	12649483	24328528	96.2	95.4	95.8
			选择	461842	607112	1068954	3.8	4.6	4.2
			总计	12140887	13256595	25397482	100.0	100.0	100.0
	75至79岁	大便失禁	未选择	7010920	8023230	15034150	95.0	94.5	94.7
			选择	366973	471147	838120	5.0	5.5	5.3
			总计	7377893	8494377	15872270	100.0	100.0	100.0
	80至84岁	大便失禁	未选择	4550673	5558492	10109165	93.5	92.7	93.1
			选择	315170	437544	752714	6.5	7.3	6.9
			总计	4865843	5996036	10861879	100.0	100.0	100.0
	85岁及以上	大便失禁	未选择	2852051	4209540	7061591	87.9	89.1	88.6
			选择	391731	513313	905044	12.1	10.9	11.4
			总计	3243782	4722853	7966635	100.0	100.0	100.0
	总计	大便失禁	未选择	65531005	71518266	137049271	96.2	95.5	95.9
			选择	2567386	3347018	5914404	3.8	4.5	4.1
			总计	68098391	74865284	142963675	100.0	100.0	100.0
农村	60至64岁	大便失禁	未选择	15534049	14617888	30151937	95.7	95.0	95.3
			选择	705731	770451	1476182	4.3	5.0	4.7
			总计	16239780	15388339	31628119	100.0	100.0	100.0

续表

城乡	年龄（岁）			男	女	总计	男	女	总计
				人数（人）			%		
农村	65至69岁	大便失禁	未选择	16293764	15953178	32246942	95.1	93.5	94.3
			选择	841178	1100233	1941411	4.9	6.5	5.7
			总计	17134942	17053411	34188353	100.0	100.0	100.0
	70至74岁	大便失禁	未选择	11102969	11195857	22298826	93.4	93.0	93.2
			选择	785343	845763	1631106	6.6	7.0	6.8
			总计	11888312	12041620	23929932	100.0	100.0	100.0
	75至79岁	大便失禁	未选择	6792705	7288455	14081160	92.8	92.5	92.7
			选择	524353	588925	1113278	7.2	7.5	7.3
			总计	7317058	7877380	15194438	100.0	100.0	100.0
	80至84岁	大便失禁	未选择	3886108	4674099	8560207	90.5	90.2	90.4
			选择	406023	508086	914109	9.5	9.8	9.6
			总计	4292131	5182185	9474316	100.0	100.0	100.0
	85岁及以上	大便失禁	未选择	2550635	3716269	6266904	89.9	85.1	87.0
			选择	286944	651976	938920	10.1	14.9	13.0
			总计	2837579	4368245	7205824	100.0	100.0	100.0
	总计	大便失禁	未选择	56160230	57445746	113605976	94.1	92.8	93.4
			选择	3549572	4465434	8015006	5.9	7.2	6.6
			总计	59709802	61911180	121620982	100.0	100.0	100.0

4-9-1 按年龄、性别分的老年人小便失禁状况

年龄（岁）			男	女	总计	男	女	总计
			人数（人）			%		
60至64岁	小便失禁	未选择	36097919	35273008	71370927	96.1	94.8	95.5
		选择	1445664	1934668	3380332	3.9	5.2	4.5
		总计	37543583	37207676	74751259	100.0	100.0	100.0
65至69岁	小便失禁	未选择	34403234	34958502	69361736	94.8	92.9	93.8
		选择	1897891	2670993	4568884	5.2	7.1	6.2
		总计	36301125	37629495	73930620	100.0	100.0	100.0
70至74岁	小便失禁	未选择	22294088	23027644	45321732	92.8	91.0	91.9
		选择	1735110	2270571	4005681	7.2	9.0	8.1
		总计	24029198	25298215	49327413	100.0	100.0	100.0
75至79岁	小便失禁	未选择	13358546	14783085	28141631	90.9	90.3	90.6
		选择	1336405	1588672	2925077	9.1	9.7	9.4
		总计	14694951	16371757	31066708	100.0	100.0	100.0
80至84岁	小便失禁	未选择	8100748	9765232	17865980	88.5	87.4	87.9

续表

年龄（岁）			男	女	总计	男	女	总计
			人数（人）			%		
80 至 84 岁	小便失禁	选择	1057225	1412989	2470214	11.5	12.6	12.1
		总计	9157973	11178221	20336194	100.0	100.0	100.0
85 岁及以上	小便失禁	未选择	5181498	7552372	12733870	85.2	83.1	83.9
		选择	899862	1538727	2438589	14.8	16.9	16.1
		总计	6081360	9091099	15172459	100.0	100.0	100.0
总计	小便失禁	未选择	119436033	125359843	244795876	93.4	91.7	92.5
		选择	8372157	11416620	19788777	6.6	8.3	7.5
		总计	127808190	136776463	264584653	100.0	100.0	100.0

4-9-2 按城乡、年龄、性别分的老年人小便失禁状况

城乡	年龄（岁）			男	女	总计	男	女	总计
				人数（人）			%		
城镇	60 至 64 岁	小便失禁	未选择	20720862	20910489	41631351	97.3	95.8	96.5
			选择	582940	908850	1491790	2.7	4.2	3.5
			总计	21303802	21819339	43123141	100.0	100.0	100.0
	65 至 69 岁	小便失禁	未选择	18378699	19387610	37766309	95.9	94.2	95.0
			选择	787485	1188475	1975960	4.1	5.8	5.0
			总计	19166184	20576085	39742269	100.0	100.0	100.0
	70 至 74 岁	小便失禁	未选择	11445739	12276497	23722236	94.3	92.6	93.4
			选择	695148	980098	1675246	5.7	7.4	6.6
			总计	12140887	13256595	25397482	100.0	100.0	100.0
	75 至 79 岁	小便失禁	未选择	6800913	7759059	14559972	92.2	91.3	91.7
			选择	576980	735318	1312298	7.8	8.7	8.3
			总计	7377893	8494377	15872270	100.0	100.0	100.0
	80 至 84 岁	小便失禁	未选择	4362125	5327919	9690044	89.6	88.9	89.2
			选择	503718	668116	1171834	10.4	11.1	10.8
			总计	4865843	5996035	10861878	100.0	100.0	100.0
	85 岁及以上	小便失禁	未选择	2751666	3975726	6727392	84.8	84.2	84.4
			选择	492115	747127	1239242	15.2	15.8	15.6
			总计	3243781	4722853	7966634	100.0	100.0	100.0
	总计	小便失禁	未选择	64460004	69637300	134097304	94.7	93.0	93.8
			选择	3638386	5227984	8866370	5.3	7.0	6.2
			总计	68098390	74865284	142963674	100.0	100.0	100.0
农村	60 至 64 岁	小便失禁	未选择	15377056	14362520	29739576	94.7	93.3	94.0
			选择	862723	1025819	1888542	5.3	6.7	6.0

续表

城乡	年龄（岁）			男	女	总计	男	女	总计
				人数（人）			%		
农村	60至64岁	小便失禁	总计	16239779	15388339	31628118	100.0	100.0	100.0
	65至69岁	小便失禁	未选择	16024536	15570892	31595428	93.5	91.3	92.4
			选择	1110406	1482518	2592924	6.5	8.7	7.6
			总计	17134942	17053410	34188352	100.0	100.0	100.0
	70至74岁	小便失禁	未选择	10848349	10751147	21599496	91.3	89.3	90.3
			选择	1039962	1290472	2330434	8.7	10.7	9.7
			总计	11888311	12041619	23929930	100.0	100.0	100.0
	75至79岁	小便失禁	未选择	6557632	7024027	13581659	89.6	89.2	89.4
			选择	759425	853354	1612779	10.4	10.8	10.6
			总计	7317057	7877381	15194438	100.0	100.0	100.0
	80至84岁	小便失禁	未选择	3738624	4437313	8175937	87.1	85.6	86.3
			选择	553507	744872	1298379	12.9	14.4	13.7
			总计	4292131	5182185	9474316	100.0	100.0	100.0
	85岁及以上	小便失禁	未选择	2429832	3576646	6006478	85.6	81.9	83.4
			选择	407747	791600	1199347	14.4	18.1	16.6
			总计	2837579	4368246	7205825	100.0	100.0	100.0
	总计	小便失禁	未选择	54976029	55722545	110698574	92.1	90.0	91.0
			选择	4733770	6188635	10922405	7.9	10.0	9.0
			总计	59709799	61911180	121620979	100.0	100.0	100.0

4-10-1 按年龄、性别分的老年人日常生活是否需要别人照料

年龄（岁）			男	女	总计	男	女	总计
			人数（人）			%		
60至64岁	您现在的日常生活需要别人照料吗？	需要	2248968	2441391	4690359	6.0	6.6	6.3
		不需要	35294614	34766285	70060899	94.0	93.4	93.7
		总计	37543582	37207676	74751258	100.0	100.0	100.0
65至69岁	您现在的日常生活需要别人照料吗？	需要	2848349	3216400	6064749	7.8	8.5	8.2
		不需要	33452776	34413095	67865871	92.2	91.5	91.8
		总计	36301125	37629495	73930620	100.0	100.0	100.0
70至74岁	您现在的日常生活需要别人照料吗？	需要	2604662	3253209	5857871	10.8	12.9	11.9
		不需要	21424537	22045006	43469543	89.2	87.1	88.1
		总计	24029199	25298215	49327414	100.0	100.0	100.0

续表

年龄（岁）			男	女	总计	男	女	总计
			人数（人）			%		
75 至 79 岁	您现在的日常生活需要别人照料吗？	需要	2357128	2988002	5345130	16.0	18.3	17.2
		不需要	12337823	13383756	25721579	84.0	81.7	82.8
		总计	14694951	16371758	31066709	100.0	100.0	100.0
80 至 84 岁	您现在的日常生活需要别人照料吗？	需要	2293705	3431539	5725244	25.0	30.7	28.2
		不需要	6864268	7746682	14610950	75.0	69.3	71.8
		总计	9157973	11178221	20336194	100.0	100.0	100.0
85 岁及以上	您现在的日常生活需要别人照料吗？	需要	2554738	4758881	7313619	42.0	52.3	48.2
		不需要	3526623	4332218	7858841	58.0	47.7	51.8
		总计	6081361	9091099	15172460	100.0	100.0	100.0
总计	您现在的日常生活需要别人照料吗？	需要	14907550	20089422	34996972	11.7	14.7	13.2
		不需要	112900641	116687042	229587683	88.3	85.3	86.8
		总计	127808191	136776464	264584655	100.0	100.0	100.0

4-10-2 按城乡、年龄、性别分的老年人日常生活是否需要别人照料

城乡	年龄（岁）			男	女	总计	男	女	总计
				人数（人）			%		
城镇	60 至 64 岁	您现在的日常生活需要别人照料吗？	需要	1110538	1147886	2258424	5.2	5.3	5.2
			不需要	20193264	20671452	40864716	94.8	94.7	94.8
			总计	21303802	21819338	43123140	100.0	100.0	100.0
	65 至 69 岁	您现在的日常生活需要别人照料吗？	需要	1335592	1436929	2772521	7.0	7.0	7.0
			不需要	17830591	19139156	36969747	93.0	93.0	93.0
			总计	19166183	20576085	39742268	100.0	100.0	100.0
	70 至 74 岁	您现在的日常生活需要别人照料吗？	需要	1207991	1482842	2690833	9.9	11.2	10.6
			不需要	10932896	11773753	22706649	90.1	88.8	89.4
			总计	12140887	13256595	25397482	100.0	100.0	100.0
	75 至 79 岁	您现在的日常生活需要别人照料吗？	需要	1075572	1406673	2482245	14.6	16.6	15.6
			不需要	6302320	7087704	13390024	85.4	83.4	84.4
			总计	7377892	8494377	15872269	100.0	100.0	100.0
	80 至 84 岁	您现在的日常生活需要别人照料吗？	需要	1184228	1779063	2963291	24.3	29.7	27.3
			不需要	3681614	4216973	7898587	75.7	70.3	72.7
			总计	4865842	5996036	10861878	100.0	100.0	100.0
	85 岁及以上	您现在的日常生活需要别人照料吗？	需要	1410252	2497468	3907720	43.5	52.9	49.1
			不需要	1833530	2225385	4058915	56.5	47.1	50.9
			总计	3243782	4722853	7966635	100.0	100.0	100.0

续表

城乡	年龄（岁）			男	女	总计	男	女	总计
				人数（人）			%		
城镇	总计	您现在的日常生活需要别人照料吗？	需要	7324173	9750861	17075034	10.8	13.0	11.9
			不需要	60774215	65114423	125888638	89.2	87.0	88.1
			总计	68098388	74865284	142963672	100.0	100.0	100.0
农村	60至64岁	您现在的日常生活需要别人照料吗？	需要	1138430	1293506	2431936	7.0	8.4	7.7
			不需要	15101349	14094833	29196182	93.0	91.6	92.3
			总计	16239779	15388339	31628118	100.0	100.0	100.0
	65至69岁	您现在的日常生活需要别人照料吗？	需要	1512757	1779471	3292228	8.8	10.4	9.6
			不需要	15622185	15273939	30896124	91.2	89.6	90.4
			总计	17134942	17053410	34188352	100.0	100.0	100.0
	70至74岁	您现在的日常生活需要别人照料吗？	需要	1396670	1770367	3167037	11.7	14.7	13.2
			不需要	10491641	10271253	20762894	88.3	85.3	86.8
			总计	11888311	12041620	23929931	100.0	100.0	100.0
	75至79岁	您现在的日常生活需要别人照料吗？	需要	1281556	1581329	2862885	17.5	20.1	18.8
			不需要	6035502	6296051	12331553	82.5	79.9	81.2
			总计	7317058	7877380	15194438	100.0	100.0	100.0
	80至84岁	您现在的日常生活需要别人照料吗？	需要	1109477	1652476	2761953	25.8	31.9	29.2
			不需要	3182654	3529709	6712363	74.2	68.1	70.8
			总计	4292131	5182185	9474316	100.0	100.0	100.0
	85岁及以上	您现在的日常生活需要别人照料吗？	需要	1144486	2261413	3405899	40.3	51.8	47.3
			不需要	1693093	2106833	3799926	59.7	48.2	52.7
			总计	2837579	4368246	7205825	100.0	100.0	100.0
	总计	您现在的日常生活需要别人照料吗？	需要	7583376	10338562	17921938	12.7	16.7	14.7
			不需要	52126424	51572618	103699042	87.3	83.3	85.3
			总计	59709800	61911180	121620980	100.0	100.0	100.0

4-11-1 按年龄、性别分的老年人目前是否有人照料

年龄（岁）			男	女	总计	男	女	总计
			人数（人）			%		
60至64岁	现在是否有人照料您？	有	1631078	1719098	3350176	72.7	70.4	71.5
		无	613363	722293	1335656	27.3	29.6	28.5
		总计	2244441	2441391	4685832	100.0	100.0	100.0
65至69岁	现在是否有人照料您？	有	2196701	2443121	4639822	77.2	76.0	76.5
		无	649355	773279	1422634	22.8	24.0	23.5
		总计	2846056	3216400	6062456	100.0	100.0	100.0

续表

年龄（岁）			男	女	总计	男	女	总计
			人数（人）			%		
70至74岁	现在是否有人照料您?	有	2130408	2565792	4696200	81.9	78.9	80.2
		无	472155	687417	1159572	18.1	21.1	19.8
		总计	2602563	3253209	5855772	100.0	100.0	100.0
75至79岁	现在是否有人照料您?	有	1950312	2449670	4399982	82.7	82.0	82.3
		无	406816	538332	945148	17.3	18.0	17.7
		总计	2357128	2988002	5345130	100.0	100.0	100.0
80至84岁	现在是否有人照料您?	有	2051867	3046170	5098037	89.5	88.8	89.0
		无	241839	385369	627208	10.5	11.2	11.0
		总计	2293706	3431539	5725245	100.0	100.0	100.0
85岁及以上	现在是否有人照料您?	有	2380396	4480130	6860526	93.2	94.1	93.8
		无	174341	278751	453092	6.8	5.9	6.2
		总计	2554737	4758881	7313618	100.0	100.0	100.0
总计	现在是否有人照料您?	有	12340762	16703981	29044743	82.8	83.1	83.0
		无	2557869	3385441	5943310	17.2	16.9	17.0
		总计	14898631	20089422	34988053	100.0	100.0	100.0

4-11-2 按城乡、年龄、性别分的老年人目前是否有人照料

城乡	年龄（岁）			男	女	总计	男	女	总计
				人数（人）			%		
城镇	60至64岁	现在是否有人照料您?	有	822226	779510	1601736	74.3	67.9	71.0
			无	285070	368376	653446	25.7	32.1	29.0
			总计	1107296	1147886	2255182	100.0	100.0	100.0
	65至69岁	现在是否有人照料您?	有	1047402	1139978	2187380	78.4	79.3	78.9
			无	288190	296951	585141	21.6	20.7	21.1
			总计	1335592	1436929	2772521	100.0	100.0	100.0
	70至74岁	现在是否有人照料您?	有	1015317	1200138	2215455	84.1	80.9	82.3
			无	192674	282704	475378	15.9	19.1	17.7
			总计	1207991	1482842	2690833	100.0	100.0	100.0
	75至79岁	现在是否有人照料您?	有	916555	1170658	2087213	85.2	83.2	84.1
			无	159017	236015	395032	14.8	16.8	15.9
			总计	1075572	1406673	2482245	100.0	100.0	100.0
	80至84岁	现在是否有人照料您?	有	1070850	1603759	2674609	90.4	90.1	90.3
			无	113378	175304	288682	9.6	9.9	9.7
			总计	1184228	1779063	2963291	100.0	100.0	100.0

续表

城乡	年龄（岁）			男	女	总计	男	女	总计
				人数（人）			%		
城镇	85岁及以上	现在是否有人照料您？	有	1330424	2396143	3726567	94.3	95.9	95.4
			无	79828	101324	181152	5.7	4.1	4.6
			总计	1410252	2497467	3907719	100.0	100.0	100.0
	总计	现在是否有人照料您？	有	6202774	8290186	14492960	84.7	85.0	84.9
			无	1118157	1460674	2578831	15.3	15.0	15.1
			总计	7320931	9750860	17071791	100.0	100.0	100.0
农村	60至64岁	现在是否有人照料您？	有	808852	939588	1748440	71.1	72.6	71.9
			无	328293	353918	682211	28.9	27.4	28.1
			总计	1137145	1293506	2430651	100.0	100.0	100.0
	65至69岁	现在是否有人照料您？	有	1149299	1303144	2452443	76.1	73.2	74.5
			无	361164	476328	837492	23.9	26.8	25.5
			总计	1510463	1779472	3289935	100.0	100.0	100.0
	70至74岁	现在是否有人照料您？	有	1115092	1365654	2480746	80.0	77.1	78.4
			无	279481	404713	684194	20.0	22.9	21.6
			总计	1394573	1770367	3164940	100.0	100.0	100.0
	75至79岁	现在是否有人照料您？	有	1033756	1279011	2312767	80.7	80.9	80.8
			无	247799	302318	550117	19.3	19.1	19.2
			总计	1281555	1581329	2862884	100.0	100.0	100.0
	80至84岁	现在是否有人照料您？	有	981016	1442412	2423428	88.4	87.3	87.7
			无	128461	210065	338526	11.6	12.7	12.3
			总计	1109477	1652477	2761954	100.0	100.0	100.0
	85岁及以上	现在是否有人照料您？	有	1049973	2083986	3133959	91.7	92.2	92.0
			无	94513	177426	271939	8.3	7.8	8.0
			总计	1144486	2261412	3405898	100.0	100.0	100.0
	总计	现在是否有人照料您？	有	6137988	8413795	14551783	81.0	81.4	81.2
			无	1439711	1924768	3364479	19.0	18.6	18.8
			总计	7577699	10338563	17916262	100.0	100.0	100.0

4-12-1 按年龄、性别分的老年人家中是否有其他需要照料的人

年龄（岁）			男	女	总计	男	女	总计
			人数（人）			%		
60至64岁	您家里还有其他需要照护的人吗？【需要照护是指需要照看的老年人、儿童、残疾人、病人等】	有	12347990	13405136	25753126	32.9	36.0	34.5
		没有	25195592	23802541	48998133	67.1	64.0	65.5
		总计	37543582	37207677	74751259	100.0	100.0	100.0

续表

年龄（岁）			男	女	总计	男	女	总计
			人数（人）			%		
65 至 69 岁	您家里还有其他需要照护的人吗？【需要照护是指需要照看的老年人、儿童、残疾人、病人等】	有	9797871	10823072	20620943	27.0	28.8	27.9
		没有	26503254	26806423	53309677	73.0	71.2	72.1
		总计	36301125	37629495	73930620	100.0	100.0	100.0
70 至 74 岁	您家里还有其他需要照护的人吗？【需要照护是指需要照看的老年人、儿童、残疾人、病人等】	有	4989639	5122865	10112504	20.8	20.2	20.5
		没有	19039559	20175350	39214909	79.2	79.8	79.5
		总计	24029198	25298215	49327413	100.0	100.0	100.0
75 至 79 岁	您家里还有其他需要照护的人吗？【需要照护是指需要照看的老年人、儿童、残疾人、病人等】	有	2658923	2709934	5368857	18.1	16.6	17.3
		没有	12036027	13661824	25697851	81.9	83.4	82.7
		总计	14694950	16371758	31066708	100.0	100.0	100.0
80 至 84 岁	您家里还有其他需要照护的人吗？【需要照护是指需要照看的老年人、儿童、残疾人、病人等】	有	1600032	1441302	3041334	17.5	12.9	15.0
		没有	7557941	9736918	17294859	82.5	87.1	85.0
		总计	9157973	11178220	20336193	100.0	100.0	100.0
85 岁及以上	您家里还有其他需要照护的人吗？【需要照护是指需要照看的老年人、儿童、残疾人、病人等】	有	1024479	1053969	2078448	16.8	11.6	13.7
		没有	5056882	8037130	13094012	83.2	88.4	86.3
		总计	6081361	9091099	15172460	100.0	100.0	100.0
总计	您家里还有其他需要照护的人吗？【需要照护是指需要照看的老年人、儿童、残疾人、病人等】	有	32418934	34556278	66975212	25.4	25.3	25.3
		没有	95389255	102220186	197609441	74.6	74.7	74.7
		总计	127808189	136776464	264584653	100.0	100.0	100.0

4-12-2 按城乡、年龄、性别分的老年人家中是否有其他需要照料的人

城乡	年龄（岁）			男	女	总计	男	女	总计
				人数（人）			%		
城镇	60 至 64 岁	您家里还有其他需要照护的人吗？【需要照护是指需要照看的老年人、儿童、残疾人、病人等】	有	7389415	8460331	15849746	34.7	38.8	36.8
			没有	13914388	13359007	27273395	65.3	61.2	63.2
			总计	21303803	21819338	43123141	100.0	100.0	100.0
	65 至 69 岁	您家里还有其他需要照护的人吗？【需要照护是指需要照看的老年人、儿童、残疾人、病人等】	有	5509903	6324997	11834900	28.7	30.7	29.8
			没有	13656281	14251088	27907369	71.3	69.3	70.2
			总计	19166184	20576085	39742269	100.0	100.0	100.0

续表

城乡	年龄（岁）			男	女	总计	男	女	总计
				人数（人）			%		
城镇	70 至 74 岁	您家里还有其他需要照护的人吗？【需要照护是指需要照看的老年人、儿童、残疾人、病人等】	有	2590497	2796091	5386588	21.3	21.1	21.2
			没有	9550390	10460504	20010894	78.7	78.9	78.8
			总计	12140887	13256595	25397482	100.0	100.0	100.0
	75 至 79 岁	您家里还有其他需要照护的人吗？【需要照护是指需要照看的老年人、儿童、残疾人、病人等】	有	1321349	1379437	2700786	17.9	16.2	17.0
			没有	6056544	7114940	13171484	82.1	83.8	83.0
			总计	7377893	8494377	15872270	100.0	100.0	100.0
	80 至 84 岁	您家里还有其他需要照护的人吗？【需要照护是指需要照看的老年人、儿童、残疾人、病人等】	有	845382	706124	1551506	17.4	11.8	14.3
			没有	4020461	5289911	9310372	82.6	88.2	85.7
			总计	4865843	5996035	10861878	100.0	100.0	100.0
	85 岁及以上	您家里还有其他需要照护的人吗？【需要照护是指需要照看的老年人、儿童、残疾人、病人等】	有	576655	575857	1152512	17.8	12.2	14.5
			没有	2667127	4146996	6814123	82.2	87.8	85.5
			总计	3243782	4722853	7966635	100.0	100.0	100.0
	总计	您家里还有其他需要照护的人吗？【需要照护是指需要照看的老年人、儿童、残疾人、病人等】	有	18233201	20242837	38476038	26.8	27.0	26.9
			没有	49865191	54622446	104487637	73.2	73.0	73.1
			总计	68098392	74865283	142963675	100.0	100.0	100.0
农村	60 至 64 岁	您家里还有其他需要照护的人吗？【需要照护是指需要照看的老年人、儿童、残疾人、病人等】	有	4958576	4944805	9903381	30.5	32.1	31.3
			没有	11281204	10443534	21724738	69.5	67.9	68.7
			总计	16239780	15388339	31628119	100.0	100.0	100.0
	65 至 69 岁	您家里还有其他需要照护的人吗？【需要照护是指需要照看的老年人、儿童、残疾人、病人等】	有	4287968	4498075	8786043	25.0	26.4	25.7
			没有	12846973	12555335	25402308	75.0	73.6	74.3
			总计	17134941	17053410	34188351	100.0	100.0	100.0
	70 至 74 岁	您家里还有其他需要照护的人吗？【需要照护是指需要照看的老年人、儿童、残疾人、病人等】	有	2399142	2326774	4725916	20.2	19.3	19.7
			没有	9489169	9714846	19204015	79.8	80.7	80.3
			总计	11888311	12041620	23929931	100.0	100.0	100.0
	75 至 79 岁	您家里还有其他需要照护的人吗？【需要照护是指需要照看的老年人、儿童、残疾人、病人等】	有	1337575	1330497	2668072	18.3	16.9	17.6
			没有	5979483	6546883	12526366	81.7	83.1	82.4
			总计	7317058	7877380	15194438	100.0	100.0	100.0

续表

城乡	年龄（岁）			男	女	总计	男	女	总计
				人数（人）			%		
农村	80至84岁	您家里还有其他需要照护的人吗?【需要照护是指需要照看的老年人、儿童、残疾人、病人等】	有	754650	735178	1489828	17.6	14.2	15.7
			没有	3537481	4447007	7984488	82.4	85.8	84.3
			总计	4292131	5182185	9474316	100.0	100.0	100.0
	85岁及以上	您家里还有其他需要照护的人吗?【需要照护是指需要照看的老年人、儿童、残疾人、病人等】	有	447824	478112	925936	15.8	10.9	12.8
			没有	2389755	3890134	6279889	84.2	89.1	87.2
			总计	2837579	4368246	7205825	100.0	100.0	100.0
	总计	您家里还有其他需要照护的人吗?【需要照护是指需要照看的老年人、儿童、残疾人、病人等】	有	14185735	14313441	28499176	23.8	23.1	23.4
			没有	45524065	47597739	93121804	76.2	76.9	76.6
			总计	59709800	61911180	121620980	100.0	100.0	100.0

4-13-1 按年龄、性别分的老年人愿意在哪里接受照料服务状况

年龄（岁）			男	女	总计	男	女	总计
			人数（人）			%		
60至64岁	如果有一天您需要有人照料，您最愿意在哪里接受照料服务?	在家里	31525891	31575526	63101417	84.0	84.9	84.4
		白天在社区（村）日间照料中心（站/点）晚上回家	2144366	2401486	4545852	5.7	6.5	6.1
		在养老机构	3873325	3230664	7103989	10.3	8.7	9.5
		总计	37543582	37207676	74751258	100.0	100.0	100.0
65至69岁	如果有一天您需要有人照料，您最愿意在哪里接受照料服务?	在家里	31110848	32842022	63952870	85.7	87.3	86.5
		白天在社区（村）日间照料中心（站/点）晚上回家	1880575	2029331	3909906	5.2	5.4	5.3
		在养老机构	3309702	2758143	6067845	9.1	7.3	8.2
		总计	36301125	37629496	73930621	100.0	100.0	100.0
70至74岁	如果有一天您需要有人照料，您最愿意在哪里接受照料服务?	在家里	21011870	22519215	43531085	87.4	89.0	88.2
		白天在社区（村）日间照料中心（站/点）晚上回家	1145519	1139850	2285369	4.8	4.5	4.6
		在养老机构	1871809	1639149	3510958	7.8	6.5	7.1
		总计	24029198	25298214	49327412	100.0	100.0	100.0

续表

年龄（岁）			男	女	总计	男	女	总计
			人数（人）			%		
75至79岁	如果有一天您需要有人照料，您最愿意在哪里接受照料服务？	在家里	12948706	14748064	27696770	88.1	90.1	89.2
		白天在社区（村）日间照料中心（站/点）晚上回家	646958	676485	1323443	4.4	4.1	4.3
		在养老机构	1099286	947209	2046495	7.5	5.8	6.6
		总计	14694950	16371758	31066708	100.0	100.0	100.0
80至84岁	如果有一天您需要有人照料，您最愿意在哪里接受照料服务？	在家里	8280353	10305574	18585927	90.4	92.2	91.4
		白天在社区（村）日间照料中心（站/点）晚上回家	284781	372602	657383	3.1	3.3	3.2
		在养老机构	592839	500044	1092883	6.5	4.5	5.4
		总计	9157973	11178220	20336193	100.0	100.0	100.0
85岁及以上	如果有一天您需要有人照料，您最愿意在哪里接受照料服务？	在家里	5599213	8597812	14197025	92.1	94.6	93.6
		白天在社区（村）日间照料中心（站/点）晚上回家	153061	152664	305725	2.5	1.7	2.0
		在养老机构	329087	340623	669710	5.4	3.7	4.4
		总计	6081361	9091099	15172460	100.0	100.0	100.0
总计	如果有一天您需要有人照料，您最愿意在哪里接受照料服务？	在家里	110476881	120588213	231065094	86.4	88.2	87.3
		白天在社区（村）日间照料中心（站/点）晚上回家	6255260	6772418	13027678	4.9	5.0	4.9
		在养老机构	11076048	9415832	20491880	8.7	6.9	7.7
		总计	127808189	136776463	264584652	100.0	100.0	100.0

4-13-2 按城乡、年龄、性别分的老年人愿意在哪里接受照料服务状况

城乡	年龄（岁）			男	女	总计	男	女	总计
				人数（人）			%		
城镇	60至64岁	如果有一天您需要有人照料，您最愿意在哪里接受照料服务？	在家里	16911688	17452445	34364133	79.4	80.0	79.7
			白天在社区（村）日间照料中心（站/点）晚上回家	1640532	1980815	3621347	7.7	9.1	8.4
			在养老机构	2751583	2386078	5137661	12.9	10.9	11.9
			总计	21303803	21819338	43123141	100.0	100.0	100.0

续表

城乡	年龄（岁）			男	女	总计	男	女	总计
				人数（人）			%		
城镇	65至69岁	如果有一天您需要有人照料，您最愿意在哪里接受照料服务？	在家里	15700472	17125621	32826093	81.9	83.2	82.6
			白天在社区（村）日间照料中心（站/点）晚上回家	1369737	1575695	2945432	7.1	7.7	7.4
			在养老机构	2095974	1874769	3970743	10.9	9.1	10.0
			总计	19166183	20576085	39742268	100.0	100.0	100.0
	70至74岁	如果有一天您需要有人照料，您最愿意在哪里接受照料服务？	在家里	10263242	11368169	21631411	84.5	85.8	85.2
			白天在社区（村）日间照料中心（站/点）晚上回家	789892	849730	1639622	6.5	6.4	6.5
			在养老机构	1087753	1038696	2126449	9.0	7.8	8.4
			总计	12140887	13256595	25397482	100.0	100.0	100.0
	75至79岁	如果有一天您需要有人照料，您最愿意在哪里接受照料服务？	在家里	6329700	7416440	13746140	85.8	87.3	86.6
			白天在社区（村）日间照料中心（站/点）晚上回家	431616	517632	949248	5.9	6.1	6.0
			在养老机构	616578	560305	1176883	8.4	6.6	7.4
			总计	7377894	8494377	15872271	100.0	100.0	100.0
	80至84岁	如果有一天您需要有人照料，您最愿意在哪里接受照料服务？	在家里	4329853	5364487	9694340	89.0	89.5	89.3
			白天在社区（村）日间照料中心（站/点）晚上回家	200496	296142	496638	4.1	4.9	4.6
			在养老机构	335493	335406	670899	6.9	5.6	6.2
			总计	4865842	5996035	10861877	100.0	100.0	100.0
	85岁及以上	如果有一天您需要有人照料，您最愿意在哪里接受照料服务？	在家里	2912327	4372942	7285269	89.8	92.6	91.4
			白天在社区（村）日间照料中心（站/点）晚上回家	121979	102652	224631	3.8	2.2	2.8
			在养老机构	209475	247259	456734	6.5	5.2	5.7
			总计	3243781	4722853	7966634	100.0	100.0	100.0
	总计	如果有一天您需要有人照料，您最愿意在哪里接受照料服务？	在家里	56447282	63100104	119547386	82.9	84.3	83.6
			白天在社区（村）日间照料中心（站/点）晚上回家	4554252	5322666	9876918	6.7	7.1	6.9
			在养老机构	7096856	6442513	13539369	10.4	8.6	9.5
			总计	68098390	74865283	142963673	100.0	100.0	100.0

续表

城乡	年龄（岁）			男	女	总计	男	女	总计
				人数（人）			%		
农村	60至64岁	如果有一天您需要有人照料，您最愿意在哪里接受照料服务？	在家里	14614203	14123081	28737284	90.0	91.8	90.9
			白天在社区（村）日间照料中心（站/点）晚上回家	503834	420671	924505	3.1	2.7	2.9
			在养老机构	1121742	844587	1966329	6.9	5.5	6.2
			总计	16239779	15388339	31628118	100.0	100.0	100.0
	65至69岁	如果有一天您需要有人照料，您最愿意在哪里接受照料服务？	在家里	15410375	15716401	31126776	89.9	92.2	91.0
			白天在社区（村）日间照料中心（站/点）晚上回家	510838	453635	964473	3.0	2.7	2.8
			在养老机构	1213728	883374	2097102	7.1	5.2	6.1
			总计	17134941	17053410	34188351	100.0	100.0	100.0
	70至74岁	如果有一天您需要有人照料，您最愿意在哪里接受照料服务？	在家里	10748629	11151046	21899675	90.4	92.6	91.5
			白天在社区（村）日间照料中心（站/点）晚上回家	355627	290120	645747	3.0	2.4	2.7
			在养老机构	784056	600453	1384509	6.6	5.0	5.8
			总计	11888312	12041619	23929931	100.0	100.0	100.0
	75至79岁	如果有一天您需要有人照料，您最愿意在哪里接受照料服务？	在家里	6619006	7331624	13950630	90.5	93.1	91.8
			白天在社区（村）日间照料中心（站/点）晚上回家	215343	158853	374196	2.9	2.0	2.5
			在养老机构	482708	386904	869612	6.6	4.9	5.7
			总计	7317057	7877381	15194438	100.0	100.0	100.0
	80至84岁	如果有一天您需要有人照料，您最愿意在哪里接受照料服务？	在家里	3950500	4941087	8891587	92.0	95.3	93.8
			白天在社区（村）日间照料中心（站/点）晚上回家	84285	76460	160745	2.0	1.5	1.7
			在养老机构	257346	164638	421984	6.0	3.2	4.5
			总计	4292131	5182185	9474316	100.0	100.0	100.0
	85岁及以上	如果有一天您需要有人照料，您最愿意在哪里接受照料服务？	在家里	2686885	4224870	6911755	94.7	96.7	95.9
			白天在社区（村）日间照料中心（站/点）晚上回家	31082	50012	81094	1.1	1.1	1.1
			在养老机构	119612	93364	212976	4.2	2.1	3.0
			总计	2837579	4368246	7205825	100.0	100.0	100.0

续表

城乡	年龄（岁）			男	女	总计	男	女	总计
				人数（人）			%		
农村	总计	如果有一天您需要有人照料，您最愿意在哪里接受照料服务？	在家里	54029598	57488109	111517707	90.5	92.9	91.7
			白天在社区（村）日间照料中心（站/点）晚上回家	1701009	1449751	3150760	2.8	2.3	2.6
			在养老机构	3979192	2973320	6952512	6.7	4.8	5.7
			总计	59709799	61911180	121620979	100.0	100.0	100.0

4-14-1 按年龄、性别分的老年人是否希望在本社区（村）内或附近兴建养老机构

年龄（岁）			男	女	总计	男	女	总计
			人数（人）			%		
60至64岁	您是否希望在本社区（村）内或附近兴建养老机构？	希望	27792872	27138914	54931786	74.0	72.9	73.5
		不希望	2695401	3168633	5864034	7.2	8.5	7.8
		无所谓	7055309	6900129	13955438	18.8	18.5	18.7
		总计	37543582	37207676	74751258	100.0	100.0	100.0
65至69岁	您是否希望在本社区（村）内或附近兴建养老机构？	希望	26732715	26564250	53296965	73.6	70.6	72.1
		不希望	2893569	3696704	6590273	8.0	9.8	8.9
		无所谓	6674841	7368541	14043382	18.4	19.6	19.0
		总计	36301125	37629495	73930620	100.0	100.0	100.0
70至74岁	您是否希望在本社区（村）内或附近兴建养老机构？	希望	17117105	17379757	34496862	71.2	68.7	69.9
		不希望	2297928	2645284	4943212	9.6	10.5	10.0
		无所谓	4614165	5273174	9887339	19.2	20.8	20.0
		总计	24029198	25298215	49327413	100.0	100.0	100.0
75至79岁	您是否希望在本社区（村）内或附近兴建养老机构？	希望	10327497	10691075	21018572	70.3	65.3	67.7
		不希望	1476382	2098322	3574704	10.0	12.8	11.5
		无所谓	2891072	3582361	6473433	19.7	21.9	20.8
		总计	14694951	16371758	31066709	100.0	100.0	100.0
80至84岁	您是否希望在本社区（村）内或附近兴建养老机构？	希望	6078901	6940382	13019283	66.4	62.1	64.0
		不希望	1071638	1523817	2595455	11.7	13.6	12.8
		无所谓	2007433	2714022	4721455	21.9	24.3	23.2
		总计	9157972	11178221	20336193	100.0	100.0	100.0
85岁及以上	您是否希望在本社区（村）内或附近兴建养老机构？	希望	3640571	5159154	8799725	59.9	56.7	58.0
		不希望	774313	1350282	2124595	12.7	14.9	14.0
		无所谓	1666477	2581662	4248139	27.4	28.4	28.0
		总计	6081361	9091098	15172459	100.0	100.0	100.0

续表

年龄（岁）			男	女	总计	男	女	总计
			人数（人）			%		
总计	您是否希望在本社区（村）内或附近兴建养老机构？	希望	91689661	93873532	185563193	71.7	68.6	70.1
		不希望	11209231	14483042	25692273	8.8	10.6	9.7
		无所谓	24909297	28419889	53329186	19.5	20.8	20.2
		总计	127808189	136776463	264584652	100.0	100.0	100.0

4-14-2 按城乡、年龄、性别分的老年人是否希望在本社区（村）内或附近兴建养老机构

城乡	年龄（岁）			男	女	总计	男	女	总计
				人数（人）			%		
城镇	60 至 64 岁	您是否希望在本社区（村）内或附近兴建养老机构？	希望	15725341	16278323	32003664	73.8	74.6	74.2
			不希望	1348946	1568187	2917133	6.3	7.2	6.8
			无所谓	4229516	3972828	8202344	19.9	18.2	19.0
			总计	21303803	21819338	43123141	100.0	100.0	100.0
	65 至 69 岁	您是否希望在本社区（村）内或附近兴建养老机构？	希望	14154946	14895110	29050056	73.9	72.4	73.1
			不希望	1307899	1658482	2966381	6.8	8.1	7.5
			无所谓	3703338	4022493	7725831	19.3	19.5	19.4
			总计	19166183	20576085	39742268	100.0	100.0	100.0
	70 至 74 岁	您是否希望在本社区（村）内或附近兴建养老机构？	希望	8709171	9277168	17986339	71.7	70.0	70.8
			不希望	1036266	1123055	2159321	8.5	8.5	8.5
			无所谓	2395450	2856373	5251823	19.7	21.5	20.7
			总计	12140887	13256596	25397483	100.0	100.0	100.0
	75 至 79 岁	您是否希望在本社区（村）内或附近兴建养老机构？	希望	5206224	5665652	10871876	70.6	66.7	68.5
			不希望	672776	937018	1609794	9.1	11.0	10.1
			无所谓	1498893	1891706	3390599	20.3	22.3	21.4
			总计	7377893	8494376	15872269	100.0	100.0	100.0
	80 至 84 岁	您是否希望在本社区（村）内或附近兴建养老机构？	希望	3190128	3737685	6927813	65.6	62.3	63.8
			不希望	545219	755295	1300514	11.2	12.6	12.0
			无所谓	1130496	1503056	2633552	23.2	25.1	24.2
			总计	4865843	5996036	10861879	100.0	100.0	100.0
	85 岁及以上	您是否希望在本社区（村）内或附近兴建养老机构？	希望	1898966	2614250	4513216	58.5	55.4	56.7
			不希望	385128	691802	1076930	11.9	14.6	13.5
			无所谓	959688	1416801	2376489	29.6	30.0	29.8
			总计	3243782	4722853	7966635	100.0	100.0	100.0
	总计	您是否希望在本社区（村）内或附近兴建养老机构？	希望	48884776	52468188	101352964	71.8	70.1	70.9
			不希望	5296234	6733839	12030073	7.8	9.0	8.4
			无所谓	13917381	15663257	29580638	20.4	20.9	20.7
			总计	68098391	74865284	142963675	100.0	100.0	100.0

续表

城乡	年龄（岁）			男	女	总计	男	女	总计
				人数（人）			%		
农村	60至64岁	您是否希望在本社区（村）内或附近兴建养老机构？	希望	12067531	10860591	22928122	74.3	70.6	72.5
			不希望	1346455	1600446	2946901	8.3	10.4	9.3
			无所谓	2825793	2927301	5753094	17.4	19.0	18.2
			总计	16239779	15388338	31628117	100.0	100.0	100.0
	65至69岁	您是否希望在本社区（村）内或附近兴建养老机构？	希望	12577769	11669140	24246909	73.4	68.4	70.9
			不希望	1585670	2038223	3623893	9.3	12.0	10.6
			无所谓	2971503	3346048	6317551	17.3	19.6	18.5
			总计	17134942	17053411	34188353	100.0	100.0	100.0
	70至74岁	您是否希望在本社区（村）内或附近兴建养老机构？	希望	8407934	8102590	16510524	70.7	67.3	69.0
			不希望	1261662	1522229	2783891	10.6	12.6	11.6
			无所谓	2218715	2416801	4635516	18.7	20.1	19.4
			总计	11888311	12041620	23929931	100.0	100.0	100.0
	75至79岁	您是否希望在本社区（村）内或附近兴建养老机构？	希望	5121273	5025423	10146696	70.0	63.8	66.8
			不希望	803606	1161303	1964909	11.0	14.7	12.9
			无所谓	1392178	1690655	3082833	19.0	21.5	20.3
			总计	7317057	7877381	15194438	100.0	100.0	100.0
	80至84岁	您是否希望在本社区（村）内或附近兴建养老机构？	希望	2888773	3202697	6091470	67.3	61.8	64.3
			不希望	526420	768522	1294942	12.3	14.8	13.7
			无所谓	876938	1210966	2087904	20.4	23.4	22.0
			总计	4292131	5182185	9474316	100.0	100.0	100.0
	85岁及以上	您是否希望在本社区（村）内或附近兴建养老机构？	希望	1741605	2544904	4286509	61.4	58.3	59.5
			不希望	389185	658480	1047665	13.7	15.1	14.5
			无所谓	706789	1164861	1871650	24.9	26.7	26.0
			总计	2837579	4368245	7205824	100.0	100.0	100.0
	总计	您是否希望在本社区（村）内或附近兴建养老机构？	希望	42804885	41405345	84210230	71.7	66.9	69.2
			不希望	5912998	7749203	13662201	9.9	12.5	11.2
			无所谓	10991916	12756632	23748548	18.4	20.6	19.5
			总计	59709799	61911180	121620979	100.0	100.0	100.0

4-15-1 按年龄、性别分的老年人对所住社区（村）已有的养老服务项目满意程度

年龄（岁）			男	女	总计	男	女	总计
			人数（人）			%		
60至64岁	您对所住社区（村）已有的养老服务项目是否满意？	满意	11589406	11875856	23465262	30.9	31.9	31.4
		一般	3581751	3331175	6912926	9.5	9.0	9.2
		不满意	500955	387531	888486	1.3	1.0	1.2

续表

年龄（岁）			男	女	总计	男	女	总计
			人数（人）			%		
60 至 64 岁	您对所住社区（村）已有的养老服务项目是否满意？	没用过	10073126	10196628	20269754	26.8	27.4	27.1
		没有相关服务项目	11798343	11416486	23214829	31.4	30.7	31.1
		总计	37543581	37207676	74751257	100.0	100.0	100.0
65 至 69 岁	您对所住社区（村）已有的养老服务项目是否满意？	满意	11867959	12985650	24853609	32.7	34.5	33.6
		一般	3551631	3554270	7105901	9.8	9.4	9.6
		不满意	426262	350760	777022	1.2	0.9	1.1
		没用过	8883307	9197941	18081248	24.5	24.4	24.5
		没有相关服务项目	11571967	11540874	23112841	31.9	30.7	31.3
		总计	36301126	37629495	73930621	100.0	100.0	100.0
70 至 74 岁	您对所住社区（村）已有的养老服务项目是否满意？	满意	8171686	8642621	16814307	34.0	34.2	34.1
		一般	2442083	2356038	4798121	10.2	9.3	9.7
		不满意	282641	249432	532073	1.2	1.0	1.1
		没用过	5553754	6136247	11690001	23.1	24.3	23.7
		没有相关服务项目	7579034	7913877	15492911	31.5	31.3	31.4
		总计	24029198	25298215	49327413	100.0	100.0	100.0
75 至 79 岁	您对所住社区（村）已有的养老服务项目是否满意？	满意	5072498	5792810	10865308	34.5	35.4	35.0
		一般	1511055	1417573	2928628	10.3	8.7	9.4
		不满意	167740	164492	332232	1.1	1.0	1.1
		没用过	3516640	3983888	7500528	23.9	24.3	24.1
		没有相关服务项目	4427017	5012995	9440012	30.1	30.6	30.4
		总计	14694950	16371758	31066708	100.0	100.0	100.0
80 至 84 岁	您对所住社区（村）已有的养老服务项目是否满意？	满意	3123097	4075366	7198463	34.1	36.5	35.4
		一般	954893	1056781	2011674	10.4	9.5	9.9
		不满意	108232	94003	202235	1.2	0.8	1.0
		没用过	2180576	2653104	4833680	23.8	23.7	23.8
		没有相关服务项目	2791176	3298967	6090143	30.5	29.5	29.9
		总计	9157974	11178221	20336195	100.0	100.0	100.0
85 岁及以上	您对所住社区（村）已有的养老服务项目是否满意？	满意	2005356	3131355	5136711	33.0	34.4	33.9
		一般	705505	984834	1690339	11.6	10.8	11.1
		不满意	76560	139283	215843	1.3	1.5	1.4
		没用过	1600417	2138361	3738778	26.3	23.5	24.6
		没有相关服务项目	1693522	2697266	4390788	27.8	29.7	28.9
		总计	6081360	9091099	15172459	100.0	100.0	100.0

续表

年龄（岁）			男	女	总计	男	女	总计
			人数（人）			%		
总计	您对所住社区（村）已有的养老服务项目是否满意？	满意	41830002	46503658	88333660	32.7	34.0	33.4
		一般	12746918	12700671	25447589	10.0	9.3	9.6
		不满意	1562390	1385501	2947891	1.2	1.0	1.1
		没用过	31807820	34306169	66113989	24.9	25.1	25.0
		没有相关服务项目	39861059	41880465	81741524	31.2	30.6	30.9
		总计	127808189	136776464	264584653	100.0	100.0	100.0

4-15-2 按城乡、年龄、性别分的老年人对所住社区（村）已有的养老服务项目满意程度

城乡	年龄（岁）			男	女	总计	男	女	总计
				人数（人）			%		
城镇	60至64岁	您对所住社区（村）已有的养老服务项目是否满意？	满意	6074808	6738218	12813026	28.5	30.9	29.7
			一般	1956623	1877195	3833818	9.2	8.6	8.9
			不满意	274164	173654	447818	1.3	0.8	1.0
			没用过	7241580	7417873	14659453	34.0	34.0	34.0
			没有相关服务项目	5756629	5612398	11369027	27.0	25.7	26.4
			总计	21303804	21819338	43123142	100.0	100.0	100.0
	65至69岁	您对所住社区（村）已有的养老服务项目是否满意？	满意	5821977	6881009	12702986	30.4	33.4	32.0
			一般	1866650	1921755	3788405	9.7	9.3	9.5
			不满意	219666	192066	411732	1.1	0.9	1.0
			没用过	6080212	6380210	12460422	31.7	31.0	31.4
			没有相关服务项目	5177678	5201046	10378724	27.0	25.3	26.1
			总计	19166183	20576086	39742269	100.0	100.0	100.0
	70至74岁	您对所住社区（村）已有的养老服务项目是否满意？	满意	3838646	4310819	8149465	31.6	32.5	32.1
			一般	1247205	1203228	2450433	10.3	9.1	9.6
			不满意	159000	140367	299367	1.3	1.1	1.2
			没用过	3706978	4100643	7807621	30.5	30.9	30.7
			没有相关服务项目	3189058	3501539	6690597	26.3	26.4	26.3
			总计	12140887	13256596	25397483	100.0	100.0	100.0
	75至79岁	您对所住社区（村）已有的养老服务项目是否满意？	满意	2348929	2800888	5149817	31.8	33.0	32.4
			一般	794864	729286	1524150	10.8	8.6	9.6
			不满意	82746	95740	178486	1.1	1.1	1.1
			没用过	2363751	2712400	5076151	32.0	31.9	32.0
			没有相关服务项目	1787603	2156064	3943667	24.2	25.4	24.8
			总计	7377893	8494378	15872271	100.0	100.0	100.0

续表

城乡	年龄（岁）			男	女	总计	男	女	总计
				人数（人）			%		
城镇	80 至 84 岁	您对所住社区（村）已有的养老服务项目是否满意?	满意	1484438	2069310	3553748	30.5	34.5	32.7
			一般	571606	583628	1155234	11.7	9.7	10.6
			不满意	59882	57789	117671	1.2	1.0	1.1
			没用过	1520505	1819144	3339649	31.2	30.3	30.7
			没有相关服务项目	1229411	1466164	2695575	25.3	24.5	24.8
			总计	4865842	5996035	10861877	100.0	100.0	100.0
	85 岁及以上	您对所住社区（村）已有的养老服务项目是否满意?	满意	1002205	1669277	2671482	30.9	35.3	33.5
			一般	425233	504346	929579	13.1	10.7	11.7
			不满意	37557	60657	98214	1.2	1.3	1.2
			没用过	1125306	1421018	2546324	34.7	30.1	32.0
			没有相关服务项目	653480	1067554	1721034	20.1	22.6	21.6
			总计	3243781	4722852	7966633	100.0	100.0	100.0
	总计	您对所住社区（村）已有的养老服务项目是否满意?	满意	20571003	24469521	45040524	30.2	32.7	31.5
			一般	6862181	6819438	13681619	10.1	9.1	9.6
			不满意	833015	720273	1553288	1.2	1.0	1.1
			没用过	22038332	23851288	45889620	32.4	31.9	32.1
			没有相关服务项目	17793859	19004765	36798624	26.1	25.4	25.7
			总计	68098390	74865285	142963675	100.0	100.0	100.0
农村	60 至 64 岁	您对所住社区（村）已有的养老服务项目是否满意?	满意	5514599	5137638	10652237	34.0	33.4	33.7
			一般	1625129	1453980	3079109	10.0	9.4	9.7
			不满意	226791	213877	440668	1.4	1.4	1.4
			没用过	2831547	2778754	5610301	17.4	18.1	17.7
			没有相关服务项目	6041714	5804088	11845802	37.2	37.7	37.5
			总计	16239780	15388337	31628117	100.0	100.0	100.0
	65 至 69 岁	您对所住社区（村）已有的养老服务项目是否满意?	满意	6045982	6104642	12150624	35.3	35.8	35.5
			一般	1684980	1632515	3317495	9.8	9.6	9.7
			不满意	206596	158695	365291	1.2	0.9	1.1
			没用过	2803095	2817731	5620826	16.4	16.5	16.4
			没有相关服务项目	6394289	6339828	12734117	37.3	37.2	37.2
			总计	17134942	17053411	34188353	100.0	100.0	100.0
	70 至 74 岁	您对所住社区（村）已有的养老服务项目是否满意?	满意	4333040	4331802	8664842	36.4	36.0	36.2
			一般	1194878	1152810	2347688	10.1	9.6	9.8
			不满意	123641	109065	232706	1.0	0.9	1.0
			没用过	1846775	2035604	3882379	15.5	16.9	16.2
			没有相关服务项目	4389976	4412338	8802314	36.9	36.6	36.8
			总计	11888310	12041619	23929929	100.0	100.0	100.0

续表

城乡	年龄（岁）			男	女	总计	男	女	总计
				人数（人）			%		
农村	75至79岁	您对所住社区（村）已有的养老服务项目是否满意?	满意	2723568	2991923	5715491	37.2	38.0	37.6
			一般	716192	688287	1404479	9.8	8.7	9.2
			不满意	84994	68752	153746	1.2	0.9	1.0
			没用过	1152889	1271488	2424377	15.8	16.1	16.0
			没有相关服务项目	2639414	2856931	5496345	36.1	36.3	36.2
			总计	7317057	7877381	15194438	100.0	100.0	100.0
	80至84岁	您对所住社区（村）已有的养老服务项目是否满意?	满意	1638658	2006056	3644714	38.2	38.7	38.5
			一般	383288	473152	856440	8.9	9.1	9.0
			不满意	48350	36214	84564	1.1	0.7	0.9
			没用过	660071	833960	1494031	15.4	16.1	15.8
			没有相关服务项目	1561764	1832803	3394567	36.4	35.4	35.8
			总计	4292131	5182185	9474316	100.0	100.0	100.0
	85岁及以上	您对所住社区（村）已有的养老服务项目是否满意?	满意	1003151	1462078	2465229	35.4	33.5	34.2
			一般	280272	480488	760760	9.9	11.0	10.6
			不满意	39003	78625	117628	1.4	1.8	1.6
			没用过	475111	717343	1192454	16.7	16.4	16.5
			没有相关服务项目	1040042	1629712	2669754	36.7	37.3	37.0
			总计	2837579	4368246	7205825	100.0	100.0	100.0
	总计	您对所住社区（村）已有的养老服务项目是否满意?	满意	21258998	22034139	43293137	35.6	35.6	35.6
			一般	5884739	5881232	11765971	9.9	9.5	9.7
			不满意	729375	665228	1394603	1.2	1.1	1.1
			没用过	9769488	10454880	20224368	16.4	16.9	16.6
			没有相关服务项目	22067199	22875700	44942899	37.0	36.9	37.0
			总计	59709799	61911179	121620978	100.0	100.0	100.0

第五部分 老年人经济状况

5-1-1 按年龄、性别分的老年人退休前职业情况

年龄（岁）			男	女	总计	男	女	总计
			人数（人）			%		
60 至 64 岁	您离退休时的单位?	国家机关	921929	275674	1197603	2.5	0.7	1.6
		企业	7974033	7545527	15519560	21.2	20.3	20.8
		事业单位	1840302	1369124	3209426	4.9	3.7	4.3
		农村农民（无工作单位）	24645755	25589894	50235649	65.6	68.8	67.2
		城镇居民（无工作单位）	2161312	2427458	4588770	5.8	6.5	6.1
		总计	37543331	37207677	74751008	100.0	100.0	100.0
65 至 69 岁	您离退休时的单位?	国家机关	787175	262995	1050170	2.2	0.7	1.4
		企业	6752733	6284034	13036767	18.6	16.7	17.6
		事业单位	1807163	1248425	3055588	5.0	3.3	4.1
		农村农民（无工作单位）	25316730	27520536	52837266	69.7	73.1	71.5
		城镇居民（无工作单位）	1637324	2313505	3950829	4.5	6.1	5.3
		总计	36301125	37629495	73930620	100.0	100.0	100.0
70 至 74 岁	您离退休时的单位?	国家机关	524580	244563	769143	2.2	1.0	1.6
		企业	4627004	3856698	8483702	19.3	15.2	17.2
		事业单位	1224535	883687	2108222	5.1	3.5	4.3
		农村农民（无工作单位）	16847160	18727785	35574945	70.1	74.0	72.1
		城镇居民（无工作单位）	805919	1585482	2391401	3.4	6.3	4.8
		总计	24029198	25298215	49327413	100.0	100.0	100.0
75 至 79 岁	您离退休时的单位?	国家机关	489686	141269	630955	3.3	0.9	2.0
		企业	2814156	2220751	5034907	19.2	13.6	16.2
		事业单位	1011231	714718	1725949	6.9	4.4	5.6
		农村农民（无工作单位）	9929179	12286944	22216123	67.6	75.0	71.5
		城镇居民（无工作单位）	450263	1008075	1458338	3.1	6.2	4.7
		总计	14694515	16371757	31066272	100.0	100.0	100.0
80 至 84 岁	您离退休时的单位?	国家机关	366432	116660	483092	4.0	1.0	2.4
		企业	1959026	2036249	3995275	21.4	18.2	19.6
		事业单位	732523	525776	1258299	8.0	4.7	6.2
		农村农民（无工作单位）	5873688	7749463	13623151	64.1	69.3	67.0
		城镇居民（无工作单位）	226305	750072	976377	2.5	6.7	4.8
		总计	9157974	11178220	20336194	100.0	100.0	100.0

续表

年龄（岁）			男	女	总计	男	女	总计
			人数（人）			%		
85 岁及以上	您离退休时的单位?	国家机关	414444	116811	531255	6.8	1.3	3.5
		企业	1341102	1270022	2611124	22.1	14.0	17.2
		事业单位	502006	321235	823241	8.3	3.5	5.4
		农村农民（无工作单位）	3653694	6792605	10446299	60.1	74.7	68.9
		城镇居民（无工作单位）	170114	590426	760540	2.8	6.5	5.0
		总计	6081360	9091099	15172459	100.0	100.0	100.0
总计	您离退休时的单位?	国家机关	3504246	1157972	4662218	2.7	0.8	1.8
		企业	25468054	23213281	48681335	19.9	17.0	18.4
		事业单位	7117760	5062965	12180725	5.6	3.7	4.6
		农村农民（无工作单位）	86266206	98667227	184933433	67.5	72.1	69.9
		城镇居民（无工作单位）	5451237	8675018	14126255	4.3	6.3	5.3
		总计	127807503	136776463	264583966	100.0	100.0	100.0

5-1-2 按城乡、年龄、性别分的老年人退休前职业情况

城乡	年龄（岁）			男	女	总计	男	女	总计
				人数（人）			%		
城镇	60 至 64 岁	您离退休时的单位?	国家机关	852637	266032	1118669	4.0	1.2	2.6
			企业	7395669	7268569	14664238	34.7	33.3	34.0
			事业单位	1535813	1257295	2793108	7.2	5.8	6.5
			农村农民（无工作单位）	9521466	10764179	20285645	44.7	49.3	47.0
			城镇居民（无工作单位）	1997967	2263264	4261231	9.4	10.4	9.9
			总计	21303552	21819339	43122891	100.0	100.0	100.0
	65 至 69 岁	您离退休时的单位?	国家机关	695406	247423	942829	3.6	1.2	2.4
			企业	6197703	6070043	12267746	32.3	29.5	30.9
			事业单位	1515638	1192051	2707689	7.9	5.8	6.8
			农村农民（无工作单位）	9255768	10951522	20207290	48.3	53.2	50.8
			城镇居民（无工作单位）	1501669	2115045	3616714	7.8	10.3	9.1
			总计	19166184	20576084	39742268	100.0	100.0	100.0
	70 至 74 岁	您离退休时的单位?	国家机关	442889	228390	671279	3.6	1.7	2.6
			企业	4210658	3745579	7956237	34.7	28.3	31.3
			事业单位	949385	837499	1786884	7.8	6.3	7.0
			农村农民（无工作单位）	5827756	6981658	12809414	48.0	52.7	50.4
			城镇居民（无工作单位）	710199	1463470	2173669	5.8	11.0	8.6
			总计	12140887	13256596	25397483	100.0	100.0	100.0

续表

城乡	年龄（岁）			男	女	总计	男	女	总计
				人数（人）			%		
城镇	75至79岁	您离退休时的单位？	国家机关	416794	138737	555531	5.6	1.6	3.5
			企业	2549954	2157514	4707468	34.6	25.4	29.7
			事业单位	807272	689948	1497220	10.9	8.1	9.4
			农村农民（无工作单位）	3210635	4571171	7781806	43.5	53.8	49.0
			城镇居民（无工作单位）	392802	937007	1329809	5.3	11.0	8.4
			总计	7377457	8494377	15871834	100.0	100.0	100.0
	80至84岁	您离退休时的单位？	国家机关	323491	107803	431294	6.6	1.8	4.0
			企业	1765293	1987635	3752928	36.3	33.1	34.6
			事业单位	613566	507742	1121308	12.6	8.5	10.3
			农村农民（无工作单位）	1966667	2696465	4663132	40.4	45.0	42.9
			城镇居民（无工作单位）	196826	696390	893216	4.0	11.6	8.2
			总计	4865843	5996035	10861878	100.0	100.0	100.0
	85岁及以上	您离退休时的单位？	国家机关	361971	109223	471194	11.2	2.3	5.9
			企业	1176028	1234754	2410782	36.3	26.1	30.3
			事业单位	406697	315416	722113	12.5	6.7	9.1
			农村农民（无工作单位）	1155273	2494549	3649822	35.6	52.8	45.8
			城镇居民（无工作单位）	143812	568910	712722	4.4	12.0	8.9
			总计	3243781	4722852	7966633	100.0	100.0	100.0
	总计	您离退休时的单位？	国家机关	3093188	1097608	4190796	4.5	1.5	2.9
			企业	23295305	22464094	45759399	34.2	30.0	32.0
			事业单位	5828371	4799951	10628322	8.6	6.4	7.4
			农村农民（无工作单位）	30937565	38459544	69397109	45.4	51.4	48.5
			城镇居民（无工作单位）	4943275	8044086	12987361	7.3	10.7	9.1
			总计	68097704	74865283	142962987	100.0	100.0	100.0
农村	60至64岁	您离退休时的单位？	国家机关	69293	9642	78935	0.4	0.1	0.2
			企业	578364	276958	855322	3.6	1.8	2.7
			事业单位	304489	111829	416318	1.9	0.7	1.3
			农村农民（无工作单位）	15124289	14825715	29950004	93.1	96.3	94.7
			城镇居民（无工作单位）	163345	164194	327539	1.0	1.1	1.0
			总计	16239780	15388338	31628118	100.0	100.0	100.0
	65至69岁	您离退休时的单位？	国家机关	91769	15571	107340	0.5	0.1	0.3
			企业	555031	213992	769023	3.2	1.3	2.2
			事业单位	291525	56374	347899	1.7	0.3	1.0
			农村农民（无工作单位）	16060962	16569014	32629976	93.7	97.2	95.4

续表

城乡	年龄（岁）			男	女	总计	男	女	总计
				人数（人）			%		
	65 至 69 岁	您离退休时的单位?	城镇居民（无工作单位）	135655	198459	334114	0.8	1.2	1.0
			总计	17134942	17053410	34188352	100.0	100.0	100.0
	70 至 74 岁	您离退休时的单位?	国家机关	81691	16173	97864	0.7	0.1	0.4
			企业	416346	111120	527466	3.5	0.9	2.2
			事业单位	275149	46188	321337	2.3	0.4	1.3
			农村农民（无工作单位）	11019405	11746127	22765532	92.7	97.5	95.1
			城镇居民（无工作单位）	95720	122012	217732	0.8	1.0	0.9
			总计	11888311	12041620	23929931	100.0	100.0	100.0
	75 至 79 岁	您离退休时的单位?	国家机关	72892	2532	75424	1.0	0.0	0.5
			企业	264202	63237	327439	3.6	0.8	2.2
			事业单位	203958	24770	228728	2.8	0.3	1.5
			农村农民（无工作单位）	6718544	7715774	14434318	91.8	97.9	95.0
			城镇居民（无工作单位）	57461	71068	128529	0.8	0.9	0.8
			总计	7317057	7877381	15194438	100.0	100.0	100.0
农村	80 至 84 岁	您离退休时的单位?	国家机关	42941	8856	51797	1.0	0.2	0.5
			企业	193732	48614	242346	4.5	0.9	2.6
			事业单位	118957	18034	136991	2.8	0.3	1.4
			农村农民（无工作单位）	3907021	5052998	8960019	91.0	97.5	94.6
			城镇居民（无工作单位）	29479	53682	83161	0.7	1.0	0.9
			总计	4292130	5182184	9474314	100.0	100.0	100.0
	85 岁及以上	您离退休时的单位?	国家机关	52473	7588	60061	1.8	0.2	0.8
			企业	165073	35268	200341	5.8	0.8	2.8
			事业单位	95309	5818	101127	3.4	0.1	1.4
			农村农民（无工作单位）	2498421	4298056	6796477	88.0	98.4	94.3
			城镇居民（无工作单位）	26302	21516	47818	0.9	0.5	0.7
			总计	2837578	4368246	7205824	100.0	100.0	100.0
	总计	您离退休时的单位?	国家机关	411059	60362	471421	0.7	0.1	0.4
			企业	2172748	749189	2921937	3.6	1.2	2.4
			事业单位	1289387	263013	1552400	2.2	0.4	1.3
			农村农民（无工作单位）	55328642	60207684	115536326	92.7	97.2	95.0
			城镇居民（无工作单位）	507962	630931	1138893	0.9	1.0	0.9
			总计	59709798	61911179	121620977	100.0	100.0	100.0

5-2-1 按年龄、性别分的老年人现在是否还在从事有收入的工作

年龄（岁）			男	女	总计	男	女	总计
			人数（人）			%		
60至64岁	您现在还在从事有收入的工作吗（包括兼职、返聘、务农、务工、做生意等）?	是	14230081	7919402	22149483	37.9	21.3	29.6
		否	23313501	29288275	52601776	62.1	78.7	70.4
		总计	37543582	37207677	74751259	100.0	100.0	100.0
65至69岁	您现在还在从事有收入的工作吗（包括兼职、返聘、务农、务工、做生意等）?	是	10780702	6426511	17207213	29.7	17.1	23.3
		否	25520423	31202984	56723407	70.3	82.9	76.7
		总计	36301125	37629495	73930620	100.0	100.0	100.0
70至74岁	您现在还在从事有收入的工作吗（包括兼职、返聘、务农、务工、做生意等）?	是	4759870	2800144	7560014	19.8	11.1	15.3
		否	19269328	22498071	41767399	80.2	88.9	84.7
		总计	24029198	25298215	49327413	100.0	100.0	100.0
75至79岁	您现在还在从事有收入的工作吗（包括兼职、返聘、务农、务工、做生意等）?	是	1665427	940502	2605929	11.3	5.7	8.4
		否	13029523	15431256	28460779	88.7	94.3	91.6
		总计	14694950	16371758	31066708	100.0	100.0	100.0
80至84岁	您现在还在从事有收入的工作吗（包括兼职、返聘、务农、务工、做生意等）?	是	430123	215884	646007	4.7	1.9	3.2
		否	8727850	10962337	19690187	95.3	98.1	96.8
		总计	9157973	11178221	20336194	100.0	100.0	100.0
85岁及以上	您现在还在从事有收入的工作吗（包括兼职、返聘、务农、务工、做生意等）?	是	126159	77168	203327	2.1	0.8	1.3
		否	5955202	9013931	14969133	97.9	99.2	98.7
		总计	6081361	9091099	15172460	100.0	100.0	100.0
总计	您现在还在从事有收入的工作吗（包括兼职、返聘、务农、务工、做生意等）?	是	31992362	18379611	50371973	25.0	13.4	19.0
		否	95815827	118396854	214212681	75.0	86.6	81.0
		总计	127808189	136776465	264584654	100.0	100.0	100.0

5-2-2 按城乡、年龄、性别分的老年人现在是否还在从事有收入的工作

城乡	年龄（岁）			男	女	总计	男	女	总计
				人数（人）			%		
城镇	60至64岁	您现在还在从事有收入的工作吗（包括兼职、返聘、务农、务工、做生意等）?	是	6667890	3519738	10187628	31.3	16.1	23.6
			否	14635913	18299601	32935514	68.7	83.9	76.4
			总计	21303803	21819339	43123142	100.0	100.0	100.0
	65至69岁	您现在还在从事有收入的工作吗（包括兼职、返聘、务农、务工、做生意等）?	是	4399299	2344158	6743457	23.0	11.4	17.0
			否	14766884	18231927	32998811	77.0	88.6	83.0
			总计	19166183	20576085	39742268	100.0	100.0	100.0

续表

城乡	年龄（岁）			男	女	总计	男	女	总计
				人数（人）			%		
城镇	70至74岁	您现在还在从事有收入的工作吗（包括兼职、返聘、务农、务工、做生意等）?	是	1665640	911480	2577120	13.7	6.9	10.1
			否	10475247	12345116	22820363	86.3	93.1	89.9
			总计	12140887	13256596	25397483	100.0	100.0	100.0
	75至79岁	您现在还在从事有收入的工作吗（包括兼职、返聘、务农、务工、做生意等）?	是	507758	322070	829828	6.9	3.8	5.2
			否	6870135	8172307	15042442	93.1	96.2	94.8
			总计	7377893	8494377	15872270	100.0	100.0	100.0
	80至84岁	您现在还在从事有收入的工作吗（包括兼职、返聘、务农、务工、做生意等）?	是	130835	69967	200802	2.7	1.2	1.8
			否	4735008	5926069	10661077	97.3	98.8	98.2
			总计	4865843	5996036	10861879	100.0	100.0	100.0
	85岁及以上	您现在还在从事有收入的工作吗（包括兼职、返聘、务农、务工、做生意等）?	是	48791	28072	76863	1.5	0.6	1.0
			否	3194990	4694781	7889771	98.5	99.4	99.0
			总计	3243781	4722853	7966634	100.0	100.0	100.0
	总计	您现在还在从事有收入的工作吗（包括兼职、返聘、务农、务工、做生意等）?	是	13420213	7195485	20615698	19.7	9.6	14.4
			否	54678177	67669801	122347978	80.3	90.4	85.6
			总计	68098390	74865286	142963676	100.0	100.0	100.0
农村	60至64岁	您现在还在从事有收入的工作吗（包括兼职、返聘、务农、务工、做生意等）?	是	7562191	4399664	11961855	46.6	28.6	37.8
			否	8677588	10988674	19666262	53.4	71.4	62.2
			总计	16239779	15388338	31628117	100.0	100.0	100.0
	65至69岁	您现在还在从事有收入的工作吗（包括兼职、返聘、务农、务工、做生意等）?	是	6381403	4082353	10463756	37.2	23.9	30.6
			否	10753538	12971057	23724595	62.8	76.1	69.4
			总计	17134941	17053410	34188351	100.0	100.0	100.0
	70至74岁	您现在还在从事有收入的工作吗（包括兼职、返聘、务农、务工、做生意等）?	是	3094230	1888664	4982894	26.0	15.7	20.8
			否	8794081	10152955	18947036	74.0	84.3	79.2
			总计	11888311	12041619	23929930	100.0	100.0	100.0
	75至79岁	您现在还在从事有收入的工作吗（包括兼职、返聘、务农、务工、做生意等）?	是	1157669	618432	1776101	15.8	7.9	11.7
			否	6159388	7258949	13418337	84.2	92.1	88.3
			总计	7317057	7877381	15194438	100.0	100.0	100.0
	80至84岁	您现在还在从事有收入的工作吗（包括兼职、返聘、务农、务工、做生意等）?	是	299288	145917	445205	7.0	2.8	4.7
			否	3992842	5036268	9029110	93.0	97.2	95.3
			总计	4292130	5182185	9474315	100.0	100.0	100.0
	85岁及以上	您现在还在从事有收入的工作吗（包括兼职、返聘、务农、务工、做生意等）?	是	77368	49096	126464	2.7	1.1	1.8
			否	2760211	4319150	7079361	97.3	98.9	98.2
			总计	2837579	4368246	7205825	100.0	100.0	100.0

续表

城乡	年龄（岁）			男	女	总计	男	女	总计
				人数（人）			%		
农村	总计	您现在还在从事有收入的工作吗（包括兼职、返聘、务农、务工、做生意等）？	是	18572149	11184126	29756275	31.1	18.1	24.5
			否	41137648	50727053	91864701	68.9	81.9	75.5
			总计	59709797	61911179	121620976	100.0	100.0	100.0

5-3-1 按年龄、性别分的老年人现在是否愿意从事有收入的工作

年龄（岁）			男	女	总计	男	女	总计
			人数（人）			%		
60至64岁	您现在是否愿意从事有收入的工作（包括兼职、返聘、务农、务工、做生意等）？	是	18900633	13205595	32106228	50.3	35.5	43.0
		否	18642950	24001808	42644758	49.7	64.5	57.0
		总计	37543583	37207403	74750986	100.0	100.0	100.0
65至69岁	您现在是否愿意从事有收入的工作（包括兼职、返聘、务农、务工、做生意等）？	是	14472628	10398367	24870995	39.9	27.6	33.6
		否	21828497	27231128	49059625	60.1	72.4	66.4
		总计	36301125	37629495	73930620	100.0	100.0	100.0
70至74岁	您现在是否愿意从事有收入的工作（包括兼职、返聘、务农、务工、做生意等）？	是	6554084	4824314	11378398	27.3	19.1	23.1
		否	17475114	20473901	37949015	72.7	80.9	76.9
		总计	24029198	25298215	49327413	100.0	100.0	100.0
75至79岁	您现在是否愿意从事有收入的工作（包括兼职、返聘、务农、务工、做生意等）？	是	2389512	1824241	4213753	16.3	11.1	13.6
		否	12305438	14547517	26852955	83.7	88.9	86.4
		总计	14694950	16371758	31066708	100.0	100.0	100.0
80至84岁	您现在是否愿意从事有收入的工作（包括兼职、返聘、务农、务工、做生意等）？	是	757589	619305	1376894	8.3	5.5	6.8
		否	8400384	10558915	18959299	91.7	94.5	93.2
		总计	9157973	11178220	20336193	100.0	100.0	100.0
85岁及以上	您现在是否愿意从事有收入的工作（包括兼职、返聘、务农、务工、做生意等）？	是	241193	232171	473364	4.0	2.6	3.1
		否	5840168	8858927	14699095	96.0	97.4	96.9
		总计	6081361	9091098	15172459	100.0	100.0	100.0
总计	您现在是否愿意从事有收入的工作（包括兼职、返聘、务农、务工、做生意等）？	是	43315639	31103993	74419632	33.9	22.7	28.1
		否	84492551	105672196	190164747	66.1	77.3	71.9
		总计	127808190	136776189	264584379	100.0	100.0	100.0

5-3-2 按城乡、年龄、性别分的老年人现在是否愿意从事有收入的工作

城乡	年龄（岁）			男	女	总计	男	女	总计
				人数（人）			%		
城镇	60至64岁	您现在是否愿意从事有收入的工作（包括兼职、返聘、务农、务工、做生意等）?	是	9665807	6740407	16406214	45.4	30.9	38.0
			否	11637995	15078659	26716654	54.6	69.1	62.0
			总计	21303802	21819066	43122868	100.0	100.0	100.0
	65至69岁	您现在是否愿意从事有收入的工作（包括兼职、返聘、务农、务工、做生意等）?	是	6531480	4703180	11234660	34.1	22.9	28.3
			否	12634704	15872905	28507609	65.9	77.1	71.7
			总计	19166184	20576085	39742269	100.0	100.0	100.0
	70至74岁	您现在是否愿意从事有收入的工作（包括兼职、返聘、务农、务工、做生意等）?	是	2641018	2040016	4681034	21.8	15.4	18.4
			否	9499869	11216580	20716449	78.2	84.6	81.6
			总计	12140887	13256596	25397483	100.0	100.0	100.0
	75至79岁	您现在是否愿意从事有收入的工作（包括兼职、返聘、务农、务工、做生意等）?	是	858821	733811	1592632	11.6	8.6	10.0
			否	6519072	7760566	14279638	88.4	91.4	90.0
			总计	7377893	8494377	15872270	100.0	100.0	100.0
	80至84岁	您现在是否愿意从事有收入的工作（包括兼职、返聘、务农、务工、做生意等）?	是	312394	264483	576877	6.4	4.4	5.3
			否	4553449	5731553	10285002	93.6	95.6	94.7
			总计	4865843	5996036	10861879	100.0	100.0	100.0
	85岁及以上	您现在是否愿意从事有收入的工作（包括兼职、返聘、务农、务工、做生意等）?	是	89698	101523	191221	2.8	2.1	2.4
			否	3154084	4621330	7775414	97.2	97.9	97.6
			总计	3243782	4722853	7966635	100.0	100.0	100.0
	总计	您现在是否愿意从事有收入的工作（包括兼职、返聘、务农、务工、做生意等）?	是	20099218	14583420	34682638	29.5	19.5	24.3
			否	47999173	60281593	108280766	70.5	80.5	75.7
			总计	68098391	74865013	142963404	100.0	100.0	100.0
农村	60至64岁	您现在是否愿意从事有收入的工作（包括兼职、返聘、务农、务工、做生意等）?	是	9234825	6465189	15700014	56.9	42.0	49.6
			否	7004954	8923150	15928104	43.1	58.0	50.4
			总计	16239779	15388339	31628118	100.0	100.0	100.0
	65至69岁	您现在是否愿意从事有收入的工作（包括兼职、返聘、务农、务工、做生意等）?	是	7941148	5695187	13636335	46.3	33.4	39.9
			否	9193793	11358224	20552017	53.7	66.6	60.1
			总计	17134941	17053411	34188352	100.0	100.0	100.0

续表

城乡	年龄（岁）			男	女	总计	男	女	总计
				人数（人）			%		
农村	70至74岁	您现在是否愿意从事有收入的工作（包括兼职、返聘、务农、务工、做生意等）？	是	3913067	2784298	6697365	32.9	23.1	28.0
			否	7975245	9257321	17232566	67.1	76.9	72.0
			总计	11888312	12041619	23929931	100.0	100.0	100.0
	75至79岁	您现在是否愿意从事有收入的工作（包括兼职、返聘、务农、务工、做生意等）？	是	1530691	1090430	2621121	20.9	13.8	17.3
			否	5786366	6786951	12573317	79.1	86.2	82.7
			总计	7317057	7877381	15194438	100.0	100.0	100.0
	80至84岁	您现在是否愿意从事有收入的工作（包括兼职、返聘、务农、务工、做生意等）？	是	445196	354822	800018	10.4	6.8	8.4
			否	3846935	4827363	8674298	89.6	93.2	91.6
			总计	4292131	5182185	9474316	100.0	100.0	100.0
	85岁及以上	您现在是否愿意从事有收入的工作（包括兼职、返聘、务农、务工、做生意等）？	是	151494	130648	282142	5.3	3.0	3.9
			否	2686085	4237597	6923682	94.7	97.0	96.1
			总计	2837579	4368245	7205824	100.0	100.0	100.0
	总计	您现在是否愿意从事有收入的工作（包括兼职、返聘、务农、务工、做生意等）？	是	23216421	16520574	39736995	38.9	26.7	32.7
			否	36493378	45390606	81883984	61.1	73.3	67.3
			总计	59709799	61911180	121620979	100.0	100.0	100.0

5-4-1 按年龄、性别分的老年人是否有产权属于自己（或老伴）的房子

年龄（岁）			男	女	总计	男	女	总计
			人数（人）			%		
60至64岁	您有产权属于自己（或老伴）的房子吗？	有	31218145	29188523	60406668	83.2	78.4	80.8
		没有	6325437	8019153	14344590	16.8	21.6	19.2
		总计	37543582	37207676	74751258	100.0	100.0	100.0
65至69岁	您有产权属于自己（或老伴）的房子吗？	有	28921426	27572189	56493615	79.7	73.3	76.4
		没有	7379699	10057306	17437005	20.3	26.7	23.6
		总计	36301125	37629495	73930620	100.0	100.0	100.0
70至74岁	您有产权属于自己（或老伴）的房子吗？	有	17558417	15992263	33550680	73.1	63.2	68.0
		没有	6470782	9305952	15776734	26.9	36.8	32.0
		总计	24029199	25298215	49327414	100.0	100.0	100.0
75至79岁	您有产权属于自己（或老伴）的房子吗？	有	9744086	8618311	18362397	66.3	52.6	59.1
		没有	4950864	7753446	12704310	33.7	47.4	40.9
		总计	14694950	16371757	31066707	100.0	100.0	100.0

续表

年龄（岁）			男	女	总计	男	女	总计
			人数（人）			%		
80 至 84 岁	您有产权属于自己（或老伴）的房子吗?	有	5393248	5018164	10411412	58.9	44.9	51.2
		没有	3764725	6160057	9924782	41.1	55.1	48.8
		总计	9157973	11178221	20336194	100.0	100.0	100.0
85 岁及以上	您有产权属于自己（或老伴）的房子吗?	有	3124483	3122648	6247131	51.4	34.3	41.2
		没有	2956877	5968451	8925328	48.6	65.7	58.8
		总计	6081360	9091099	15172459	100.0	100.0	100.0
总计	您有产权属于自己（或老伴）的房子吗?	有	95959805	89512098	185471903	75.1	65.4	70.1
		没有	31848384	47264365	79112749	24.9	34.6	29.9
		总计	127808189	136776463	264584652	100.0	100.0	100.0

5-4-2 按城乡、年龄、性别分的老年人是否有产权属于自己（或老伴）的房子

城乡	年龄（岁）			男	女	总计	男	女	总计
				人数（人）			%		
城镇	60 至 64 岁	您有产权属于自己（或老伴）的房子吗?	有	17553442	17161937	34715379	82.4	78.7	80.5
			没有	3750361	4657402	8407763	17.6	21.3	19.5
			总计	21303803	21819339	43123142	100.0	100.0	100.0
	65 至 69 岁	您有产权属于自己（或老伴）的房子吗?	有	15236185	15454476	30690661	79.5	75.1	77.2
			没有	3929999	5121609	9051608	20.5	24.9	22.8
			总计	19166184	20576085	39742269	100.0	100.0	100.0
	70 至 74 岁	您有产权属于自己（或老伴）的房子吗?	有	9019003	8794653	17813656	74.3	66.3	70.1
			没有	3121883	4461942	7583825	25.7	33.7	29.9
			总计	12140886	13256595	25397481	100.0	100.0	100.0
	75 至 79 岁	您有产权属于自己（或老伴）的房子吗?	有	5125811	4909615	10035426	69.5	57.8	63.2
			没有	2252082	3584762	5836844	30.5	42.2	36.8
			总计	7377893	8494377	15872270	100.0	100.0	100.0
	80 至 84 岁	您有产权属于自己（或老伴）的房子吗?	有	3083766	3019164	6102930	63.4	50.4	56.2
			没有	1782077	2976871	4758948	36.6	49.6	43.8
			总计	4865843	5996035	10861878	100.0	100.0	100.0
	85 岁及以上	您有产权属于自己（或老伴）的房子吗?	有	1790507	1808589	3599096	55.2	38.3	45.2
			没有	1453274	2914264	4367538	44.8	61.7	54.8
			总计	3243781	4722853	7966634	100.0	100.0	100.0

续表

城乡	年龄（岁）			男	女	总计	男	女	总计
				人数（人）			%		
城镇	总计	您有产权属于自己（或老伴）的房子吗?	有	51808714	51148434	102957148	76.1	68.3	72.0
			没有	16289676	23716850	40006526	23.9	31.7	28.0
			总计	68098390	74865284	142963674	100.0	100.0	100.0
农村	60 至 64 岁	您有产权属于自己（或老伴）的房子吗?	有	13664704	12026587	25691291	84.1	78.2	81.2
			没有	2575076	3361752	5936828	15.9	21.8	18.8
			总计	16239780	15388339	31628119	100.0	100.0	100.0
	65 至 69 岁	您有产权属于自己（或老伴）的房子吗?	有	13685241	12117713	25802954	79.9	71.1	75.5
			没有	3449701	4935697	8385398	20.1	28.9	24.5
			总计	17134942	17053410	34188352	100.0	100.0	100.0
	70 至 74 岁	您有产权属于自己（或老伴）的房子吗?	有	8539413	7197610	15737023	71.8	59.8	65.8
			没有	3348898	4844010	8192908	28.2	40.2	34.2
			总计	11888311	12041620	23929931	100.0	100.0	100.0
	75 至 79 岁	您有产权属于自己（或老伴）的房子吗?	有	4618275	3708696	8326971	63.1	47.1	54.8
			没有	2698782	4168685	6867467	36.9	52.9	45.2
			总计	7317057	7877381	15194438	100.0	100.0	100.0
	80 至 84 岁	您有产权属于自己（或老伴）的房子吗?	有	2309482	1998999	4308481	53.8	38.6	45.5
			没有	1982648	3183186	5165834	46.2	61.4	54.5
			总计	4292130	5182185	9474315	100.0	100.0	100.0
	85 岁及以上	您有产权属于自己（或老伴）的房子吗?	有	1333976	1314059	2648035	47.0	30.1	36.7
			没有	1503603	3054187	4557790	53.0	69.9	63.3
			总计	2837579	4368246	7205825	100.0	100.0	100.0
	总计	您有产权属于自己（或老伴）的房子吗?	有	44151091	38363664	82514755	73.9	62.0	67.8
			没有	15558708	23547517	39106225	26.1	38.0	32.2
			总计	59709799	61911181	121620980	100.0	100.0	100.0

5-5-1 按年龄、性别分的老年人现在居住的住房情况

年龄（岁）			男	女	总计	男	女	总计
			人数（人）			%		
60 至 64 岁	您现在居住的住房属于哪种情况?	自有产权	29223445	26804230	56027675	77.8	72.0	75.0
		子女的房产	5026286	7523587	12549873	13.4	20.2	16.8
		孙子女/外孙子女的房产	27157	34627	61784	0.1	0.1	0.1
		租公房	714068	666731	1380799	1.9	1.8	1.8
		租私房	666888	701113	1368001	1.8	1.9	1.8

续表

年龄（岁）			男	女	总计	男	女	总计
			人数（人）			%		
60 至 64 岁	您现在居住的住房属于哪种情况？	借住	470771	290397	761168	1.3	0.8	1.0
		其他（请说明）	1414968	1186991	2601959	3.8	3.2	3.5
		总计	37543583	37207676	74751259	100.0	100.0	100.0
65 至 69 岁	您现在居住的住房属于哪种情况？	自有产权	27005114	25140690	52145804	74.4	66.8	70.5
		子女的房产	6559021	9904175	16463196	18.1	26.3	22.3
		孙子女/外孙子女的房产	55758	97413	153171	0.2	0.3	0.2
		租公房	612876	584302	1197178	1.7	1.6	1.6
		租私房	555610	527680	1083290	1.5	1.4	1.5
		借住	419953	273439	693392	1.2	0.7	0.9
		其他（请说明）	1092794	1101797	2194591	3.0	2.9	3.0
		总计	36301126	37629496	73930622	100.0	100.0	100.0
70 至 74 岁	您现在居住的住房属于哪种情况？	自有产权	16182333	14471959	30654292	67.3	57.2	62.1
		子女的房产	6073687	9029888	15103575	25.3	35.7	30.6
		孙子女/外孙子女的房产	109169	156492	265661	0.5	0.6	0.5
		租公房	344456	383688	728144	1.4	1.5	1.5
		租私房	241138	325161	566299	1.0	1.3	1.1
		借住	334226	179019	513245	1.4	0.7	1.0
		其他（请说明）	744190	752009	1496199	3.1	3.0	3.0
		总计	24029199	25298216	49327415	100.0	100.0	100.0
75 至 79 岁	您现在居住的住房属于哪种情况？	自有产权	8813918	7623534	16437452	60.0	46.6	52.9
		子女的房产	4722785	7554889	12277674	32.1	46.1	39.5
		孙子女/外孙子女的房产	103902	207671	311573	0.7	1.3	1.0
		租公房	194218	254458	448676	1.3	1.6	1.4
		租私房	196203	188894	385097	1.3	1.2	1.2
		借住	218563	92298	310861	1.5	0.6	1.0
		其他（请说明）	445362	450013	895375	3.0	2.7	2.9
		总计	14694951	16371757	31066708	100.0	100.0	100.0
80 至 84 岁	您现在居住的住房属于哪种情况？	自有产权	4938499	4449518	9388017	53.9	39.8	46.2
		子女的房产	3434951	5689378	9124329	37.5	50.9	44.9
		孙子女/外孙子女的房产	91736	249690	341426	1.0	2.2	1.7
		租公房	161061	226802	387863	1.8	2.0	1.9
		租私房	117540	113969	231509	1.3	1.0	1.1
		借住	114647	113454	228101	1.3	1.0	1.1
		其他（请说明）	299539	335409	634948	3.3	3.0	3.1
		总计	9157973	11178220	20336193	100.0	100.0	100.0

续表

年龄（岁）			男	女	总计	男	女	总计
			人数（人）			%		
85岁及以上	您现在居住的住房属于哪种情况？	自有产权	2779644	2720439	5500083	45.7	29.9	36.3
		子女的房产	2681681	5383832	8065513	44.1	59.2	53.2
		孙子女/外孙子女的房产	137669	272490	410159	2.3	3.0	2.7
		租公房	124180	257064	381244	2.0	2.8	2.5
		租私房	103503	97017	200520	1.7	1.1	1.3
		借住	91759	70863	162622	1.5	0.8	1.1
		其他（请说明）	162925	289393	452318	2.7	3.2	3.0
		总计	6081361	9091098	15172459	100.0	100.0	100.0
总计	您现在居住的住房属于哪种情况？	自有产权	88942953	81210370	170153323	69.6	59.4	64.3
		子女的房产	28498411	45085749	73584160	22.3	33.0	27.8
		孙子女/外孙子女的房产	525391	1018383	1543774	0.4	0.7	0.6
		租公房	2150859	2373045	4523904	1.7	1.7	1.7
		租私房	1880882	1953834	3834716	1.5	1.4	1.4
		借住	1649919	1019470	2669389	1.3	0.7	1.0
		其他（请说明）	4159778	4115612	8275390	3.3	3.0	3.1
		总计	127808193	136776463	264584656	100.0	100.0	100.0

5-5-2 按城乡、年龄、性别分的老年人现在居住的住房情况

城乡	年龄（岁）			男	女	总计	男	女	总计
				人数（人）			%		
城镇	60至64岁	您现在居住的住房属于哪种情况？	自有产权	16128926	15410335	31539261	75.7	70.6	73.1
			子女的房产	2786832	4201711	6988543	13.1	19.3	16.2
			孙子女/外孙子女的房产	19244	17560	36804	0.1	0.1	0.1
			租公房	643438	620197	1263635	3.0	2.8	2.9
			租私房	568556	580314	1148870	2.7	2.7	2.7
			借住	246391	207621	454012	1.2	1.0	1.1
			其他（请说明）	910415	781600	1692015	4.3	3.6	3.9
			总计	21303802	21819338	43123140	100.0	100.0	100.0
	65至69岁	您现在居住的住房属于哪种情况？	自有产权	13952124	13815306	27767430	72.8	67.1	69.9
			子女的房产	3332848	4921857	8254705	17.4	23.9	20.8
			孙子女/外孙子女的房产	31044	55978	87022	0.2	0.3	0.2
			租公房	546783	538362	1085145	2.9	2.6	2.7
			租私房	425069	443018	868087	2.2	2.2	2.2
			借住	180281	157535	337816	0.9	0.8	0.9
			其他（请说明）	698035	644028	1342063	3.6	3.1	3.4
			总计	19166184	20576084	39742268	100.0	100.0	100.0

续表

城乡	年龄（岁）			男	女	总计	男	女	总计
				人数（人）			%		
城镇	70 至 74 岁	您现在居住的住房属于哪种情况？	自有产权	8193450	7888914	16082364	67.5	59.5	63.3
			子女的房产	2833889	4128896	6962785	23.3	31.1	27.4
			孙子女/外孙子女的房产	71725	89596	161321	0.6	0.7	0.6
			租公房	304768	333246	638014	2.5	2.5	2.5
			租私房	184807	241958	426765	1.5	1.8	1.7
			借住	162462	95782	258244	1.3	0.7	1.0
			其他（请说明）	389787	478204	867991	3.2	3.6	3.4
			总计	12140888	13256596	25397484	100.0	100.0	100.0
	75 至 79 岁	您现在居住的住房属于哪种情况？	自有产权	4587131	4326714	8913845	62.2	50.9	56.2
			子女的房产	2126780	3382534	5509314	28.8	39.8	34.7
			孙子女/外孙子女的房产	54568	128667	183235	0.7	1.5	1.2
			租公房	165112	209374	374486	2.2	2.5	2.4
			租私房	151954	149590	301544	2.1	1.8	1.9
			借住	89960	39244	129204	1.2	0.5	0.8
			其他（请说明）	202388	258254	460642	2.7	3.0	2.9
			总计	7377893	8494377	15872270	100.0	100.0	100.0
	80 至 84 岁	您现在居住的住房属于哪种情况？	自有产权	2754356	2710461	5464817	56.6	45.2	50.3
			子女的房产	1610157	2560347	4170504	33.1	42.7	38.4
			孙子女/外孙子女的房产	69912	162075	231987	1.4	2.7	2.1
			租公房	134680	189914	324594	2.8	3.2	3.0
			租私房	89424	99419	188843	1.8	1.7	1.7
			借住	34683	62273	96956	0.7	1.0	0.9
			其他（请说明）	172631	211547	384178	3.5	3.5	3.5
			总计	4865843	5996036	10861879	100.0	100.0	100.0
	85 岁及以上	您现在居住的住房属于哪种情况？	自有产权	1599422	1579526	3178948	49.3	33.4	39.9
			子女的房产	1239795	2485318	3725113	38.2	52.6	46.8
			孙子女/外孙子女的房产	84397	164002	248399	2.6	3.5	3.1
			租公房	108734	231950	340684	3.4	4.9	4.3
			租私房	78372	77134	155506	2.4	1.6	2.0
			借住	51217	34115	85332	1.6	0.7	1.1
			其他（请说明）	81845	150807	232652	2.5	3.2	2.9
			总计	3243782	4722852	7966634	100.0	100.0	100.0

续表

城乡	年龄（岁）			男	女	总计	男	女	总计
				人数（人）			%		
城镇	总计	您现在居住的住房属于哪种情况？	自有产权	47215409	45731256	92946665	69.3	61.1	65.0
			子女的房产	13930301	21680663	35610964	20.5	29.0	24.9
			孙子女/外孙子女的房产	330890	617878	948768	0.5	0.8	0.7
			租公房	1903515	2123043	4026558	2.8	2.8	2.8
			租私房	1498182	1591433	3089615	2.2	2.1	2.2
			借住	764994	596570	1361564	1.1	0.8	1.0
			其他（请说明）	2455101	2524440	4979541	3.6	3.4	3.5
			总计	68098392	74865283	142963675	100.0	100.0	100.0
农村	60至64岁	您现在居住的住房属于哪种情况？	自有产权	13094519	11393895	24488414	80.6	74.0	77.4
			子女的房产	2239454	3321876	5561330	13.8	21.6	17.6
			孙子女/外孙子女的房产	7913	17067	24980	0.0	0.1	0.1
			租公房	70630	46534	117164	0.4	0.3	0.4
			租私房	98331	120798	219129	0.6	0.8	0.7
			借住	224380	82777	307157	1.4	0.5	1.0
			其他（请说明）	504552	405391	909943	3.1	2.6	2.9
			总计	16239779	15388338	31628117	100.0	100.0	100.0
	65至69岁	您现在居住的住房属于哪种情况？	自有产权	13052990	11325384	24378374	76.2	66.4	71.3
			子女的房产	3226172	4982318	8208490	18.8	29.2	24.0
			孙子女/外孙子女的房产	24714	41435	66149	0.1	0.2	0.2
			租公房	66094	45939	112033	0.4	0.3	0.3
			租私房	130541	84662	215203	0.8	0.5	0.6
			借住	239673	115904	355577	1.4	0.7	1.0
			其他（请说明）	394759	457769	852528	2.3	2.7	2.5
			总计	17134943	17053411	34188354	100.0	100.0	100.0
	70至74岁	您现在居住的住房属于哪种情况？	自有产权	7988883	6583044	14571927	67.2	54.7	60.9
			子女的房产	3239798	4900993	8140791	27.3	40.7	34.0
			孙子女/外孙子女的房产	37444	66896	104340	0.3	0.6	0.4
			租公房	39688	50442	90130	0.3	0.4	0.4
			租私房	56331	83203	139534	0.5	0.7	0.6
			借住	171764	83236	255000	1.4	0.7	1.1
			其他（请说明）	354403	273805	628208	3.0	2.3	2.6
			总计	11888311	12041619	23929930	100.0	100.0	100.0

续表

城乡	年龄（岁）			男	女	总计	男	女	总计
				人数（人）			%		
农村	75 至 79 岁	您现在居住的住房属于哪种情况？	自有产权	4226787	3296820	7523607	57.8	41.9	49.5
			子女的房产	2596004	4172355	6768359	35.5	53.0	44.5
			孙子女/外孙子女的房产	49333	79005	128338	0.7	1.0	0.8
			租公房	29106	45084	74190	0.4	0.6	0.5
			租私房	44250	39305	83555	0.6	0.5	0.5
			借住	128603	53053	181656	1.8	0.7	1.2
			其他（请说明）	242974	191759	434733	3.3	2.4	2.9
			总计	7317057	7877381	15194438	100.0	100.0	100.0
	80 至 84 岁	您现在居住的住房属于哪种情况？	自有产权	2184143	1739058	3923201	50.9	33.6	41.4
			子女的房产	1824795	3129031	4953826	42.5	60.4	52.3
			孙子女/外孙子女的房产	21824	87615	109439	0.5	1.7	1.2
			租公房	26381	36888	63269	0.6	0.7	0.7
			租私房	28116	14550	42666	0.7	0.3	0.5
			借住	79964	51181	131145	1.9	1.0	1.4
			其他（请说明）	126908	123862	250770	3.0	2.4	2.6
			总计	4292131	5182185	9474316	100.0	100.0	100.0
	85 岁及以上	您现在居住的住房属于哪种情况？	自有产权	1180222	1140912	2321134	41.6	26.1	32.2
			子女的房产	1441886	2898514	4340400	50.8	66.4	60.2
			孙子女/外孙子女的房产	53272	108488	161760	1.9	2.5	2.2
			租公房	15446	25115	40561	0.5	0.6	0.6
			租私房	25131	19883	45014	0.9	0.5	0.6
			借住	40542	36748	77290	1.4	0.8	1.1
			其他（请说明）	81080	138586	219666	2.9	3.2	3.0
			总计	2837579	4368246	7205825	100.0	100.0	100.0
	总计	您现在居住的住房属于哪种情况？	自有产权	41727544	35479113	77206657	69.9	57.3	63.5
			子女的房产	14568109	23405087	37973196	24.4	37.8	31.2
			孙子女/外孙子女的房产	194500	400506	595006	0.3	0.6	0.5
			租公房	247345	250002	497347	0.4	0.4	0.4
			租私房	382700	362401	745101	0.6	0.6	0.6
			借住	884926	422899	1307825	1.5	0.7	1.1
			其他（请说明）	1704676	1591172	3295848	2.9	2.6	2.7
			总计	59709800	61911180	121620980	100.0	100.0	100.0

5-6-1 按年龄、性别分的老年人平均总收入

年龄（岁）	男	女
	元	
60至64岁	42492.00	31853.72
65至69岁	37632.89	27391.42
70至74岁	33664.84	22207.83
75至79岁	33533.37	21907.70
80至84岁	35628.62	24656.88
85岁及以上	44650.88	22113.35
总计	38033.06	26415.71

5-6-2 按城乡、年龄、性别分的老年人平均总收入

城乡	年龄（岁）	男	女
		元	
城镇	60至64岁	57068.32	44748.90
	65至69岁	53704.95	40282.07
	70至74岁	51384.95	34414.30
	75至79岁	54736.29	35460.14
	80至84岁	56604.35	40144.30
	85岁及以上	72709.52	36160.92
	总计	55567.44	39726.33
农村	60至64岁	23375.52	13569.91
	65至69岁	19651.70	11836.88
	70至74岁	15559.03	8762.61
	75至79岁	12143.54	7287.62
	80至84岁	11853.93	6737.20
	85岁及以上	12575.62	6925.41
	总计	18032.95	10317.49

5-7-1 按年龄、性别分的老年人平均保障性收入

年龄（岁）	男	女
	元	
60至64岁	23397.05	17969.49
65至69岁	22075.59	16054.52
70至74岁	21598.52	15550.56
75至79岁	23418.34	15521.41
80至84岁	28864.60	19383.66
85岁及以上	35185.51	18715.99
总计	23638.84	16867.47

5-7-2 按城乡、年龄、性别分的老年人平均保障性收入

城乡	年龄（岁）	男	女
		元	
城镇	60至64岁	36159.45	27243.60
	65至69岁	35344.27	25574.53
	70至74岁	35283.14	25696.98
	75至79岁	38936.85	25953.80
	80至84岁	46459.97	32115.28
	85岁及以上	56809.38	31327.85
	总计	37794.46	27012.52
农村	60至64岁	6659.50	4822.51
	65至69岁	7231.76	4567.16
	70至74岁	7616.04	4374.45

续表

城乡	年龄（岁）	男（元）	女（元）
农村	75 至 79 岁	7763.02	4267.18
	80 至 84 岁	8921.32	4652.57
	85 岁及以上	10466.17	5080.32
	总计	7492.92	4598.37

5-8-1 按年龄、性别分的老年人平均经营性收入

年龄（岁）	男（元）	女（元）
60 至 64 岁	11663.33	4554.96
65 至 69 岁	6883.40	3004.59
70 至 74 岁	3605.95	1485.81
75 至 79 岁	1876.87	656.96
80 至 84 岁	613.62	256.01
85 岁及以上	263.81	52.44
总计	6331.45	2443.57

5-8-2 按城乡、年龄、性别分的老年人平均经营性收入

城乡	年龄（岁）	男（元）	女（元）
城镇	60 至 64 岁	10261.97	3587.76
	65 至 69 岁	5508.44	2073.94
	70 至 74 岁	2489.65	1062.76
	75 至 79 岁	1662.28	391.08
	80 至 84 岁	506.94	264.62
	85 岁及以上	357.39	26.25
	总计	5437.89	1871.06
农村	60 至 64 岁	13501.69	5926.38
	65 至 69 岁	8421.35	4127.47
	70 至 74 岁	4745.98	1951.53
	75 至 79 岁	2093.24	943.66
	80 至 84 岁	734.56	246.05
	85 岁及以上	156.84	80.76
	总计	7350.54	3135.87

5-9-1 按年龄、性别分的老年人平均资产性收入

年龄（岁）	男（元）	女（元）
60 至 64 岁	5679.49	7357.77
65 至 69 岁	6887.84	6465.19
70 至 74 岁	6767.72	3503.09
75 至 79 岁	6661.84	4186.74
80 至 84 岁	4567.50	3493.43
85 岁及以上	7595.14	1848.54
总计	6351.71	5337.65

5-9-2 按城乡、年龄、性别分的老年人平均资产性收入

城乡	年龄（岁）	男	女
		元	
城镇	60至64岁	8734.32	11751.47
	65至69岁	10839.38	10536.38
	70至74岁	11662.12	5788.52
	75至79岁	12419.02	7360.32
	80至84岁	7923.28	6045.41
	85岁及以上	13701.57	3148.67
	总计	10426.63	8863.70
农村	60至64岁	1672.06	1127.12
	65至69岁	2467.87	1553.03
	70至74岁	1769.33	987.07
	75至79岁	856.79	764.59
	80至84岁	763.16	540.67
	85岁及以上	614.58	442.86
	总计	1704.31	1073.70

5-10-1 按年龄、性别分的老年人平均转移性收入

年龄（岁）	男	女
	元	
60至64岁	1755.23	1973.19
65至69岁	1784.80	1865.97
70至74岁	1690.16	1667.27
75至79岁	1574.07	1542.45
80至84岁	1582.21	1523.78
85岁及以上	1606.41	1496.37
总计	1711.09	1767.13

5-10-2 按城乡、年龄、性别分的老年人平均转移性收入

城乡	年龄（岁）	男	女
		元	
城镇	60至64岁	1918.44	2171.25
	65至69岁	2012.86	2095.82
	70至74岁	1950.04	1866.04
	75至79岁	1718.14	1754.94
	80至84岁	1712.15	1718.99
	85岁及以上	1841.18	1658.15
	总计	1910.53	1980.65
农村	60至64岁	1541.12	1692.35
	65至69岁	1529.69	1588.64
	70至74岁	1424.76	1448.46
	75至79岁	1428.80	1313.31
	80至84岁	1434.89	1297.91
	85岁及以上	1338.04	1321.47
	总计	1483.62	1508.93

5-11-1 按年龄、性别分的老年人平均日常生活开支

年龄（岁）	男	女
	元	
60至64岁	1180.88	1003.07
65至69岁	1002.81	879.54
70至74岁	935.72	768.70
75至79岁	862.85	707.80

续表

年龄（岁）	男	女	年龄（岁）	男	女
	元			元	
80至84岁	878.63	738.42	总计	1016.29	847.73
85岁及以上	977.14	686.64			

5-11-2 按城乡、年龄、性别分的老年人平均日常生活开支

城乡	年龄（岁）	男	女	城乡	年龄（岁）	男	女
		元				元	
城镇	60至64岁	1517.13	1277.94	农村	60至64岁	739.77	613.32
	65至69岁	1327.26	1162.13		65至69岁	639.91	538.56
	70至74岁	1281.13	1046.42		70至74岁	582.97	462.96
	75至79岁	1184.34	981.03		75至79岁	538.68	413.18
	80至84岁	1227.16	1042.81		80至84岁	483.52	386.24
	85岁及以上	1409.36	1004.41		85岁及以上	483.05	343.09
	总计	1359.71	1135.34		总计	624.63	499.94

5-12-1 按年龄、性别分的老年人家庭平均每月食品支出

年龄（岁）	男	女	年龄（岁）	男	女
	元			元	
60至64岁	1444.23	1457.11	80至84岁	1114.57	1015.63
65至69岁	1326.29	1293.49	85岁及以上	1238.94	990.05
70至74岁	1207.79	1132.41	总计	1295.49	1226.82
75至79岁	1118.95	971.72			

5-12-2 按城乡、年龄、性别分的老年人家庭平均每月食品支出

城乡	年龄（岁）	男	女	城乡	年龄（岁）	男	女
		元				元	
城镇	60至64岁	1889.29	1875.17	农村	60至64岁	860.38	864.34
	65至69岁	1794.67	1717.89		65至69岁	802.38	781.42
	70至74岁	1681.91	1544.57		70至74岁	723.61	678.67
	75至79岁	1577.05	1324.54		75至79岁	657.03	591.26
	80至84岁	1551.73	1355.44		80至84岁	618.97	622.46
	85岁及以上	1704.57	1355.25		85岁及以上	706.65	595.19
	总计	1758.94	1636.50		总计	766.93	731.41

5-13-1 按年龄、性别分的老年人家庭经济状况自评

年龄（岁）			男	女	总计	男	女	总计
			人数（人）			%		
60 至 64 岁	您认为您家经济状况属于下列哪种情况？	非常宽裕（完全够用，尚有盈余）	1143072	989507	2132579	3.0	2.7	2.9
		比较宽裕（足够维持基本生活）	6835146	6703000	13538146	18.2	18.0	18.1
		基本够用（勉强维持基本生活）	23668244	23440820	47109064	63.0	63.0	63.0
		比较困难（难以维持基本生活）	4965819	5244472	10210291	13.2	14.1	13.7
		非常困难（完全靠救济生活）	931301	829877	1761178	2.5	2.2	2.4
		总计	37543582	37207676	74751258	100.0	100.0	100.0
65 至 69 岁	您认为您家经济状况属于下列哪种情况？	非常宽裕（完全够用，尚有盈余）	1171903	1162925	2334828	3.2	3.1	3.2
		比较宽裕（足够维持基本生活）	6819529	6935320	13754849	18.8	18.4	18.6
		基本够用（勉强维持基本生活）	22337995	23115767	45453762	61.5	61.4	61.5
		比较困难（难以维持基本生活）	5001590	5346702	10348292	13.8	14.2	14.0
		非常困难（完全靠救济生活）	970108	1068780	2038888	2.7	2.8	2.8
		总计	36301125	37629494	73930619	100.0	100.0	100.0
70 至 74 岁	您认为您家经济状况属于下列哪种情况？	非常宽裕（完全够用，尚有盈余）	943344	888526	1831870	3.9	3.5	3.7
		比较宽裕（足够维持基本生活）	4547637	4534499	9082136	18.9	17.9	18.4
		基本够用（勉强维持基本生活）	14690745	15372675	30063420	61.1	60.8	60.9
		比较困难（难以维持基本生活）	3214258	3806671	7020929	13.4	15.0	14.2
		非常困难（完全靠救济生活）	633213	695844	1329057	2.6	2.8	2.7
		总计	24029197	25298215	49327412	100.0	100.0	100.0
75 至 79 岁	您认为您家经济状况属于下列哪种情况？	非常宽裕（完全够用，尚有盈余）	643887	636769	1280656	4.4	3.9	4.1
		比较宽裕（足够维持基本生活）	2956293	2953275	5909568	20.1	18.0	19.0
		基本够用（勉强维持基本生活）	8578630	10010777	18589407	58.4	61.1	59.8

续表

年龄（岁）			男	女	总计	男	女	总计
			人数（人）			%		
75 至 79 岁	您认为您家经济状况属于下列哪种情况？	比较困难（难以维持基本生活）	2089246	2294871	4384117	14.2	14.0	14.1
		非常困难（完全靠救济生活）	426894	476065	902959	2.9	2.9	2.9
		总计	14694950	16371757	31066707	100.0	100.0	100.0
80 至 84 岁	您认为您家经济状况属于下列哪种情况？	非常宽裕（完全够用，尚有盈余）	456372	523774	980146	5.0	4.7	4.8
		比较宽裕（足够维持基本生活）	1957723	2273882	4231605	21.4	20.3	20.8
		基本够用（勉强维持基本生活）	5431908	6427028	11858936	59.3	57.5	58.3
		比较困难（难以维持基本生活）	1100234	1614869	2715103	12.0	14.4	13.4
		非常困难（完全靠救济生活）	211737	338667	550404	2.3	3.0	2.7
		总计	9157974	11178220	20336194	100.0	100.0	100.0
85 岁及以上	您认为您家经济状况属于下列哪种情况？	非常宽裕（完全够用，尚有盈余）	389150	375076	764226	6.4	4.1	5.0
		比较宽裕（足够维持基本生活）	1429347	1608691	3038038	23.5	17.7	20.0
		基本够用（勉强维持基本生活）	3384614	5499720	8884334	55.7	60.5	58.6
		比较困难（难以维持基本生活）	734522	1330667	2065189	12.1	14.6	13.6
		非常困难（完全靠救济生活）	143729	276945	420674	2.4	3.0	2.8
		总计	6081362	9091099	15172461	100.0	100.0	100.0
总计	您认为您家经济状况属于下列哪种情况？	非常宽裕（完全够用，尚有盈余）	4747728	4576577	9324305	3.7	3.3	3.5
		比较宽裕（足够维持基本生活）	24545675	25008667	49554342	19.2	18.3	18.7
		基本够用（勉强维持基本生活）	78092136	83866787	161958923	61.1	61.3	61.2
		比较困难（难以维持基本生活）	17105669	19638252	36743921	13.4	14.4	13.9
		非常困难（完全靠救济生活）	3316982	3686178	7003160	2.6	2.7	2.6
		总计	127808190	136776461	264584651	100.0	100.0	100.0

5-13-2 按城乡、年龄、性别分的老年人家庭经济状况自评

城乡	年龄（岁）			男	女	总计	男	女	总计
				人数（人）			%		
城镇	60至64岁	您认为您家经济状况属于下列哪种情况？	非常宽裕（完全够用，尚有盈余）	772389	672852	1445241	3.6	3.1	3.4
			比较宽裕（足够维持基本生活）	4457915	4342570	8800485	20.9	19.9	20.4
			基本够用（勉强维持基本生活）	13532246	13968882	27501128	63.5	64.0	63.8
			比较困难（难以维持基本生活）	2159708	2438505	4598213	10.1	11.2	10.7
			非常困难（完全靠救济生活）	381544	396529	778073	1.8	1.8	1.8
			总计	21303802	21819338	43123140	100.0	100.0	100.0
	65至69岁	您认为您家经济状况属于下列哪种情况？	非常宽裕（完全够用，尚有盈余）	802846	796555	1599401	4.2	3.9	4.0
			比较宽裕（足够维持基本生活）	4299510	4279520	8579030	22.4	20.8	21.6
			基本够用（勉强维持基本生活）	11739733	12826586	24566319	61.3	62.3	61.8
			比较困难（难以维持基本生活）	1972841	2251155	4223996	10.3	10.9	10.6
			非常困难（完全靠救济生活）	351255	422268	773523	1.8	2.1	1.9
			总计	19166185	20576084	39742269	100.0	100.0	100.0
	70至74岁	您认为您家经济状况属于下列哪种情况？	非常宽裕（完全够用，尚有盈余）	667849	592072	1259921	5.5	4.5	5.0
			比较宽裕（足够维持基本生活）	2818265	2837930	5656195	23.2	21.4	22.3
			基本够用（勉强维持基本生活）	7291165	8104393	15395558	60.1	61.1	60.6
			比较困难（难以维持基本生活）	1157615	1464821	2622436	9.5	11.0	10.3
			非常困难（完全靠救济生活）	205993	257380	463373	1.7	1.9	1.8
			总计	12140887	13256596	25397483	100.0	100.0	100.0
	75至79岁	您认为您家经济状况属于下列哪种情况？	非常宽裕（完全够用，尚有盈余）	468762	445017	913779	6.4	5.2	5.8
			比较宽裕（足够维持基本生活）	1906884	1796317	3703201	25.8	21.1	23.3
			基本够用（勉强维持基本生活）	4165127	5179156	9344283	56.5	61.0	58.9

续表

城乡	年龄（岁）			男	女	总计	男	女	总计
				人数（人）			%		
	75至79岁	您认为您家经济状况属于下列哪种情况?	比较困难（难以维持基本生活）	694704	908711	1603415	9.4	10.7	10.1
			非常困难（完全靠救济生活）	142417	165175	307592	1.9	1.9	1.9
			总计	7377894	8494376	15872270	100.0	100.0	100.0
	80至84岁	您认为您家经济状况属于下列哪种情况?	非常宽裕（完全够用，尚有盈余）	348648	370365	719013	7.2	6.2	6.6
			比较宽裕（足够维持基本生活）	1317043	1482398	2799441	27.1	24.7	25.8
			基本够用（勉强维持基本生活）	2740321	3352408	6092729	56.3	55.9	56.1
			比较困难（难以维持基本生活）	393690	684705	1078395	8.1	11.4	9.9
			非常困难（完全靠救济生活）	66141	106160	172301	1.4	1.8	1.6
			总计	4865843	5996036	10861879	100.0	100.0	100.0
城镇	85岁及以上	您认为您家经济状况属于下列哪种情况?	非常宽裕（完全够用，尚有盈余）	293527	242264	535791	9.0	5.1	6.7
			比较宽裕（足够维持基本生活）	934200	989608	1923808	28.8	21.0	24.1
			基本够用（勉强维持基本生活）	1731238	2812569	4543807	53.4	59.6	57.0
			比较困难（难以维持基本生活）	247589	578930	826519	7.6	12.3	10.4
			非常困难（完全靠救济生活）	37229	99482	136711	1.1	2.1	1.7
			总计	3243783	4722853	7966636	100.0	100.0	100.0
	总计	您认为您家经济状况属于下列哪种情况?	非常宽裕（完全够用，尚有盈余）	3354021	3119125	6473146	4.9	4.2	4.5
			比较宽裕（足够维持基本生活）	15733817	15728343	31462160	23.1	21.0	22.0
			基本够用（勉强维持基本生活）	41199830	46243994	87443824	60.5	61.8	61.2
			比较困难（难以维持基本生活）	6626147	8326827	14952974	9.7	11.1	10.5
			非常困难（完全靠救济生活）	1184579	1446994	2631573	1.7	1.9	1.8
			总计	68098394	74865283	142963677	100.0	100.0	100.0

续表

城乡	年龄（岁）			男	女	总计	男	女	总计
				人数（人）			%		
农村	60至64岁	您认为您家经济状况属于下列哪种情况?	非常宽裕（完全够用，尚有盈余）	370682	316656	687338	2.3	2.1	2.2
			比较宽裕（足够维持基本生活）	2377231	2360430	4737661	14.6	15.3	15.0
			基本够用（勉强维持基本生活）	10135999	9471938	19607937	62.4	61.6	62.0
			比较困难（难以维持基本生活）	2806111	2805967	5612078	17.3	18.2	17.7
			非常困难（完全靠救济生活）	549757	433348	983105	3.4	2.8	3.1
			总计	16239780	15388339	31628119	100.0	100.0	100.0
	65至69岁	您认为您家经济状况属于下列哪种情况?	非常宽裕（完全够用，尚有盈余）	369058	366370	735428	2.2	2.1	2.2
			比较宽裕（足够维持基本生活）	2520019	2655799	5175818	14.7	15.6	15.1
			基本够用（勉强维持基本生活）	10598262	10289181	20887443	61.9	60.3	61.1
			比较困难（难以维持基本生活）	3028749	3095548	6124297	17.7	18.2	17.9
			非常困难（完全靠救济生活）	618853	646512	1265365	3.6	3.8	3.7
			总计	17134941	17053410	34188351	100.0	100.0	100.0
	70至74岁	您认为您家经济状况属于下列哪种情况?	非常宽裕（完全够用，尚有盈余）	275495	296454	571949	2.3	2.5	2.4
			比较宽裕（足够维持基本生活）	1729373	1696570	3425943	14.5	14.1	14.3
			基本够用（勉强维持基本生活）	7399580	7268282	14667862	62.2	60.4	61.3
			比较困难（难以维持基本生活）	2056643	2341850	4398493	17.3	19.4	18.4
			非常困难（完全靠救济生活）	427220	438464	865684	3.6	3.6	3.6
			总计	11888311	12041620	23929931	100.0	100.0	100.0
	75至79岁	您认为您家经济状况属于下列哪种情况?	非常宽裕（完全够用，尚有盈余）	175125	191752	366877	2.4	2.4	2.4
			比较宽裕（足够维持基本生活）	1049409	1156958	2206367	14.3	14.7	14.5
			基本够用（勉强维持基本生活）	4413503	4831621	9245124	60.3	61.3	60.8

续表

城乡	年龄（岁）			男	女	总计	男	女	总计
				人数（人）			%		
	75 至 79 岁	您认为您家经济状况属于下列哪种情况？	比较困难（难以维持基本生活）	1394542	1386160	2780702	19.1	17.6	18.3
			非常困难（完全靠救济生活）	284478	310890	595368	3.9	3.9	3.9
			总计	7317057	7877381	15194438	100.0	100.0	100.0
	80 至 84 岁	您认为您家经济状况属于下列哪种情况？	非常宽裕（完全够用，尚有盈余）	107724	153410	261134	2.5	3.0	2.8
			比较宽裕（足够维持基本生活）	640680	791484	1432164	14.9	15.3	15.1
			基本够用（勉强维持基本生活）	2691588	3074620	5766208	62.7	59.3	60.9
			比较困难（难以维持基本生活）	706543	930164	1636707	16.5	17.9	17.3
			非常困难（完全靠救济生活）	145596	232507	378103	3.4	4.5	4.0
			总计	4292131	5182185	9474316	100.0	100.0	100.0
农村	85 岁及以上	您认为您家经济状况属于下列哪种情况？	非常宽裕（完全够用，尚有盈余）	95623	132812	228435	3.4	3.0	3.2
			比较宽裕（足够维持基本生活）	495147	619082	1114229	17.4	14.2	15.5
			基本够用（勉强维持基本生活）	1653376	2687151	4340527	58.3	61.5	60.2
			比较困难（难以维持基本生活）	486933	751738	1238671	17.2	17.2	17.2
			非常困难（完全靠救济生活）	106500	177463	283963	3.8	4.1	3.9
			总计	2837579	4368246	7205825	100.0	100.0	100.0
	总计	您认为您家经济状况属于下列哪种情况？	非常宽裕（完全够用，尚有盈余）	1393707	1457454	2851161	2.3	2.4	2.3
			比较宽裕（足够维持基本生活）	8811859	9280323	18092182	14.8	15.0	14.9
			基本够用（勉强维持基本生活）	36892308	37622793	74515101	61.8	60.8	61.3
			比较困难（难以维持基本生活）	10479521	11311427	21790948	17.6	18.3	17.9
			非常困难（完全靠救济生活）	2132404	2239184	4371588	3.6	3.6	3.6
			总计	59709799	61911181	121620980	100.0	100.0	100.0

5-14　按年龄、性别分的农村老年人从事农林牧副渔等经济活动情况

年龄（岁）			男	女	总计	男	女	总计
			人数（人）			%		
60 至 64 岁	（农村）您现在是否从事农林牧副渔等经济活动?	是	5322002	3756459	9078461	32.8	24.4	28.7
		否	10917777	11631879	22549656	67.2	75.6	71.3
		总计	16239779	15388338	31628117	100.0	100.0	100.0
65 至 69 岁	（农村）您现在是否从事农林牧副渔等经济活动?	是	5142285	3627274	8769559	30.0	21.3	25.7
		否	11992656	13426136	25418792	70.0	78.7	74.3
		总计	17134941	17053410	34188351	100.0	100.0	100.0
70 至 74 岁	（农村）您现在是否从事农林牧副渔等经济活动?	是	2756384	1723018	4479402	23.2	14.3	18.7
		否	9131927	10318602	19450529	76.8	85.7	81.3
		总计	11888311	12041620	23929931	100.0	100.0	100.0
75 至 79 岁	（农村）您现在是否从事农林牧副渔等经济活动?	是	1054130	552416	1606546	14.4	7.0	10.6
		否	6262928	7324965	13587893	85.6	93.0	89.4
		总计	7317058	7877381	15194439	100.0	100.0	100.0
80 至 84 岁	（农村）您现在是否从事农林牧副渔等经济活动?	是	304728	169705	474433	7.1	3.3	5.0
		否	3987402	5012480	8999882	92.9	96.7	95.0
		总计	4292130	5182185	9474315	100.0	100.0	100.0
85 岁及以上	（农村）您现在是否从事农林牧副渔等经济活动?	是	75032	49558	124590	2.6	1.1	1.7
		否	2762547	4318688	7081235	97.4	98.9	98.3
		总计	2837579	4368246	7205825	100.0	100.0	100.0
总计	（农村）您现在是否从事农林牧副渔等经济活动?	是	14654561	9878430	24532991	24.5	16.0	20.2
		否	45055237	52032750	97087987	75.5	84.0	79.8
		总计	59709798	61911180	121620978	100.0	100.0	100.0

第六部分　老年人宜居环境状况

6-1-1 按年龄、性别分的老年人现住房平均建筑面积

年龄（岁）	男	女
	平方米	
60 至 64 岁	126.36	125.97
65 至 69 岁	126.18	126.50
70 至 74 岁	124.09	119.59
75 至 79 岁	117.97	114.72
80 至 84 岁	107.88	109.04
85 岁及以上	104.12	106.76
总计	122.54	120.93

6-1-2 按城乡、年龄、性别分的老年人现住房平均建筑面积

城乡	年龄（岁）	男	女
		平方米	
城镇	60 至 64 岁	122.93	123.61
	65 至 69 岁	124.69	124.77
	70 至 74 岁	124.81	116.53
	75 至 79 岁	116.62	113.24
	80 至 84 岁	108.44	104.15
	85 岁及以上	99.70	102.50
	总计	120.94	118.61
农村	60 至 64 岁	130.86	129.30
	65 至 69 岁	127.84	128.59
	70 至 74 岁	123.36	122.96
	75 至 79 岁	119.33	116.31
	80 至 84 岁	107.26	114.69
	85 岁及以上	109.19	111.39
	总计	124.36	123.74

6-2-1 按年龄、性别分的老年人现住房建筑年代

年龄（岁）			男	女	总计	男	女	总计
			人数（人）			%		
60 至 64 岁	这个房子是什么年代建的？	1949 年前	320198	270691	590889	0.9	0.7	0.8
		1950 至 1969 年	685119	624543	1309662	1.8	1.7	1.8
		1970 至 1989 年	6931751	6656917	13588668	18.5	17.9	18.2
		1990 至 1999 年	9432755	9368211	18800966	25.1	25.2	25.2
		2000 至 2010 年	11566065	11582457	23148522	30.8	31.1	31.0
		2010 年以后	8607694	8704857	17312551	22.9	23.4	23.2
		总计	37543582	37207676	74751258	100.0	100.0	100.0
65 至 69 岁	这个房子是什么年代建的？	1949 年前	286059	353550	639609	0.8	0.9	0.9
		1950 至 1969 年	682818	763405	1446223	1.9	2.0	2.0

续表

年龄（岁）			男	女	总计	男	女	总计
			人数（人）			%		
65 至 69 岁	这个房子是什么年代建的?	1970 至 1989 年	7515011	7705160	15220171	20.7	20.5	20.6
		1990 至 1999 年	8842806	9372679	18215485	24.4	24.9	24.6
		2000 至 2010 年	10447960	10896046	21344006	28.8	29.0	28.9
		2010 年以后	8526470	8538653	17065123	23.5	22.7	23.1
		总计	36301124	37629493	73930617	100.0	100.0	100.0
70 至 74 岁	这个房子是什么年代建的?	1949 年前	308156	258643	566799	1.3	1.0	1.1
		1950 至 1969 年	608530	725703	1334233	2.5	2.9	2.7
		1970 至 1989 年	5524529	5751250	11275779	23.0	22.7	22.9
		1990 至 1999 年	5796472	6130951	11927423	24.1	24.2	24.2
		2000 至 2010 年	6263487	6899267	13162754	26.1	27.3	26.7
		2010 年以后	5528025	5532401	11060426	23.0	21.9	22.4
		总计	24029199	25298215	49327414	100.0	100.0	100.0
75 至 79 岁	这个房子是什么年代建的?	1949 年前	205501	204646	410147	1.4	1.2	1.3
		1950 至 1969 年	487941	606840	1094781	3.3	3.7	3.5
		1970 至 1989 年	3391211	3838479	7229690	23.1	23.4	23.3
		1990 至 1999 年	3405612	3760158	7165770	23.2	23.0	23.1
		2000 至 2010 年	3781521	4364991	8146512	25.7	26.7	26.2
		2010 年以后	3423166	3596644	7019810	23.3	22.0	22.6
		总计	14694952	16371758	31066710	100.0	100.0	100.0
80 至 84 岁	这个房子是什么年代建的?	1949 年前	179659	117450	297109	2.0	1.1	1.5
		1950 至 1969 年	441026	441746	882772	4.8	4.0	4.3
		1970 至 1989 年	2272215	2620674	4892889	24.8	23.4	24.1
		1990 至 1999 年	2092026	2456810	4548836	22.8	22.0	22.4
		2000 至 2010 年	2393818	3129511	5523329	26.1	28.0	27.2
		2010 年以后	1779228	2412030	4191258	19.4	21.6	20.6
		总计	9157972	11178221	20336193	100.0	100.0	100.0
85 岁及以上	这个房子是什么年代建的?	1949 年前	87498	243529	331027	1.4	2.7	2.2
		1950 至 1969 年	336652	486007	822659	5.5	5.3	5.4
		1970 至 1989 年	1576188	2129123	3705311	25.9	23.4	24.4
		1990 至 1999 年	1385987	2114870	3500857	22.8	23.3	23.1
		2000 至 2010 年	1520623	2250405	3771028	25.0	24.8	24.9
		2010 年以后	1174414	1867165	3041579	19.3	20.5	20.0
		总计	6081362	9091099	15172461	100.0	100.0	100.0

续表

年龄（岁）			男	女	总计	男	女	总计
			人数（人）			%		
总计	这个房子是什么年代建的？	1949 年前	1387071	1448509	2835580	1.1	1.1	1.1
		1950 至 1969 年	3242086	3648244	6890330	2.5	2.7	2.6
		1970 至 1989 年	27210905	28701603	55912508	21.3	21.0	21.1
		1990 至 1999 年	30955658	33203679	64159337	24.2	24.3	24.2
		2000 至 2010 年	35973474	39122677	75096151	28.1	28.6	28.4
		2010 年以后	29038997	30651750	59690747	22.7	22.4	22.6
		总计	127808191	136776462	264584653	100.0	100.0	100.0

6-2-2 按城乡、年龄、性别分的老年人现住房建筑年代

城乡	年龄（岁）			男	女	总计	男	女	总计
				人数（人）			%		
城镇	60 至 64 岁	这个房子是什么年代建的？	1949 年前	212760	186218	398978	1.0	0.9	0.9
			1950 至 1969 年	322212	266076	588288	1.5	1.2	1.4
			1970 至 1989 年	3565298	3508045	7073343	16.7	16.1	16.4
			1990 至 1999 年	5186803	5522878	10709681	24.3	25.3	24.8
			2000 至 2010 年	7039393	7083859	14123252	33.0	32.5	32.8
			2010 年以后	4977338	5252262	10229600	23.4	24.1	23.7
			总计	21303804	21819338	43123142	100.0	100.0	100.0
	65 至 69 岁	这个房子是什么年代建的？	1949 年前	174992	247509	422501	0.9	1.2	1.1
			1950 至 1969 年	254165	300741	554906	1.3	1.5	1.4
			1970 至 1989 年	3543837	3727333	7271170	18.5	18.1	18.3
			1990 至 1999 年	4621627	5034817	9656444	24.1	24.5	24.3
			2000 至 2010 年	5995096	6497824	12492920	31.3	31.6	31.4
			2010 年以后	4576467	4767861	9344328	23.9	23.2	23.5
			总计	19166184	20576085	39742269	100.0	100.0	100.0
	70 至 74 岁	这个房子是什么年代建的？	1949 年前	152669	113846	266515	1.3	0.9	1.0
			1950 至 1969 年	215084	243638	458722	1.8	1.8	1.8
			1970 至 1989 年	2545889	2759967	5305856	21.0	20.8	20.9
			1990 至 1999 年	2977630	3299190	6276820	24.5	24.9	24.7
			2000 至 2010 年	3508480	4002962	7511442	28.9	30.2	29.6
			2010 年以后	2741134	2836993	5578127	22.6	21.4	22.0
			总计	12140886	13256596	25397482	100.0	100.0	100.0
	75 至 79 岁	这个房子是什么年代建的？	1949 年前	105983	127742	233725	1.4	1.5	1.5
			1950 至 1969 年	156637	178398	335035	2.1	2.1	2.1
			1970 至 1989 年	1510174	1962070	3472244	20.5	23.1	21.9

续表

城乡	年龄（岁）			男	女	总计	男	女	总计
				人数（人）			%		
城镇	75至79岁	这个房子是什么年代建的?	1990至1999年	1848857	2061534	3910391	25.1	24.3	24.6
			2000至2010年	2116620	2424097	4540717	28.7	28.5	28.6
			2010年以后	1639621	1740536	3380157	22.2	20.5	21.3
			总计	7377892	8494377	15872269	100.0	100.0	100.0
	80至84岁	这个房子是什么年代建的?	1949年前	87914	63903	151817	1.8	1.1	1.4
			1950至1969年	135455	191138	326593	2.8	3.2	3.0
			1970至1989年	1193480	1454023	2647503	24.5	24.2	24.4
			1990至1999年	1231312	1400607	2631919	25.3	23.4	24.2
			2000至2010年	1375269	1747448	3122717	28.3	29.1	28.7
			2010年以后	842413	1138916	1981329	17.3	19.0	18.2
			总计	4865843	5996035	10861878	100.0	100.0	100.0
	85岁及以上	这个房子是什么年代建的?	1949年前	41657	162969	204626	1.3	3.5	2.6
			1950至1969年	105942	209416	315358	3.3	4.4	4.0
			1970至1989年	923699	1186142	2109841	28.5	25.1	26.5
			1990至1999年	796799	1115187	1911986	24.6	23.6	24.0
			2000至2010年	841070	1155320	1996390	25.9	24.5	25.1
			2010年以后	534613	893819	1428432	16.5	18.9	17.9
			总计	3243780	4722853	7966633	100.0	100.0	100.0
	总计	这个房子是什么年代建的?	1949年前	775975	902187	1678162	1.1	1.2	1.2
			1950至1969年	1189495	1389407	2578902	1.7	1.9	1.8
			1970至1989年	13282377	14597580	27879957	19.5	19.5	19.5
			1990至1999年	16663028	18434213	35097241	24.5	24.6	24.5
			2000至2010年	20875928	22911510	43787438	30.7	30.6	30.6
			2010年以后	15311586	16630387	31941973	22.5	22.2	22.3
			总计	68098389	74865284	142963673	100.0	100.0	100.0
农村	60至64岁	这个房子是什么年代建的?	1949年前	107438	84473	191911	0.7	0.5	0.6
			1950至1969年	362907	358467	721374	2.2	2.3	2.3
			1970至1989年	3366453	3148872	6515325	20.7	20.5	20.6
			1990至1999年	4245953	3845333	8091286	26.1	25.0	25.6
			2000至2010年	4526672	4498598	9025270	27.9	29.2	28.5
			2010年以后	3630357	3452595	7082952	22.4	22.4	22.4
			总计	16239780	15388338	31628118	100.0	100.0	100.0
	65至69岁	这个房子是什么年代建的?	1949年前	111068	106041	217109	0.6	0.6	0.6
			1950至1969年	428653	462664	891317	2.5	2.7	2.6
			1970至1989年	3971175	3977828	7949003	23.2	23.3	23.3

续表

城乡	年龄（岁）			男	女	总计	男	女	总计
				人数（人）			%		
农村	65 至 69 岁	这个房子是什么年代建的？	1990 至 1999 年	4221179	4337862	8559041	24.6	25.4	25.0
			2000 至 2010 年	4452864	4398222	8851086	26.0	25.8	25.9
			2010 年以后	3950003	3770792	7720795	23.1	22.1	22.6
			总计	17134942	17053409	34188351	100.0	100.0	100.0
	70 至 74 岁	这个房子是什么年代建的？	1949 年前	155487	144797	300284	1.3	1.2	1.3
			1950 至 1969 年	393446	482065	875511	3.3	4.0	3.7
			1970 至 1989 年	2978639	2991284	5969923	25.1	24.8	24.9
			1990 至 1999 年	2818841	2831761	5650602	23.7	23.5	23.6
			2000 至 2010 年	2755007	2896305	5651312	23.2	24.1	23.6
			2010 年以后	2786891	2695408	5482299	23.4	22.4	22.9
			总计	11888311	12041620	23929931	100.0	100.0	100.0
	75 至 79 岁	这个房子是什么年代建的？	1949 年前	99518	76904	176422	1.4	1.0	1.2
			1950 至 1969 年	331304	428442	759746	4.5	5.4	5.0
			1970 至 1989 年	1881036	1876409	3757445	25.7	23.8	24.7
			1990 至 1999 年	1556754	1698624	3255378	21.3	21.6	21.4
			2000 至 2010 年	1664901	1940895	3605796	22.8	24.6	23.7
			2010 年以后	1783544	1856107	3639651	24.4	23.6	24.0
			总计	7317057	7877381	15194438	100.0	100.0	100.0
	80 至 84 岁	这个房子是什么年代建的？	1949 年前	91745	53547	145292	2.1	1.0	1.5
			1950 至 1969 年	305571	250608	556179	7.1	4.8	5.9
			1970 至 1989 年	1078735	1166651	2245386	25.1	22.5	23.7
			1990 至 1999 年	860714	1056203	1916917	20.1	20.4	20.2
			2000 至 2010 年	1018550	1382063	2400613	23.7	26.7	25.3
			2010 年以后	936815	1273114	2209929	21.8	24.6	23.3
			总计	4292130	5182186	9474316	100.0	100.0	100.0
	85 岁及以上	这个房子是什么年代建的？	1949 年前	45840	80559	126399	1.6	1.8	1.8
			1950 至 1969 年	230710	276591	507301	8.1	6.3	7.0
			1970 至 1989 年	652488	942981	1595469	23.0	21.6	22.1
			1990 至 1999 年	589188	999683	1588871	20.8	22.9	22.0
			2000 至 2010 年	679552	1095085	1774637	23.9	25.1	24.6
			2010 年以后	639800	973346	1613146	22.5	22.3	22.4
			总计	2837578	4368245	7205823	100.0	100.0	100.0
	总计	这个房子是什么年代建的？	1949 年前	611096	546321	1157417	1.0	0.9	1.0
			1950 至 1969 年	2052591	2258837	4311428	3.4	3.6	3.5
			1970 至 1989 年	13928526	14104025	28032551	23.3	22.8	23.0

续表

城乡 年龄（岁）			男	女	总计	男	女	总计
			人数（人）			%		
农村 总计	这个房子是什么年代建的？	1990 至 1999 年	14292629	14769466	29062095	23.9	23.9	23.9
		2000 至 2010 年	15097546	16211168	31308714	25.3	26.2	25.7
		2010 年以后	13727410	14021362	27748772	23.0	22.6	22.8
		总计	59709798	61911179	121620977	100.0	100.0	100.0

6-3-1 按年龄、性别分的老年人需要适老化改造情况

年龄（岁）			男	女	总计	男	女	总计
			人数（人）			%		
60 至 64 岁	加装电梯	未选择	34345623	33716870	68062493	91.5	90.6	91.1
		选择	3197959	3490806	6688765	8.5	9.4	8.9
	楼门坡道改造	未选择	35057393	34611257	69668649	93.4	93.0	93.2
		选择	2486190	2596420	5082610	6.6	7.0	6.8
	地面改造（防滑处理、高低处理、平整硬化等）	未选择	32383170	32043440	64426609	86.3	86.1	86.2
		选择	5160413	5164237	10324649	13.7	13.9	13.8
	加装扶手/护栏	未选择	34260136	33683374	67943510	91.3	90.5	90.9
		选择	3283446	3524303	6807749	8.7	9.5	9.1
	门改造（房门拓宽、改推拉门、把手改造等）	未选择	33750935	33299067	67050003	89.9	89.5	89.7
		选择	3792647	3908609	7701256	10.1	10.5	10.3
	如厕洗浴设备改造（蹲便器改坐便器、水龙头改造、淋浴房改造）	未选择	32339145	31625877	63965022	86.1	85.0	85.6
		选择	5204437	5581800	10786237	13.9	15.0	14.4
	厨房设备改造（台面改造等）	未选择	32661825	32178164	64839989	87.0	86.5	86.7
		选择	4881757	5029513	9911270	13.0	13.5	13.3
	物理环境改造（安装自动感应灯具、电源插座及开关改造、安装防撞护角/防撞条）	未选择	33881533	33530343	67411876	90.2	90.1	90.2
		选择	3662049	3677334	7339383	9.8	9.9	9.8
	老年用品配置（轮椅、助行器、助听器、淋浴椅、防压疮垫、防走失手环等）	未选择	35259650	34907903	70167554	93.9	93.8	93.9
		选择	2283932	2299773	4583705	6.1	6.2	6.1
	适老家具配置（换鞋凳、适老椅、电动升降晾衣架等）	未选择	35031063	34511314	69542377	93.3	92.8	93.0
		选择	2512520	2696362	5208882	6.7	7.2	7.0
	加装紧急呼叫设备	未选择	34342304	33947941	68290245	91.5	91.2	91.4
		选择	3201278	3259735	6461014	8.5	8.8	8.6
65 至 69 岁	加装电梯	未选择	33544951	34437305	67982255	92.4	91.5	92.0
		选择	2756174	3192190	5948365	7.6	8.5	8.0
	楼门坡道改造	未选择	34017531	35044394	69061925	93.7	93.1	93.4
		选择	2283594	2585101	4868695	6.3	6.9	6.6

续表

年龄（岁）			男	女	总计	男	女	总计
			人数（人）			%		
65至69岁	地面改造（防滑处理、高低处理、平整硬化等）	未选择	31491193	32247641	63738833	86.7	85.7	86.2
		选择	4809932	5381854	10191787	13.3	14.3	13.8
	加装扶手/护栏	未选择	33260469	33802212	67062682	91.6	89.8	90.7
		选择	3040656	3827283	6867939	8.4	10.2	9.3
	门改造（房门拓宽、改推拉门、把手改造等）	未选择	32783463	33839730	66623194	90.3	89.9	90.1
		选择	3517662	3789765	7307426	9.7	10.1	9.9
	如厕洗浴设备改造（蹲便器改坐便器、水龙头改造、淋浴房改造）	未选择	31136414	31920420	63056834	85.8	84.8	85.3
		选择	5164711	5709075	10873786	14.2	15.2	14.7
	厨房设备改造（台面改造等）	未选择	31747321	32741720	64489041	87.5	87.0	87.2
		选择	4553804	4887775	9441579	12.5	13.0	12.8
	物理环境改造（安装自动感应灯具、电源插座及开关改造、安装防撞护角/防撞条）	未选择	32738506	33953524	66692030	90.2	90.2	90.2
		选择	3562619	3675971	7238590	9.8	9.8	9.8
	老年用品配置（轮椅、助行器、助听器、淋浴椅、防压疮垫、防走失手环等）	未选择	33961276	35029298	68990574	93.6	93.1	93.3
		选择	2339849	2600197	4940046	6.4	6.9	6.7
	适老家具配置（换鞋凳、适老椅、电动升降晾衣架等）	未选择	33827594	34777056	68604650	93.2	92.4	92.8
		选择	2473531	2852439	5325970	6.8	7.6	7.2
	加装紧急呼叫设备	未选择	33259186	34122757	67381943	91.6	90.7	91.1
		选择	3041939	3506738	6548678	8.4	9.3	8.9
70至74岁	加装电梯	未选择	22320928	23417017	45737945	92.9	92.6	92.7
		选择	1708270	1881199	3589468	7.1	7.4	7.3
	楼门坡道改造	未选择	22525513	23679846	46205359	93.7	93.6	93.7
		选择	1503686	1618369	3122054	6.3	6.4	6.3
	地面改造（防滑处理、高低处理、平整硬化等）	未选择	20910801	21987779	42898579	87.0	86.9	87.0
		选择	3118398	3310436	6428834	13.0	13.1	13.0
	加装扶手/护栏	未选择	21929819	22881079	44810897	91.3	90.4	90.8
		选择	2099379	2417137	4516516	8.7	9.6	9.2
	门改造（房门拓宽、改推拉门、把手改造等）	未选择	21869717	22977373	44847090	91.0	90.8	90.9
		选择	2159481	2320842	4480323	9.0	9.2	9.1
	如厕洗浴设备改造（蹲便器改坐便器、水龙头改造、淋浴房改造）	未选择	20589707	21575748	42165455	85.7	85.3	85.5
		选择	3439491	3722467	7161958	14.3	14.7	14.5
	厨房设备改造（台面改造等）	未选择	21214803	22329232	43544035	88.3	88.3	88.3
		选择	2814395	2968983	5783379	11.7	11.7	11.7

续表

年龄（岁）			男	女	总计	男	女	总计
			人数（人）			%		
70至74岁	物理环境改造（安装自动感应灯具、电源插座及开关改造、安装防撞护角/防撞条）	未选择	21827550	23003041	44830591	90.8	90.9	90.9
		选择	2201648	2295174	4496822	9.2	9.1	9.1
	老年用品配置（轮椅、助行器、助听器、淋浴椅、防压疮垫、防走失手环等）	未选择	22304814	23505086	45809900	92.8	92.9	92.9
		选择	1724384	1793129	3517513	7.2	7.1	7.1
	适老家具配置（换鞋凳、适老椅、电动升降晾衣架等）	未选择	22460957	23480422	45941379	93.5	92.8	93.1
		选择	1568241	1817793	3386034	6.5	7.2	6.9
	加装紧急呼叫设备	未选择	21926174	22937558	44863733	91.2	90.7	91.0
		选择	2103024	2360657	4463681	8.8	9.3	9.0
75至79岁	加装电梯	未选择	13517793	15126017	28643810	92.0	92.4	92.2
		选择	1177157	1245741	2422898	8.0	7.6	7.8
	楼门坡道改造	未选择	13840487	15119475	28959963	94.2	92.4	93.2
		选择	854463	1252283	2106746	5.8	7.6	6.8
	地面改造（防滑处理、高低处理、平整硬化等）	未选择	12760380	14110018	26870398	86.8	86.2	86.5
		选择	1934571	2261740	4196311	13.2	13.8	13.5
	加装扶手/护栏	未选择	13369180	14668988	28038168	91.0	89.6	90.3
		选择	1325771	1702769	3028540	9.0	10.4	9.7
	门改造（房门拓宽、改推拉门、把手改造等）	未选择	13442947	14942919	28385867	91.5	91.3	91.4
		选择	1252003	1428838	2680842	8.5	8.7	8.6
	如厕洗浴设备改造（蹲便器改坐便器、水龙头改造、淋浴房改造）	未选择	12575455	14016493	26591948	85.6	85.6	85.6
		选择	2119496	2355265	4474761	14.4	14.4	14.4
	厨房设备改造（台面改造等）	未选择	13122436	14570792	27693228	89.3	89.0	89.1
		选择	1572515	1800966	3373480	10.7	11.0	10.9
	物理环境改造（安装自动感应灯具、电源插座及开关改造、安装防撞护角/防撞条）	未选择	13403000	14851892	28254892	91.2	90.7	90.9
		选择	1291950	1519866	2811816	8.8	9.3	9.1
	老年用品配置（轮椅、助行器、助听器、淋浴椅、防压疮垫、防走失手环等）	未选择	13531305	14988062	28519367	92.1	91.5	91.8
		选择	1163646	1383696	2547341	7.9	8.5	8.2
	适老家具配置（换鞋凳、适老椅、电动升降晾衣架等）	未选择	13661482	15159082	28820563	93.0	92.6	92.8
		选择	1033469	1212676	2246145	7.0	7.4	7.2
	加装紧急呼叫设备	未选择	13377718	14663458	28041175	91.0	89.6	90.3
		选择	1317233	1708300	3025533	9.0	10.4	9.7
80至84岁	加装电梯	未选择	8293074	10271252	18564326	90.6	91.9	91.3
		选择	864899	906969	1771867	9.4	8.1	8.7

续表

年龄（岁）			男	女	总计	男	女	总计
			人数（人）			%		
80至84岁	楼门坡道改造	未选择	8517357	10330318	18847674	93.0	92.4	92.7
		选择	640616	847903	1488519	7.0	7.6	7.3
	地面改造（防滑处理、高低处理、平整硬化等）	未选择	7986409	9715985	17702393	87.2	86.9	87.0
		选择	1171565	1462236	2633800	12.8	13.1	13.0
	加装扶手/护栏	未选择	8199347	9985584	18184931	89.5	89.3	89.4
		选择	958626	1192636	2151263	10.5	10.7	10.6
	门改造（房门拓宽、改推拉门、把手改造等）	未选择	8440148	10200964	18641112	92.2	91.3	91.7
		选择	717825	977256	1695081	7.8	8.7	8.3
	如厕洗浴设备改造（蹲便器改坐便器、水龙头改造、淋浴房改造）	未选择	7891930	9577818	17469749	86.2	85.7	85.9
		选择	1266043	1600402	2866445	13.8	14.3	14.1
	厨房设备改造（台面改造等）	未选择	8340824	9991914	18332738	91.1	89.4	90.1
		选择	817149	1186307	2003456	8.9	10.6	9.9
	物理环境改造（安装自动感应灯具、电源插座及开关改造、安装防撞护角/防撞条）	未选择	8394655	10150293	18544947	91.7	90.8	91.2
		选择	763319	1027928	1791246	8.3	9.2	8.8
	老年用品配置（轮椅、助行器、助听器、淋浴椅、防压疮垫、防走失手环等）	未选择	8238216	9975448	18213664	90.0	89.2	89.6
		选择	919758	1202772	2122530	10.0	10.8	10.4
	适老家具配置（换鞋凳、适老椅、电动升降晾衣架等）	未选择	8511286	10209016	18720302	92.9	91.3	92.1
		选择	646687	969205	1615892	7.1	8.7	7.9
	加装紧急呼叫设备	未选择	8136318	9939512	18075829	88.8	88.9	88.9
		选择	1021656	1238709	2260364	11.2	11.1	11.1
85岁及以上	加装电梯	未选择	5548897	8393030	13941926	91.2	92.3	91.9
		选择	532464	698069	1230533	8.8	7.7	8.1
	楼门坡道改造	未选择	5641712	8354936	13996648	92.8	91.9	92.3
		选择	439649	736162	1175811	7.2	8.1	7.7
	地面改造（防滑处理、高低处理、平整硬化等）	未选择	5229982	7718355	12948337	86.0	84.9	85.3
		选择	851379	1372744	2224122	14.0	15.1	14.7
	加装扶手/护栏	未选择	5299634	7821847	13121480	87.1	86.0	86.5
		选择	781727	1269252	2050979	12.9	14.0	13.5
	门改造（房门拓宽、改推拉门、把手改造等）	未选择	5593457	8185301	13778759	92.0	90.0	90.8
		选择	487903	905797	1393700	8.0	10.0	9.2
	如厕洗浴设备改造（蹲便器改坐便器、水龙头改造、淋浴房改造）	未选择	5112254	7513852	12626106	84.1	82.7	83.2
		选择	969106	1577246	2546353	15.9	17.3	16.8
	厨房设备改造（台面改造等）	未选择	5448415	8026514	13474929	89.6	88.3	88.8

续表

年龄（岁）			男	女	总计	男	女	总计
			人数（人）			%		
85岁及以上	厨房设备改造（台面改造等）	选择	632946	1064585	1697530	10.4	11.7	11.2
	物理环境改造（安装自动感应灯具、电源插座及开关改造、安装防撞护角/防撞条）	未选择	5534235	8187159	13721394	91.0	90.1	90.4
		选择	547126	903939	1451065	9.0	9.9	9.6
	老年用品配置（轮椅、助行器、助听器、淋浴椅、防压疮垫、防走失手环等）	未选择	5310443	7768267	13078710	87.3	85.4	86.2
		选择	770917	1322832	2093749	12.7	14.6	13.8
	适老家具配置（换鞋凳、适老椅、电动升降晾衣架等）	未选择	5617211	8235942	13853153	92.4	90.6	91.3
		选择	464150	855156	1319306	7.6	9.4	8.7
	加装紧急呼叫设备	未选择	5364462	8005806	13370267	88.2	88.1	88.1
		选择	716899	1085293	1802192	11.8	11.9	11.9
总计	加装电梯	未选择	117571267	125361490	242932757	92.0	91.7	91.8
		选择	10236923	11414973	21651897	8.0	8.3	8.2
	楼门坡道改造	未选择	119599992	127140226	246740219	93.6	93.0	93.3
		选择	8208198	9636237	17844435	6.4	7.0	6.7
	地面改造（防滑处理、高低处理、平整硬化等）	未选择	110761934	117823216	228585150	86.7	86.1	86.4
		选择	17046256	18953247	35999504	13.3	13.9	13.6
	加装扶手/护栏	未选择	116318585	122843084	239161669	91.0	89.8	90.4
		选择	11489605	13933380	25422985	9.0	10.2	9.6
	门改造（房门拓宽、改推拉门、把手改造等）	未选择	115880669	123445355	239326024	90.7	90.3	90.5
		选择	11927521	13331108	25258629	9.3	9.7	9.5
	如厕洗浴设备改造（蹲便器改坐便器、水龙头改造、淋浴房改造）	未选择	109644906	116230208	225875115	85.8	85.0	85.4
		选择	18163284	20546255	38709539	14.2	15.0	14.6
	厨房设备改造（台面改造等）	未选择	112535624	119838334	232373958	88.1	87.6	87.8
		选择	15272566	16938129	32210695	11.9	12.4	12.2
	物理环境改造（安装自动感应灯具、电源插座及开关改造、安装防撞护角/防撞条）	未选择	115779479	123676252	239455731	90.6	90.4	90.5
		选择	12028711	13100212	25128923	9.4	9.6	9.5
	老年用品配置（轮椅、助行器、助听器、淋浴椅、防压疮垫、防走失手环等）	未选择	118605704	126174064	244779769	92.8	92.2	92.5
		选择	9202486	10602399	19804885	7.2	7.8	7.5
	适老家具配置（换鞋凳、适老椅、电动升降晾衣架等）	未选择	119109592	126372831	245482423	93.2	92.4	92.8
		选择	8698598	10403632	19102230	6.8	7.6	7.2
	加装紧急呼叫设备	未选择	116406161	123617031	240023192	91.1	90.4	90.7
		选择	11402029	13159432	24561461	8.9	9.6	9.3

6-3-2 按城乡、年龄、性别分的老年人需要适老化改造情况

城乡	年龄（岁）			男	女	合计	男	女	合计
				人数（人）			%		
城镇	60至64岁	加装电梯	未选择	18394834	18699183	37094017	86.3	85.7	86.0
			选择	2908969	3120155	6029124	13.7	14.3	14.0
		楼门坡道改造	未选择	19583139	19954883	39538022	91.9	91.5	91.7
			选择	1720663	1864455	3585119	8.1	8.5	8.3
		地面改造（防滑处理、高低处理、平整硬化等）	未选择	18622667	18984715	37607382	87.4	87.0	87.2
			选择	2681136	2834624	5515759	12.6	13.0	12.8
		加装扶手/护栏	未选择	19455336	19755796	39211133	91.3	90.5	90.9
			选择	1848466	2063542	3912008	8.7	9.5	9.1
		门改造（房门拓宽、改推拉门、把手改造等）	未选择	19593458	19912580	39506038	92.0	91.3	91.6
			选择	1710345	1906758	3617103	8.0	8.7	8.4
		如厕洗浴设备改造（蹲便器改坐便器、水龙头改造、淋浴房改造）	未选择	19013575	19255844	38269419	89.2	88.3	88.7
			选择	2290228	2563495	4853722	10.8	11.7	11.3
		厨房设备改造（台面改造等）	未选择	19220940	19535094	38756033	90.2	89.5	89.9
			选择	2082863	2284244	4367108	9.8	10.5	10.1
		物理环境改造（安装自动感应灯具、电源插座及开关改造、安装防撞护角/防撞条）	未选择	19563370	19931493	39494863	91.8	91.3	91.6
			选择	1740432	1887845	3628278	8.2	8.7	8.4
		老年用品配置（轮椅、助行器、助听器、淋浴椅、防压疮垫、防走失手环等）	未选择	20202719	20582780	40785499	94.8	94.3	94.6
			选择	1101083	1236559	2337642	5.2	5.7	5.4
		适老家具配置（换鞋凳、适老椅、电动升降晾衣架等）	未选择	20117734	20345545	40463279	94.4	93.2	93.8
			选择	1186069	1473793	2659862	5.6	6.8	6.2
		加装紧急呼叫设备	未选择	19325669	19683079	39008749	90.7	90.2	90.5
			选择	1978133	2136259	4114392	9.3	9.8	9.5
	65至69岁	加装电梯	未选择	16716453	17795288	34511741	87.2	86.5	86.8
			选择	2449731	2780797	5230528	12.8	13.5	13.2
		楼门坡道改造	未选择	17751052	18894435	36645487	92.6	91.8	92.2
			选择	1415131	1681650	3096781	7.4	8.2	7.8
		地面改造（防滑处理、高低处理、平整硬化等）	未选择	16993681	17952598	34946278	88.7	87.2	87.9
			选择	2172503	2623487	4795990	11.3	12.8	12.1
		加装扶手/护栏	未选择	17625569	18532303	36157872	92.0	90.1	91.0
			选择	1540615	2043781	3584396	8.0	9.9	9.0
		门改造（房门拓宽、改推拉门、把手改造等）	未选择	17819832	18946771	36766603	93.0	92.1	92.5
			选择	1346351	1629314	2975665	7.0	7.9	7.5

续表

城乡	年龄（岁）			男	女	合计	男	女	合计
				人数（人）			%		
城镇	65至69岁	如厕洗浴设备改造（蹲便器改坐便器、水龙头改造、淋浴房改造）	未选择	17163198	18099756	35262954	89.5	88.0	88.7
			选择	2002986	2476329	4479314	10.5	12.0	11.3
		厨房设备改造（台面改造等）	未选择	17442888	18519535	35962423	91.0	90.0	90.5
			选择	1723296	2056549	3779845	9.0	10.0	9.5
		物理环境改造（安装自动感应灯具、电源插座及开关改造、安装防撞护角/防撞条）	未选择	17613478	18845649	36459127	91.9	91.6	91.7
			选择	1552705	1730436	3283141	8.1	8.4	8.3
		老年用品配置（轮椅、助行器、助听器、淋浴椅、防压疮垫、防走失手环等）	未选择	18161157	19420764	37581920	94.8	94.4	94.6
			选择	1005027	1155321	2160348	5.2	5.6	5.4
		适老家具配置（换鞋凳、适老椅、电动升降晾衣架等）	未选择	18083874	19298105	37381979	94.4	93.8	94.1
			选择	1082310	1277979	2360289	5.6	6.2	5.9
		加装紧急呼叫设备	未选择	17507227	18561617	36068844	91.3	90.2	90.8
			选择	1658957	2014468	3673424	8.7	9.8	9.2
	70至74岁	加装电梯	未选择	10641312	11598854	22240166	87.6	87.5	87.6
			选择	1499575	1657742	3157317	12.4	12.5	12.4
		楼门坡道改造	未选择	11221313	12228028	23449341	92.4	92.2	92.3
			选择	919574	1028568	1948142	7.6	7.8	7.7
		地面改造（防滑处理、高低处理、平整硬化等）	未选择	10673355	11668503	22341858	87.9	88.0	88.0
			选择	1467532	1588092	3055624	12.1	12.0	12.0
		加装扶手/护栏	未选择	11068967	11926691	22995658	91.2	90.0	90.5
			选择	1071920	1329905	2401825	8.8	10.0	9.5
		门改造（房门拓宽、改推拉门、把手改造等）	未选择	11306734	12289418	23596151	93.1	92.7	92.9
			选择	834153	967178	1801331	6.9	7.3	7.1
		如厕洗浴设备改造（蹲便器改坐便器、水龙头改造、淋浴房改造）	未选择	10692151	11689296	22381447	88.1	88.2	88.1
			选择	1448736	1567300	3016035	11.9	11.8	11.9
		厨房设备改造（台面改造等）	未选择	11071880	12095191	23167071	91.2	91.2	91.2
			选择	1069007	1161405	2230412	8.8	8.8	8.8
		物理环境改造（安装自动感应灯具、电源插座及开关改造、安装防撞护角/防撞条）	未选择	11146720	12227602	23374322	91.8	92.2	92.0
			选择	994167	1028994	2023161	8.2	7.8	8.0
		老年用品配置（轮椅、助行器、助听器、淋浴椅、防压疮垫、防走失手环等）	未选择	11351962	12459951	23811913	93.5	94.0	93.8
			选择	788925	796645	1585570	6.5	6.0	6.2
		适老家具配置（换鞋凳、适老椅、电动升降晾衣架等）	未选择	11416914	12430681	23847595	94.0	93.8	93.9
			选择	723973	825915	1549887	6.0	6.2	6.1

续表

城乡	年龄（岁）			男	女	合计	男	女	合计
				人数（人）			%		
	70至74岁	加装紧急呼叫设备	未选择	10972071	11880020	22852091	90.4	89.6	90.0
			选择	1168816	1376576	2545392	9.6	10.4	10.0
城镇	75至79岁	加装电梯	未选择	6343329	7374455	13717784	86.0	86.8	86.4
			选择	1034564	1119922	2154486	14.0	13.2	13.6
		楼门坡道改造	未选择	6864349	7667308	14531657	93.0	90.3	91.6
			选择	513543	827069	1340613	7.0	9.7	8.4
		地面改造（防滑处理、高低处理、平整硬化等）	未选择	6511207	7348265	13859472	88.3	86.5	87.3
			选择	866686	1146112	2012798	11.7	13.5	12.7
		加装扶手/护栏	未选择	6716482	7571098	14287580	91.0	89.1	90.0
			选择	661411	923279	1584690	9.0	10.9	10.0
		门改造（房门拓宽、改推拉门、把手改造等）	未选择	6917341	7854386	14771727	93.8	92.5	93.1
			选择	460552	639991	1100543	6.2	7.5	6.9
		如厕洗浴设备改造（蹲便器改坐便器、水龙头改造、淋浴房改造）	未选择	6520616	7458579	13979195	88.4	87.8	88.1
			选择	857277	1035798	1893075	11.6	12.2	11.9
		厨房设备改造（台面改造等）	未选择	6774976	7746041	14521017	91.8	91.2	91.5
			选择	602917	748336	1351253	8.2	8.8	8.5
		物理环境改造（安装自动感应灯具、电源插座及开关改造、安装防撞护角/防撞条）	未选择	6835986	7781822	14617809	92.7	91.6	92.1
			选择	541907	712555	1254461	7.3	8.4	7.9
		老年用品配置（轮椅、助行器、助听器、淋浴椅、防压疮垫、防走失手环等）	未选择	6900856	7843579	14744435	93.5	92.3	92.9
			选择	477037	650798	1127835	6.5	7.7	7.1
		适老家具配置（换鞋凳、适老椅、电动升降晾衣架等）	未选择	6972870	7905815	14878685	94.5	93.1	93.7
			选择	405023	588562	993585	5.5	6.9	6.3
		加装紧急呼叫设备	未选择	6689705	7458951	14148656	90.7	87.8	89.1
			选择	688188	1035426	1723614	9.3	12.2	10.9
	80至84岁	加装电梯	未选择	4103326	5177867	9281192	84.3	86.4	85.4
			选择	762517	818169	1580686	15.7	13.6	14.6
		楼门坡道改造	未选择	4459721	5413049	9872770	91.7	90.3	90.9
			选择	406122	582987	989108	8.3	9.7	9.1
		地面改造（防滑处理、高低处理、平整硬化等）	未选择	4303216	5248233	9551449	88.4	87.5	87.9
			选择	562626	747803	1310429	11.6	12.5	12.1
		加装扶手/护栏	未选择	4362588	5317045	9679633	89.7	88.7	89.1
			选择	503255	678990	1182245	10.3	11.3	10.9
		门改造（房门拓宽、改推拉门、把手改造等）	未选择	4563449	5544662	10108111	93.8	92.5	93.1
			选择	302393	451374	753767	6.2	7.5	6.9

续表

城乡	年龄（岁）			男	女	合计	男	女	合计
				人数（人）			%		
城镇	80至84岁	如厕洗浴设备改造（蹲便器改坐便器、水龙头改造、淋浴房改造）	未选择	4354230	5278038	9632268	89.5	88.0	88.7
			选择	511613	717997	1229610	10.5	12.0	11.3
		厨房设备改造（台面改造等）	未选择	4545410	5508647	10054056	93.4	91.9	92.6
			选择	320433	487389	807822	6.6	8.1	7.4
		物理环境改造（安装自动感应灯具、电源插座及开关改造、安装防撞护角/防撞条）	未选择	4522635	5495844	10018479	92.9	91.7	92.2
			选择	343207	500192	843399	7.1	8.3	7.8
		老年用品配置（轮椅、助行器、助听器、淋浴椅、防压疮垫、防走失手环等）	未选择	4449928	5416780	9866708	91.5	90.3	90.8
			选择	415914	579256	995170	8.5	9.7	9.2
		适老家具配置（换鞋凳、适老椅、电动升降晾衣架等）	未选择	4579267	5523177	10102444	94.1	92.1	93.0
			选择	286576	472858	759434	5.9	7.9	7.0
		加装紧急呼叫设备	未选择	4238079	5237654	9475733	87.1	87.4	87.2
			选择	627764	758381	1386145	12.9	12.6	12.8
	85岁及以上	加装电梯	未选择	2762937	4117849	6880786	85.2	87.2	86.4
			选择	480845	605004	1085849	14.8	12.8	13.6
		楼门坡道改造	未选择	2899838	4279504	7179341	89.4	90.6	90.1
			选择	343944	443349	787293	10.6	9.4	9.9
		地面改造（防滑处理、高低处理、平整硬化等）	未选择	2820071	4078741	6898811	86.9	86.4	86.6
			选择	423711	644112	1067823	13.1	13.6	13.4
		加装扶手/护栏	未选择	2759090	3951399	6710489	85.1	83.7	84.2
			选择	484692	771454	1256146	14.9	16.3	15.8
		门改造（房门拓宽、改推拉门、把手改造等）	未选择	3004573	4298256	7302828	92.6	91.0	91.7
			选择	239209	424597	663806	7.4	9.0	8.3
		如厕洗浴设备改造（蹲便器改坐便器、水龙头改造、淋浴房改造）	未选择	2794360	3978807	6773167	86.1	84.2	85.0
			选择	449422	744046	1193468	13.9	15.8	15.0
		厨房设备改造（台面改造等）	未选择	2965378	4287519	7252897	91.4	90.8	91.0
			选择	278404	435334	713737	8.6	9.2	9.0
		物理环境改造（安装自动感应灯具、电源插座及开关改造、安装防撞护角/防撞条）	未选择	2948970	4266138	7215108	90.9	90.3	90.6
			选择	294812	456715	751527	9.1	9.7	9.4
		老年用品配置（轮椅、助行器、助听器、淋浴椅、防压疮垫、防走失手环等）	未选择	2842777	4008349	6851126	87.6	84.9	86.0
			选择	401005	714503	1115508	12.4	15.1	14.0
		适老家具配置（换鞋凳、适老椅、电动升降晾衣架等）	未选择	3019210	4266939	7286148	93.1	90.3	91.5
			选择	224572	455914	680486	6.9	9.7	8.5

续表

城乡	年龄（岁）			男	女	合计	男	女	合计
				人数（人）			%		
	85岁及以上	加装紧急呼叫设备	未选择	2776474	4059474	6835948	85.6	86.0	85.8
			选择	467308	663378	1130686	14.4	14.0	14.2
城镇	总计	加装电梯	未选择	58962191	64763496	123725686	86.6	86.5	86.5
			选择	9136200	10101788	19237988	13.4	13.5	13.5
		楼门坡道改造	未选择	62779413	68437205	131216618	92.2	91.4	91.8
			选择	5318978	6428079	11747056	7.8	8.6	8.2
		地面改造（防滑处理、高低处理、平整硬化等）	未选择	59924196	65281054	125205250	88.0	87.2	87.6
			选择	8174194	9584230	17758424	12.0	12.8	12.4
		加装扶手/护栏	未选择	61988031	67054333	129042365	91.0	89.6	90.3
			选择	6110359	7810951	13921309	9.0	10.4	9.7
		门改造（房门拓宽、改推拉门、把手改造等）	未选择	63205387	68846072	132051459	92.8	92.0	92.4
			选择	4893003	6019212	10912215	7.2	8.0	7.6
		如厕洗浴设备改造（蹲便器改坐便器、水龙头改造、淋浴房改造）	未选择	60538130	65760319	126298449	88.9	87.8	88.3
			选择	7560261	9104964	16665225	11.1	12.2	11.7
		厨房设备改造（台面改造等）	未选择	62021471	67692027	129713498	91.1	90.4	90.7
			选择	6076919	7173257	13250176	8.9	9.6	9.3
		物理环境改造（安装自动感应灯具、电源插座及开关改造、安装防撞护角/防撞条）	未选择	62631160	68548547	131179708	92.0	91.6	91.8
			选择	5467230	6316736	11783966	8.0	8.4	8.2
		老年用品配置（轮椅、助行器、助听器、淋浴椅、防压疮垫、防走失手环等）	未选择	63909399	69732202	133641601	93.8	93.1	93.5
			选择	4188992	5133081	9322073	6.2	6.9	6.5
		适老家具配置（换鞋凳、适老椅、电动升降晾衣架等）	未选择	64189868	69770262	133960130	94.3	93.2	93.7
			选择	3908522	5095022	9003544	5.7	6.8	6.3
		加装紧急呼叫设备	未选择	61509224	66880795	128390020	90.3	89.3	89.8
			选择	6589166	7984488	14573654	9.7	10.7	10.2
农村	60至64岁	加装电梯	未选择	15950789	15017687	30968476	98.2	97.6	97.9
			选择	288991	370651	659642	1.8	2.4	2.1
		楼门坡道改造	未选择	15474253	14656374	30130627	95.3	95.2	95.3
			选择	765526	731965	1497491	4.7	4.8	4.7
		地面改造（防滑处理、高低处理、平整硬化等）	未选择	13760503	13058725	26819228	84.7	84.9	84.8
			选择	2479277	2329613	4808890	15.3	15.1	15.2
		加装扶手/护栏	未选择	14804800	13927577	28732378	91.2	90.5	90.8
			选择	1434979	1460761	2895740	8.8	9.5	9.2
		门改造（房门拓宽、改推拉门、把手改造等）	未选择	14157477	13386488	27543965	87.2	87.0	87.1
			选择	2082302	2001851	4084153	12.8	13.0	12.9

续表

城乡	年龄（岁）			男	女	合计	男	女	合计
				人数（人）			%		
农村	60至64岁	如厕洗浴设备改造（蹲便器改坐便器、水龙头改造、淋浴房改造）	未选择	13325570	12370033	25695603	82.1	80.4	81.2
			选择	2914209	3018305	5932515	17.9	19.6	18.8
		厨房设备改造（台面改造等）	未选择	13440885	12643070	26083955	82.8	82.2	82.5
			选择	2798894	2745268	5544163	17.2	17.8	17.5
		物理环境改造（安装自动感应灯具、电源插座及开关改造、安装防撞护角/防撞条）	未选择	14318163	13598850	27917013	88.2	88.4	88.3
			选择	1921617	1789489	3711105	11.8	11.6	11.7
		老年用品配置（轮椅、助行器、助听器、淋浴椅、防压疮垫、防走失手环等）	未选择	15056931	14325124	29382055	92.7	93.1	92.9
			选择	1182848	1063215	2246063	7.3	6.9	7.1
		适老家具配置（换鞋凳、适老椅、电动升降晾衣架等）	未选择	14913329	14165769	29079098	91.8	92.1	91.9
			选择	1326451	1222569	2549020	8.2	7.9	8.1
		加装紧急呼叫设备	未选择	15016634	14264862	29281496	92.5	92.7	92.6
			选择	1223145	1123476	2346621	7.5	7.3	7.4
	65至69岁	加装电梯	未选择	16828498	16642017	33470515	98.2	97.6	97.9
			选择	306444	411393	717837	1.8	2.4	2.1
		楼门坡道改造	未选择	16266479	16149959	32416439	94.9	94.7	94.8
			选择	868462	903451	1771913	5.1	5.3	5.2
		地面改造（防滑处理、高低处理、平整硬化等）	未选择	14497512	14295043	28792555	84.6	83.8	84.2
			选择	2637429	2758368	5395797	15.4	16.2	15.8
		加装扶手/护栏	未选择	15634901	15269909	30904810	91.2	89.5	90.4
			选择	1500041	1783502	3283542	8.8	10.5	9.6
		门改造（房门拓宽、改推拉门、把手改造等）	未选择	14963631	14892959	29856590	87.3	87.3	87.3
			选择	2171310	2160451	4331762	12.7	12.7	12.7
		如厕洗浴设备改造（蹲便器改坐便器、水龙头改造、淋浴房改造）	未选择	13973217	13820664	27793881	81.5	81.0	81.3
			选择	3161725	3232746	6394471	18.5	19.0	18.7
		厨房设备改造（台面改造等）	未选择	14304433	14222184	28526617	83.5	83.4	83.4
			选择	2830509	2831226	5661735	16.5	16.6	16.6
		物理环境改造（安装自动感应灯具、电源插座及开关改造、安装防撞护角/防撞条）	未选择	15125028	15107875	30232903	88.3	88.6	88.4
			选择	2009914	1945535	3955449	11.7	11.4	11.6
		老年用品配置（轮椅、助行器、助听器、淋浴椅、防压疮垫、防走失手环等）	未选择	15800120	15608534	31408654	92.2	91.5	91.9
			选择	1334821	1444877	2779698	7.8	8.5	8.1
		适老家具配置（换鞋凳、适老椅、电动升降晾衣架等）	未选择	15743720	15478951	31222671	91.9	90.8	91.3
			选择	1391221	1574460	2965681	8.1	9.2	8.7

续表

城乡	年龄（岁）			男	女	合计	男	女	合计
				人数（人）			%		
农村	65至69岁	加装紧急呼叫设备	未选择	15751959	15561140	31313099	91.9	91.2	91.6
			选择	1382983	1492270	2875253	8.1	8.8	8.4
	70至74岁	加装电梯	未选择	11679617	11818163	23497779	98.2	98.1	98.2
			选择	208695	223457	432152	1.8	1.9	1.8
		楼门坡道改造	未选择	11304200	11451819	22756019	95.1	95.1	95.1
			选择	584111	589801	1173912	4.9	4.9	4.9
		地面改造（防滑处理、高低处理、平整硬化等）	未选择	10237446	10319275	20556721	86.1	85.7	85.9
			选择	1650866	1722344	3373210	13.9	14.3	14.1
		加装扶手/护栏	未选择	10860852	10954387	21815240	91.4	91.0	91.2
			选择	1027459	1087232	2114691	8.6	9.0	8.8
		门改造（房门拓宽、改推拉门、把手改造等）	未选择	10562983	10687955	21250939	88.9	88.8	88.8
			选择	1325328	1353664	2678992	11.1	11.2	11.2
		如厕洗浴设备改造（蹲便器改坐便器、水龙头改造、淋浴房改造）	未选择	9897556	9886453	19784008	83.3	82.1	82.7
			选择	1990756	2155167	4145922	16.7	17.9	17.3
		厨房设备改造（台面改造等）	未选择	10142923	10234041	20376964	85.3	85.0	85.2
			选择	1745388	1807579	3552967	14.7	15.0	14.8
		物理环境改造（安装自动感应灯具、电源插座及开关改造、安装防撞护角/防撞条）	未选择	10680830	10775439	21456269	89.8	89.5	89.7
			选择	1207481	1266180	2473661	10.2	10.5	10.3
		老年用品配置（轮椅、助行器、助听器、淋浴椅、防压疮垫、防走失手环等）	未选择	10952852	11045136	21997988	92.1	91.7	91.9
			选择	935459	996484	1931943	7.9	8.3	8.1
		适老家具配置（换鞋凳、适老椅、电动升降晾衣架等）	未选择	11044043	11049741	22093784	92.9	91.8	92.3
			选择	844268	991879	1836147	7.1	8.2	7.7
		加装紧急呼叫设备	未选择	10954104	11057538	22011642	92.1	91.8	92.0
			选择	934208	984081	1918289	7.9	8.2	8.0
	75至79岁	加装电梯	未选择	7174464	7751562	14926026	98.1	98.4	98.2
			选择	142594	125819	268412	1.9	1.6	1.8
		楼门坡道改造	未选择	6976138	7452168	14428305	95.3	94.6	95.0
			选择	340920	425213	766133	4.7	5.4	5.0
		地面改造（防滑处理、高低处理、平整硬化等）	未选择	6249173	6761752	13010925	85.4	85.8	85.6
			选择	1067884	1115628	2183513	14.6	14.2	14.4
		加装扶手/护栏	未选择	6652698	7097890	13750588	90.9	90.1	90.5
			选择	664360	779490	1443850	9.1	9.9	9.5
		门改造（房门拓宽、改推拉门、把手改造等）	未选择	6525606	7088533	13614140	89.2	90.0	89.6
			选择	791451	788847	1580299	10.8	10.0	10.4

续表

城乡	年龄（岁）			男	女	合计	男	女	合计
				人数（人）			%		
农村	75至79岁	如厕洗浴设备改造（蹲便器改坐便器、水龙头改造、淋浴房改造）	未选择	6054839	6557914	12612753	82.7	83.2	83.0
			选择	1262219	1319467	2581686	17.3	16.8	17.0
		厨房设备改造（台面改造等）	未选择	6347460	6824751	13172211	86.7	86.6	86.7
			选择	969597	1052630	2022227	13.3	13.4	13.3
		物理环境改造（安装自动感应灯具、电源插座及开关改造、安装防撞护角/防撞条）	未选择	6567014	7070069	13637083	89.7	89.8	89.8
			选择	750044	807311	1557355	10.3	10.2	10.2
		老年用品配置（轮椅、助行器、助听器、淋浴椅、防压疮垫、防走失手环等）	未选择	6630449	7144482	13774932	90.6	90.7	90.7
			选择	686608	732898	1419507	9.4	9.3	9.3
		适老家具配置（换鞋凳、适老椅、电动升降晾衣架等）	未选择	6688611	7253267	13941878	91.4	92.1	91.8
			选择	628446	624114	1252560	8.6	7.9	8.2
		加装紧急呼叫设备	未选择	6688013	7204507	13892519	91.4	91.5	91.4
			选择	629045	672874	1301919	8.6	8.5	8.6
	80至84岁	加装电梯	未选择	4189749	5093385	9283134	97.6	98.3	98.0
			选择	102382	88800	191182	2.4	1.7	2.0
		楼门坡道改造	未选择	4057636	4917269	8974905	94.5	94.9	94.7
			选择	234495	264916	499411	5.5	5.1	5.3
		地面改造（防滑处理、高低处理、平整硬化等）	未选择	3683192	4467752	8150945	85.8	86.2	86.0
			选择	608938	714433	1323371	14.2	13.8	14.0
		加装扶手/护栏	未选择	3836759	4668539	8505298	89.4	90.1	89.8
			选择	455372	513646	969018	10.6	9.9	10.2
		门改造（房门拓宽、改推拉门、把手改造等）	未选择	3876699	4656302	8533001	90.3	89.9	90.1
			选择	415432	525883	941314	9.7	10.1	9.9
		如厕洗浴设备改造（蹲便器改坐便器、水龙头改造、淋浴房改造）	未选择	3537701	4299780	7837481	82.4	83.0	82.7
			选择	754430	882405	1636835	17.6	17.0	17.3
		厨房设备改造（台面改造等）	未选择	3795414	4483267	8278681	88.4	86.5	87.4
			选择	496716	698918	1195634	11.6	13.5	12.6
		物理环境改造（安装自动感应灯具、电源插座及开关改造、安装防撞护角/防撞条）	未选择	3872019	4654449	8526468	90.2	89.8	90.0
			选择	420111	527736	947848	9.8	10.2	10.0
		老年用品配置（轮椅、助行器、助听器、淋浴椅、防压疮垫、防走失手环等）	未选择	3788287	4558668	8346956	88.3	88.0	88.1
			选择	503843	623517	1127360	11.7	12.0	11.9
		适老家具配置（换鞋凳、适老椅、电动升降晾衣架等）	未选择	3932019	4685839	8617857	91.6	90.4	91.0
			选择	360112	496346	856458	8.4	9.6	9.0

续表

城乡	年龄（岁）			男	女	合计	男	女	合计
				人数（人）			%		
	80 至 84 岁	加装紧急呼叫设备	未选择	3898239	4701858	8600097	90.8	90.7	90.8
			选择	393892	480327	874219	9.2	9.3	9.2
农村	85 岁及以上	加装电梯	未选择	2785960	4275181	7061140	98.2	97.9	98.0
			选择	51619	93065	144684	1.8	2.1	2.0
		楼门坡道改造	未选择	2741874	4075433	6817306	96.6	93.3	94.6
			选择	95705	292813	388518	3.4	6.7	5.4
		地面改造（防滑处理、高低处理、平整硬化等）	未选择	2409911	3639614	6049526	84.9	83.3	84.0
			选择	427668	728631	1156299	15.1	16.7	16.0
		加装扶手/护栏	未选择	2540544	3870448	6410992	89.5	88.6	89.0
			选择	297035	497798	794833	10.5	11.4	11.0
		门改造（房门拓宽、改推拉门、把手改造等）	未选择	2588885	3887046	6475931	91.2	89.0	89.9
			选择	248694	481200	729894	8.8	11.0	10.1
		如厕洗浴设备改造（蹲便器改坐便器、水龙头改造、淋浴房改造）	未选择	2317894	3535046	5852940	81.7	80.9	81.2
			选择	519685	833200	1352885	18.3	19.1	18.8
		厨房设备改造（台面改造等）	未选择	2483037	3738994	6222031	87.5	85.6	86.3
			选择	354542	629251	983793	12.5	14.4	13.7
		物理环境改造（安装自动感应灯具、电源插座及开关改造、安装防撞护角/防撞条）	未选择	2585265	3921022	6506286	91.1	89.8	90.3
			选择	252314	447224	699538	8.9	10.2	9.7
		老年用品配置（轮椅、助行器、助听器、淋浴椅、防压疮垫、防走失手环等）	未选择	2467666	3759918	6227584	87.0	86.1	86.4
			选择	369913	608328	978241	13.0	13.9	13.6
		适老家具配置（换鞋凳、适老椅、电动升降晾衣架等）	未选择	2598001	3969003	6567005	91.6	90.9	91.1
			选择	239578	399242	638820	8.4	9.1	8.9
		加装紧急呼叫设备	未选择	2587988	3946331	6534319	91.2	90.3	90.7
			选择	249591	421914	671506	8.8	9.7	9.3
	总计	加装电梯	未选择	58609076	60597995	119207070	98.2	97.9	98.0
			选择	1100724	1313185	2413909	1.8	2.1	2.0
		楼门坡道改造	未选择	56820580	58703021	115523601	95.2	94.8	95.0
			选择	2889220	3208159	6097378	4.8	5.2	5.0
		地面改造（防滑处理、高低处理、平整硬化等）	未选择	50837738	52542162	103379900	85.1	84.9	85.0
			选择	8872062	9369018	18241080	14.9	15.1	15.0
		加装扶手/护栏	未选择	54330553	55788751	110119304	91.0	90.1	90.5
			选择	5379246	6122429	11501675	9.0	9.9	9.5
		门改造（房门拓宽、改推拉门、把手改造等）	未选择	52675281	54599284	107274565	88.2	88.2	88.2
			选择	7034518	7311896	14346414	11.8	11.8	11.8

续表

城乡	年龄（岁）			男	女	合计	男	女	合计
				人数（人）			%		
农村	总计	如厕洗浴设备改造（蹲便器改坐便器、水龙头改造、淋浴房改造）	未选择	49106777	50469889	99576666	82.2	81.5	81.9
			选择	10603023	11441291	22044314	17.8	18.5	18.1
		厨房设备改造（台面改造等）	未选择	50514153	52146307	102660460	84.6	84.2	84.4
			选择	9195647	9764873	18960519	15.4	15.8	15.6
		物理环境改造（安装自动感应灯具、电源插座及开关改造、安装防撞护角/防撞条）	未选择	53148319	55127704	108276023	89.0	89.0	89.0
			选择	6561481	6783476	13344956	11.0	11.0	11.0
		老年用品配置（轮椅、助行器、助听器、淋浴椅、防压疮垫、防走失手环等）	未选择	54696306	56441862	111138168	91.6	91.2	91.4
			选择	5013494	5469318	10482811	8.4	8.8	8.6
		适老家具配置（换鞋凳、适老椅、电动升降晾衣架等）	未选择	54919724	56602569	111522293	92.0	91.4	91.7
			选择	4790076	5308611	10098686	8.0	8.6	8.3
		加装紧急呼叫设备	未选择	54896936	56736236	111633172	91.9	91.6	91.8
			选择	4812863	5174944	9987807	8.1	8.4	8.2

6-4-1 按年龄、性别分的老年人居住社区（村）是否有下列设施

年龄（岁）			男	女	总计	男	女	总计
			人数（人）			%		
60至64岁	本社区（村）是否有下列设施：指示牌/标识	未选择	12364348	13348231	25712579	32.9	35.9	34.4
		选择	25179234	23859446	49038680	67.1	64.1	65.6
	本社区（村）是否有下列设施：道路照明	未选择	6298474	6155302	12453777	16.8	16.5	16.7
		选择	31245108	31052374	62297482	83.2	83.5	83.3
	本社区（村）是否有下列设施：生活设施	未选择	21188034	21126532	42314566	56.4	56.8	56.6
		选择	16355549	16081145	32436693	43.6	43.2	43.4
	本社区（村）是否有下列设施：无障碍设施	未选择	27859825	27989975	55849800	74.2	75.2	74.7
		选择	9683757	9217701	18901458	25.8	24.8	25.3
	本社区（村）是否有下列设施：公共卫生间	未选择	20405241	20755266	41160506	54.4	55.8	55.1
		选择	17138342	16452411	33590753	45.6	44.2	44.9
	本社区（村）是否有下列设施：健身活动场所	未选择	13954936	13977492	27932427	37.2	37.6	37.4
		选择	23588646	23230185	46818831	62.8	62.4	62.6
65至69岁	本社区（村）是否有下列设施：指示牌/标识	未选择	12346385	13607042	25953427	34.0	36.2	35.1
		选择	23954740	24022453	47977193	66.0	63.8	64.9
	本社区（村）是否有下列设施：道路照明	未选择	6369140	6280710	12649851	17.5	16.7	17.1
		选择	29931985	31348785	61280769	82.5	83.3	82.9

续表

年龄（岁）			男	女	总计	男	女	总计
			人数（人）			%		
65至69岁	本社区（村）是否有下列设施：生活设施	未选择	20892537	21384067	42276603	57.6	56.8	57.2
		选择	15408588	16245429	31654017	42.4	43.2	42.8
	本社区（村）是否有下列设施：无障碍设施	未选择	27650942	28429953	56080895	76.2	75.6	75.9
		选择	8650183	9199542	17849725	23.8	24.4	24.1
	本社区（村）是否有下列设施：公共卫生间	未选择	20057992	20862425	40920416	55.3	55.4	55.3
		选择	16243133	16767071	33010204	44.7	44.6	44.7
	本社区（村）是否有下列设施：健身活动场所	未选择	13531710	14469925	28001635	37.3	38.5	37.9
		选择	22769415	23159570	45928985	62.7	61.5	62.1
70至74岁	本社区（村）是否有下列设施：指示牌/标识	未选择	8455395	9716218	18171612	35.2	38.4	36.8
		选择	15573804	15581998	31155801	64.8	61.6	63.2
	本社区（村）是否有下列设施：道路照明	未选择	4292907	4426615	8719522	17.9	17.5	17.7
		选择	19736291	20871600	40607891	82.1	82.5	82.3
	本社区（村）是否有下列设施：生活设施	未选择	13905334	14928398	28833731	57.9	59.0	58.5
		选择	10123865	10369817	20493682	42.1	41.0	41.5
	本社区（村）是否有下列设施：无障碍设施	未选择	18465570	19489704	37955274	76.8	77.0	76.9
		选择	5563629	5808511	11372139	23.2	23.0	23.1
	本社区（村）是否有下列设施：公共卫生间	未选择	13182908	14277585	27460493	54.9	56.4	55.7
		选择	10846290	11020630	21866920	45.1	43.6	44.3
	本社区（村）是否有下列设施：健身活动场所	未选择	9277063	10166799	19443862	38.6	40.2	39.4
		选择	14752135	15131416	29883551	61.4	59.8	60.6
75至79岁	本社区（村）是否有下列设施：指示牌/标识	未选择	5247035	6535460	11782496	35.7	39.9	37.9
		选择	9447915	9836297	19284213	64.3	60.1	62.1
	本社区（村）是否有下列设施：道路照明	未选择	2613415	2973603	5587018	17.8	18.2	18.0
		选择	12081536	13398155	25479691	82.2	81.8	82.0
	本社区（村）是否有下列设施：生活设施	未选择	8787897	10065113	18853010	59.8	61.5	60.7
		选择	5907054	6306645	12213698	40.2	38.5	39.3
	本社区（村）是否有下列设施：无障碍设施	未选择	11427382	12977266	24404648	77.8	79.3	78.6
		选择	3267569	3394492	6662060	22.2	20.7	21.4
	本社区（村）是否有下列设施：公共卫生间	未选择	7921454	9279877	17201331	53.9	56.7	55.4
		选择	6773497	7091881	13865378	46.1	43.3	44.6
	本社区（村）是否有下列设施：健身活动场所	未选择	5846512	6923819	12770331	39.8	42.3	41.1
		选择	8848439	9447939	18296378	60.2	57.7	58.9
80至84岁	本社区（村）是否有下列设施：指示牌/标识	未选择	3576729	4265484	7842213	39.1	38.2	38.6
		选择	5581244	6912737	12493981	60.9	61.8	61.4
	本社区（村）是否有下列设施：道路照明	未选择	1624884	1819398	3444282	17.7	16.3	16.9
		选择	7533089	9358822	16891911	82.3	83.7	83.1

续表

年龄（岁）			男	女	总计	男	女	总计
			人数（人）			%		
80至84岁	本社区（村）是否有下列设施：生活设施	未选择	5441741	6685094	12126835	59.4	59.8	59.6
		选择	3716232	4493127	8209359	40.6	40.2	40.4
	本社区（村）是否有下列设施：无障碍设施	未选择	7124351	8609786	15734136	77.8	77.0	77.4
		选择	2033622	2568435	4602057	22.2	23.0	22.6
	本社区（村）是否有下列设施：公共卫生间	未选择	5016473	6157913	11174387	54.8	55.1	54.9
		选择	4141500	5020307	9161807	45.2	44.9	45.1
	本社区（村）是否有下列设施：健身活动场所	未选择	3848347	4858439	8706786	42.0	43.5	42.8
		选择	5309626	6319781	11629407	58.0	56.5	57.2
85岁及以上	本社区（村）是否有下列设施：指示牌/标识	未选择	2330764	3721997	6052761	38.3	40.9	39.9
		选择	3750596	5369102	9119698	61.7	59.1	60.1
	本社区（村）是否有下列设施：道路照明	未选择	1084216	1600851	2685068	17.8	17.6	17.7
		选择	4997144	7490247	12487392	82.2	82.4	82.3
	本社区（村）是否有下列设施：生活设施	未选择	3717918	5644838	9362756	61.1	62.1	61.7
		选择	2363442	3446260	5809703	38.9	37.9	38.3
	本社区（村）是否有下列设施：无障碍设施	未选择	4754952	7109752	11864704	78.2	78.2	78.2
		选择	1326408	1981347	3307755	21.8	21.8	21.8
	本社区（村）是否有下列设施：公共卫生间	未选择	3411334	5183365	8594699	56.1	57.0	56.6
		选择	2670027	3907733	6577760	43.9	43.0	43.4
	本社区（村）是否有下列设施：健身活动场所	未选择	2662513	4011407	6673920	43.8	44.1	44.0
		选择	3418848	5079692	8498540	56.2	55.9	56.0
总计	本社区（村）是否有下列设施：指示牌/标识	未选择	44320656	51194431	95515087	34.7	37.4	36.1
		选择	83487534	85582033	169069566	65.3	62.6	63.9
	本社区（村）是否有下列设施：道路照明	未选择	22283037	23256480	45539517	17.4	17.0	17.2
		选择	105525153	113519983	219045137	82.6	83.0	82.8
	本社区（村）是否有下列设施：生活设施	未选择	73933461	79834041	153767502	57.8	58.4	58.1
		选择	53874729	56942422	110817152	42.2	41.6	41.9
	本社区（村）是否有下列设施：无障碍设施	未选择	97283022	104606436	201889458	76.1	76.5	76.3
		选择	30525168	32170027	62695195	23.9	23.5	23.7
	本社区（村）是否有下列设施：公共卫生间	未选择	69995402	76516431	146511832	54.8	55.9	55.4
		选择	57812788	60260033	118072821	45.2	44.1	44.6
	本社区（村）是否有下列设施：健身活动场所	未选择	49121080	54407881	103528961	38.4	39.8	39.1
		选择	78687110	82368582	161055692	61.6	60.2	60.9

6-4-2 按城乡、年龄、性别分的老年人居住社区（村）是否有下列设施

城乡	年龄（岁）			男	女	合计	男	女	合计
				人数（人）			%		
城镇	60至64岁	本社区（村）是否有下列设施：指示牌/标识	未选择	6038328	6801930	12840257	28.3	31.2	29.8
			选择	15265475	15017409	30282884	71.7	68.8	70.2
		本社区（村）是否有下列设施：道路照明	未选择	2446098	2542091	4988189	11.5	11.7	11.6
			选择	18857704	19277247	38134952	88.5	88.3	88.4
		本社区（村）是否有下列设施：生活设施	未选择	10142681	10517257	20659938	47.6	48.2	47.9
			选择	11161122	11302081	22463203	52.4	51.8	52.1
		本社区（村）是否有下列设施：无障碍设施	未选择	13781838	14428519	28210357	64.7	66.1	65.4
			选择	7521965	7390819	14912784	35.3	33.9	34.6
		本社区（村）是否有下列设施：公共卫生间	未选择	11005392	11550610	22556002	51.7	52.9	52.3
			选择	10298411	10268728	20567139	48.3	47.1	47.7
		本社区（村）是否有下列设施：健身活动场所	未选择	7047469	7426332	14473801	33.1	34.0	33.6
			选择	14256334	14393006	28649340	66.9	66.0	66.4
	65至69岁	本社区（村）是否有下列设施：指示牌/标识	未选择	5581092	6295003	11876095	29.1	30.6	29.9
			选择	13585092	14281081	27866173	70.9	69.4	70.1
		本社区（村）是否有下列设施：道路照明	未选择	2251949	2248867	4500815	11.7	10.9	11.3
			选择	16914235	18327218	35241453	88.3	89.1	88.7
		本社区（村）是否有下列设施：生活设施	未选择	9272657	9630652	18903310	48.4	46.8	47.6
			选择	9893526	10945432	20838958	51.6	53.2	52.4
		本社区（村）是否有下列设施：无障碍设施	未选择	12668597	13496604	26165201	66.1	65.6	65.8
			选择	6497587	7079480	13577067	33.9	34.4	34.2
		本社区（村）是否有下列设施：公共卫生间	未选择	10288220	10916850	21205070	53.7	53.1	53.4
			选择	8877963	9659235	18537198	46.3	46.9	46.6
		本社区（村）是否有下列设施：健身活动场所	未选择	6536370	6985787	13522157	34.1	34.0	34.0
			选择	12629814	13590298	26220111	65.9	66.0	66.0
	70至74岁	本社区（村）是否有下列设施：指示牌/标识	未选择	3740163	4399091	8139253	30.8	33.2	32.0
			选择	8400724	8857505	17258229	69.2	66.8	68.0
		本社区（村）是否有下列设施：道路照明	未选择	1438543	1497064	2935607	11.8	11.3	11.6
			选择	10702344	11759532	22461876	88.2	88.7	88.4
		本社区（村）是否有下列设施：生活设施	未选择	5963491	6548253	12511744	49.1	49.4	49.3
			选择	6177396	6708342	12885738	50.9	50.6	50.7
		本社区（村）是否有下列设施：无障碍设施	未选择	8193872	8935678	17129550	67.5	67.4	67.4
			选择	3947015	4320917	8267932	32.5	32.6	32.6

续表

城乡	年龄（岁）			男	女	合计	男	女	合计
				人数（人）			%		
	70至74岁	本社区（村）是否有下列设施：公共卫生间	未选择	6412610	7205174	13617784	52.8	54.4	53.6
			选择	5728277	6051422	11779699	47.2	45.6	46.4
		本社区（村）是否有下列设施：健身活动场所	未选择	4172779	4651622	8824401	34.4	35.1	34.7
			选择	7968108	8604974	16573081	65.6	64.9	65.3
	75至79岁	本社区（村）是否有下列设施：指示牌/标识	未选择	2258131	3095057	5353188	30.6	36.4	33.7
			选择	5119762	5399320	10519082	69.4	63.6	66.3
		本社区（村）是否有下列设施：道路照明	未选择	855417	1095414	1950830	11.6	12.9	12.3
			选择	6522476	7398963	13921440	88.4	87.1	87.7
		本社区（村）是否有下列设施：生活设施	未选择	3707478	4524415	8231893	50.3	53.3	51.9
			选择	3670415	3969962	7640377	49.7	46.7	48.1
		本社区（村）是否有下列设施：无障碍设施	未选择	5007108	5994469	11001577	67.9	70.6	69.3
			选择	2370785	2499908	4870693	32.1	29.4	30.7
		本社区（村）是否有下列设施：公共卫生间	未选择	3854523	4572564	8427087	52.2	53.8	53.1
			选择	3523370	3921813	7445183	47.8	46.2	46.9
		本社区（村）是否有下列设施：健身活动场所	未选择	2604654	3282903	5887557	35.3	38.6	37.1
			选择	4773239	5211474	9984713	64.7	61.4	62.9
城镇	80至84岁	本社区（村）是否有下列设施：指示牌/标识	未选择	1697375	1960799	3658174	34.9	32.7	33.7
			选择	3168467	4035236	7203704	65.1	67.3	66.3
		本社区（村）是否有下列设施：道路照明	未选择	557350	641103	1198453	11.5	10.7	11.0
			选择	4308492	5354932	9663425	88.5	89.3	89.0
		本社区（村）是否有下列设施：生活设施	未选择	2441431	3067546	5508977	50.2	51.2	50.7
			选择	2424412	2928489	5352901	49.8	48.8	49.3
		本社区（村）是否有下列设施：无障碍设施	未选择	3377401	4068248	7445649	69.4	67.8	68.5
			选择	1488442	1927788	3416229	30.6	32.2	31.5
		本社区（村）是否有下列设施：公共卫生间	未选择	2492758	3153789	5646548	51.2	52.6	52.0
			选择	2373084	2842246	5215330	48.8	47.4	48.0
		本社区（村）是否有下列设施：健身活动场所	未选择	1779152	2278666	4057818	36.6	38.0	37.4
			选择	3086690	3717370	6804060	63.4	62.0	62.6
	85岁及以上	本社区（村）是否有下列设施：指示牌/标识	未选择	1172461	1775503	2947964	36.1	37.6	37.0
			选择	2071321	2947349	5018670	63.9	62.4	63.0
		本社区（村）是否有下列设施：道路照明	未选择	411225	612755	1023980	12.7	13.0	12.9
			选择	2832557	4110097	6942654	87.3	87.0	87.1
		本社区（村）是否有下列设施：生活设施	未选择	1743449	2563488	4306937	53.7	54.3	54.1
			选择	1500333	2159365	3659698	46.3	45.7	45.9

续表

城乡	年龄（岁）			男	女	合计	男	女	合计
				人数（人）			%		
	85岁及以上	本社区（村）是否有下列设施：无障碍设施	未选择	2322896	3261476	5584372	71.6	69.1	70.1
			选择	920886	1461376	2382262	28.4	30.9	29.9
		本社区（村）是否有下列设施：公共卫生间	未选择	1786466	2554855	4341320	55.1	54.1	54.5
			选择	1457316	2167998	3625314	44.9	45.9	45.5
		本社区（村）是否有下列设施：健身活动场所	未选择	1355506	1816275	3171781	41.8	38.5	39.8
			选择	1888276	2906577	4794853	58.2	61.5	60.2
城镇	总计	本社区（村）是否有下列设施：指示牌/标识	未选择	20487549	24327383	44814932	30.1	32.5	31.3
			选择	47610841	50537901	98148742	69.9	67.5	68.7
		本社区（村）是否有下列设施：道路照明	未选择	7960582	8637294	16597875	11.7	11.5	11.6
			选择	60137809	66227990	126365799	88.3	88.5	88.4
		本社区（村）是否有下列设施：生活设施	未选择	33271187	36851612	70122799	48.9	49.2	49.0
			选择	34827203	38013672	72840875	51.1	50.8	51.0
		本社区（村）是否有下列设施：无障碍设施	未选择	45351712	50184995	95536707	66.6	67.0	66.8
			选择	22746679	24680289	47426967	33.4	33.0	33.2
		本社区（村）是否有下列设施：公共卫生间	未选择	35839969	39953842	75793811	52.6	53.4	53.0
			选择	32258421	34911442	67169863	47.4	46.6	47.0
		本社区（村）是否有下列设施：健身活动场所	未选择	23495930	26441585	49937515	34.5	35.3	34.9
			选择	44602461	48423699	93026159	65.5	64.7	65.1
农村	60至64岁	本社区（村）是否有下列设施：指示牌/标识	未选择	6326020	6546301	12872322	39.0	42.5	40.7
			选择	9913759	8842037	18755796	61.0	57.5	59.3
		本社区（村）是否有下列设施：道路照明	未选择	3852376	3613212	7465588	23.7	23.5	23.6
			选择	12387403	11775127	24162530	76.3	76.5	76.4
		本社区（村）是否有下列设施：生活设施	未选择	11045353	10609275	21654627	68.0	68.9	68.5
			选择	5194427	4779064	9973491	32.0	31.1	31.5
		本社区（村）是否有下列设施：无障碍设施	未选择	14077987	13561456	27639444	86.7	88.1	87.4
			选择	2161792	1826882	3988674	13.3	11.9	12.6
		本社区（村）是否有下列设施：公共卫生间	未选择	9399848	9204656	18604504	57.9	59.8	58.8
			选择	6839931	6183683	13023614	42.1	40.2	41.2
		本社区（村）是否有下列设施：健身活动场所	未选择	6907467	6551160	13458626	42.5	42.6	42.6
			选择	9332313	8837179	18169491	57.5	57.4	57.4
	65至69岁	本社区（村）是否有下列设施：指示牌/标识	未选择	6765293	7312038	14077332	39.5	42.9	41.2
			选择	10369648	9741372	20111020	60.5	57.1	58.8
		本社区（村）是否有下列设施：道路照明	未选择	4117191	4031844	8149035	24.0	23.6	23.8
			选择	13017750	13021567	26039317	76.0	76.4	76.2

续表

城乡	年龄（岁）			男	女	合计	男	女	合计
				人数（人）			%		
	65至69岁	本社区（村）是否有下列设施：生活设施	未选择	11619879	11753414	23373293	67.8	68.9	68.4
			选择	5515062	5299996	10815058	32.2	31.1	31.6
		本社区（村）是否有下列设施：无障碍设施	未选择	14982345	14933349	29915694	87.4	87.6	87.5
			选择	2152596	2120062	4272658	12.6	12.4	12.5
		本社区（村）是否有下列设施：公共卫生间	未选择	9769772	9945575	19715347	57.0	58.3	57.7
			选择	7365170	7107836	14473005	43.0	41.7	42.3
		本社区（村）是否有下列设施：健身活动场所	未选择	6995340	7484138	14479478	40.8	43.9	42.4
			选择	10139601	9569272	19708874	59.2	56.1	57.6
	70至74岁	本社区（村）是否有下列设施：指示牌/标识	未选择	4715232	5317127	10032359	39.7	44.2	41.9
			选择	7173079	6724493	13897572	60.3	55.8	58.1
		本社区（村）是否有下列设施：道路照明	未选择	2854364	2929551	5783915	24.0	24.3	24.2
			选择	9033947	9112069	18146016	76.0	75.7	75.8
		本社区（村）是否有下列设施：生活设施	未选择	7941843	8380144	16321987	66.8	69.6	68.2
			选择	3946469	3661475	7607944	33.2	30.4	31.8
		本社区（村）是否有下列设施：无障碍设施	未选择	10271698	10554026	20825724	86.4	87.6	87.0
			选择	1616614	1487593	3104207	13.6	12.4	13.0
农村		本社区（村）是否有下列设施：公共卫生间	未选择	6770299	7072411	13842709	56.9	58.7	57.8
			选择	5118013	4969209	10087221	43.1	41.3	42.2
		本社区（村）是否有下列设施：健身活动场所	未选择	5104284	5515177	10619461	42.9	45.8	44.4
			选择	6784027	6526442	13310470	57.1	54.2	55.6
	75至79岁	本社区（村）是否有下列设施：指示牌/标识	未选择	2988904	3440403	6429308	40.8	43.7	42.3
			选择	4328153	4436977	8765131	59.2	56.3	57.7
		本社区（村）是否有下列设施：道路照明	未选择	1757998	1878189	3636187	24.0	23.8	23.9
			选择	5559060	5999192	11558251	76.0	76.2	76.1
		本社区（村）是否有下列设施：生活设施	未选择	5080419	5540698	10621117	69.4	70.3	69.9
			选择	2236639	2336682	4573321	30.6	29.7	30.1
		本社区（村）是否有下列设施：无障碍设施	未选择	6420274	6982797	13403071	87.7	88.6	88.2
			选择	896784	894584	1791368	12.3	11.4	11.8
		本社区（村）是否有下列设施：公共卫生间	未选择	4066931	4707313	8774243	55.6	59.8	57.7
			选择	3250127	3170068	6420195	44.4	40.2	42.3
		本社区（村）是否有下列设施：健身活动场所	未选择	3241858	3640916	6882774	44.3	46.2	45.3
			选择	4075200	4236464	8311664	55.7	53.8	54.7
	80至84岁	本社区（村）是否有下列设施：指示牌/标识	未选择	1879354	2304685	4184039	43.8	44.5	44.2
			选择	2412777	2877500	5290277	56.2	55.5	55.8

续表

城乡	年龄（岁）			男	女	合计	男	女	合计
				人数（人）			%		
	80至84岁	本社区（村）是否有下列设施：道路照明	未选择	1067534	1178295	2245829	24.9	22.7	23.7
			选择	3224597	4003890	7228487	75.1	77.3	76.3
		本社区（村）是否有下列设施：生活设施	未选择	3000310	3617548	6617858	69.9	69.8	69.9
			选择	1291820	1564637	2856458	30.1	30.2	30.1
		本社区（村）是否有下列设施：无障碍设施	未选择	3746950	4541538	8288488	87.3	87.6	87.5
			选择	545181	640647	1185828	12.7	12.4	12.5
		本社区（村）是否有下列设施：公共卫生间	未选择	2523715	3004124	5527839	58.8	58.0	58.3
			选择	1768416	2178061	3946477	41.2	42.0	41.7
		本社区（村）是否有下列设施：健身活动场所	未选择	2069194	2579774	4648968	48.2	49.8	49.1
			选择	2222936	2602411	4825348	51.8	50.2	50.9
农村	85岁及以上	本社区（村）是否有下列设施：指示牌/标识	未选择	1158304	1946493	3104797	40.8	44.6	43.1
			选择	1679275	2421752	4101028	59.2	55.4	56.9
		本社区（村）是否有下列设施：道路照明	未选择	672991	988096	1661087	23.7	22.6	23.1
			选择	2164588	3380150	5544738	76.3	77.4	76.9
		本社区（村）是否有下列设施：生活设施	未选择	1974469	3081350	5055819	69.6	70.5	70.2
			选择	863110	1286896	2150005	30.4	29.5	29.8
		本社区（村）是否有下列设施：无障碍设施	未选择	2432057	3848275	6280332	85.7	88.1	87.2
			选择	405522	519970	925493	14.3	11.9	12.8
		本社区（村）是否有下列设施：公共卫生间	未选择	1624868	2628511	4253379	57.3	60.2	59.0
			选择	1212711	1739735	2952446	42.7	39.8	41.0
		本社区（村）是否有下列设施：健身活动场所	未选择	1307007	2195131	3502139	46.1	50.3	48.6
			选择	1530572	2173114	3703686	53.9	49.7	51.4
	总计	本社区（村）是否有下列设施：指示牌/标识	未选择	23833108	26867048	50700155	39.9	43.4	41.7
			选择	35876692	35044132	70920824	60.1	56.6	58.3
		本社区（村）是否有下列设施：道路照明	未选择	14322455	14619186	28941641	24.0	23.6	23.8
			选择	45387345	47291994	92679338	76.0	76.4	76.2
		本社区（村）是否有下列设施：生活设施	未选择	40662273	42982429	83644702	68.1	69.4	68.8
			选择	19047526	18928751	37976277	31.9	30.6	31.2
		本社区（村）是否有下列设施：无障碍设施	未选择	51931311	54421441	106352752	87.0	87.9	87.4
			选择	7778489	7489739	15268228	13.0	12.1	12.6
		本社区（村）是否有下列设施：公共卫生间	未选择	34155432	36562589	70718021	57.2	59.1	58.1
			选择	25554367	25348591	50902958	42.8	40.9	41.9
		本社区（村）是否有下列设施：健身活动场所	未选择	25625150	27966296	53591447	42.9	45.2	44.1
			选择	34084649	33944884	68029533	57.1	54.8	55.9

6-5-1 按年龄、性别分的老年人对居住社区（村）的下列设施满意程度

年龄组（岁）			男	女	总计	男	女	总计
			人数（人）			%		
60 至 64 岁	对指示牌/标识是否满意？	满意	24386119	23352349	47738468	96.9	97.9	97.4
		不满意	793116	504154	1297270	3.1	2.1	2.6
	对道路照明是否满意？	满意	28995204	29015649	58010853	92.8	93.4	93.1
		不满意	2247878	2035028	4282906	7.2	6.6	6.9
	对生活设施是否满意？	满意	15616011	15398012	31014023	95.5	95.8	95.6
		不满意	739537	680892	1420429	4.5	4.2	4.4
	对无障碍设施是否满意？	满意	9333998	8853510	18187507	96.4	96.0	96.2
		不满意	349759	364192	713951	3.6	4.0	3.8
	对公共卫生间是否满意？	满意	15919662	15465346	31385008	92.9	94.0	93.4
		不满意	1218679	987065	2205744	7.1	6.0	6.6
	对健身活动场所是否满意？	满意	21717283	21589000	43306283	92.1	92.9	92.5
		不满意	1869599	1641185	3510783	7.9	7.1	7.5
65 至 69 岁	对指示牌/标识是否满意？	满意	23381302	23484993	46866295	97.6	97.8	97.7
		不满意	573438	537460	1110898	2.4	2.2	2.3
	对道路照明是否满意？	满意	27798119	29476179	57274299	92.9	94.0	93.5
		不满意	2131764	1870508	4002273	7.1	6.0	6.5
	对生活设施是否满意？	满意	14728258	15650243	30378501	95.6	96.3	96.0
		不满意	676199	595186	1271385	4.4	3.7	4.0
	对无障碍设施是否满意？	满意	8327341	8872527	17199868	96.3	96.4	96.4
		不满意	320969	327015	647983	3.7	3.6	3.6
	对公共卫生间是否满意？	满意	15171970	15926869	31098839	93.4	95.0	94.2
		不满意	1071163	838206	1909369	6.6	5.0	5.8
	对健身活动场所是否满意？	满意	21053287	21715192	42768479	92.5	93.8	93.1
		不满意	1712689	1444378	3157067	7.5	6.2	6.9
70 至 74 岁	对指示牌/标识是否满意？	满意	15181686	15285699	30467384	97.5	98.1	97.8
		不满意	392118	296299	688417	2.5	1.9	2.2
	对道路照明是否满意？	满意	18434739	19699771	38134509	93.4	94.4	93.9
		不满意	1301553	1171830	2473382	6.6	5.6	6.1
	对生活设施是否满意？	满意	9725584	10015551	19741135	96.1	96.6	96.3
		不满意	398281	349961	748242	3.9	3.4	3.7
	对无障碍设施是否满意？	满意	5349390	5624264	10973654	96.1	96.9	96.5
		不满意	214239	182394	396633	3.9	3.1	3.5
	对公共卫生间是否满意？	满意	10164727	10451021	20615748	93.7	94.8	94.3
		不满意	681563	569610	1251172	6.3	5.2	5.7

续表

年龄组（岁）			男	女	总计	男	女	总计
			人数（人）			%		
70至74岁	对健身活动场所是否满意？	满意	13794975	14300985	28095960	93.5	94.5	94.0
		不满意	956806	830431	1787237	6.5	5.5	6.0
75至79岁	对指示牌/标识是否满意？	满意	9196729	9649921	18846650	97.3	98.1	97.7
		不满意	251187	186376	437563	2.7	1.9	2.3
	对道路照明是否满意？	满意	11372441	12627577	24000018	94.1	94.2	94.2
		不满意	709095	770578	1479673	5.9	5.8	5.8
	对生活设施是否满意？	满意	5710607	6121129	11831736	96.7	97.1	96.9
		不满意	194202	185516	379718	3.3	2.9	3.1
	对无障碍设施是否满意？	满意	3158714	3273095	6431809	96.7	96.4	96.5
		不满意	108855	121397	230252	3.3	3.6	3.5
	对公共卫生间是否满意？	满意	6365396	6745645	13111041	94.0	95.1	94.6
		不满意	408101	346236	754337	6.0	4.9	5.4
	对健身活动场所是否满意？	满意	8325004	8990779	17315783	94.1	95.2	94.6
		不满意	523435	457160	980595	5.9	4.8	5.4
80至84岁	对指示牌/标识是否满意？	满意	5459417	6810564	12269981	97.8	98.5	98.2
		不满意	121827	102173	224000	2.2	1.5	1.8
	对道路照明是否满意？	满意	7110448	8870757	15981205	94.4	94.8	94.6
		不满意	422641	488066	910706	5.6	5.2	5.4
	对生活设施是否满意？	满意	3559971	4377515	7937485	95.8	97.5	96.7
		不满意	156261	113330	269591	4.2	2.5	3.3
	对无障碍设施是否满意？	满意	1948713	2486547	4435261	95.8	96.8	96.4
		不满意	84909	81887	166796	4.2	3.2	3.6
	对公共卫生间是否满意？	满意	3880325	4757429	8637754	93.7	94.8	94.3
		不满意	261175	262878	524053	6.3	5.2	5.7
	对健身活动场所是否满意？	满意	5021620	6015196	11036816	94.6	95.2	94.9
		不满意	288006	304585	592591	5.4	4.8	5.1
85岁及以上	对指示牌/标识是否满意？	满意	3649452	5266007	8915458	97.3	98.2	97.8
		不满意	101145	96552	197696	2.7	1.8	2.2
	对道路照明是否满意？	满意	4740997	7079956	11820953	94.9	94.7	94.7
		不满意	256147	398999	655146	5.1	5.3	5.3
	对生活设施是否满意？	满意	2282657	3347512	5630168	96.6	97.5	97.1
		不满意	80274	87456	167730	3.4	2.5	2.9
	对无障碍设施是否满意？	满意	1280268	1875930	3156198	96.5	95.2	95.7
		不满意	46140	94124	140264	3.5	4.8	4.3
	对公共卫生间是否满意？	满意	2532252	3689866	6222119	94.8	94.5	94.6
		不满意	137775	214054	351828	5.2	5.5	5.4

续表

年龄组（岁）			男	女	总计	男	女	总计
			人数（人）			%		
85 岁及以上	对健身活动场所是否满意？	满意	3234721	4853580	8088301	94.6	95.6	95.2
		不满意	184126	222299	406425	5.4	4.4	4.8
总计	对指示牌/标识是否满意？	满意	81254704	83849533	165104237	97.3	98.0	97.7
		不满意	2232830	1723013	3955843	2.7	2.0	2.3
	对道路照明是否满意？	满意	98451948	106769889	205221837	93.3	94.1	93.7
		不满意	7069078	6735008	13804086	6.7	5.9	6.3
	对生活设施是否满意？	满意	51623088	54909960	106533048	95.8	96.5	96.2
		不满意	2244754	2012341	4257095	4.2	3.5	3.8
	对无障碍设施是否满意？	满意	29398424	30985873	60384297	96.3	96.4	96.3
		不满意	1124871	1171009	2295879	3.7	3.6	3.7
	对公共卫生间是否满意？	满意	54034333	57036177	111070509	93.5	94.7	94.1
		不满意	3778455	3218048	6996503	6.5	5.3	5.9
	对健身活动场所是否满意？	满意	73146890	77464732	150611622	93.0	94.1	93.5
		不满意	5534662	4900038	10434699	7.0	5.9	6.5

6-5-2 按城乡、年龄、性别分的老年人对居住社区（村）的下列设施满意程度

城乡	年龄（岁）			男	女	合计	男	女	合计
				人数（人）			%		
城镇	60 至 64 岁	对指示牌/标识是否满意？	满意	14685018	14651332	29336349	96.2	97.6	96.9
			不满意	580457	363134	943592	3.8	2.4	3.1
		对道路照明是否满意？	满意	17502819	17956720	35459539	92.8	93.1	93.0
			不满意	1354886	1320527	2675413	7.2	6.9	7.0
		对生活设施是否满意？	满意	10565636	10747757	21313393	94.7	95.1	94.9
			不满意	595485	554324	1149810	5.3	4.9	5.1
		对无障碍设施是否满意？	满意	7245075	7073428	14318503	96.3	95.7	96.0
			不满意	276890	317392	594282	3.7	4.3	4.0
		对公共卫生间是否满意？	满意	9496653	9579239	19075892	92.2	93.3	92.7
			不满意	801757	689490	1491247	7.8	6.7	7.3
		对健身活动场所是否满意？	满意	12920756	13194903	26115659	90.6	91.7	91.2
			不满意	1333812	1198103	2531916	9.4	8.3	8.8
	65 至 69 岁	对指示牌/标识是否满意？	满意	13207526	13930602	27138128	97.2	97.5	97.4
			不满意	377566	350479	728045	2.8	2.5	2.6
		对道路照明是否满意？	满意	15734838	17234383	32969221	93.0	94.0	93.6
			不满意	1179396	1092835	2272232	7.0	6.0	6.4

续表

城乡	年龄（岁）			男	女	合计	男	女	合计
				人数（人）			%		
城镇	65至69岁	对生活设施是否满意？	满意	9380815	10458523	19839339	94.8	95.6	95.2
			不满意	512711	486909	999619	5.2	4.4	4.8
		对无障碍设施是否满意？	满意	6242172	6791149	13033321	96.1	95.9	96.0
			不满意	253541	288331	541873	3.9	4.1	4.0
		对公共卫生间是否满意？	满意	8263081	9117626	17380707	93.1	94.4	93.8
			不满意	614883	539613	1154496	6.9	5.6	6.2
		对健身活动场所是否满意？	满意	11542901	12552611	24095513	91.4	92.4	91.9
			不满意	1083473	1037686	2121160	8.6	7.6	8.1
	70至74岁	对指示牌/标识是否满意？	满意	8103319	8656125	16759444	96.5	97.7	97.1
			不满意	297406	201380	498785	3.5	2.3	2.9
		对道路照明是否满意？	满意	10001838	11053140	21054977	93.5	94.0	93.7
			不满意	700507	706392	1406899	6.5	6.0	6.3
		对生活设施是否满意？	满意	5874485	6409436	12283921	95.1	95.6	95.3
			不满意	302911	296560	599471	4.9	4.4	4.7
		对无障碍设施是否满意？	满意	3764225	4163999	7928224	95.4	96.4	95.9
			不满意	182790	156918	339708	4.6	3.6	4.1
		对公共卫生间是否满意？	满意	5311098	5677063	10988161	92.7	93.8	93.3
			不满意	417179	374359	791537	7.3	6.2	6.7
		对健身活动场所是否满意？	满意	7330288	8019671	15349959	92.0	93.2	92.6
			不满意	637466	585303	1222768	8.0	6.8	7.4
	75至79岁	对指示牌/标识是否满意？	满意	4938343	5269691	10208034	96.5	97.6	97.0
			不满意	181419	129630	311048	3.5	2.4	3.0
		对道路照明是否满意？	满意	6115796	6941056	13056852	93.8	93.8	93.8
			不满意	406680	457907	864587	6.2	6.2	6.2
		对生活设施是否满意？	满意	3532021	3828268	7360289	96.2	96.4	96.3
			不满意	138394	141694	280088	3.8	3.6	3.7
		对无障碍设施是否满意？	满意	2284258	2403936	4688195	96.4	96.2	96.3
			不满意	86527	95971	182498	3.6	3.8	3.7
		对公共卫生间是否满意？	满意	3278376	3703583	6981958	93.0	94.4	93.8
			不满意	244994	218230	463224	7.0	5.6	6.2
		对健身活动场所是否满意？	满意	4413828	4886827	9300655	92.5	93.8	93.1
			不满意	359412	324647	684059	7.5	6.2	6.9
	80至84岁	对指示牌/标识是否满意？	满意	3078661	3972703	7051364	97.2	98.5	97.9
			不满意	89806	62533	152339	2.8	1.5	2.1

续表

城乡	年龄（岁）			男	女	合计	男	女	合计
				人数（人）			%		
城镇	80 至 84 岁	对道路照明是否满意?	满意	4033517	5079646	9113163	93.6	94.9	94.3
			不满意	274976	275286	550262	6.4	5.1	5.7
		对生活设施是否满意?	满意	2296440	2854924	5151364	94.7	97.5	96.2
			不满意	127972	73565	201537	5.3	2.5	3.8
		对无障碍设施是否满意?	满意	1415216	1855288	3270504	95.1	96.2	95.7
			不满意	73226	72499	145725	4.9	3.8	4.3
		对公共卫生间是否满意?	满意	2185552	2688692	4874243	92.1	94.6	93.5
			不满意	187532	153555	341087	7.9	5.4	6.5
		对健身活动场所是否满意?	满意	2877017	3502335	6379352	93.2	94.2	93.8
			不满意	209673	215034	424708	6.8	5.8	6.2
	85 岁及以上	对指示牌/标识是否满意?	满意	1989249	2875564	4864813	96.0	97.7	97.0
			不满意	82072	67973	150045	4.0	2.3	3.0
		对道路照明是否满意?	满意	2676790	3831692	6508482	94.5	93.5	93.9
			不满意	155766	267112	422879	5.5	6.5	6.1
		对生活设施是否满意?	满意	1432204	2083886	3516090	95.5	97.0	96.4
			不满意	68129	64186	132315	4.5	3.0	3.6
		对无障碍设施是否满意?	满意	888632	1360275	2248907	96.5	93.8	94.9
			不满意	32254	89809	122063	3.5	6.2	5.1
		对公共卫生间是否满意?	满意	1376827	2017639	3394466	94.5	93.2	93.7
			不满意	80489	146546	227035	5.5	6.8	6.3
		对健身活动场所是否满意?	满意	1765744	2769910	4535654	93.5	95.4	94.7
			不满意	122532	132855	255386	6.5	4.6	5.3
	总计	对指示牌/标识是否满意?	满意	46002116	49356016	95358133	96.6	97.7	97.2
			不满意	1608725	1175129	2783854	3.4	2.3	2.8
		对道路照明是否满意?	满意	56065598	62096637	118162235	93.2	93.8	93.5
			不满意	4072211	4120060	8192271	6.8	6.2	6.5
		对生活设施是否满意?	满意	33081601	36382795	69464396	95.0	95.7	95.4
			不满意	1745602	1617239	3362841	5.0	4.3	4.6
		对无障碍设施是否满意?	满意	21839578	23648075	45487653	96.0	95.9	95.9
			不满意	905228	1020921	1926149	4.0	4.1	4.1
		对公共卫生间是否满意?	满意	29911587	32783841	62695428	92.7	93.9	93.3
			不满意	2346834	2121792	4468627	7.3	6.1	6.7
		对健身活动场所是否满意?	满意	40850534	44926258	85776792	91.6	92.8	92.2
			不满意	3746368	3493628	7239996	8.4	7.2	7.8

续表

城乡	年龄（岁）			男	女	合计	男	女	合计
				人数（人）			%		
农村	60至64岁	对指示牌/标识是否满意？	满意	9701101	8701017	18402119	97.9	98.4	98.1
			不满意	212658	141020	353678	2.1	1.6	1.9
		对道路照明是否满意？	满意	11492385	11058929	22551314	92.8	93.9	93.3
			不满意	892992	714501	1607493	7.2	6.1	6.7
		对生活设施是否满意？	满意	5050375	4650255	9700630	97.2	97.4	97.3
			不满意	144052	126567	270619	2.8	2.6	2.7
		对无障碍设施是否满意？	满意	2088923	1780082	3869005	96.6	97.4	97.0
			不满意	72870	46800	119670	3.4	2.6	3.0
		对公共卫生间是否满意？	满意	6423009	5886107	12309116	93.9	95.2	94.5
			不满意	416922	297575	714497	6.1	4.8	5.5
		对健身活动场所是否满意？	满意	8796527	8394097	17190624	94.3	95.0	94.6
			不满意	535786	443082	978868	5.7	5.0	5.4
	65至69岁	对指示牌/标识是否满意？	满意	10173776	9554391	19728167	98.1	98.1	98.1
			不满意	195872	186981	382853	1.9	1.9	1.9
		对道路照明是否满意？	满意	12063281	12241797	24305077	92.7	94.0	93.4
			不满意	952368	777673	1730041	7.3	6.0	6.6
		对生活设施是否满意？	满意	5347442	5191719	10539162	97.0	98.0	97.5
			不满意	163488	108277	271765	3.0	2.0	2.5
		对无障碍设施是否满意？	满意	2085169	2081379	4166547	96.9	98.2	97.5
			不满意	67427	38683	106111	3.1	1.8	2.5
		对公共卫生间是否满意？	满意	6908889	6809243	13718132	93.8	95.8	94.8
			不满意	456281	298593	754874	6.2	4.2	5.2
		对健身活动场所是否满意？	满意	9510386	9162581	18672966	93.8	95.8	94.7
			不满意	629215	406692	1035907	6.2	4.2	5.3
	70至74岁	对指示牌/标识是否满意？	满意	7078367	6629574	13707940	98.7	98.6	98.6
			不满意	94712	94919	189632	1.3	1.4	1.4
		对道路照明是否满意？	满意	8432901	8646631	17079532	93.3	94.9	94.1
			不满意	601046	465438	1066484	6.7	5.1	5.9
		对生活设施是否满意？	满意	3851099	3606115	7457213	97.6	98.5	98.0
			不满意	95370	53401	148771	2.4	1.5	2.0
		对无障碍设施是否满意？	满意	1585165	1460265	3045430	98.1	98.3	98.2
			不满意	31449	25476	56924	1.9	1.7	1.8
		对公共卫生间是否满意？	满意	4853629	4773958	9627587	94.8	96.1	95.4
			不满意	264384	195251	459635	5.2	3.9	4.6

续表

城乡	年龄（岁）			男	女	合计	男	女	合计
				人数（人）			%		
	70 至 74 岁	对健身活动场所是否满意？	满意	6464687	6281314	12746001	95.3	96.2	95.8
			不满意	319340	245128	564469	4.7	3.8	4.2
	75 至 79 岁	对指示牌/标识是否满意？	满意	4258385	4380231	8638616	98.4	98.7	98.6
			不满意	69768	56746	126514	1.6	1.3	1.4
		对道路照明是否满意？	满意	5256645	5686521	10943166	94.6	94.8	94.7
			不满意	302415	312670	615085	5.4	5.2	5.3
		对生活设施是否满意？	满意	2178587	2292860	4471447	97.5	98.1	97.8
			不满意	55808	43822	99630	2.5	1.9	2.2
		对无障碍设施是否满意？	满意	874456	869158	1743614	97.5	97.2	97.3
			不满意	22328	25425	47753	2.5	2.8	2.7
		对公共卫生间是否满意？	满意	3087020	3042063	6129083	95.0	96.0	95.5
			不满意	163107	128006	291112	5.0	4.0	4.5
		对健身活动场所是否满意？	满意	3911176	4103952	8015128	96.0	96.9	96.4
			不满意	164024	132513	296536	4.0	3.1	3.6
农村	80 至 84 岁	对指示牌/标识是否满意？	满意	2380756	2837861	5218617	98.7	98.6	98.6
			不满意	32021	39639	71660	1.3	1.4	1.4
		对道路照明是否满意？	满意	3076932	3791110	6868042	95.4	94.7	95.0
			不满意	147665	212779	360444	4.6	5.3	5.0
		对生活设施是否满意？	满意	1263531	1522591	2786121	97.8	97.5	97.6
			不满意	28290	39765	68054	2.2	2.5	2.4
		对无障碍设施是否满意？	满意	533498	631259	1164757	97.9	98.5	98.2
			不满意	11683	9388	21071	2.1	1.5	1.8
		对公共卫生间是否满意？	满意	1694773	2068738	3763511	95.8	95.0	95.4
			不满意	73642	109323	182966	4.2	5.0	4.6
		对健身活动场所是否满意？	满意	2144603	2512861	4657464	96.5	96.6	96.5
			不满意	78333	89551	167884	3.5	3.4	3.5
	85 岁及以上	对指示牌/标识是否满意？	满意	1660202	2390443	4050645	98.9	98.8	98.8
			不满意	19073	28579	47652	1.1	1.2	1.2
		对道路照明是否满意？	满意	2064207	3248264	5312471	95.4	96.1	95.8
			不满意	100380	131886	232267	4.6	3.9	4.2
		对生活设施是否满意？	满意	850453	1263626	2114079	98.6	98.2	98.4
			不满意	12145	23270	35415	1.4	1.8	1.6
		对无障碍设施是否满意？	满意	391636	515655	907292	96.6	99.2	98.0
			不满意	13886	4315	18201	3.4	0.8	2.0

续表

城乡	年龄（岁）			男	女	合计	男	女	合计
				人数（人）			%		
	85岁及以上	对公共卫生间是否满意?	满意	1155426	1672228	2827653	95.3	96.1	95.8
			不满意	57286	67507	124793	4.7	3.9	4.2
		对健身活动场所是否满意?	满意	1468977	2083670	3552647	96.0	95.9	95.9
			不满意	61595	89445	151039	4.0	4.1	4.1
农村	总计	对指示牌/标识是否满意?	满意	35252587	34493517	69746104	98.3	98.4	98.3
			不满意	624105	547885	1171989	1.7	1.6	1.7
		对道路照明是否满意?	满意	42386350	44673252	87059602	93.4	94.5	93.9
			不满意	2996867	2614948	5611815	6.6	5.5	6.1
		对生活设施是否满意?	满意	18541486	18527166	37068652	97.4	97.9	97.6
			不满意	499153	395102	894255	2.6	2.1	2.4
		对无障碍设施是否满意?	满意	7558846	7337798	14896644	97.2	98.0	97.6
			不满意	219643	150088	369731	2.8	2.0	2.4
		对公共卫生间是否满意?	满意	24122746	24252335	48375081	94.4	95.7	95.0
			不满意	1431621	1096256	2527877	5.6	4.3	5.0
		对健身活动场所是否满意?	满意	32296355	32538474	64834829	94.8	95.9	95.3
			不满意	1788294	1406410	3194703	5.2	4.1	4.7

6-6-1 按年龄、性别分的老年人对现住房满意程度

年龄（岁）			男	女	总计	男	女	总计
			人数（人）			%		
60至64岁	您对现在的住房满意吗?	非常满意	13633861	13697309	27331170	36.3	36.8	36.6
		比较满意	12633346	11770273	24403619	33.6	31.6	32.6
		一般	8416327	8619749	17036076	22.4	23.2	22.8
		比较不满意	2094796	2258200	4352996	5.6	6.1	5.8
		非常不满意	765253	862145	1627398	2.0	2.3	2.2
		总计	37543583	37207676	74751259	100.0	100.0	100.0
65至69岁	您对现在的住房满意吗?	非常满意	13689475	14581592	28271067	37.7	38.8	38.2
		比较满意	12281542	12168818	24450360	33.8	32.3	33.1
		一般	7679237	7805972	15485209	21.2	20.7	20.9
		比较不满意	1957104	2177960	4135064	5.4	5.8	5.6
		非常不满意	693767	895153	1588920	1.9	2.4	2.1
		总计	36301125	37629495	73930620	100.0	100.0	100.0
70至74岁	您对现在的住房满意吗?	非常满意	9429097	10044845	19473942	39.2	39.7	39.5
		比较满意	8006290	8213442	16219732	33.3	32.5	32.9

续表

年龄（岁）			男	女	总计	男	女	总计
			人数（人）			%		
70 至 74 岁	您对现在的住房满意吗?	一般	4897484	5240218	10137702	20.4	20.7	20.6
		比较不满意	1248384	1272885	2521269	5.2	5.0	5.1
		非常不满意	447943	526825	974768	1.9	2.1	2.0
		总计	24029198	25298215	49327413	100.0	100.0	100.0
75 至 79 岁	您对现在的住房满意吗?	非常满意	5850703	6774297	12625000	39.8	41.4	40.6
		比较满意	5130788	5444937	10575725	34.9	33.3	34.0
		一般	2811577	3148434	5960011	19.1	19.2	19.2
		比较不满意	650931	691050	1341981	4.4	4.2	4.3
		非常不满意	250952	313041	563993	1.7	1.9	1.8
		总计	14694951	16371759	31066710	100.0	100.0	100.0
80 至 84 岁	您对现在的住房满意吗?	非常满意	3648521	4722295	8370816	39.8	42.2	41.2
		比较满意	3265148	3693282	6958430	35.7	33.0	34.2
		一般	1654238	2137579	3791817	18.1	19.1	18.6
		比较不满意	441029	456393	897422	4.8	4.1	4.4
		非常不满意	149038	168672	317710	1.6	1.5	1.6
		总计	9157974	11178221	20336195	100.0	100.0	100.0
85 岁及以上	您对现在的住房满意吗?	非常满意	2356516	3579453	5935969	38.7	39.4	39.1
		比较满意	2146340	3188533	5334873	35.3	35.1	35.2
		一般	1203927	1780427	2984354	19.8	19.6	19.7
		比较不满意	287611	404296	691907	4.7	4.4	4.6
		非常不满意	86967	138390	225357	1.4	1.5	1.5
		总计	6081361	9091099	15172460	100.0	100.0	100.0
总计	您对现在的住房满意吗?	非常满意	48608173	53399791	102007964	38.0	39.0	38.6
		比较满意	43463454	44479285	87942739	34.0	32.5	33.2
		一般	26662790	28732379	55395169	20.9	21.0	20.9
		比较不满意	6679855	7260784	13940639	5.2	5.3	5.3
		非常不满意	2393920	2904226	5298146	1.9	2.1	2.0
		总计	127808192	136776465	264584657	100.0	100.0	100.0

6-6-2 按城乡、年龄、性别分的老年人对现住房满意程度

城乡	年龄（岁）			男	女	总计	男	女	总计
				人数（人）			%		
城镇	60 至 64 岁	您对现在的住房满意吗?	非常满意	7399545	7591185	14990730	34.7	34.8	34.8
			比较满意	7450676	7132267	14582943	35.0	32.7	33.8
			一般	4887122	5250274	10137396	22.9	24.1	23.5
			比较不满意	1134650	1270998	2405648	5.3	5.8	5.6
			非常不满意	431810	574614	1006424	2.0	2.6	2.3
			总计	21303803	21819338	43123141	100.0	100.0	100.0
	65 至 69 岁	您对现在的住房满意吗?	非常满意	7083274	7638871	14722145	37.0	37.1	37.0
			比较满意	6680134	6764240	13444374	34.9	32.9	33.8
			一般	4084171	4505084	8589255	21.3	21.9	21.6
			比较不满意	964017	1164544	2128561	5.0	5.7	5.4
			非常不满意	354587	503346	857933	1.9	2.4	2.2
			总计	19166183	20576085	39742268	100.0	100.0	100.0
	70 至 74 岁	您对现在的住房满意吗?	非常满意	4520780	5113647	9634427	37.2	38.6	37.9
			比较满意	4188917	4373550	8562467	34.5	33.0	33.7
			一般	2592787	2823921	5416708	21.4	21.3	21.3
			比较不满意	591833	669028	1260861	4.9	5.0	5.0
			非常不满意	246570	276449	523019	2.0	2.1	2.1
			总计	12140887	13256595	25397482	100.0	100.0	100.0
	75 至 79 岁	您对现在的住房满意吗?	非常满意	2855042	3455729	6310771	38.7	40.7	39.8
			比较满意	2671611	2922481	5594092	36.2	34.4	35.2
			一般	1386919	1616256	3003175	18.8	19.0	18.9
			比较不满意	346691	334677	681368	4.7	3.9	4.3
			非常不满意	117630	165234	282864	1.6	1.9	1.8
			总计	7377893	8494377	15872270	100.0	100.0	100.0
	80 至 84 岁	您对现在的住房满意吗?	非常满意	1823695	2532559	4356254	37.5	42.2	40.1
			比较满意	1877600	2024629	3902229	38.6	33.8	35.9
			一般	870331	1145936	2016267	17.9	19.1	18.6
			比较不满意	210857	208241	419098	4.3	3.5	3.9
			非常不满意	83360	84670	168030	1.7	1.4	1.5
			总计	4865843	5996035	10861878	100.0	100.0	100.0
	85 岁及以上	您对现在的住房满意吗?	非常满意	1186892	1795072	2981964	36.6	38.0	37.4
			比较满意	1226161	1738570	2964731	37.8	36.8	37.2
			一般	649405	909956	1559361	20.0	19.3	19.6
			比较不满意	140921	229461	370382	4.3	4.9	4.6

续表

城乡	年龄（岁）			男	女	总计	男	女	总计
				人数（人）			%		
城镇	85 岁及以上	您对现在的住房满意吗？	非常不满意	40401	49795	90196	1.2	1.1	1.1
			总计	3243780	4722854	7966634	100.0	100.0	100.0
	总计	您对现在的住房满意吗？	非常满意	24869228	28127063	52996291	36.5	37.6	37.1
			比较满意	24095099	24955737	49050836	35.4	33.3	34.3
			一般	14470735	16251427	30722162	21.2	21.7	21.5
			比较不满意	3388969	3876949	7265918	5.0	5.2	5.1
			非常不满意	1274358	1654108	2928466	1.9	2.2	2.0
			总计	68098389	74865284	142963673	100.0	100.0	100.0
农村	60 至 64 岁	您对现在的住房满意吗？	非常满意	6234317	6106124	12340441	38.4	39.7	39.0
			比较满意	5182670	4638006	9820676	31.9	30.1	31.1
			一般	3529204	3369475	6898679	21.7	21.9	21.8
			比较不满意	960146	987202	1947348	5.9	6.4	6.2
			非常不满意	333443	287531	620974	2.1	1.9	2.0
			总计	16239780	15388338	31628118	100.0	100.0	100.0
	65 至 69 岁	您对现在的住房满意吗？	非常满意	6606200	6942721	13548921	38.6	40.7	39.6
			比较满意	5601408	5404578	11005986	32.7	31.7	32.2
			一般	3595066	3300889	6895955	21.0	19.4	20.2
			比较不满意	993087	1013416	2006503	5.8	5.9	5.9
			非常不满意	339180	391807	730987	2.0	2.3	2.1
			总计	17134941	17053411	34188352	100.0	100.0	100.0
	70 至 74 岁	您对现在的住房满意吗？	非常满意	4908317	4931198	9839515	41.3	41.0	41.1
			比较满意	3817373	3839892	7657265	32.1	31.9	32.0
			一般	2304697	2416297	4720994	19.4	20.1	19.7
			比较不满意	656551	603857	1260408	5.5	5.0	5.3
			非常不满意	201373	250376	451749	1.7	2.1	1.9
			总计	11888311	12041620	23929931	100.0	100.0	100.0
	75 至 79 岁	您对现在的住房满意吗？	非常满意	2995661	3318568	6314229	40.9	42.1	41.6
			比较满意	2459177	2522456	4981633	33.6	32.0	32.8
			一般	1424658	1532177	2956835	19.5	19.5	19.5
			比较不满意	304239	356373	660612	4.2	4.5	4.3
			非常不满意	133323	147807	281130	1.8	1.9	1.9
			总计	7317058	7877381	15194439	100.0	100.0	100.0
	80 至 84 岁	您对现在的住房满意吗？	非常满意	1824825	2189737	4014562	42.5	42.3	42.4
			比较满意	1387547	1668653	3056200	32.3	32.2	32.3
			一般	783908	991642	1775550	18.3	19.1	18.7

续表

城乡	年龄（岁）			男	女	总计	男	女	总计
				人数（人）			%		
农村	80至84岁	您对现在的住房满意吗？	比较不满意	230172	248151	478323	5.4	4.8	5.0
			非常不满意	65678	84002	149680	1.5	1.6	1.6
			总计	4292130	5182185	9474315	100.0	100.0	100.0
	85岁及以上	您对现在的住房满意吗？	非常满意	1169623	1784381	2954004	41.2	40.8	41.0
			比较满意	920179	1449963	2370142	32.4	33.2	32.9
			一般	554522	870472	1424994	19.5	19.9	19.8
			比较不满意	146689	174836	321525	5.2	4.0	4.5
			非常不满意	46566	88594	135160	1.6	2.0	1.9
			总计	2837579	4368246	7205825	100.0	100.0	100.0
	总计	您对现在的住房满意吗？	非常满意	23738943	25272729	49011672	39.8	40.8	40.3
			比较满意	19368354	19523548	38891902	32.4	31.5	32.0
			一般	12192055	12480952	24673007	20.4	20.2	20.3
			比较不满意	3290884	3383835	6674719	5.5	5.5	5.5
			非常不满意	1119563	1250117	2369680	1.9	2.0	1.9
			总计	59709799	61911181	121620980	100.0	100.0	100.0

6-7-1 按年龄、性别分的老年人日常生活中与邻居交往状况

年龄（岁）			男	女	总计	男	女	总计
			人数（人）			%		
60至64岁	日常生活中，您与邻居交往状况？	基本不来往	3729790	3432846	7162636	9.9	9.2	9.6
		偶尔走动	10309339	9756994	20066333	27.5	26.2	26.8
		关系密切，相互帮助	23504453	24017837	47522290	62.6	64.6	63.6
		总计	37543582	37207677	74751259	100.0	100.0	100.0
65至69岁	日常生活中，您与邻居交往状况？	基本不来往	3885433	3559715	7445148	10.7	9.5	10.1
		偶尔走动	9720604	9411577	19132181	26.8	25.0	25.9
		关系密切，相互帮助	22695088	24658203	47353291	62.5	65.5	64.1
		总计	36301125	37629495	73930620	100.0	100.0	100.0
70至74岁	日常生活中，您与邻居交往状况？	基本不来往	2625204	2517562	5142766	10.9	10.0	10.4
		偶尔走动	6438640	6313534	12752174	26.8	25.0	25.9
		关系密切，相互帮助	14965354	16467119	31432473	62.3	65.1	63.7
		总计	24029198	25298215	49327413	100.0	100.0	100.0
75至79岁	日常生活中，您与邻居交往状况？	基本不来往	1894448	1762127	3656575	12.9	10.8	11.8
		偶尔走动	4155278	4274668	8429946	28.3	26.1	27.1
		关系密切，相互帮助	8645225	10334962	18980187	58.8	63.1	61.1
		总计	14694951	16371757	31066708	100.0	100.0	100.0

续表

年龄（岁）			男	女	总计	男	女	总计
			人数（人）			%		
80 至 84 岁	日常生活中，您与邻居交往状况？	基本不来往	1480374	1592378	3072752	16.2	14.2	15.1
		偶尔走动	2750944	3022346	5773290	30.0	27.0	28.4
		关系密切，相互帮助	4926655	6563496	11490151	53.8	58.7	56.5
		总计	9157973	11178220	20336193	100.0	100.0	100.0
85 岁及以上	日常生活中，您与邻居交往状况？	基本不来往	1174553	1709660	2884213	19.3	18.8	19.0
		偶尔走动	1911758	2769224	4680982	31.4	30.5	30.9
		关系密切，相互帮助	2995050	4612215	7607265	49.2	50.7	50.1
		总计	6081361	9091099	15172460	100.0	100.0	100.0
总计	日常生活中，您与邻居交往状况？	基本不来往	14789802	14574288	29364090	11.6	10.7	11.1
		偶尔走动	35286563	35548343	70834906	27.6	26.0	26.8
		关系密切，相互帮助	77731825	86653832	164385657	60.8	63.4	62.1
		总计	127808190	136776463	264584653	100.0	100.0	100.0

6-7-2 按城乡、年龄、性别分的老年人日常生活中与邻居交往状况

城乡	年龄（岁）			男	女	总计	男	女	总计
				人数（人）			%		
城镇	60 至 64 岁	日常生活中，您与邻居交往状况？	基本不来往	2992276	2733473	5725749	14.0	12.5	13.3
			偶尔走动	6837590	6558700	13396290	32.1	30.1	31.1
			关系密切，相互帮助	11473937	12527165	24001102	53.9	57.4	55.7
			总计	21303803	21819338	43123141	100.0	100.0	100.0
	65 至 69 岁	日常生活中，您与邻居交往状况？	基本不来往	2841290	2692625	5533915	14.8	13.1	13.9
			偶尔走动	5919625	5845303	11764928	30.9	28.4	29.6
			关系密切，相互帮助	10405269	12038157	22443426	54.3	58.5	56.5
			总计	19166184	20576085	39742269	100.0	100.0	100.0
	70 至 74 岁	日常生活中，您与邻居交往状况？	基本不来往	1826521	1640383	3466904	15.0	12.4	13.7
			偶尔走动	3663862	3757083	7420945	30.2	28.3	29.2
			关系密切，相互帮助	6650503	7859129	14509632	54.8	59.3	57.1
			总计	12140886	13256595	25397481	100.0	100.0	100.0
	75 至 79 岁	日常生活中，您与邻居交往状况？	基本不来往	1305543	1141055	2446598	17.7	13.4	15.4
			偶尔走动	2327980	2366446	4694426	31.6	27.9	29.6
			关系密切，相互帮助	3744370	4986876	8731246	50.8	58.7	55.0
			总计	7377893	8494377	15872270	100.0	100.0	100.0
	80 至 84 岁	日常生活中，您与邻居交往状况？	基本不来往	1013705	1021952	2035657	20.8	17.0	18.7
			偶尔走动	1575609	1696531	3272140	32.4	28.3	30.1
			关系密切，相互帮助	2276529	3277552	5554081	46.8	54.7	51.1
			总计	4865843	5996035	10861878	100.0	100.0	100.0

续表

城乡	年龄（岁）			男	女	总计	男	女	总计
				人数（人）			%		
城镇	85岁及以上	日常生活中，您与邻居交往状况？	基本不来往	772047	1055209	1827256	23.8	22.3	22.9
			偶尔走动	1100185	1502158	2602343	33.9	31.8	32.7
			关系密切，相互帮助	1371550	2165486	3537036	42.3	45.9	44.4
			总计	3243782	4722853	7966635	100.0	100.0	100.0
	总计	日常生活中，您与邻居交往状况？	基本不来往	10751382	10284697	21036079	15.8	13.7	14.7
			偶尔走动	21424851	21726221	43151072	31.5	29.0	30.2
			关系密切，相互帮助	35922158	42854365	78776523	52.8	57.2	55.1
			总计	68098391	74865283	142963674	100.0	100.0	100.0
农村	60至64岁	日常生活中，您与邻居交往状况？	基本不来往	737514	699373	1436887	4.5	4.5	4.5
			偶尔走动	3471749	3198294	6670043	21.4	20.8	21.1
			关系密切，相互帮助	12030516	11490671	23521187	74.1	74.7	74.4
			总计	16239779	15388338	31628117	100.0	100.0	100.0
	65至69岁	日常生活中，您与邻居交往状况？	基本不来往	1044142	867090	1911232	6.1	5.1	5.6
			偶尔走动	3800980	3566274	7367254	22.2	20.9	21.5
			关系密切，相互帮助	12289819	12620046	24909865	71.7	74.0	72.9
			总计	17134941	17053410	34188351	100.0	100.0	100.0
	70至74岁	日常生活中，您与邻居交往状况？	基本不来往	798683	877179	1675862	6.7	7.3	7.0
			偶尔走动	2774778	2556451	5331229	23.3	21.2	22.3
			关系密切，相互帮助	8314851	8607990	16922841	69.9	71.5	70.7
			总计	11888312	12041620	23929932	100.0	100.0	100.0
	75至79岁	日常生活中，您与邻居交往状况？	基本不来往	588904	621073	1209977	8.0	7.9	8.0
			偶尔走动	1827298	1908222	3735520	25.0	24.2	24.6
			关系密切，相互帮助	4900855	5348086	10248941	67.0	67.9	67.5
			总计	7317057	7877381	15194438	100.0	100.0	100.0
	80至84岁	日常生活中，您与邻居交往状况？	基本不来往	466669	570426	1037095	10.9	11.0	10.9
			偶尔走动	1175335	1325815	2501150	27.4	25.6	26.4
			关系密切，相互帮助	2650127	3285944	5936071	61.7	63.4	62.7
			总计	4292131	5182185	9474316	100.0	100.0	100.0
	85岁及以上	日常生活中，您与邻居交往状况？	基本不来往	402505	654451	1056956	14.2	15.0	14.7
			偶尔走动	811573	1267066	2078639	28.6	29.0	28.8
			关系密切，相互帮助	1623501	2446729	4070230	57.2	56.0	56.5
			总计	2837579	4368246	7205825	100.0	100.0	100.0
	总计	日常生活中，您与邻居交往状况？	基本不来往	4038417	4289592	8328009	6.8	6.9	6.8
			偶尔走动	13861713	13822122	27683835	23.2	22.3	22.8
			关系密切，相互帮助	41809669	43799466	85609135	70.0	70.7	70.4
			总计	59709799	61911180	121620979	100.0	100.0	100.0

第七部分　老年人社会参与状况

7-1-1 按年龄、性别分的老年人是否参加过公益活动

年龄（岁）			男	女	总计	男	女	总计
			人数（人）			%		
60 至 64 岁	是否参加公益活动	参加了	23712380	22358672	46071052	63.2	60.1	61.6
		没有参加	13831203	14849004	28680207	36.8	39.9	38.4
		总计	37543583	37207676	74751259	100.0	100.0	100.0
65 至 69 岁	是否参加公益活动	参加了	22244922	21502495	43747417	61.3	57.1	59.2
		没有参加	14056203	16127000	30183203	38.7	42.9	40.8
		总计	36301125	37629495	73930620	100.0	100.0	100.0
70 至 74 岁	是否参加公益活动	参加了	13916278	13138494	27054772	57.9	51.9	54.8
		没有参加	10112920	12159721	22272641	42.1	48.1	45.2
		总计	24029198	25298215	49327413	100.0	100.0	100.0
75 至 79 岁	是否参加公益活动	参加了	7659700	7403527	15063227	52.1	45.2	48.5
		没有参加	7035251	8968231	16003482	47.9	54.8	51.5
		总计	14694951	16371758	31066709	100.0	100.0	100.0
80 至 84 岁	是否参加公益活动	参加了	3701322	4070847	7772169	40.4	36.4	38.2
		没有参加	5456651	7107374	12564025	59.6	63.6	61.8
		总计	9157973	11178221	20336194	100.0	100.0	100.0
85 岁及以上	是否参加公益活动	参加了	1928721	2299831	4228552	31.7	25.3	27.9
		没有参加	4152640	6791268	10943908	68.3	74.7	72.1
		总计	6081361	9091099	15172460	100.0	100.0	100.0
总计	是否参加公益活动	参加了	73163323	70773866	143937189	57.2	51.7	54.4
		没有参加	54644868	66002598	120647466	42.8	48.3	45.6
		总计	127808191	136776464	264584655	100.0	100.0	100.0

7-1-2 按城乡、年龄、性别分的老年人是否参加过公益活动

城乡	年龄（岁）			男	女	总计	男	女	总计
				人数（人）			%		
城镇	60 至 64 岁	是否参加公益活动	参加了	12194143	12227603	24421746	57.2	56.0	56.6
			没有参加	9109660	9591735	18701395	42.8	44.0	43.4
			总计	21303803	21819338	43123141	100.0	100.0	100.0
	65 至 69 岁	是否参加公益活动	参加了	10649366	10965959	21615325	55.6	53.3	54.4
			没有参加	8516818	9610126	18126944	44.4	46.7	45.6
			总计	19166184	20576085	39742269	100.0	100.0	100.0

续表

城乡	年龄（岁）			男	女	总计	男	女	总计
				人数（人）			%		
城镇	70至74岁	是否参加公益活动	参加了	6376786	6355494	12732280	52.5	47.9	50.1
			没有参加	5764101	6901102	12665203	47.5	52.1	49.9
			总计	12140887	13256596	25397483	100.0	100.0	100.0
	75至79岁	是否参加公益活动	参加了	3446290	3529660	6975950	46.7	41.6	44.0
			没有参加	3931603	4964718	8896321	53.3	58.4	56.0
			总计	7377893	8494378	15872271	100.0	100.0	100.0
	80至84岁	是否参加公益活动	参加了	1724768	1980342	3705110	35.4	33.0	34.1
			没有参加	3141075	4015694	7156769	64.6	67.0	65.9
			总计	4865843	5996036	10861879	100.0	100.0	100.0
	85岁及以上	是否参加公益活动	参加了	879918	1051906	1931824	27.1	22.3	24.2
			没有参加	2363864	3670946	6034810	72.9	77.7	75.8
			总计	3243782	4722852	7966634	100.0	100.0	100.0
	总计	是否参加公益活动	参加了	35271271	36110964	71382235	51.8	48.2	49.9
			没有参加	32827121	38754321	71581442	48.2	51.8	50.1
			总计	68098392	74865285	142963677	100.0	100.0	100.0
农村	60至64岁	是否参加公益活动	参加了	11518237	10131069	21649306	70.9	65.8	68.4
			没有参加	4721542	5257269	9978811	29.1	34.2	31.6
			总计	16239779	15388338	31628117	100.0	100.0	100.0
	65至69岁	是否参加公益活动	参加了	11595557	10536536	22132093	67.7	61.8	64.7
			没有参加	5539385	6516874	12056259	32.3	38.2	35.3
			总计	17134942	17053410	34188352	100.0	100.0	100.0
	70至74岁	是否参加公益活动	参加了	7539492	6783000	14322492	63.4	56.3	59.9
			没有参加	4348819	5258620	9607439	36.6	43.7	40.1
			总计	11888311	12041620	23929931	100.0	100.0	100.0
	75至79岁	是否参加公益活动	参加了	4213409	3873867	8087276	57.6	49.2	53.2
			没有参加	3103648	4003513	7107161	42.4	50.8	46.8
			总计	7317057	7877380	15194437	100.0	100.0	100.0
	80至84岁	是否参加公益活动	参加了	1976554	2090505	4067059	46.1	40.3	42.9
			没有参加	2315577	3091680	5407257	53.9	59.7	57.1
			总计	4292131	5182185	9474316	100.0	100.0	100.0
	85岁及以上	是否参加公益活动	参加了	1048803	1247925	2296728	37.0	28.6	31.9
			没有参加	1788776	3120321	4909097	63.0	71.4	68.1
			总计	2837579	4368246	7205825	100.0	100.0	100.0
	总计	是否参加公益活动	参加了	37892052	34662902	72554954	63.5	56.0	59.7
			没有参加	21817747	27248277	49066024	36.5	44.0	40.3
			总计	59709799	61911179	121620978	100.0	100.0	100.0

7-2-1 按年龄、性别分的老年人是否参加了社会团体或组织

年龄（岁）			男	女	总计	男	女	总计
			人数（人）			%		
60至64岁	是否参加社会组织	参加了	12485407	10979855	23465262	33.3	29.5	31.4
		没有参加	25058175	26227822	51285997	66.7	70.5	68.6
		总计	37543582	37207677	74751259	100.0	100.0	100.0
65至69岁	是否参加社会组织	参加了	11369514	9916128	21285642	31.3	26.4	28.8
		没有参加	24931611	27713367	52644978	68.7	73.6	71.2
		总计	36301125	37629495	73930620	100.0	100.0	100.0
70至74岁	是否参加社会组织	参加了	6973802	5681234	12655036	29.0	22.5	25.7
		没有参加	17055396	19616981	36672377	71.0	77.5	74.3
		总计	24029198	25298215	49327413	100.0	100.0	100.0
75至79岁	是否参加社会组织	参加了	3827246	3005566	6832812	26.0	18.4	22.0
		没有参加	10867704	13366192	24233896	74.0	81.6	78.0
		总计	14694950	16371758	31066708	100.0	100.0	100.0
80至84岁	是否参加社会组织	参加了	1676551	1469412	3145963	18.3	13.1	15.5
		没有参加	7481422	9708808	17190230	81.7	86.9	84.5
		总计	9157973	11178220	20336193	100.0	100.0	100.0
85岁及以上	是否参加社会组织	参加了	845990	880982	1726972	13.9	9.7	11.4
		没有参加	5235371	8210116	13445487	86.1	90.3	88.6
		总计	6081361	9091098	15172459	100.0	100.0	100.0
总计	是否参加社会组织	参加了	37178510	31933177	69111687	29.1	23.3	26.1
		没有参加	90629679	104843286	195472965	70.9	76.7	73.9
		总计	127808189	136776463	264584652	100.0	100.0	100.0

7-2-2 按城乡、年龄、性别分的老年人是否参加了社会团体或组织

城乡	年龄（岁）			男	女	总计	男	女	总计
				人数（人）			%		
城镇	60至64岁	是否参加社会组织	参加了	6344809	6284998	12629807	29.8	28.8	29.3
			没有参加	14958994	15534340	30493334	70.2	71.2	70.7
			总计	21303803	21819338	43123141	100.0	100.0	100.0
	65至69岁	是否参加社会组织	参加了	5542726	5476520	11019246	28.9	26.6	27.7
			没有参加	13623458	15099565	28723023	71.1	73.4	72.3
			总计	19166184	20576085	39742269	100.0	100.0	100.0
	70至74岁	是否参加社会组织	参加了	3264178	2965281	6229459	26.9	22.4	24.5
			没有参加	8876709	10291315	19168024	73.1	77.6	75.5
			总计	12140887	13256596	25397483	100.0	100.0	100.0

续表

城乡	年龄（岁）			男	女	总计	男	女	总计
				人数（人）			%		
城镇	75至79岁	是否参加社会组织	参加了	1790547	1543391	3333938	24.3	18.2	21.0
			没有参加	5587346	6950986	12538332	75.7	81.8	79.0
			总计	7377893	8494377	15872270	100.0	100.0	100.0
	80至84岁	是否参加社会组织	参加了	754009	712950	1466959	15.5	11.9	13.5
			没有参加	4111833	5283086	9394919	84.5	88.1	86.5
			总计	4865842	5996036	10861878	100.0	100.0	100.0
	85岁及以上	是否参加社会组织	参加了	431042	384592	815634	13.3	8.1	10.2
			没有参加	2812740	4338260	7151000	86.7	91.9	89.8
			总计	3243782	4722852	7966634	100.0	100.0	100.0
	总计	是否参加社会组织	参加了	18127311	17367732	35495043	26.6	23.2	24.8
			没有参加	49971080	57497552	107468632	73.4	76.8	75.2
			总计	68098391	74865284	142963675	100.0	100.0	100.0
农村	60至64岁	是否参加社会组织	参加了	6140598	4694856	10835454	37.8	30.5	34.3
			没有参加	10099181	10693482	20792663	62.2	69.5	65.7
			总计	16239779	15388338	31628117	100.0	100.0	100.0
	65至69岁	是否参加社会组织	参加了	5826788	4439608	10266396	34.0	26.0	30.0
			没有参加	11308153	12613803	23921956	66.0	74.0	70.0
			总计	17134941	17053411	34188352	100.0	100.0	100.0
	70至74岁	是否参加社会组织	参加了	3709624	2715953	6425577	31.2	22.6	26.9
			没有参加	8178687	9325666	17504353	68.8	77.4	73.1
			总计	11888311	12041619	23929930	100.0	100.0	100.0
	75至79岁	是否参加社会组织	参加了	2036699	1462175	3498874	27.8	18.6	23.0
			没有参加	5280358	6415206	11695564	72.2	81.4	77.0
			总计	7317057	7877381	15194438	100.0	100.0	100.0
	80至84岁	是否参加社会组织	参加了	922542	756462	1679004	21.5	14.6	17.7
			没有参加	3369589	4425723	7795312	78.5	85.4	82.3
			总计	4292131	5182185	9474316	100.0	100.0	100.0
	85岁及以上	是否参加社会组织	参加了	414948	496390	911338	14.6	11.4	12.6
			没有参加	2422631	3871856	6294487	85.4	88.6	87.4
			总计	2837579	4368246	7205825	100.0	100.0	100.0
	总计	是否参加社会组织	参加了	19051199	14565444	33616643	31.9	23.5	27.6
			没有参加	40658599	47345736	88004335	68.1	76.5	72.4
			总计	59709798	61911180	121620978	100.0	100.0	100.0

7-3-1 按年龄、性别分的老年人是否参加过家族活动

年龄（岁）			男	女	总计	男	女	总计
			人数（人）			%		
60 至 64 岁	是否参加家族活动	参加了	22120571	19665030	41785601	58.9	52.9	55.9
		没有参加	15423011	17542647	32965658	41.1	47.1	44.1
		总计	37543582	37207677	74751259	100.0	100.0	100.0
65 至 69 岁	是否参加家族活动	参加了	20518246	18745862	39264108	56.5	49.8	53.1
		没有参加	15782879	18883633	34666512	43.5	50.2	46.9
		总计	36301125	37629495	73930620	100.0	100.0	100.0
70 至 74 岁	是否参加家族活动	参加了	12766368	11604952	24371320	53.1	45.9	49.4
		没有参加	11262830	13693263	24956093	46.9	54.1	50.6
		总计	24029198	25298215	49327413	100.0	100.0	100.0
75 至 79 岁	是否参加家族活动	参加了	7352622	6747621	14100243	50.0	41.2	45.4
		没有参加	7342329	9624136	16966465	50.0	58.8	54.6
		总计	14694951	16371757	31066708	100.0	100.0	100.0
80 至 84 岁	是否参加家族活动	参加了	3859801	3828101	7687902	42.1	34.2	37.8
		没有参加	5298172	7350120	12648292	57.9	65.8	62.2
		总计	9157973	11178221	20336194	100.0	100.0	100.0
85 岁及以上	是否参加家族活动	参加了	2200295	2611275	4811570	36.2	28.7	31.7
		没有参加	3881066	6479823	10360889	63.8	71.3	68.3
		总计	6081361	9091098	15172459	100.0	100.0	100.0
总计	是否参加家族活动	参加了	68817903	63202841	132020744	53.8	46.2	49.9
		没有参加	58990287	73573622	132563909	46.2	53.8	50.1
		总计	127808190	136776463	264584653	100.0	100.0	100.0

7-3-2 按城乡、年龄、性别分的老年人是否参加过家族活动

城乡	年龄（岁）			男	女	总计	男	女	总计
				人数（人）			%		
城镇	60 至 64 岁	是否参加家族活动	参加了	12198561	11359217	23557778	57.3	52.1	54.6
			没有参加	9105242	10460121	19565363	42.7	47.9	45.4
			总计	21303803	21819338	43123141	100.0	100.0	100.0
	65 至 69 岁	是否参加家族活动	参加了	10616165	10391200	21007365	55.4	50.5	52.9
			没有参加	8550019	10184884	18734903	44.6	49.5	47.1
			总计	19166184	20576084	39742268	100.0	100.0	100.0
	70 至 74 岁	是否参加家族活动	参加了	6394278	6142126	12536404	52.7	46.3	49.4
			没有参加	5746609	7114470	12861079	47.3	53.7	50.6

续表

城乡	年龄（岁）			男	女	总计	男	女	总计
				人数（人）			%		
城镇	70 至 74 岁	是否参加家族活动	总计	12140887	13256596	25397483	100.0	100.0	100.0
	75 至 79 岁	是否参加家族活动	参加了	3507907	3411542	6919449	47.5	40.2	43.6
			没有参加	3869985	5082835	8952820	52.5	59.8	56.4
			总计	7377892	8494377	15872269	100.0	100.0	100.0
	80 至 84 岁	是否参加家族活动	参加了	1883739	1945923	3829662	38.7	32.5	35.3
			没有参加	2982104	4050113	7032217	61.3	67.5	64.7
			总计	4865843	5996036	10861879	100.0	100.0	100.0
	85 岁及以上	是否参加家族活动	参加了	1107243	1332927	2440170	34.1	28.2	30.6
			没有参加	2136539	3389926	5526465	65.9	71.8	69.4
			总计	3243782	4722853	7966635	100.0	100.0	100.0
	总计	是否参加家族活动	参加了	35707893	34582935	70290828	52.4	46.2	49.2
			没有参加	32390498	40282349	72672847	47.6	53.8	50.8
			总计	68098391	74865284	142963675	100.0	100.0	100.0
农村	60 至 64 岁	是否参加家族活动	参加了	9922011	8305813	18227824	61.1	54.0	57.6
			没有参加	6317769	7082526	13400295	38.9	46.0	42.4
			总计	16239780	15388339	31628119	100.0	100.0	100.0
	65 至 69 岁	是否参加家族活动	参加了	9902081	8354662	18256743	57.8	49.0	53.4
			没有参加	7232860	8698749	15931609	42.2	51.0	46.6
			总计	17134941	17053411	34188352	100.0	100.0	100.0
	70 至 74 岁	是否参加家族活动	参加了	6372090	5462826	11834916	53.6	45.4	49.5
			没有参加	5516221	6578794	12095015	46.4	54.6	50.5
			总计	11888311	12041620	23929931	100.0	100.0	100.0
	75 至 79 岁	是否参加家族活动	参加了	3844714	3336079	7180793	52.5	42.4	47.3
			没有参加	3472344	4541301	8013645	47.5	57.6	52.7
			总计	7317058	7877380	15194438	100.0	100.0	100.0
	80 至 84 岁	是否参加家族活动	参加了	1976062	1882178	3858240	46.0	36.3	40.7
			没有参加	2316069	3300007	5616076	54.0	63.7	59.3
			总计	4292131	5182185	9474316	100.0	100.0	100.0
	85 岁及以上	是否参加家族活动	参加了	1093052	1278348	2371400	38.5	29.3	32.9
			没有参加	1744527	3089898	4834425	61.5	70.7	67.1
			总计	2837579	4368246	7205825	100.0	100.0	100.0
	总计	是否参加家族活动	参加了	33110010	28619906	61729916	55.5	46.2	50.8
			没有参加	26599790	33291275	59891065	44.5	53.8	49.2
			总计	59709800	61911181	121620981	100.0	100.0	100.0

7-4-1 按年龄、性别分的老年人居住的社区（村）是否有老年协会

年龄（岁）			男	女	总计	男	女	总计
			人数（人）			%		
60 至 64 岁	您居住的社区（村）有老年协会吗？	有	9104965	8356398	17461363	24.3	22.5	23.4
		没有	15441159	14612289	30053448	41.1	39.3	40.2
		不知道	12997458	14238989	27236447	34.6	38.3	36.4
		总计	37543582	37207676	74751258	100.0	100.0	100.0
65 至 69 岁	您居住的社区（村）有老年协会吗？	有	8758106	8661362	17419468	24.1	23.0	23.6
		没有	15111816	14953476	30065292	41.6	39.7	40.7
		不知道	12431203	14014657	26445860	34.2	37.2	35.8
		总计	36301125	37629495	73930620	100.0	100.0	100.0
70 至 74 岁	您居住的社区（村）有老年协会吗？	有	5922143	5674817	11596960	24.6	22.4	23.5
		没有	10062493	10014091	20076584	41.9	39.6	40.7
		不知道	8044562	9609307	17653869	33.5	38.0	35.8
		总计	24029198	25298215	49327413	100.0	100.0	100.0
75 至 79 岁	您居住的社区（村）有老年协会吗？	有	3494936	3471167	6966103	23.8	21.2	22.4
		没有	6134255	6470452	12604707	41.7	39.5	40.6
		不知道	5065760	6430139	11495899	34.5	39.3	37.0
		总计	14694951	16371758	31066709	100.0	100.0	100.0
80 至 84 岁	您居住的社区（村）有老年协会吗？	有	2117463	2435845	4553308	23.1	21.8	22.4
		没有	3777337	4114051	7891388	41.2	36.8	38.8
		不知道	3263173	4628325	7891498	35.6	41.4	38.8
		总计	9157973	11178221	20336194	100.0	100.0	100.0
85 岁及以上	您居住的社区（村）有老年协会吗？	有	1365442	1998082	3363524	22.5	22.0	22.2
		没有	2300761	3253947	5554708	37.8	35.8	36.6
		不知道	2415158	3839070	6254228	39.7	42.2	41.2
		总计	6081361	9091099	15172460	100.0	100.0	100.0
总计	您居住的社区（村）有老年协会吗？	有	30763055	30597671	61360726	24.1	22.4	23.2
		没有	52827821	53418306	106246127	41.3	39.1	40.2
		不知道	44217314	52760487	96977801	34.6	38.6	36.7
		总计	127808190	136776464	264584654	100.0	100.0	100.0

7-4-2 按城乡、年龄、性别分的老年人居住的社区（村）是否有老年协会

城乡	年龄（岁）			男	女	总计	男	女	总计
				人数（人）			%		
城镇	60至64岁	您居住的社区（村）有老年协会吗？	有	5574460	5539215	11113675	26.2	25.4	25.8
			没有	6972760	6804715	13777475	32.7	31.2	31.9
			不知道	8756582	9475408	18231990	41.1	43.4	42.3
			总计	21303802	21819338	43123140	100.0	100.0	100.0
	65至69岁	您居住的社区（村）有老年协会吗？	有	5103198	5594241	10697439	26.6	27.2	26.9
			没有	6273938	6377118	12651056	32.7	31.0	31.8
			不知道	7789048	8604726	16393774	40.6	41.8	41.3
			总计	19166184	20576085	39742269	100.0	100.0	100.0
	70至74岁	您居住的社区（村）有老年协会吗？	有	3359144	3347701	6706845	27.7	25.3	26.4
			没有	4149752	4189677	8339429	34.2	31.6	32.8
			不知道	4631991	5719217	10351208	38.2	43.1	40.8
			总计	12140887	13256595	25397482	100.0	100.0	100.0
	75至79岁	您居住的社区（村）有老年协会吗？	有	1945028	2001009	3946037	26.4	23.6	24.9
			没有	2433629	2791772	5225401	33.0	32.9	32.9
			不知道	2999236	3701596	6700832	40.7	43.6	42.2
			总计	7377893	8494377	15872270	100.0	100.0	100.0
	80至84岁	您居住的社区（村）有老年协会吗？	有	1243503	1441937	2685440	25.6	24.0	24.7
			没有	1616021	1786979	3403000	33.2	29.8	31.3
			不知道	2006318	2767119	4773437	41.2	46.1	43.9
			总计	4865842	5996035	10861877	100.0	100.0	100.0
	85岁及以上	您居住的社区（村）有老年协会吗？	有	780772	1111737	1892509	24.1	23.5	23.8
			没有	942022	1369996	2312018	29.0	29.0	29.0
			不知道	1520988	2241120	3762108	46.9	47.5	47.2
			总计	3243782	4722853	7966635	100.0	100.0	100.0
	总计	您居住的社区（村）有老年协会吗？	有	18006105	19035840	37041945	26.4	25.4	25.9
			没有	22388122	23320257	45708379	32.9	31.1	32.0
			不知道	27704163	32509186	60213349	40.7	43.4	42.1
			总计	68098390	74865283	142963673	100.0	100.0	100.0
农村	60至64岁	您居住的社区（村）有老年协会吗？	有	3530504	2817183	6347687	21.7	18.3	20.1
			没有	8468399	7807574	16275973	52.1	50.7	51.5
			不知道	4240876	4763581	9004457	26.1	31.0	28.5
			总计	16239779	15388338	31628117	100.0	100.0	100.0
	65至69岁	您居住的社区（村）有老年协会吗？	有	3654908	3067121	6722029	21.3	18.0	19.7
			没有	8837878	8576358	17414236	51.6	50.3	50.9

续表

城乡	年龄（岁）			男	女	总计	男	女	总计
				人数（人）			%		
农村	65 至 69 岁	您居住的社区（村）有老年协会吗？	不知道	4642155	5409931	10052086	27.1	31.7	29.4
			总计	17134941	17053410	34188351	100.0	100.0	100.0
	70 至 74 岁	您居住的社区（村）有老年协会吗？	有	2563000	2327116	4890116	21.6	19.3	20.4
			没有	5912740	5824413	11737153	49.7	48.4	49.0
			不知道	3412571	3890090	7302661	28.7	32.3	30.5
			总计	11888311	12041619	23929930	100.0	100.0	100.0
	75 至 79 岁	您居住的社区（村）有老年协会吗？	有	1549908	1470157	3020065	21.2	18.7	19.9
			没有	3700626	3678681	7379307	50.6	46.7	48.6
			不知道	2066523	2728543	4795066	28.2	34.6	31.6
			总计	7317057	7877381	15194438	100.0	100.0	100.0
	80 至 84 岁	您居住的社区（村）有老年协会吗？	有	873960	993907	1867867	20.4	19.2	19.7
			没有	2161316	2327072	4488388	50.4	44.9	47.4
			不知道	1256855	1861206	3118061	29.3	35.9	32.9
			总计	4292131	5182185	9474316	100.0	100.0	100.0
	85 岁及以上	您居住的社区（村）有老年协会吗？	有	584670	886345	1471015	20.6	20.3	20.4
			没有	1358738	1883951	3242689	47.9	43.1	45.0
			不知道	894171	1597950	2492121	31.5	36.6	34.6
			总计	2837579	4368246	7205825	100.0	100.0	100.0
	总计	您居住的社区（村）有老年协会吗？	有	12756950	11561829	24318779	21.4	18.7	20.0
			没有	30439697	30098049	60537746	51.0	48.6	49.8
			不知道	16513151	20251301	36764452	27.7	32.7	30.2
			总计	59709798	61911179	121620977	100.0	100.0	100.0

7-5-1 按年龄、性别分的老年人是否愿意参加互助养老

年龄（岁）			男	女	总计	男	女	总计
			人数（人）			%		
60 至 64 岁	您是否愿意参加互助养老？	是	20022683	20071320	40094003	53.3	53.9	53.6
		否	17520900	17136357	34657257	46.7	46.1	46.4
		总计	37543583	37207677	74751260	100.0	100.0	100.0
65 至 69 岁	您是否愿意参加互助养老？	是	19505897	19225506	38731403	53.7	51.1	52.4
		否	16795228	18403989	35199217	46.3	48.9	47.6
		总计	36301125	37629495	73930620	100.0	100.0	100.0
70 至 74 岁	您是否愿意参加互助养老？	是	12366257	12362338	24728595	51.5	48.9	50.1
		否	11662941	12935877	24598818	48.5	51.1	49.9
		总计	24029198	25298215	49327413	100.0	100.0	100.0

续表

年龄（岁）			男	女	总计	男	女	总计
			人数（人）			%		
75 至 79 岁	您是否愿意参加互助养老?	是	7179562	7181331	14360893	48.9	43.9	46.2
		否	7515388	9190427	16705815	51.1	56.1	53.8
		总计	14694950	16371758	31066708	100.0	100.0	100.0
80 至 84 岁	您是否愿意参加互助养老?	是	3852483	4291297	8143780	42.1	38.4	40.0
		否	5305490	6886923	12192413	57.9	61.6	60.0
		总计	9157973	11178220	20336193	100.0	100.0	100.0
85 岁及以上	您是否愿意参加互助养老?	是	2097579	2829690	4927269	34.5	31.1	32.5
		否	3983781	6261409	10245190	65.5	68.9	67.5
		总计	6081360	9091099	15172459	100.0	100.0	100.0
总计	您是否愿意参加互助养老?	是	65024461	65961482	130985943	50.9	48.2	49.5
		否	62783728	70814982	133598710	49.1	51.8	50.5
		总计	127808189	136776464	264584653	100.0	100.0	100.0

7-5-2 按城乡、年龄、性别分的老年人是否愿意参加互助养老

城乡	年龄（岁）			男	女	总计	男	女	总计
				人数（人）			%		
城镇	60 至 64 岁	您是否愿意参加互助养老?	是	10526555	11250634	21777189	49.4	51.6	50.5
			否	10777248	10568704	21345952	50.6	48.4	49.5
			总计	21303803	21819338	43123141	100.0	100.0	100.0
	65 至 69 岁	您是否愿意参加互助养老?	是	9410584	10136372	19546956	49.1	49.3	49.2
			否	9755600	10439712	20195312	50.9	50.7	50.8
			总计	19166184	20576084	39742268	100.0	100.0	100.0
	70 至 74 岁	您是否愿意参加互助养老?	是	5630764	5938144	11568908	46.4	44.8	45.6
			否	6510123	7318451	13828574	53.6	55.2	54.4
			总计	12140887	13256595	25397482	100.0	100.0	100.0
	75 至 79 岁	您是否愿意参加互助养老?	是	3196276	3391556	6587832	43.3	39.9	41.5
			否	4181617	5102821	9284438	56.7	60.1	58.5
			总计	7377893	8494377	15872270	100.0	100.0	100.0
	80 至 84 岁	您是否愿意参加互助养老?	是	1796456	2001060	3797516	36.9	33.4	35.0
			否	3069387	3994976	7064363	63.1	66.6	65.0
			总计	4865843	5996036	10861879	100.0	100.0	100.0
	85 岁及以上	您是否愿意参加互助养老?	是	963666	1311509	2275175	29.7	27.8	28.6
			否	2280116	3411344	5691460	70.3	72.2	71.4
			总计	3243782	4722853	7966635	100.0	100.0	100.0

续表

城乡	年龄（岁）			男	女	总计	男	女	总计
				人数（人）			%		
城镇	总计	您是否愿意参加互助养老?	是	31524301	34029275	65553576	46.3	45.5	45.9
			否	36574091	40836008	77410099	53.7	54.5	54.1
			总计	68098392	74865283	142963675	100.0	100.0	100.0
农村	60至64岁	您是否愿意参加互助养老?	是	9496128	8820686	18316814	58.5	57.3	57.9
			否	6743652	6567652	13311304	41.5	42.7	42.1
			总计	16239780	15388338	31628118	100.0	100.0	100.0
	65至69岁	您是否愿意参加互助养老?	是	10095313	9089134	19184447	58.9	53.3	56.1
			否	7039628	7964277	15003905	41.1	46.7	43.9
			总计	17134941	17053411	34188352	100.0	100.0	100.0
	70至74岁	您是否愿意参加互助养老?	是	6735494	6424194	13159688	56.7	53.3	55.0
			否	5152818	5617426	10770244	43.3	46.7	45.0
			总计	11888312	12041620	23929932	100.0	100.0	100.0
	75至79岁	您是否愿意参加互助养老?	是	3983287	3789774	7773061	54.4	48.1	51.2
			否	3333771	4087606	7421377	45.6	51.9	48.8
			总计	7317058	7877380	15194438	100.0	100.0	100.0
	80至84岁	您是否愿意参加互助养老?	是	2056028	2290238	4346266	47.9	44.2	45.9
			否	2236103	2891947	5128050	52.1	55.8	54.1
			总计	4292131	5182185	9474316	100.0	100.0	100.0
	85岁及以上	您是否愿意参加互助养老?	是	1133913	1518181	2652094	40.0	34.8	36.8
			否	1703666	2850065	4553731	60.0	65.2	63.2
			总计	2837579	4368246	7205825	100.0	100.0	100.0
	总计	您是否愿意参加互助养老?	是	33500163	31932207	65432370	56.1	51.6	53.8
			否	26209638	29978973	56188611	43.9	48.4	46.2
			总计	59709801	61911180	121620981	100.0	100.0	100.0

第八部分　老年人维权状况

8-1-1 按年龄、性别分的老年人是否知道《老年人权益保障法》

年龄（岁）			男	女	总计	男	女	总计
			人数（人）			%		
60 至 64 岁	您知道我国《老年人权益保障法》吗？	知道	12910348	8888832	21799180	34.4	23.9	29.2
		不知道	24633234	28318845	52952079	65.6	76.1	70.8
		总计	37543582	37207677	74751259	100.0	100.0	100.0
65 至 69 岁	您知道我国《老年人权益保障法》吗？	知道	11750912	8396319	20147231	32.4	22.3	27.3
		不知道	24550213	29233177	53783390	67.6	77.7	72.7
		总计	36301125	37629496	73930621	100.0	100.0	100.0
70 至 74 岁	您知道我国《老年人权益保障法》吗？	知道	7738476	5418661	13157137	32.2	21.4	26.7
		不知道	16290722	19879554	36170276	67.8	78.6	73.3
		总计	24029198	25298215	49327413	100.0	100.0	100.0
75 至 79 岁	您知道我国《老年人权益保障法》吗？	知道	4715602	3337158	8052760	32.1	20.4	25.9
		不知道	9979349	13034600	23013949	67.9	79.6	74.1
		总计	14694951	16371758	31066709	100.0	100.0	100.0
80 至 84 岁	您知道我国《老年人权益保障法》吗？	知道	2803814	2203505	5007319	30.6	19.7	24.6
		不知道	6354160	8974715	15328875	69.4	80.3	75.4
		总计	9157974	11178220	20336194	100.0	100.0	100.0
85 岁及以上	您知道我国《老年人权益保障法》吗？	知道	1632806	1512883	3145689	26.8	16.6	20.7
		不知道	4448555	7578215	12026770	73.2	83.4	79.3
		总计	6081361	9091098	15172459	100.0	100.0	100.0
总计	您知道我国《老年人权益保障法》吗？	知道	41551958	29757358	71309316	32.5	21.8	27.0
		不知道	86256233	107019106	193275339	67.5	78.2	73.0
		总计	127808191	136776464	264584655	100.0	100.0	100.0

8-1-2 按城乡、年龄、性别分的老年人是否知道《老年人权益保障法》

城乡	年龄（岁）			男	女	总计	男	女	总计
				人数（人）			%		
城镇	60 至 64 岁	您知道我国《老年人权益保障法》吗？	知道	8588970	6333754	14922724	40.3	29.0	34.6
			不知道	12714833	15485584	28200417	59.7	71.0	65.4
			总计	21303803	21819338	43123141	100.0	100.0	100.0
	65 至 69 岁	您知道我国《老年人权益保障法》吗？	知道	7590634	5870607	13461241	39.6	28.5	33.9
			不知道	11575550	14705477	26281027	60.4	71.5	66.1
			总计	19166184	20576084	39742268	100.0	100.0	100.0

续表

城乡	年龄（岁）			男	女	总计	男	女	总计
				人数（人）			%		
城镇	70 至 74 岁	您知道我国《老年人权益保障法》吗?	知道	4840254	3608950	8449204	39.9	27.2	33.3
			不知道	7300633	9647646	16948279	60.1	72.8	66.7
			总计	12140887	13256596	25397483	100.0	100.0	100.0
	75 至 79 岁	您知道我国《老年人权益保障法》吗?	知道	2967289	2163052	5130341	40.2	25.5	32.3
			不知道	4410604	6331325	10741929	59.8	74.5	67.7
			总计	7377893	8494377	15872270	100.0	100.0	100.0
	80 至 84 岁	您知道我国《老年人权益保障法》吗?	知道	1889980	1549431	3439411	38.8	25.8	31.7
			不知道	2975863	4446605	7422468	61.2	74.2	68.3
			总计	4865843	5996036	10861879	100.0	100.0	100.0
	85 岁及以上	您知道我国《老年人权益保障法》吗?	知道	1139265	922466	2061731	35.1	19.5	25.9
			不知道	2104517	3800387	5904904	64.9	80.5	74.1
			总计	3243782	4722853	7966635	100.0	100.0	100.0
	总计	您知道我国《老年人权益保障法》吗?	知道	27016392	20448260	47464652	39.7	27.3	33.2
			不知道	41082000	54417024	95499024	60.3	72.7	66.8
			总计	68098392	74865284	142963676	100.0	100.0	100.0
农村	60 至 64 岁	您知道我国《老年人权益保障法》吗?	知道	4321378	2555078	6876456	26.6	16.6	21.7
			不知道	11918402	12833261	24751663	73.4	83.4	78.3
			总计	16239780	15388339	31628119	100.0	100.0	100.0
	65 至 69 岁	您知道我国《老年人权益保障法》吗?	知道	4160278	2525711	6685989	24.3	14.8	19.6
			不知道	12974663	14527699	27502362	75.7	85.2	80.4
			总计	17134941	17053410	34188351	100.0	100.0	100.0
	70 至 74 岁	您知道我国《老年人权益保障法》吗?	知道	2898222	1809711	4707933	24.4	15.0	19.7
			不知道	8990089	10231908	19221997	75.6	85.0	80.3
			总计	11888311	12041619	23929930	100.0	100.0	100.0
	75 至 79 岁	您知道我国《老年人权益保障法》吗?	知道	1748313	1174106	2922419	23.9	14.9	19.2
			不知道	5568745	6703275	12272020	76.1	85.1	80.8
			总计	7317058	7877381	15194439	100.0	100.0	100.0
	80 至 84 岁	您知道我国《老年人权益保障法》吗?	知道	913833	654074	1567907	21.3	12.6	16.5
			不知道	3378297	4528111	7906408	78.7	87.4	83.5
			总计	4292130	5182185	9474315	100.0	100.0	100.0
	85 岁及以上	您知道我国《老年人权益保障法》吗?	知道	493541	590418	1083959	17.4	13.5	15.0
			不知道	2344038	3777828	6121866	82.6	86.5	85.0
			总计	2837579	4368246	7205825	100.0	100.0	100.0
	总计	您知道我国《老年人权益保障法》吗?	知道	14535565	9309098	23844663	24.3	15.0	19.6
			不知道	45174234	52602082	97776316	75.7	85.0	80.4
			总计	59709799	61911180	121620979	100.0	100.0	100.0

8-2-1 按年龄、性别分的老年人是否办了老年人优待证（卡）

年龄（岁）			男	女	总计	男	女	总计
			人数（人）			%		
60 至 64 岁	您是否办了老年人优待证（卡）?	是	7630107	8368517	15998624	20.3	22.5	21.4
		否	29913476	28839160	58752636	79.7	77.5	78.6
		总计	37543583	37207677	74751260	100.0	100.0	100.0
65 至 69 岁	您是否办了老年人优待证（卡）?	是	12064441	13141430	25205871	33.2	34.9	34.1
		否	24236684	24488065	48724749	66.8	65.1	65.9
		总计	36301125	37629495	73930620	100.0	100.0	100.0
70 至 74 岁	您是否办了老年人优待证（卡）?	是	10423183	10808734	21231917	43.4	42.7	43.0
		否	13606015	14489481	28095496	56.6	57.3	57.0
		总计	24029198	25298215	49327413	100.0	100.0	100.0
75 至 79 岁	您是否办了老年人优待证（卡）?	是	6787507	6841376	13628883	46.2	41.8	43.9
		否	7907443	9530382	17437825	53.8	58.2	56.1
		总计	14694950	16371758	31066708	100.0	100.0	100.0
80 至 84 岁	您是否办了老年人优待证（卡）?	是	4314247	4527647	8841894	47.1	40.5	43.5
		否	4843726	6650573	11494299	52.9	59.5	56.5
		总计	9157973	11178220	20336193	100.0	100.0	100.0
85 岁及以上	您是否办了老年人优待证（卡）?	是	2826861	2935788	5762649	46.5	32.3	38.0
		否	3254499	6155311	9409810	53.5	67.7	62.0
		总计	6081360	9091099	15172459	100.0	100.0	100.0
总计	您是否办了老年人优待证（卡）?	是	44046346	46623492	90669838	34.5	34.1	34.3
		否	83761843	90152972	173914815	65.5	65.9	65.7
		总计	127808189	136776464	264584653	100.0	100.0	100.0

8-2-2 按城乡、年龄、性别分的老年人是否办了老年人优待证（卡）

城乡	年龄（岁）			男	女	总计	男	女	总计
				人数（人）			%		
城镇	60 至 64 岁	您是否办了老年人优待证（卡）?	是	5795036	6507350	12302386	27.2	29.8	28.5
			否	15508767	15311988	30820755	72.8	70.2	71.5
			总计	21303803	21819338	43123141	100.0	100.0	100.0
	65 至 69 岁	您是否办了老年人优待证（卡）?	是	8641787	9912253	18554040	45.1	48.2	46.7
			否	10524397	10663831	21188228	54.9	51.8	53.3
			总计	19166184	20576084	39742268	100.0	100.0	100.0
	70 至 74 岁	您是否办了老年人优待证（卡）?	是	7124820	7744872	14869692	58.7	58.4	58.5
			否	5016067	5511723	10527790	41.3	41.6	41.5

续表

城乡	年龄（岁）			男	女	总计	男	女	总计
				人数（人）			%		
城镇	70 至 74 岁	您是否办了老年人优待证（卡）?	总计	12140887	13256595	25397482	100.0	100.0	100.0
	75 至 79 岁	您是否办了老年人优待证（卡）?	是	4657774	4936466	9594240	63.1	58.1	60.4
			否	2720119	3557911	6278030	36.9	41.9	39.6
			总计	7377893	8494377	15872270	100.0	100.0	100.0
	80 至 84 岁	您是否办了老年人优待证（卡）?	是	3110002	3458130	6568132	63.9	57.7	60.5
			否	1755841	2537906	4293747	36.1	42.3	39.5
			总计	4865843	5996036	10861879	100.0	100.0	100.0
	85 岁及以上	您是否办了老年人优待证（卡）?	是	2017417	2155717	4173134	62.2	45.6	52.4
			否	1226365	2567136	3793501	37.8	54.4	47.6
			总计	3243782	4722853	7966635	100.0	100.0	100.0
	总计	您是否办了老年人优待证（卡）?	是	31346836	34714788	66061624	46.0	46.4	46.2
			否	36751556	40150495	76902051	54.0	53.6	53.8
			总计	68098392	74865283	142963675	100.0	100.0	100.0
农村	60 至 64 岁	您是否办了老年人优待证（卡）?	是	1835070	1861167	3696237	11.3	12.1	11.7
			否	14404709	13527172	27931881	88.7	87.9	88.3
			总计	16239779	15388339	31628118	100.0	100.0	100.0
	65 至 69 岁	您是否办了老年人优待证（卡）?	是	3422654	3229177	6651831	20.0	18.9	19.5
			否	13712287	13824233	27536520	80.0	81.1	80.5
			总计	17134941	17053410	34188351	100.0	100.0	100.0
	70 至 74 岁	您是否办了老年人优待证（卡）?	是	3298363	3063862	6362225	27.7	25.4	26.6
			否	8589948	8977758	17567706	72.3	74.6	73.4
			总计	11888311	12041620	23929931	100.0	100.0	100.0
	75 至 79 岁	您是否办了老年人优待证（卡）?	是	2129733	1904909	4034642	29.1	24.2	26.6
			否	5187324	5972471	11159795	70.9	75.8	73.4
			总计	7317057	7877380	15194437	100.0	100.0	100.0
	80 至 84 岁	您是否办了老年人优待证（卡）?	是	1204245	1069518	2273763	28.1	20.6	24.0
			否	3087885	4112667	7200552	71.9	79.4	76.0
			总计	4292130	5182185	9474315	100.0	100.0	100.0
	85 岁及以上	您是否办了老年人优待证（卡）?	是	809444	780071	1589515	28.5	17.9	22.1
			否	2028135	3588175	5616310	71.5	82.1	77.9
			总计	2837579	4368246	7205825	100.0	100.0	100.0
	总计	您是否办了老年人优待证（卡）?	是	12699509	11908704	24608213	21.3	19.2	20.2
			否	47010288	50002476	97012764	78.7	80.8	79.8
			总计	59709797	61911180	121620977	100.0	100.0	100.0

8-3-1 按年龄、性别分的老年人是否享受过老年人普通门诊挂号减免

年龄（岁）			男	女	总计	男	女	总计
			人数（人）			%		
60 至 64 岁	普通门诊挂号减免	未选择	34870073	34490385	69360458	92.9	92.7	92.8
		选择	2673510	2717292	5390802	7.1	7.3	7.2
		总计	37543583	37207677	74751260	100.0	100.0	100.0
65 至 69 岁	普通门诊挂号减免	未选择	32993750	33845792	66839542	90.9	89.9	90.4
		选择	3307375	3783703	7091078	9.1	10.1	9.6
		总计	36301125	37629495	73930620	100.0	100.0	100.0
70 至 74 岁	普通门诊挂号减免	未选择	21026022	22245524	43271546	87.5	87.9	87.7
		选择	3003176	3052691	6055867	12.5	12.1	12.3
		总计	24029198	25298215	49327413	100.0	100.0	100.0
75 至 79 岁	普通门诊挂号减免	未选择	12673432	14298614	26972046	86.2	87.3	86.8
		选择	2021519	2073144	4094663	13.8	12.7	13.2
		总计	14694951	16371758	31066709	100.0	100.0	100.0
80 至 84 岁	普通门诊挂号减免	未选择	7772617	9680103	17452720	84.9	86.6	85.8
		选择	1385356	1498117	2883473	15.1	13.4	14.2
		总计	9157973	11178220	20336193	100.0	100.0	100.0
85 岁及以上	普通门诊挂号减免	未选择	5143262	7995500	13138762	84.6	87.9	86.6
		选择	938099	1095598	2033697	15.4	12.1	13.4
		总计	6081361	9091098	15172459	100.0	100.0	100.0
总计	普通门诊挂号减免	未选择	114479156	122555918	237035074	89.6	89.6	89.6
		选择	13329035	14220545	27549580	10.4	10.4	10.4
		总计	127808191	136776463	264584654	100.0	100.0	100.0

8-3-2 按城乡、年龄、性别分的老年人是否享受过老年人普通门诊挂号减免

城乡	年龄（岁）			男	女	总计	男	女	总计
				人数（人）			%		
城镇	60 至 64 岁	普通门诊挂号减免	未选择	19740699	20019088	39759787	92.7	91.7	92.2
			选择	1563104	1800250	3363354	7.3	8.3	7.8
			总计	21303803	21819338	43123141	100.0	100.0	100.0
	65 至 69 岁	普通门诊挂号减免	未选择	17217360	18194530	35411890	89.8	88.4	89.1
			选择	1948823	2381555	4330378	10.2	11.6	10.9
			总计	19166183	20576085	39742268	100.0	100.0	100.0
	70 至 74 岁	普通门诊挂号减免	未选择	10352511	11281210	21633721	85.3	85.1	85.2
			选择	1788376	1975385	3763761	14.7	14.9	14.8

续表

城乡	年龄（岁）			男	女	总计	男	女	总计
				人数（人）			%		
城镇	70 至 74 岁	普通门诊挂号减免	总计	12140887	13256595	25397482	100.0	100.0	100.0
	75 至 79 岁	普通门诊挂号减免	未选择	6201904	7134743	13336647	84.1	84.0	84.0
			选择	1175989	1359634	2535623	15.9	16.0	16.0
			总计	7377893	8494377	15872270	100.0	100.0	100.0
	80 至 84 岁	普通门诊挂号减免	未选择	3970567	4974266	8944833	81.6	83.0	82.4
			选择	895275	1021770	1917045	18.4	17.0	17.6
			总计	4865842	5996036	10861878	100.0	100.0	100.0
	85 岁及以上	普通门诊挂号减免	未选择	2651181	4056146	6707327	81.7	85.9	84.2
			选择	592601	666706	1259307	18.3	14.1	15.8
			总计	3243782	4722852	7966634	100.0	100.0	100.0
	总计	普通门诊挂号减免	未选择	60134222	65659983	125794205	88.3	87.7	88.0
			选择	7964168	9205300	17169468	11.7	12.3	12.0
			总计	68098390	74865283	142963673	100.0	100.0	100.0
农村	60 至 64 岁	普通门诊挂号减免	未选择	15129374	14471297	29600671	93.2	94.0	93.6
			选择	1110406	917042	2027448	6.8	6.0	6.4
			总计	16239780	15388339	31628119	100.0	100.0	100.0
	65 至 69 岁	普通门诊挂号减免	未选择	15776390	15651262	31427652	92.1	91.8	91.9
			选择	1358551	1402148	2760699	7.9	8.2	8.1
			总计	17134941	17053410	34188351	100.0	100.0	100.0
	70 至 74 岁	普通门诊挂号减免	未选择	10673511	10964314	21637825	89.8	91.1	90.4
			选择	1214800	1077305	2292105	10.2	8.9	9.6
			总计	11888311	12041619	23929930	100.0	100.0	100.0
	75 至 79 岁	普通门诊挂号减免	未选择	6471528	7163871	13635399	88.4	90.9	89.7
			选择	845529	713509	1559038	11.6	9.1	10.3
			总计	7317057	7877380	15194437	100.0	100.0	100.0
	80 至 84 岁	普通门诊挂号减免	未选择	3802050	4705838	8507888	88.6	90.8	89.8
			选择	490081	476347	966428	11.4	9.2	10.2
			总计	4292131	5182185	9474316	100.0	100.0	100.0
	85 岁及以上	普通门诊挂号减免	未选择	2492081	3939354	6431435	87.8	90.2	89.3
			选择	345498	428892	774390	12.2	9.8	10.7
			总计	2837579	4368246	7205825	100.0	100.0	100.0
	总计	普通门诊挂号减免	未选择	54344934	56895936	111240870	91.0	91.9	91.5
			选择	5364865	5015243	10380108	9.0	8.1	8.5
			总计	59709799	61911179	121620978	100.0	100.0	100.0

8-4-1 按年龄、性别分的老年人是否享受过公共交通票价减免

年龄（岁）			男	女	总计	男	女	总计
			人数（人）			%		
60 至 64 岁	公共交通票价减免	未选择	30787340	29665552	60452892	82.0	79.7	80.9
		选择	6756242	7542125	14298367	18.0	20.3	19.1
		总计	37543582	37207677	74751259	100.0	100.0	100.0
65 至 69 岁	公共交通票价减免	未选择	25923225	26018143	51941368	71.4	69.1	70.3
		选择	10377900	11611352	21989252	28.6	30.9	29.7
		总计	36301125	37629495	73930620	100.0	100.0	100.0
70 至 74 岁	公共交通票价减免	未选择	14975347	15702220	30677567	62.3	62.1	62.2
		选择	9053851	9595995	18649846	37.7	37.9	37.8
		总计	24029198	25298215	49327413	100.0	100.0	100.0
75 至 79 岁	公共交通票价减免	未选择	8799327	10426924	19226251	59.9	63.7	61.9
		选择	5895623	5944834	11840457	40.1	36.3	38.1
		总计	14694950	16371758	31066708	100.0	100.0	100.0
80 至 84 岁	公共交通票价减免	未选择	5537515	7398400	12935915	60.5	66.2	63.6
		选择	3620458	3779821	7400279	39.5	33.8	36.4
		总计	9157973	11178221	20336194	100.0	100.0	100.0
85 岁及以上	公共交通票价减免	未选择	3851681	6868909	10720590	63.3	75.6	70.7
		选择	2229680	2222190	4451870	36.7	24.4	29.3
		总计	6081361	9091099	15172460	100.0	100.0	100.0
总计	公共交通票价减免	未选择	89874435	96080148	185954583	70.3	70.2	70.3
		选择	37933754	40696317	78630071	29.7	29.8	29.7
		总计	127808189	136776465	264584654	100.0	100.0	100.0

8-4-2 按城乡、年龄、性别分的老年人是否享受过公共交通票价减免

城乡	年龄（岁）			男	女	总计	男	女	总计
				人数（人）			%		
城镇	60 至 64 岁	公共交通票价减免	未选择	15974180	15768185	31742365	75.0	72.3	73.6
			选择	5329623	6051153	11380776	25.0	27.7	26.4
			总计	21303803	21819338	43123141	100.0	100.0	100.0
	65 至 69 岁	公共交通票价减免	未选择	11423310	11451984	22875294	59.6	55.7	57.6
			选择	7742874	9124100	16866974	40.4	44.3	42.4
			总计	19166184	20576084	39742268	100.0	100.0	100.0
	70 至 74 岁	公共交通票价减免	未选择	5607131	5982429	11589560	46.2	45.1	45.6
			选择	6533756	7274166	13807922	53.8	54.9	54.4

续表

城乡	年龄（岁）			男	女	总计	男	女	总计
				人数（人）			%		
城镇	70 至 74 岁	公共交通票价减免	总计	12140887	13256595	25397482	100.0	100.0	100.0
	75 至 79 岁	公共交通票价减免	未选择	3094709	3999241	7093950	41.9	47.1	44.7
			选择	4283184	4495136	8778320	58.1	52.9	55.3
			总计	7377893	8494377	15872270	100.0	100.0	100.0
	80 至 84 岁	公共交通票价减免	未选择	2123027	2953078	5076105	43.6	49.3	46.7
			选择	2742815	3042957	5785772	56.4	50.7	53.3
			总计	4865842	5996035	10861877	100.0	100.0	100.0
	85 岁及以上	公共交通票价减免	未选择	1527792	2971652	4499444	47.1	62.9	56.5
			选择	1715990	1751200	3467190	52.9	37.1	43.5
			总计	3243782	4722852	7966634	100.0	100.0	100.0
	总计	公共交通票价减免	未选择	39750149	43126569	82876718	58.4	57.6	58.0
			选择	28348242	31738712	60086954	41.6	42.4	42.0
			总计	68098391	74865281	142963672	100.0	100.0	100.0
农村	60 至 64 岁	公共交通票价减免	未选择	14813160	13897366	28710526	91.2	90.3	90.8
			选择	1426619	1490972	2917591	8.8	9.7	9.2
			总计	16239779	15388338	31628117	100.0	100.0	100.0
	65 至 69 岁	公共交通票价减免	未选择	14499915	14566159	29066074	84.6	85.4	85.0
			选择	2635026	2487251	5122277	15.4	14.6	15.0
			总计	17134941	17053410	34188351	100.0	100.0	100.0
	70 至 74 岁	公共交通票价减免	未选择	9368216	9719791	19088007	78.8	80.7	79.8
			选择	2520095	2321828	4841923	21.2	19.3	20.2
			总计	11888311	12041619	23929930	100.0	100.0	100.0
	75 至 79 岁	公共交通票价减免	未选择	5704618	6427683	12132301	78.0	81.6	79.8
			选择	1612440	1449697	3062137	22.0	18.4	20.2
			总计	7317058	7877380	15194438	100.0	100.0	100.0
	80 至 84 岁	公共交通票价减免	未选择	3414488	4445321	7859809	79.6	85.8	83.0
			选择	877643	736863	1614506	20.4	14.2	17.0
			总计	4292131	5182184	9474315	100.0	100.0	100.0
	85 岁及以上	公共交通票价减免	未选择	2323889	3897256	6221145	81.9	89.2	86.3
			选择	513690	470989	984679	18.1	10.8	13.7
			总计	2837579	4368245	7205824	100.0	100.0	100.0
	总计	公共交通票价减免	未选择	50124286	52953576	103077862	83.9	85.5	84.8
			选择	9585513	8957600	18543113	16.1	14.5	15.2
			总计	59709799	61911176	121620975	100.0	100.0	100.0

8-5-1 按年龄、性别分的老年人是否享受过公园门票减免

年龄（岁）			男	女	总计	男	女	总计
			人数（人）			%		
60 至 64 岁	公园门票减免	未选择	32976386	32390532	65366918	87.8	87.1	87.4
		选择	4567196	4817144	9384340	12.2	12.9	12.6
		总计	37543582	37207676	74751258	100.0	100.0	100.0
65 至 69 岁	公园门票减免	未选择	30523135	31213983	61737118	84.1	83.0	83.5
		选择	5777990	6415512	12193502	15.9	17.0	16.5
		总计	36301125	37629495	73930620	100.0	100.0	100.0
70 至 74 岁	公园门票减免	未选择	19224524	20163359	39387883	80.0	79.7	79.8
		选择	4804674	5134856	9939530	20.0	20.3	20.2
		总计	24029198	25298215	49327413	100.0	100.0	100.0
75 至 79 岁	公园门票减免	未选择	11445163	13474120	24919283	77.9	82.3	80.2
		选择	3249787	2897638	6147425	22.1	17.7	19.8
		总计	14694950	16371758	31066708	100.0	100.0	100.0
80 至 84 岁	公园门票减免	未选择	7208659	9051751	16260410	78.7	81.0	80.0
		选择	1949315	2126469	4075784	21.3	19.0	20.0
		总计	9157974	11178220	20336194	100.0	100.0	100.0
85 岁及以上	公园门票减免	未选择	4815224	7939135	12754359	79.2	87.3	84.1
		选择	1266137	1151963	2418100	20.8	12.7	15.9
		总计	6081361	9091098	15172459	100.0	100.0	100.0
总计	公园门票减免	未选择	106193091	114232880	220425971	83.1	83.5	83.3
		选择	21615099	22543582	44158681	16.9	16.5	16.7
		总计	127808190	136776462	264584652	100.0	100.0	100.0

8-5-2 按城乡、年龄、性别分的老年人是否享受过公园门票减免

城乡	年龄（岁）			男	女	总计	男	女	总计
				人数（人）			%		
城镇	60 至 64 岁	公园门票减免	未选择	17324124	17575429	34899553	81.3	80.5	80.9
			选择	3979679	4243909	8223588	18.7	19.5	19.1
			总计	21303803	21819338	43123141	100.0	100.0	100.0
	65 至 69 岁	公园门票减免	未选择	14258202	15009635	29267837	74.4	72.9	73.6
			选择	4907981	5566450	10474431	25.6	27.1	26.4
			总计	19166183	20576085	39742268	100.0	100.0	100.0
	70 至 74 岁	公园门票减免	未选择	8260454	8890698	17151152	68.0	67.1	67.5
			选择	3880433	4365897	8246330	32.0	32.9	32.5

续表

城乡	年龄（岁）			男	女	总计	男	女	总计
				人数（人）			%		
城镇	70 至 74 岁	公园门票减免	总计	12140887	13256595	25397482	100.0	100.0	100.0
	75 至 79 岁	公园门票减免	未选择	4785768	6087035	10872803	64.9	71.7	68.5
			选择	2592125	2407342	4999467	35.1	28.3	31.5
			总计	7377893	8494377	15872270	100.0	100.0	100.0
	80 至 84 岁	公园门票减免	未选择	3229338	4119900	7349238	66.4	68.7	67.7
			选择	1636505	1876136	3512641	33.6	31.3	32.3
			总计	4865843	5996036	10861879	100.0	100.0	100.0
	85 岁及以上	公园门票减免	未选择	2162802	3736893	5899695	66.7	79.1	74.1
			选择	1080980	985960	2066940	33.3	20.9	25.9
			总计	3243782	4722853	7966635	100.0	100.0	100.0
	总计	公园门票减免	未选择	50020688	55419590	105440278	73.5	74.0	73.8
			选择	18077703	19445694	37523397	26.5	26.0	26.2
			总计	68098391	74865284	142963675	100.0	100.0	100.0
农村	60 至 64 岁	公园门票减免	未选择	15652263	14815103	30467366	96.4	96.3	96.3
			选择	587517	573235	1160752	3.6	3.7	3.7
			总计	16239780	15388338	31628118	100.0	100.0	100.0
	65 至 69 岁	公园门票减免	未选择	16264933	16204349	32469282	94.9	95.0	95.0
			选择	870009	849062	1719071	5.1	5.0	5.0
			总计	17134942	17053411	34188353	100.0	100.0	100.0
	70 至 74 岁	公园门票减免	未选择	10964070	11272660	22236730	92.2	93.6	92.9
			选择	924242	768959	1693201	7.8	6.4	7.1
			总计	11888312	12041619	23929931	100.0	100.0	100.0
	75 至 79 岁	公园门票减免	未选择	6659396	7387086	14046482	91.0	93.8	92.4
			选择	657662	490295	1147957	9.0	6.2	7.6
			总计	7317058	7877381	15194439	100.0	100.0	100.0
	80 至 84 岁	公园门票减免	未选择	3979321	4931851	8911172	92.7	95.2	94.1
			选择	312810	250334	563144	7.3	4.8	5.9
			总计	4292131	5182185	9474316	100.0	100.0	100.0
	85 岁及以上	公园门票减免	未选择	2652422	4202243	6854665	93.5	96.2	95.1
			选择	185157	166003	351160	6.5	3.8	4.9
			总计	2837579	4368246	7205825	100.0	100.0	100.0
	总计	公园门票减免	未选择	56172405	58813292	114985697	94.1	95.0	94.5
			选择	3537397	3097888	6635285	5.9	5.0	5.5
			总计	59709802	61911180	121620982	100.0	100.0	100.0

8-6-1 按年龄、性别分的老年人是否享受过旅游景点门票减免

年龄（岁）			男	女	总计	男	女	总计
			人数（人）			%		
60 至 64 岁	旅游景点门票减免	未选择	33095216	32446067	65541283	88.2	87.2	87.7
		选择	4448366	4761609	9209975	11.8	12.8	12.3
		总计	37543582	37207676	74751258	100.0	100.0	100.0
65 至 69 岁	旅游景点门票减免	未选择	30431438	31364856	61796294	83.8	83.4	83.6
		选择	5869687	6264639	12134326	16.2	16.6	16.4
		总计	36301125	37629495	73930620	100.0	100.0	100.0
70 至 74 岁	旅游景点门票减免	未选择	19244028	20283103	39527131	80.1	80.2	80.1
		选择	4785170	5015112	9800282	19.9	19.8	19.9
		总计	24029198	25298215	49327413	100.0	100.0	100.0
75 至 79 岁	旅游景点门票减免	未选择	11548232	13512154	25060386	78.6	82.5	80.7
		选择	3146719	2859604	6006323	21.4	17.5	19.3
		总计	14694951	16371758	31066709	100.0	100.0	100.0
80 至 84 岁	旅游景点门票减免	未选择	7330518	9317780	16648298	80.0	83.4	81.9
		选择	1827455	1860441	3687896	20.0	16.6	18.1
		总计	9157973	11178221	20336194	100.0	100.0	100.0
85 岁及以上	旅游景点门票减免	未选择	4976810	8156351	13133161	81.8	89.7	86.6
		选择	1104551	934748	2039299	18.2	10.3	13.4
		总计	6081361	9091099	15172460	100.0	100.0	100.0
总计	旅游景点门票减免	未选择	106626242	115080311	221706553	83.4	84.1	83.8
		选择	21181948	21696153	42878101	16.6	15.9	16.2
		总计	127808190	136776464	264584654	100.0	100.0	100.0

8-6-2 按城乡、年龄、性别分的老年人是否享受过旅游景点门票减免

城乡	年龄（岁）			男	女	总计	男	女	总计
				人数（人）			%		
城镇	60 至 64 岁	旅游景点门票减免	未选择	17528962	17731823	35260785	82.3	81.3	81.8
			选择	3774840	4087515	7862355	17.7	18.7	18.2
			总计	21303802	21819338	43123140	100.0	100.0	100.0
	65 至 69 岁	旅游景点门票减免	未选择	14291933	15247644	29539577	74.6	74.1	74.3
			选择	4874251	5328440	10202691	25.4	25.9	25.7
			总计	19166184	20576084	39742268	100.0	100.0	100.0
	70 至 74 岁	旅游景点门票减免	未选择	8386405	9082576	17468981	69.1	68.5	68.8
			选择	3754482	4174019	7928501	30.9	31.5	31.2

续表

城乡	年龄（岁）			男	女	总计	男	女	总计
				人数（人）			%		
城镇	70 至 74 岁	旅游景点门票减免	总计	12140887	13256595	25397482	100.0	100.0	100.0
	75 至 79 岁	旅游景点门票减免	未选择	4909372	6169625	11078997	66.5	72.6	69.8
			选择	2468521	2324752	4793273	33.5	27.4	30.2
			总计	7377893	8494377	15872270	100.0	100.0	100.0
	80 至 84 岁	旅游景点门票减免	未选择	3391527	4393284	7784811	69.7	73.3	71.7
			选择	1474316	1602752	3077068	30.3	26.7	28.3
			总计	4865843	5996036	10861879	100.0	100.0	100.0
	85 岁及以上	旅游景点门票减免	未选择	2337481	3934241	6271722	72.1	83.3	78.7
			选择	906301	788612	1694913	27.9	16.7	21.3
			总计	3243782	4722853	7966635	100.0	100.0	100.0
	总计	旅游景点门票减免	未选择	50845680	56559193	107404873	74.7	75.5	75.1
			选择	17252711	18306090	35558801	25.3	24.5	24.9
			总计	68098391	74865283	142963674	100.0	100.0	100.0
农村	60 至 64 岁	旅游景点门票减免	未选择	15566254	14714244	30280498	95.9	95.6	95.7
			选择	673525	674094	1347619	4.1	4.4	4.3
			总计	16239779	15388338	31628117	100.0	100.0	100.0
	65 至 69 岁	旅游景点门票减免	未选择	16139505	16117212	32256717	94.2	94.5	94.4
			选择	995437	936199	1931636	5.8	5.5	5.6
			总计	17134942	17053411	34188353	100.0	100.0	100.0
	70 至 74 岁	旅游景点门票减免	未选择	10857623	11200527	22058150	91.3	93.0	92.2
			选择	1030688	841093	1871781	8.7	7.0	7.8
			总计	11888311	12041620	23929931	100.0	100.0	100.0
	75 至 79 岁	旅游景点门票减免	未选择	6638860	7342528	13981388	90.7	93.2	92.0
			选择	678197	534852	1213049	9.3	6.8	8.0
			总计	7317057	7877380	15194437	100.0	100.0	100.0
	80 至 84 岁	旅游景点门票减免	未选择	3938991	4924496	8863487	91.8	95.0	93.6
			选择	353139	257689	610828	8.2	5.0	6.4
			总计	4292130	5182185	9474315	100.0	100.0	100.0
	85 岁及以上	旅游景点门票减免	未选择	2639329	4222110	6861439	93.0	96.7	95.2
			选择	198250	146136	344386	7.0	3.3	4.8
			总计	2837579	4368246	7205825	100.0	100.0	100.0
	总计	旅游景点门票减免	未选择	55780562	58521117	114301679	93.4	94.5	94.0
			选择	3929236	3390063	7319299	6.6	5.5	6.0
			总计	59709798	61911180	121620978	100.0	100.0	100.0

8-7-1 按年龄、性别分的老年人是否享受过博物馆、公共图书馆等公共文化场所门票减免

年龄（岁）			男	女	总计	男	女	总计
			人数（人）			%		
60 至 64 岁	博物馆、公共图书馆等公共文化场所门票减免	未选择	35063585	34732958	69796543	93.4	93.3	93.4
		选择	2479998	2474719	4954717	6.6	6.7	6.6
		总计	37543583	37207677	74751260	100.0	100.0	100.0
65 至 69 岁	博物馆、公共图书馆等公共文化场所门票减免	未选择	33094856	34133202	67228058	91.2	90.7	90.9
		选择	3206269	3496294	6702563	8.8	9.3	9.1
		总计	36301125	37629496	73930621	100.0	100.0	100.0
70 至 74 岁	博物馆、公共图书馆等公共文化场所门票减免	未选择	21400834	22640645	44041479	89.1	89.5	89.3
		选择	2628364	2657570	5285934	10.9	10.5	10.7
		总计	24029198	25298215	49327413	100.0	100.0	100.0
75 至 79 岁	博物馆、公共图书馆等公共文化场所门票减免	未选择	12911880	14942833	27854713	87.9	91.3	89.7
		选择	1783070	1428925	3211995	12.1	8.7	10.3
		总计	14694950	16371758	31066708	100.0	100.0	100.0
80 至 84 岁	博物馆、公共图书馆等公共文化场所门票减免	未选择	8175918	10194127	18370045	89.3	91.2	90.3
		选择	982056	984093	1966149	10.7	8.8	9.7
		总计	9157974	11178220	20336194	100.0	100.0	100.0
85 岁及以上	博物馆、公共图书馆等公共文化场所门票减免	未选择	5393912	8603109	13997021	88.7	94.6	92.3
		选择	687448	487990	1175438	11.3	5.4	7.7
		总计	6081360	9091099	15172459	100.0	100.0	100.0
总计	博物馆、公共图书馆等公共文化场所门票减免	未选择	116040985	125246874	241287859	90.8	91.6	91.2
		选择	11767205	11529591	23296796	9.2	8.4	8.8
		总计	127808190	136776465	264584655	100.0	100.0	100.0

8-7-2 按城乡、年龄、性别分的老年人是否享受过博物馆、公共图书馆等公共文化场所门票减免

城乡	年龄（岁）			男	女	总计	男	女	总计
				人数（人）			%		
城镇	60 至 64 岁	博物馆、公共图书馆等公共文化场所门票减免	未选择	19161341	19605094	38766435	89.9	89.9	89.9
			选择	2142462	2214245	4356707	10.1	10.1	10.1
			总计	21303803	21819339	43123142	100.0	100.0	100.0
	65 至 69 岁	博物馆、公共图书馆等公共文化场所门票减免	未选择	16403227	17500211	33903438	85.6	85.1	85.3
			选择	2762957	3075874	5838831	14.4	14.9	14.7
			总计	19166184	20576085	39742269	100.0	100.0	100.0
	70 至 74 岁	博物馆、公共图书馆等公共文化场所门票减免	未选择	9912984	10941467	20854451	81.6	82.5	82.1
			选择	2227903	2315129	4543032	18.4	17.5	17.9

续表

城乡	年龄（岁）			男	女	总计	男	女	总计
				人数（人）			%		
城镇	70 至 74 岁	博物馆、公共图书馆等公共文化场所门票减免	总计	12140887	13256596	25397483	100.0	100.0	100.0
	75 至 79 岁	博物馆、公共图书馆等公共文化场所门票减免	未选择	5894876	7255857	13150733	79.9	85.4	82.9
			选择	1483017	1238520	2721537	20.1	14.6	17.1
			总计	7377893	8494377	15872270	100.0	100.0	100.0
	80 至 84 岁	博物馆、公共图书馆等公共文化场所门票减免	未选择	4008693	5087699	9096392	82.4	84.9	83.7
			选择	857149	908336	1765485	17.6	15.1	16.3
			总计	4865842	5996035	10861877	100.0	100.0	100.0
	85 岁及以上	博物馆、公共图书馆等公共文化场所门票减免	未选择	2661386	4314202	6975588	82.0	91.3	87.6
			选择	582396	408651	991047	18.0	8.7	12.4
			总计	3243782	4722853	7966635	100.0	100.0	100.0
	总计	博物馆、公共图书馆等公共文化场所门票减免	未选择	58042507	64704530	122747037	85.2	86.4	85.9
			选择	10055884	10160755	20216639	14.8	13.6	14.1
			总计	68098391	74865285	142963676	100.0	100.0	100.0
农村	60 至 64 岁	博物馆、公共图书馆等公共文化场所门票减免	未选择	15902244	15127864	31030108	97.9	98.3	98.1
			选择	337535	260474	598009	2.1	1.7	1.9
			总计	16239779	15388338	31628117	100.0	100.0	100.0
	65 至 69 岁	博物馆、公共图书馆等公共文化场所门票减免	未选择	16691630	16632991	33324621	97.4	97.5	97.5
			选择	443312	420419	863731	2.6	2.5	2.5
			总计	17134942	17053410	34188352	100.0	100.0	100.0
	70 至 74 岁	博物馆、公共图书馆等公共文化场所门票减免	未选择	11487851	11699178	23187029	96.6	97.2	96.9
			选择	400461	342441	742902	3.4	2.8	3.1
			总计	11888312	12041619	23929931	100.0	100.0	100.0
	75 至 79 岁	博物馆、公共图书馆等公共文化场所门票减免	未选择	7017004	7686976	14703980	95.9	97.6	96.8
			选择	300054	190404	490458	4.1	2.4	3.2
			总计	7317058	7877380	15194438	100.0	100.0	100.0
	80 至 84 岁	博物馆、公共图书馆等公共文化场所门票减免	未选择	4167224	5106428	9273652	97.1	98.5	97.9
			选择	124906	75757	200663	2.9	1.5	2.1
			总计	4292130	5182185	9474315	100.0	100.0	100.0
	85 岁及以上	博物馆、公共图书馆等公共文化场所门票减免	未选择	2732526	4288907	7021433	96.3	98.2	97.4
			选择	105053	79338	184391	3.7	1.8	2.6
			总计	2837579	4368245	7205824	100.0	100.0	100.0
	总计	博物馆、公共图书馆等公共文化场所门票减免	未选择	57998479	60542344	118540823	97.1	97.8	97.5
			选择	1711321	1368833	3080154	2.9	2.2	2.5
			总计	59709800	61911177	121620977	100.0	100.0	100.0

8-8-1 按年龄、性别分的老年人是否认为自己的合法权益得到了应有的保障

年龄（岁）			男	女	总计	男	女	总计
			人数（人）			%		
60 至 64 岁	您认为您的合法权益是否得到了应有的保障?	是	34855498	33953603	68809101	92.8	91.3	92.1
		否	2688084	3254074	5942158	7.2	8.7	7.9
		总计	37543582	37207677	74751259	100.0	100.0	100.0
65 至 69 岁	您认为您的合法权益是否得到了应有的保障?	是	33616796	34353758	67970554	92.6	91.3	91.9
		否	2684329	3275737	5960066	7.4	8.7	8.1
		总计	36301125	37629495	73930620	100.0	100.0	100.0
70 至 74 岁	您认为您的合法权益是否得到了应有的保障?	是	22360142	23222967	45583109	93.1	91.8	92.4
		否	1669056	2075249	3744305	6.9	8.2	7.6
		总计	24029198	25298216	49327414	100.0	100.0	100.0
75 至 79 岁	您认为您的合法权益是否得到了应有的保障?	是	13631316	14928876	28560192	92.8	91.2	91.9
		否	1063634	1442882	2506516	7.2	8.8	8.1
		总计	14694950	16371758	31066708	100.0	100.0	100.0
80 至 84 岁	您认为您的合法权益是否得到了应有的保障?	是	8492220	10293186	18785406	92.7	92.1	92.4
		否	665753	885034	1550787	7.3	7.9	7.6
		总计	9157973	11178220	20336193	100.0	100.0	100.0
85 岁及以上	您认为您的合法权益是否得到了应有的保障?	是	5680272	8385842	14066114	93.4	92.2	92.7
		否	401088	705257	1106345	6.6	7.8	7.3
		总计	6081360	9091099	15172459	100.0	100.0	100.0
总计	您认为您的合法权益是否得到了应有的保障?	是	118636244	125138232	243774476	92.8	91.5	92.1
		否	9171944	11638233	20810177	7.2	8.5	7.9
		总计	127808188	136776465	264584653	100.0	100.0	100.0

8-8-2 按城乡、年龄、性别分的老年人是否认为自己的合法权益得到了应有的保障

城乡	年龄（岁）			男	女	总计	男	女	总计
				人数（人）			%		
城镇	60 至 64 岁	您认为您的合法权益是否得到了应有的保障?	是	19896962	20138891	40035853	93.4	92.3	92.8
			否	1406840	1680447	3087287	6.6	7.7	7.2
			总计	21303802	21819338	43123140	100.0	100.0	100.0
	65 至 69 岁	您认为您的合法权益是否得到了应有的保障?	是	17858713	19078511	36937224	93.2	92.7	92.9
			否	1307470	1497574	2805044	6.8	7.3	7.1
			总计	19166183	20576085	39742268	100.0	100.0	100.0
	70 至 74 岁	您认为您的合法权益是否得到了应有的保障?	是	11389261	12317027	23706288	93.8	92.9	93.3
			否	751626	939568	1691194	6.2	7.1	6.7

续表

城乡	年龄（岁）			男	女	总计	男	女	总计
				人数（人）			%		
城镇	70 至 74 岁	您认为您的合法权益是否得到了应有的保障?	总计	12140887	13256595	25397482	100.0	100.0	100.0
	75 至 79 岁	您认为您的合法权益是否得到了应有的保障?	是	6973989	7859431	14833420	94.5	92.5	93.5
			否	403904	634946	1038850	5.5	7.5	6.5
			总计	7377893	8494377	15872270	100.0	100.0	100.0
	80 至 84 岁	您认为您的合法权益是否得到了应有的保障?	是	4559370	5605030	10164400	93.7	93.5	93.6
			否	306473	391006	697479	6.3	6.5	6.4
			总计	4865843	5996036	10861879	100.0	100.0	100.0
	85 岁及以上	您认为您的合法权益是否得到了应有的保障?	是	3040343	4366773	7407116	93.7	92.5	93.0
			否	203439	356079	559518	6.3	7.5	7.0
			总计	3243782	4722852	7966634	100.0	100.0	100.0
	总计	您认为您的合法权益是否得到了应有的保障?	是	63718638	69365663	133084301	93.6	92.7	93.1
			否	4379752	5499620	9879372	6.4	7.3	6.9
			总计	68098390	74865283	142963673	100.0	100.0	100.0
农村	60 至 64 岁	您认为您的合法权益是否得到了应有的保障?	是	14958536	13814711	28773247	92.1	89.8	91.0
			否	1281244	1573627	2854871	7.9	10.2	9.0
			总计	16239780	15388338	31628118	100.0	100.0	100.0
	65 至 69 岁	您认为您的合法权益是否得到了应有的保障?	是	15758083	15275247	31033330	92.0	89.6	90.8
			否	1376858	1778163	3155021	8.0	10.4	9.2
			总计	17134941	17053410	34188351	100.0	100.0	100.0
	70 至 74 岁	您认为您的合法权益是否得到了应有的保障?	是	10970881	10905939	21876820	92.3	90.6	91.4
			否	917430	1135680	2053110	7.7	9.4	8.6
			总计	11888311	12041619	23929930	100.0	100.0	100.0
	75 至 79 岁	您认为您的合法权益是否得到了应有的保障?	是	6657327	7069445	13726772	91.0	89.7	90.3
			否	659730	807936	1467666	9.0	10.3	9.7
			总计	7317057	7877381	15194438	100.0	100.0	100.0
	80 至 84 岁	您认为您的合法权益是否得到了应有的保障?	是	3932850	4688156	8621006	91.6	90.5	91.0
			否	359280	494029	853309	8.4	9.5	9.0
			总计	4292130	5182185	9474315	100.0	100.0	100.0
	85 岁及以上	您认为您的合法权益是否得到了应有的保障?	是	2639930	4019068	6658998	93.0	92.0	92.4
			否	197649	349177	546826	7.0	8.0	7.6
			总计	2837579	4368245	7205824	100.0	100.0	100.0
	总计	您认为您的合法权益是否得到了应有的保障?	是	54917607	55772566	110690173	92.0	90.1	91.0
			否	4792191	6138612	10930803	8.0	9.9	9.0
			总计	59709798	61911178	121620976	100.0	100.0	100.0

第九部分　老年人精神文化生活状况

9-1-1 按年龄、性别分的老年人上网状况

年龄（岁）			男	女	总计	男	女	总计
			人数（人）			%		
60 至 64 岁	您上网吗？	经常	7725600	6560581	14286181	20.6	17.6	19.1
		偶尔	6105308	5492535	11597843	16.3	14.8	15.5
		从不	23712674	25154560	48867234	63.2	67.6	65.4
		总计	37543582	37207676	74751258	100.0	100.0	100.0
65 至 69 岁	您上网吗？	经常	5575560	4856749	10432309	15.4	12.9	14.1
		偶尔	4056734	3528214	7584948	11.2	9.4	10.3
		从不	26668831	29244531	55913362	73.5	77.7	75.6
		总计	36301125	37629494	73930619	100.0	100.0	100.0
70 至 74 岁	您上网吗？	经常	2709365	2071395	4780760	11.3	8.2	9.7
		偶尔	1850644	1615162	3465806	7.7	6.4	7.0
		从不	19469189	21611658	41080847	81.0	85.4	83.3
		总计	24029198	25298215	49327413	100.0	100.0	100.0
75 至 79 岁	您上网吗？	经常	1226471	901681	2128152	8.3	5.5	6.9
		偶尔	765579	747346	1512925	5.2	4.6	4.9
		从不	12702901	14722731	27425632	86.4	89.9	88.3
		总计	14694951	16371758	31066709	100.0	100.0	100.0
80 至 84 岁	您上网吗？	经常	591078	416456	1007534	6.5	3.7	5.0
		偶尔	381434	324139	705573	4.2	2.9	3.5
		从不	8185461	10437625	18623086	89.4	93.4	91.6
		总计	9157973	11178220	20336193	100.0	100.0	100.0
85 岁及以上	您上网吗？	经常	224739	102196	326935	3.7	1.1	2.2
		偶尔	139696	124726	264422	2.3	1.4	1.7
		从不	5716925	8864177	14581102	94.0	97.5	96.1
		总计	6081360	9091099	15172459	100.0	100.0	100.0
总计	您上网吗？	经常	18052813	14909058	32961871	14.1	10.9	12.5
		偶尔	13299395	11832122	25131517	10.4	8.7	9.5
		从不	96455981	110035282	206491263	75.5	80.4	78.0
		总计	127808189	136776462	264584651	100.0	100.0	100.0

9-1-2 按城乡、年龄、性别分的老年人上网状况

城乡	年龄（岁）			男	女	总计	男	女	总计
				人数（人）			%		
城镇	60 至 64 岁	您上网吗?	经常	5861518	5304628	11166146	27.5	24.3	25.9
			偶尔	4129010	3926728	8055738	19.4	18.0	18.7
			从不	11313275	12587983	23901258	53.1	57.7	55.4
			总计	21303803	21819339	43123142	100.0	100.0	100.0
	65 至 69 岁	您上网吗?	经常	4445493	4069546	8515039	23.2	19.8	21.4
			偶尔	2754253	2573338	5327591	14.4	12.5	13.4
			从不	11966438	13933201	25899639	62.4	67.7	65.2
			总计	19166184	20576085	39742269	100.0	100.0	100.0
	70 至 74 岁	您上网吗?	经常	2230902	1776129	4007031	18.4	13.4	15.8
			偶尔	1297356	1222200	2519556	10.7	9.2	9.9
			从不	8612629	10258267	18870896	70.9	77.4	74.3
			总计	12140887	13256596	25397483	100.0	100.0	100.0
	75 至 79 岁	您上网吗?	经常	1063791	810567	1874358	14.4	9.5	11.8
			偶尔	623795	617240	1241035	8.5	7.3	7.8
			从不	5690308	7066571	12756879	77.1	83.2	80.4
			总计	7377894	8494378	15872272	100.0	100.0	100.0
	80 至 84 岁	您上网吗?	经常	527137	382436	909573	10.8	6.4	8.4
			偶尔	315884	263827	579711	6.5	4.4	5.3
			从不	4022822	5349772	9372594	82.7	89.2	86.3
			总计	4865843	5996035	10861878	100.0	100.0	100.0
	85 岁及以上	您上网吗?	经常	214829	96392	311221	6.6	2.0	3.9
			偶尔	116391	114282	230673	3.6	2.4	2.9
			从不	2912562	4512179	7424741	89.8	95.5	93.2
			总计	3243782	4722853	7966635	100.0	100.0	100.0
	总计	您上网吗?	经常	14343670	12439698	26783368	21.1	16.6	18.7
			偶尔	9236689	8717615	17954304	13.6	11.6	12.6
			从不	44518034	53707973	98226007	65.4	71.7	68.7
			总计	68098393	74865286	142963679	100.0	100.0	100.0
农村	60 至 64 岁	您上网吗?	经常	1864082	1255954	3120036	11.5	8.2	9.9
			偶尔	1976298	1565807	3542105	12.2	10.2	11.2
			从不	12399399	12566577	24965976	76.4	81.7	78.9
			总计	16239779	15388338	31628117	100.0	100.0	100.0
	65 至 69 岁	您上网吗?	经常	1130067	787204	1917271	6.6	4.6	5.6
			偶尔	1302481	954876	2257357	7.6	5.6	6.6

续表

城乡	年龄（岁）			男	女	总计	男	女	总计
				人数（人）			%		
农村	65至69岁	您上网吗？	从不	14702393	15311331	30013724	85.8	89.8	87.8
			总计	17134941	17053411	34188352	100.0	100.0	100.0
	70至74岁	您上网吗？	经常	478464	295266	773730	4.0	2.5	3.2
			偶尔	553288	392962	946250	4.7	3.3	4.0
			从不	10856560	11353391	22209951	91.3	94.3	92.8
			总计	11888312	12041619	23929931	100.0	100.0	100.0
	75至79岁	您上网吗？	经常	162681	91115	253796	2.2	1.2	1.7
			偶尔	141784	130106	271890	1.9	1.7	1.8
			从不	7012593	7656160	14668753	95.8	97.2	96.5
			总计	7317058	7877381	15194439	100.0	100.0	100.0
	80至84岁	您上网吗？	经常	63942	34020	97962	1.5	0.7	1.0
			偶尔	65549	60312	125861	1.5	1.2	1.3
			从不	4162640	5087853	9250493	97.0	98.2	97.6
			总计	4292131	5182185	9474316	100.0	100.0	100.0
	85岁及以上	您上网吗？	经常	9910	5804	15714	0.3	0.1	0.2
			偶尔	23306	10444	33750	0.8	0.2	0.5
			从不	2804363	4351998	7156361	98.8	99.6	99.3
			总计	2837579	4368246	7205825	100.0	100.0	100.0
	总计	您上网吗？	经常	3709146	2469363	6178509	6.2	4.0	5.1
			偶尔	4062706	3114507	7177213	6.8	5.0	5.9
			从不	51937948	56327310	108265258	87.0	91.0	89.0
			总计	59709800	61911180	121620980	100.0	100.0	100.0

9-2-1 按年龄、性别分的老年人使用智能手机状况

年龄（岁）			男	女	总计	男	女	总计
			人数（人）			%		
60至64岁	您会使用智能手机吗？	会	22698160	20450443	43148603	60.5	55.0	57.7
		不会	10503533	11516935	22020468	28.0	31.0	29.5
		没有智能手机	4341889	5240299	9582188	11.6	14.1	12.8
		总计	37543582	37207677	74751259	100.0	100.0	100.0
65至69岁	您会使用智能手机吗？	会	16230406	14360545	30590951	44.7	38.2	41.4
		不会	13578129	15100709	28678838	37.4	40.1	38.8
		没有智能手机	6492590	8168240	14660830	17.9	21.7	19.8
		总计	36301125	37629494	73930619	100.0	100.0	100.0

续表

年龄（岁）			男	女	总计	男	女	总计
			人数（人）			%		
70 至 74 岁	您会使用智能手机吗?	会	7481905	6312916	13794821	31.1	25.0	28.0
		不会	10544592	11887538	22432130	43.9	47.0	45.5
		没有智能手机	6002701	7097761	13100462	25.0	28.1	26.6
		总计	24029198	25298215	49327413	100.0	100.0	100.0
75 至 79 岁	您会使用智能手机吗?	会	3085407	2742888	5828295	21.0	16.8	18.8
		不会	7188201	8056552	15244753	48.9	49.2	49.1
		没有智能手机	4421343	5572318	9993661	30.1	34.0	32.2
		总计	14694951	16371758	31066709	100.0	100.0	100.0
80 至 84 岁	您会使用智能手机吗?	会	1421887	1183743	2605630	15.5	10.6	12.8
		不会	4554790	5795248	10350038	49.7	51.8	50.9
		没有智能手机	3181296	4199230	7380526	34.7	37.6	36.3
		总计	9157973	11178221	20336194	100.0	100.0	100.0
85 岁及以上	您会使用智能手机吗?	会	596670	340347	937017	9.8	3.7	6.2
		不会	3242677	4911021	8153698	53.3	54.0	53.7
		没有智能手机	2242013	3839730	6081743	36.9	42.2	40.1
		总计	6081360	9091098	15172458	100.0	100.0	100.0
总计	您会使用智能手机吗?	会	51514435	45390882	96905317	40.3	33.2	36.6
		不会	49611922	57268003	106879925	38.8	41.9	40.4
		没有智能手机	26681832	34117578	60799410	20.9	24.9	23.0
		总计	127808189	136776463	264584652	100.0	100.0	100.0

9-2-2 按城乡、年龄、性别分的老年人使用智能手机状况

城乡	年龄（岁）			男	女	总计	男	女	总计
				人数（人）			%		
城镇	60 至 64 岁	您会使用智能手机吗?	会	15034518	14341772	29376290	70.6	65.7	68.1
			不会	4576562	5121150	9697712	21.5	23.5	22.5
			没有智能手机	1692722	2356417	4049139	7.9	10.8	9.4
			总计	21303802	21819339	43123141	100.0	100.0	100.0
	65 至 69 岁	您会使用智能手机吗?	会	10876514	10412573	21289087	56.7	50.6	53.6
			不会	5653088	6657956	12311044	29.5	32.4	31.0
			没有智能手机	2636582	3505556	6142138	13.8	17.0	15.5
			总计	19166184	20576085	39742269	100.0	100.0	100.0
	70 至 74 岁	您会使用智能手机吗?	会	5222770	4792140	10014910	43.0	36.1	39.4
			不会	4497541	5379909	9877450	37.0	40.6	38.9
			没有智能手机	2420575	3084546	5505121	19.9	23.3	21.7

续表

城乡	年龄（岁）			男	女	总计	男	女	总计
				人数（人）			%		
城镇	70 至 74 岁	您会使用智能手机吗?	总计	12140886	13256595	25397481	100.0	100.0	100.0
	75 至 79 岁	您会使用智能手机吗?	会	2384544	2152712	4537256	32.3	25.3	28.6
			不会	3153174	3715475	6868649	42.7	43.7	43.3
			没有智能手机	1840175	2626190	4466365	24.9	30.9	28.1
			总计	7377893	8494377	15872270	100.0	100.0	100.0
	80 至 84 岁	您会使用智能手机吗?	会	1181529	1008398	2189927	24.3	16.8	20.2
			不会	2144406	2905124	5049530	44.1	48.5	46.5
			没有智能手机	1539908	2082514	3622422	31.6	34.7	33.3
			总计	4865843	5996036	10861879	100.0	100.0	100.0
	85 岁及以上	您会使用智能手机吗?	会	520294	289609	809903	16.0	6.1	10.2
			不会	1549959	2459890	4009849	47.8	52.1	50.3
			没有智能手机	1173529	1973354	3146883	36.2	41.8	39.5
			总计	3243782	4722853	7966635	100.0	100.0	100.0
	总计	您会使用智能手机吗?	会	35220169	32997204	68217373	51.7	44.1	47.7
			不会	21574730	26239504	47814234	31.7	35.0	33.4
			没有智能手机	11303491	15628577	26932068	16.6	20.9	18.8
			总计	68098390	74865285	142963675	100.0	100.0	100.0
农村	60 至 64 岁	您会使用智能手机吗?	会	7663642	6108671	13772313	47.2	39.7	43.5
			不会	5926971	6395785	12322756	36.5	41.6	39.0
			没有智能手机	2649167	2883882	5533049	16.3	18.7	17.5
			总计	16239780	15388338	31628118	100.0	100.0	100.0
	65 至 69 岁	您会使用智能手机吗?	会	5353892	3947973	9301865	31.2	23.2	27.2
			不会	7925041	8442753	16367794	46.3	49.5	47.9
			没有智能手机	3856008	4662685	8518693	22.5	27.3	24.9
			总计	17134941	17053411	34188352	100.0	100.0	100.0
	70 至 74 岁	您会使用智能手机吗?	会	2259135	1520776	3779911	19.0	12.6	15.8
			不会	6047051	6507628	12554679	50.9	54.0	52.5
			没有智能手机	3582125	4013215	7595340	30.1	33.3	31.7
			总计	11888311	12041619	23929930	100.0	100.0	100.0
	75 至 79 岁	您会使用智能手机吗?	会	700863	590176	1291039	9.6	7.5	8.5
			不会	4035027	4341077	8376104	55.1	55.1	55.1
			没有智能手机	2581168	2946128	5527296	35.3	37.4	36.4
			总计	7317058	7877381	15194439	100.0	100.0	100.0
	80 至 84 岁	您会使用智能手机吗?	会	240359	175345	415704	5.6	3.4	4.4
			不会	2410385	2890124	5300509	56.2	55.8	55.9

续表

城乡	年龄（岁）			男	女	总计	男	女	总计
				人数（人）			%		
农村	80至84岁	您会使用智能手机吗?	没有智能手机	1641387	2116716	3758103	38.2	40.8	39.7
			总计	4292131	5182185	9474316	100.0	100.0	100.0
	85岁及以上	您会使用智能手机吗?	会	76376	50739	127115	2.7	1.2	1.8
			不会	1692718	2451131	4143849	59.7	56.1	57.5
			没有智能手机	1068484	1866376	2934860	37.7	42.7	40.7
			总计	2837578	4368246	7205824	100.0	100.0	100.0
	总计	您会使用智能手机吗?	会	16294267	12393680	28687947	27.3	20.0	23.6
			不会	28037193	31028498	59065691	47.0	50.1	48.6
			没有智能手机	15378339	18489002	33867341	25.8	29.9	27.8
			总计	59709799	61911180	121620979	100.0	100.0	100.0

9-3-1 按年龄、性别分的老年人是否参加了老年大学/学校

年龄（岁）			男	女	总计	男	女	总计
			人数（人）			%		
60至64岁	您参加了老年大学/学校（含远程老年教育及其他学习类活动）吗?	参加了	545663	1342123	1887786	1.5	3.6	2.5
		没参加	36997919	35865554	72863473	98.5	96.4	97.5
		总计	37543582	37207677	74751259	100.0	100.0	100.0
65至69岁	您参加了老年大学/学校（含远程老年教育及其他学习类活动）吗?	参加了	724144	1251110	1975254	2.0	3.3	2.7
		没参加	35576981	36378385	71955366	98.0	96.7	97.3
		总计	36301125	37629495	73930620	100.0	100.0	100.0
70至74岁	您参加了老年大学/学校（含远程老年教育及其他学习类活动）吗?	参加了	465396	665694	1131090	1.9	2.6	2.3
		没参加	23563802	24632521	48196323	98.1	97.4	97.7
		总计	24029198	25298215	49327413	100.0	100.0	100.0
75至79岁	您参加了老年大学/学校（含远程老年教育及其他学习类活动）吗?	参加了	273584	309615	583199	1.9	1.9	1.9
		没参加	14421367	16062143	30483510	98.1	98.1	98.1
		总计	14694951	16371758	31066709	100.0	100.0	100.0
80至84岁	您参加了老年大学/学校（含远程老年教育及其他学习类活动）吗?	参加了	160715	172831	333546	1.8	1.5	1.6
		没参加	8997258	11005389	20002647	98.2	98.5	98.4
		总计	9157973	11178220	20336193	100.0	100.0	100.0
85岁及以上	您参加了老年大学/学校（含远程老年教育及其他学习类活动）吗?	参加了	105925	47044	152969	1.7	0.5	1.0
		没参加	5975436	9044054	15019490	98.3	99.5	99.0
		总计	6081361	9091098	15172459	100.0	100.0	100.0
总计	您参加了老年大学/学校（含远程老年教育及其他学习类活动）吗?	参加了	2275427	3788417	6063844	1.8	2.8	2.3
		没参加	125532763	132988046	258520809	98.2	97.2	97.7
		总计	127808190	136776463	264584653	100.0	100.0	100.0

9-3-2 按城乡、年龄、性别分的老年人是否参加了老年大学/学校

城乡	年龄（岁）			男	女	总计	男	女	总计
				人数（人）			%		
城镇	60 至 64 岁	您参加了老年大学/学校（含远程老年教育及其他学习类活动）吗?	参加了	468016	1221637	1689653	2.2	5.6	3.9
			没参加	20835787	20597702	41433489	97.8	94.4	96.1
			总计	21303803	21819339	43123142	100.0	100.0	100.0
	65 至 69 岁	您参加了老年大学/学校（含远程老年教育及其他学习类活动）吗?	参加了	625392	1169710	1795102	3.3	5.7	4.5
			没参加	18540792	19406375	37947167	96.7	94.3	95.5
			总计	19166184	20576085	39742269	100.0	100.0	100.0
	70 至 74 岁	您参加了老年大学/学校（含远程老年教育及其他学习类活动）吗?	参加了	382155	619609	1001764	3.1	4.7	3.9
			没参加	11758732	12636987	24395719	96.9	95.3	96.1
			总计	12140887	13256596	25397483	100.0	100.0	100.0
	75 至 79 岁	您参加了老年大学/学校（含远程老年教育及其他学习类活动）吗?	参加了	226133	281743	507876	3.1	3.3	3.2
			没参加	7151760	8212634	15364394	96.9	96.7	96.8
			总计	7377893	8494377	15872270	100.0	100.0	100.0
	80 至 84 岁	您参加了老年大学/学校（含远程老年教育及其他学习类活动）吗?	参加了	143161	151702	294863	2.9	2.5	2.7
			没参加	4722682	5844334	10567016	97.1	97.5	97.3
			总计	4865843	5996036	10861879	100.0	100.0	100.0
	85 岁及以上	您参加了老年大学/学校（含远程老年教育及其他学习类活动）吗?	参加了	83370	37982	121352	2.6	0.8	1.5
			没参加	3160411	4684870	7845281	97.4	99.2	98.5
			总计	3243781	4722852	7966633	100.0	100.0	100.0
	总计	您参加了老年大学/学校（含远程老年教育及其他学习类活动）吗?	参加了	1928227	3482383	5410610	2.8	4.7	3.8
			没参加	66170164	71382902	137553066	97.2	95.3	96.2
			总计	68098391	74865285	142963676	100.0	100.0	100.0
农村	60 至 64 岁	您参加了老年大学/学校（含远程老年教育及其他学习类活动）吗?	参加了	77647	120486	198133	0.5	0.8	0.6
			没参加	16162132	15267852	31429984	99.5	99.2	99.4
			总计	16239779	15388338	31628117	100.0	100.0	100.0
	65 至 69 岁	您参加了老年大学/学校（含远程老年教育及其他学习类活动）吗?	参加了	98752	81400	180152	0.6	0.5	0.5
			没参加	17036189	16972011	34008200	99.4	99.5	99.5
			总计	17134941	17053411	34188352	100.0	100.0	100.0
	70 至 74 岁	您参加了老年大学/学校（含远程老年教育及其他学习类活动）吗?	参加了	83241	46085	129326	0.7	0.4	0.5
			没参加	11805070	11995535	23800605	99.3	99.6	99.5
			总计	11888311	12041620	23929931	100.0	100.0	100.0

续表

城乡	年龄（岁）			男	女	总计	男	女	总计
				人数（人）			%		
农村	75至79岁	您参加了老年大学/学校（含远程老年教育及其他学习类活动）吗？	参加了	47451	27872	75323	0.6	0.4	0.5
			没参加	7269606	7849509	15119115	99.4	99.6	99.5
			总计	7317057	7877381	15194438	100.0	100.0	100.0
	80至84岁	您参加了老年大学/学校（含远程老年教育及其他学习类活动）吗？	参加了	17554	21129	38683	0.4	0.4	0.4
			没参加	4274576	5161056	9435632	99.6	99.6	99.6
			总计	4292130	5182185	9474315	100.0	100.0	100.0
	85岁及以上	您参加了老年大学/学校（含远程老年教育及其他学习类活动）吗？	参加了	22554	9062	31616	0.8	0.2	0.4
			没参加	2815025	4359184	7174209	99.2	99.8	99.6
			总计	2837579	4368246	7205825	100.0	100.0	100.0
	总计	您参加了老年大学/学校（含远程老年教育及其他学习类活动）吗？	参加了	347199	306034	653233	0.6	0.5	0.5
			没参加	59362598	61605147	120967745	99.4	99.5	99.5
			总计	59709797	61911181	121620978	100.0	100.0	100.0

9-4-1 按年龄、性别分的老年人2020年是否出去旅游

年龄（岁）			男	女	总计	男	女	总计
			人数（人）			%		
60至64岁	2020年，您出去旅游了吗？	是	3894226	4092757	7986983	10.4	11.0	10.7
		否	33649356	33114920	66764276	89.6	89.0	89.3
		总计	37543582	37207677	74751259	100.0	100.0	100.0
65至69岁	2020年，您出去旅游了吗？	是	3919594	3776161	7695755	10.8	10.0	10.4
		否	32381531	33853335	66234866	89.2	90.0	89.6
		总计	36301125	37629496	73930621	100.0	100.0	100.0
70至74岁	2020年，您出去旅游了吗？	是	2331687	2129625	4461312	9.7	8.4	9.0
		否	21697511	23168590	44866101	90.3	91.6	91.0
		总计	24029198	25298215	49327413	100.0	100.0	100.0
75至79岁	2020年，您出去旅游了吗？	是	1245973	1090555	2336528	8.5	6.7	7.5
		否	13448978	15281203	28730181	91.5	93.3	92.5
		总计	14694951	16371758	31066709	100.0	100.0	100.0
80至84岁	2020年，您出去旅游了吗？	是	470960	506831	977791	5.1	4.5	4.8
		否	8687014	10671390	19358404	94.9	95.5	95.2
		总计	9157974	11178221	20336195	100.0	100.0	100.0

续表

年龄（岁）			男	女	总计	男	女	总计
			人数（人）			%		
85 岁及以上	2020 年，您出去旅游了吗？	是	273266	202821	476087	4.5	2.2	3.1
		否	5808095	8888278	14696373	95.5	97.8	96.9
		总计	6081361	9091099	15172460	100.0	100.0	100.0
总计	2020 年，您出去旅游了吗？	是	12135706	11798750	23934456	9.5	8.6	9.0
		否	115672485	124977716	240650201	90.5	91.4	91.0
		总计	127808191	136776466	264584657	100.0	100.0	100.0

9-4-2 按城乡、年龄、性别分的老年人 2020 年是否出去旅游

城乡	年龄（岁）			男	女	总计	男	女	总计
				人数（人）			%		
城镇	60 至 64 岁	2020 年，您出去旅游了吗？	是	2988896	3198987	6187883	14.0	14.7	14.3
			否	18314907	18620351	36935258	86.0	85.3	85.7
			总计	21303803	21819338	43123141	100.0	100.0	100.0
	65 至 69 岁	2020 年，您出去旅游了吗？	是	2984107	2910634	5894741	15.6	14.1	14.8
			否	16182077	17665450	33847527	84.4	85.9	85.2
			总计	19166184	20576084	39742268	100.0	100.0	100.0
	70 至 74 岁	2020 年，您出去旅游了吗？	是	1622289	1470056	3092345	13.4	11.1	12.2
			否	10518598	11786540	22305138	86.6	88.9	87.8
			总计	12140887	13256596	25397483	100.0	100.0	100.0
	75 至 79 岁	2020 年，您出去旅游了吗？	是	881630	741265	1622895	11.9	8.7	10.2
			否	6496263	7753112	14249375	88.1	91.3	89.8
			总计	7377893	8494377	15872270	100.0	100.0	100.0
	80 至 84 岁	2020 年，您出去旅游了吗？	是	324715	358744	683459	6.7	6.0	6.3
			否	4541127	5637291	10178418	93.3	94.0	93.7
			总计	4865842	5996035	10861877	100.0	100.0	100.0
	85 岁及以上	2020 年，您出去旅游了吗？	是	181769	126841	308610	5.6	2.7	3.9
			否	3062013	4596011	7658024	94.4	97.3	96.1
			总计	3243782	4722852	7966634	100.0	100.0	100.0
	总计	2020 年，您出去旅游了吗？	是	8983406	8806527	17789933	13.2	11.8	12.4
			否	59114985	66058755	125173740	86.8	88.2	87.6
			总计	68098391	74865282	142963673	100.0	100.0	100.0
农村	60 至 64 岁	2020 年，您出去旅游了吗？	是	905331	893770	1799101	5.6	5.8	5.7
			否	15334449	14494569	29829018	94.4	94.2	94.3
			总计	16239780	15388339	31628119	100.0	100.0	100.0

续表

城乡	年龄（岁）			男	女	总计	男	女	总计
				人数（人）			%		
农村	65至69岁	2020年，您出去旅游了吗？	是	935488	865526	1801014	5.5	5.1	5.3
			否	16199454	16187884	32387338	94.5	94.9	94.7
			总计	17134942	17053410	34188352	100.0	100.0	100.0
	70至74岁	2020年，您出去旅游了吗？	是	709398	659570	1368968	6.0	5.5	5.7
			否	11178913	11382050	22560963	94.0	94.5	94.3
			总计	11888311	12041620	23929931	100.0	100.0	100.0
	75至79岁	2020年，您出去旅游了吗？	是	364343	349290	713633	5.0	4.4	4.7
			否	6952715	7528091	14480806	95.0	95.6	95.3
			总计	7317058	7877381	15194439	100.0	100.0	100.0
	80至84岁	2020年，您出去旅游了吗？	是	146244	148087	294331	3.4	2.9	3.1
			否	4145886	5034098	9179984	96.6	97.1	96.9
			总计	4292130	5182185	9474315	100.0	100.0	100.0
	85岁及以上	2020年，您出去旅游了吗？	是	91497	75979	167476	3.2	1.7	2.3
			否	2746082	4292267	7038349	96.8	98.3	97.7
			总计	2837579	4368246	7205825	100.0	100.0	100.0
	总计	2020年，您出去旅游了吗？	是	3152301	2992222	6144523	5.3	4.8	5.1
			否	56557499	58918959	115476458	94.7	95.2	94.9
			总计	59709800	61911181	121620981	100.0	100.0	100.0

9-5-1 按年龄、性别分的老年人感到孤独状况

年龄（岁）			男	女	总计	男	女	总计
			人数（人）			%		
60至64岁	您感到孤独吗？	经常	1346572	1491295	2837867	3.6	4.0	3.8
		有时	5404795	6754579	12159374	14.4	18.2	16.3
		从不	30792215	28961803	59754018	82.0	77.8	79.9
		总计	37543582	37207677	74751259	100.0	100.0	100.0
65至69岁	您感到孤独吗？	经常	1416042	1917753	3333795	3.9	5.1	4.5
		有时	5627225	7208048	12835273	15.5	19.2	17.4
		从不	29257858	28502655	57760513	80.6	75.7	78.1
		总计	36301125	37628456	73929581	100.0	100.0	100.0
70至74岁	您感到孤独吗？	经常	986328	1315403	2301731	4.1	5.2	4.7
		有时	4075431	5474395	9549826	17.0	21.6	19.4
		从不	18967439	18508418	37475857	78.9	73.2	76.0
		总计	24029198	25298216	49327414	100.0	100.0	100.0

续表

年龄（岁）			男	女	总计	男	女	总计
			人数（人）			%		
75 至 79 岁	您感到孤独吗？	经常	674611	1047378	1721989	4.6	6.4	5.5
		有时	2688537	3913094	6601631	18.3	23.9	21.2
		从不	11331802	11411285	22743087	77.1	69.7	73.2
		总计	14694950	16371757	31066707	100.0	100.0	100.0
80 至 84 岁	您感到孤独吗？	经常	507195	778120	1285315	5.5	7.0	6.3
		有时	2029361	2997424	5026785	22.2	26.8	24.7
		从不	6621416	7402677	14024093	72.3	66.2	69.0
		总计	9157972	11178221	20336193	100.0	100.0	100.0
85 岁及以上	您感到孤独吗？	经常	350478	724267	1074745	5.8	8.0	7.1
		有时	1546443	2580161	4126604	25.4	28.4	27.2
		从不	4184440	5786671	9971111	68.8	63.7	65.7
		总计	6081361	9091099	15172460	100.0	100.0	100.0
总计	您感到孤独吗？	经常	5281226	7274216	12555442	4.1	5.3	4.7
		有时	21371792	28927701	50299493	16.7	21.1	19.0
		从不	101155170	100573509	201728679	79.1	73.5	76.2
		总计	127808188	136775426	264583614	100.0	100.0	100.0

9-5-2 按城乡、年龄、性别分的老年人感到孤独状况

城乡	年龄（岁）			男	女	总计	男	女	总计
				人数（人）			%		
城镇	60 至 64 岁	您感到孤独吗？	经常	576981	618892	1195873	2.7	2.8	2.8
			有时	2552479	3447943	6000422	12.0	15.8	13.9
			从不	18174343	17752504	35926847	85.3	81.4	83.3
			总计	21303803	21819339	43123142	100.0	100.0	100.0
	65 至 69 岁	您感到孤独吗？	经常	553721	786584	1340305	2.9	3.8	3.4
			有时	2398707	3318136	5716843	12.5	16.1	14.4
			从不	16213756	16471364	32685120	84.6	80.1	82.2
			总计	19166184	20576084	39742268	100.0	100.0	100.0
	70 至 74 岁	您感到孤独吗？	经常	336964	489897	826861	2.8	3.7	3.3
			有时	1705232	2470954	4176186	14.0	18.6	16.4
			从不	10098692	10295744	20394436	83.2	77.7	80.3
			总计	12140888	13256595	25397483	100.0	100.0	100.0
	75 至 79 岁	您感到孤独吗？	经常	219706	441575	661281	3.0	5.2	4.2
			有时	1080003	1801430	2881433	14.6	21.2	18.2

续表

城乡	年龄（岁）			男	女	总计	男	女	总计
				人数（人）			%		
城镇	75至79岁	您感到孤独吗?	从不	6078184	6251372	12329556	82.4	73.6	77.7
			总计	7377893	8494377	15872270	100.0	100.0	100.0
	80至84岁	您感到孤独吗?	经常	197506	387895	585401	4.1	6.5	5.4
			有时	886033	1414630	2300663	18.2	23.6	21.2
			从不	3782304	4193510	7975814	77.7	69.9	73.4
			总计	4865843	5996035	10861878	100.0	100.0	100.0
	85岁及以上	您感到孤独吗?	经常	135327	329704	465031	4.2	7.0	5.8
			有时	710210	1200349	1910559	21.9	25.4	24.0
			从不	2398245	3192800	5591045	73.9	67.6	70.2
			总计	3243782	4722853	7966635	100.0	100.0	100.0
	总计	您感到孤独吗?	经常	2020205	3054547	5074752	3.0	4.1	3.5
			有时	9332664	13653442	22986106	13.7	18.2	16.1
			从不	56745524	58157294	114902818	83.3	77.7	80.4
			总计	68098393	74865283	142963676	100.0	100.0	100.0
农村	60至64岁	您感到孤独吗?	经常	769591	872403	1641994	4.7	5.7	5.2
			有时	2852316	3306636	6158952	17.6	21.5	19.5
			从不	12617872	11209299	23827171	77.7	72.8	75.3
			总计	16239779	15388338	31628117	100.0	100.0	100.0
	65至69岁	您感到孤独吗?	经常	862321	1131169	1993490	5.0	6.6	5.8
			有时	3228519	3889911	7118430	18.8	22.8	20.8
			从不	13044102	12031290	25075392	76.1	70.6	73.3
			总计	17134942	17052370	34187312	100.0	100.0	100.0
	70至74岁	您感到孤独吗?	经常	649365	825506	1474871	5.5	6.9	6.2
			有时	2370200	3003441	5373641	19.9	24.9	22.5
			从不	8868747	8212673	17081420	74.6	68.2	71.4
			总计	11888312	12041620	23929932	100.0	100.0	100.0
	75至79岁	您感到孤独吗?	经常	454905	605803	1060708	6.2	7.7	7.0
			有时	1608535	2111664	3720199	22.0	26.8	24.5
			从不	5253618	5159913	10413531	71.8	65.5	68.5
			总计	7317058	7877380	15194438	100.0	100.0	100.0
	80至84岁	您感到孤独吗?	经常	309689	390225	699914	7.2	7.5	7.4
			有时	1143328	1582793	2726121	26.6	30.5	28.8
			从不	2839113	3209167	6048280	66.1	61.9	63.8
			总计	4292130	5182185	9474315	100.0	100.0	100.0
	85岁及以上	您感到孤独吗?	经常	215151	394562	609713	7.6	9.0	8.5

续表

城乡	年龄（岁）			男	女	总计	男	女	总计
				人数（人）			%		
农村	85岁及以上	您感到孤独吗？	有时	836233	1379812	2216045	29.5	31.6	30.8
			从不	1786195	2593871	4380066	62.9	59.4	60.8
			总计	2837579	4368245	7205824	100.0	100.0	100.0
	总计	您感到孤独吗？	经常	3261022	4219668	7480690	5.5	6.8	6.2
			有时	12039131	15274257	27313388	20.2	24.7	22.5
			从不	44409647	42416213	86825860	74.4	68.5	71.4
			总计	59709800	61910138	121619938	100.0	100.0	100.0

9-6-1 按年龄、性别分的老年人觉得现在的生活幸福程度

年龄（岁）			男	女	总计	男	女	总计
			人数（人）			%		
60至64岁	总体而言，您觉得现在的生活幸福吗？	非常幸福	17622097	18123662	35745759	46.9	48.7	47.8
		比较幸福	12090411	11490455	23580866	32.2	30.9	31.5
		一般	7251583	6765206	14016789	19.3	18.2	18.8
		比较不幸福	463343	640502	1103845	1.2	1.7	1.5
		非常不幸福	116148	187852	304000	0.3	0.5	0.4
		总计	37543582	37207677	74751259	100.0	100.0	100.0
65至69岁	总体而言，您觉得现在的生活幸福吗？	非常幸福	17381490	18771860	36153350	47.9	49.9	48.9
		比较幸福	11970605	11503609	23474214	33.0	30.6	31.8
		一般	6411323	6536809	12948132	17.7	17.4	17.5
		比较不幸福	409001	587673	996674	1.1	1.6	1.3
		非常不幸福	128706	229545	358251	0.4	0.6	0.5
		总计	36301125	37629496	73930621	100.0	100.0	100.0
70至74岁	总体而言，您觉得现在的生活幸福吗？	非常幸福	11878330	12800765	24679095	49.4	50.6	50.0
		比较幸福	7908162	7835599	15743761	32.9	31.0	31.9
		一般	3977893	4165627	8143520	16.6	16.5	16.5
		比较不幸福	212530	396911	609441	0.9	1.6	1.2
		非常不幸福	52284	99313	151597	0.2	0.4	0.3
		总计	24029199	25298215	49327414	100.0	100.0	100.0
75至79岁	总体而言，您觉得现在的生活幸福吗？	非常幸福	7377555	8623269	16000824	50.2	52.7	51.5
		比较幸福	4909886	5105942	10015828	33.4	31.2	32.2
		一般	2241953	2392663	4634616	15.3	14.6	14.9
		比较不幸福	143939	208419	352358	1.0	1.3	1.1
		非常不幸福	21618	41465	63083	0.1	0.3	0.2
		总计	14694951	16371758	31066709	100.0	100.0	100.0

续表

年龄（岁）			男	女	总计	男	女	总计
			人数（人）			%		
80 至 84 岁	总体而言，您觉得现在的生活幸福吗？	非常幸福	4870496	6053809	10924305	53.2	54.2	53.7
		比较幸福	2971859	3418606	6390465	32.5	30.6	31.4
		一般	1203840	1559469	2763309	13.1	14.0	13.6
		比较不幸福	92113	122738	214851	1.0	1.1	1.1
		非常不幸福	19665	23599	43264	0.2	0.2	0.2
		总计	9157973	11178221	20336194	100.0	100.0	100.0
85 岁及以上	总体而言，您觉得现在的生活幸福吗？	非常幸福	3100151	4495310	7595461	51.0	49.4	50.1
		比较幸福	2046305	3003838	5050143	33.6	33.0	33.3
		一般	864728	1432543	2297271	14.2	15.8	15.1
		比较不幸福	51761	133706	185467	0.9	1.5	1.2
		非常不幸福	18415	25702	44117	0.3	0.3	0.3
		总计	6081360	9091099	15172459	100.0	100.0	100.0
总计	总体而言，您觉得现在的生活幸福吗？	非常幸福	62230119	68868675	131098794	48.7	50.4	49.5
		比较幸福	41897228	42358049	84255277	32.8	31.0	31.8
		一般	21951320	22852317	44803637	17.2	16.7	16.9
		比较不幸福	1372687	2089949	3462636	1.1	1.5	1.3
		非常不幸福	356836	607476	964312	0.3	0.4	0.4
		总计	127808190	136776466	264584656	100.0	100.0	100.0

9-6-2 按城乡、年龄、性别分的老年人觉得现在的生活幸福程度

城乡	年龄（岁）			男	女	总计	男	女	总计
				人数（人）			%		
城镇	60 至 64 岁	总体而言，您觉得现在的生活幸福吗？	非常幸福	10491075	11079423	21570498	49.2	50.8	50.0
			比较幸福	6930241	6766537	13696778	32.5	31.0	31.8
			一般	3603828	3611135	7214963	16.9	16.6	16.7
			比较不幸福	211480	265026	476506	1.0	1.2	1.1
			非常不幸福	67178	97217	164395	0.3	0.4	0.4
			总计	21303802	21819338	43123140	100.0	100.0	100.0
	65 至 69 岁	总体而言，您觉得现在的生活幸福吗？	非常幸福	9560433	10720958	20281391	49.9	52.1	51.0
			比较幸福	6317711	6281808	12599519	33.0	30.5	31.7
			一般	3014773	3253623	6268396	15.7	15.8	15.8
			比较不幸福	201505	236732	438237	1.1	1.2	1.1
			非常不幸福	71762	82963	154725	0.4	0.4	0.4
			总计	19166184	20576084	39742268	100.0	100.0	100.0

续表

城乡	年龄（岁）			男	女	总计	男	女	总计
				人数（人）			%		
	70 至 74 岁	总体而言，您觉得现在的生活幸福吗？	非常幸福	6138785	7102882	13241667	50.6	53.6	52.1
			比较幸福	4051171	4068807	8119978	33.4	30.7	32.0
			一般	1832672	1884684	3717356	15.1	14.2	14.6
			比较不幸福	91189	155218	246407	0.8	1.2	1.0
			非常不幸福	27071	45005	72076	0.2	0.3	0.3
			总计	12140888	13256596	25397484	100.0	100.0	100.0
	75 至 79 岁	总体而言，您觉得现在的生活幸福吗？	非常幸福	3870717	4853503	8724220	52.5	57.1	55.0
			比较幸福	2457114	2570638	5027752	33.3	30.3	31.7
			一般	980337	987032	1967369	13.3	11.6	12.4
			比较不幸福	56031	76013	132044	0.8	0.9	0.8
			非常不幸福	13694	7191	20885	0.2	0.1	0.1
			总计	7377893	8494377	15872270	100.0	100.0	100.0
城镇	80 至 84 岁	总体而言，您觉得现在的生活幸福吗？	非常幸福	2721294	3510452	6231746	55.9	58.5	57.4
			比较幸福	1602069	1826579	3428648	32.9	30.5	31.6
			一般	515236	625165	1140401	10.6	10.4	10.5
			比较不幸福	16475	23219	39694	0.3	0.4	0.4
			非常不幸福	10769	10621	21390	0.2	0.2	0.2
			总计	4865843	5996036	10861879	100.0	100.0	100.0
	85 岁及以上	总体而言，您觉得现在的生活幸福吗？	非常幸福	1763235	2502230	4265465	54.4	53.0	53.5
			比较幸福	1080331	1501474	2581805	33.3	31.8	32.4
			一般	373301	651001	1024302	11.5	13.8	12.9
			比较不幸福	19405	59940	79345	0.6	1.3	1.0
			非常不幸福	7509	8208	15717	0.2	0.2	0.2
			总计	3243781	4722853	7966634	100.0	100.0	100.0
	总计	总体而言，您觉得现在的生活幸福吗？	非常幸福	34545539	39769448	74314987	50.7	53.1	52.0
			比较幸福	22438637	23015843	45454480	33.0	30.7	31.8
			一般	10320147	11012640	21332787	15.2	14.7	14.9
			比较不幸福	596085	816148	1412233	0.9	1.1	1.0
			非常不幸福	197983	251205	449188	0.3	0.3	0.3
			总计	68098391	74865284	142963675	100.0	100.0	100.0
农村	60 至 64 岁	总体而言，您觉得现在的生活幸福吗？	非常幸福	7131022	7044238	14175260	43.9	45.8	44.8
			比较幸福	5160170	4723918	9884088	31.8	30.7	31.3
			一般	3647755	3154071	6801826	22.5	20.5	21.5
			比较不幸福	251863	375476	627339	1.6	2.4	2.0
			非常不幸福	48970	90635	139605	0.3	0.6	0.4
			总计	16239780	15388338	31628118	100.0	100.0	100.0

续表

城乡	年龄（岁）			男	女	总计	男	女	总计
				人数（人）			%		
农村	65至69岁	总体而言，您觉得现在的生活幸福吗？	非常幸福	7821057	8050902	15871959	45.6	47.2	46.4
			比较幸福	5652895	5221801	10874696	33.0	30.6	31.8
			一般	3396550	3283185	6679735	19.8	19.3	19.5
			比较不幸福	207496	350941	558437	1.2	2.1	1.6
			非常不幸福	56944	146582	203526	0.3	0.9	0.6
			总计	17134942	17053411	34188353	100.0	100.0	100.0
	70至74岁	总体而言，您觉得现在的生活幸福吗？	非常幸福	5739544	5697883	11437427	48.3	47.3	47.8
			比较幸福	3856991	3766792	7623783	32.4	31.3	31.9
			一般	2145222	2280943	4426165	18.0	18.9	18.5
			比较不幸福	121341	241693	363034	1.0	2.0	1.5
			非常不幸福	25213	54309	79522	0.2	0.5	0.3
			总计	11888311	12041620	23929931	100.0	100.0	100.0
	75至79岁	总体而言，您觉得现在的生活幸福吗？	非常幸福	3506838	3769766	7276604	47.9	47.9	47.9
			比较幸福	2452772	2535304	4988076	33.5	32.2	32.8
			一般	1261615	1405631	2667246	17.2	17.8	17.6
			比较不幸福	87908	132406	220314	1.2	1.7	1.4
			非常不幸福	7924	34274	42198	0.1	0.4	0.3
			总计	7317057	7877381	15194438	100.0	100.0	100.0
	80至84岁	总体而言，您觉得现在的生活幸福吗？	非常幸福	2149202	2543357	4692559	50.1	49.1	49.5
			比较幸福	1369790	1592027	2961817	31.9	30.7	31.3
			一般	688604	934304	1622908	16.0	18.0	17.1
			比较不幸福	75638	99519	175157	1.8	1.9	1.8
			非常不幸福	8896	12978	21874	0.2	0.3	0.2
			总计	4292130	5182185	9474315	100.0	100.0	100.0
	85岁及以上	总体而言，您觉得现在的生活幸福吗？	非常幸福	1336916	1993080	3329996	47.1	45.6	46.2
			比较幸福	965974	1502364	2468338	34.0	34.4	34.3
			一般	491427	781541	1272968	17.3	17.9	17.7
			比较不幸福	32356	73767	106123	1.1	1.7	1.5
			非常不幸福	10906	17494	28400	0.4	0.4	0.4
			总计	2837579	4368246	7205825	100.0	100.0	100.0
	总计	总体而言，您觉得现在的生活幸福吗？	非常幸福	27684579	29099226	56783805	46.4	47.0	46.7
			比较幸福	19458592	19342206	38800798	32.6	31.2	31.9
			一般	11631173	11839675	23470848	19.5	19.1	19.3
			比较不幸福	776602	1273802	2050404	1.3	2.1	1.7
			非常不幸福	158853	356272	515125	0.3	0.6	0.4
			总计	59709799	61911181	121620980	100.0	100.0	100.0

第十部分　调查后记

10-1-1 按年龄、性别分的老年人现在居住的房屋类型

年龄（岁）			男	女	总计	男	女	总计
			人数（人）			%		
60 至 64 岁	老人现在居住的房屋属于哪种类型？	楼房	22031096	22471503	44502599	58.7	60.4	59.5
		平房	15488329	14717776	30206105	41.3	39.6	40.4
		土坯房	11500	1735	13235	0.0	0.0	0.0
		其他类型（请说明）	12658	16662	29320	0.0	0.0	0.0
		总计	37543583	37207676	74751259	100.0	100.0	100.0
65 至 69 岁	老人现在居住的房屋属于哪种类型？	楼房	20462411	21584114	42046525	56.4	57.4	56.9
		平房	15826651	16029897	31856548	43.6	42.6	43.1
		土坯房	4688	8769	13457	0.0	0.0	0.0
		其他类型（请说明）	7375	6715	14090	0.0	0.0	0.0
		总计	36301125	37629495	73930620	100.0	100.0	100.0
70 至 74 岁	老人现在居住的房屋属于哪种类型？	楼房	12828888	13983045	26811933	53.4	55.3	54.4
		平房	11191157	11300551	22491708	46.6	44.7	45.6
		土坯房	4191	3677	7868	0.0	0.0	0.0
		其他类型（请说明）	4961	10942	15903	0.0	0.0	0.0
		总计	24029197	25298215	49327412	100.0	100.0	100.0
75 至 79 岁	老人现在居住的房屋属于哪种类型？	楼房	7755603	8839723	16595326	52.8	54.0	53.4
		平房	6936278	7522396	14458674	47.2	45.9	46.5
		土坯房	0	1822	1822		0.0	0.0
		其他类型（请说明）	3069	7816	10885	0.0	0.0	0.0
		总计	14694950	16371757	31066707	100.0	100.0	100.0
80 至 84 岁	老人现在居住的房屋属于哪种类型？	楼房	4968861	6216590	11185451	54.3	55.6	55.0
		平房	4187367	4956323	9143690	45.7	44.3	45.0
		土坯房	0	1337	1337		0.0	0.0
		其他类型（请说明）	1745	3971	5716	0.0	0.0	0.0
		总计	9157973	11178221	20336194	100.0	100.0	100.0
85 岁及以上	老人现在居住的房屋属于哪种类型？	楼房	3272899	4760912	8033811	53.8	52.4	52.9
		平房	2805641	4322720	7128361	46.1	47.5	47.0
		土坯房	0	4122	4122		0.0	0.0
		其他类型（请说明）	2821	3343	6164	0.0	0.0	0.0
		总计	6081361	9091097	15172458	100.0	100.0	100.0

续表

年龄（岁）			男	女	总计	男	女	总计
			人数（人）			%		
总计	老人现在居住的房屋属于哪种类型？	楼房	71319758	77855887	149175645	55.8	56.9	56.4
		平房	56435423	58849663	115285086	44.2	43.0	43.6
		土坯房	20379	21462	41841	0.0	0.0	0.0
		其他类型（请说明）	32629	49449	82078	0.0	0.0	0.0
		总计	127808189	136776461	264584650	100.0	100.0	100.0

10-1-2 按城乡、年龄、性别分的老年人现在居住的房屋类型

城乡	年龄（岁）			男	女	总计	男	女	总计
				人数（人）			%		
城镇	60至64岁	老人现在居住的房屋属于哪种类型？	楼房	15839046	16642828	32481874	74.3	76.3	75.3
			平房	5453183	5168445	10621628	25.6	23.7	24.6
			土坯房	3926	0	3926	0.0		0.0
			其他类型（请说明）	7647	8065	15712	0.0	0.0	0.0
			总计	21303802	21819338	43123140	100.0	100.0	100.0
	65至69岁	老人现在居住的房屋属于哪种类型？	楼房	14023704	15049449	29073153	73.2	73.1	73.2
			平房	5137792	5520882	10658674	26.8	26.8	26.8
			土坯房	4688	5754	10442	0.0	0.0	0.0
			总计	19166184	20576085	39742269	100.0	100.0	100.0
	70至74岁	老人现在居住的房屋属于哪种类型？	楼房	8613928	9558736	18172664	70.9	72.1	71.6
			平房	3524861	3689563	7214424	29.0	27.8	28.4
			土坯房	0	1831	1831		0.0	0.0
			其他类型（请说明）	2098	6465	8563	0.0	0.0	0.0
			总计	12140887	13256595	25397482	100.0	100.0	100.0
	75至79岁	老人现在居住的房屋属于哪种类型？	楼房	5222928	5998930	11221858	70.8	70.6	70.7
			平房	2154793	2491508	4646301	29.2	29.3	29.3
			其他类型（请说明）	172	3939	4111	0.0	0.0	0.0
			总计	7377893	8494377	15872270	100.0	100.0	100.0
	80至84岁	老人现在居住的房屋属于哪种类型？	楼房	3530960	4367076	7898036	72.6	72.8	72.7
			平房	1334883	1628960	2963843	27.4	27.2	27.3
			总计	4865843	5996036	10861879	100.0	100.0	100.0
	85岁及以上	老人现在居住的房屋属于哪种类型？	楼房	2322847	3345968	5668815	71.6	70.8	71.2
			平房	920935	1376884	2297819	28.4	29.2	28.8
			总计	3243782	4722852	7966634	100.0	100.0	100.0

续表

城乡	年龄（岁）			男	女	总计	男	女	总计
				人数（人）			%		
城镇	总计	老人现在居住的房屋属于哪种类型？	楼房	49553413	54962987	104516400	72.8	73.4	73.1
			平房	18526447	19876242	38402689	27.2	26.5	26.9
			土坯房	8614	7585	16199	0.0	0.0	0.0
			其他类型（请说明）	9917	18469	28386	0.0	0.0	0.0
			总计	68098391	74865283	142963674	100.0	100.0	100.0
农村	60至64岁	老人现在居住的房屋属于哪种类型？	楼房	6192049	5828676	12020725	38.1	37.9	38.0
			平房	10035146	9549330	19584476	61.8	62.1	61.9
			土坯房	7574	1735	9309	0.0	0.0	0.0
			其他类型（请说明）	5011	8597	13608	0.0	0.1	0.0
			总计	16239780	15388338	31628118	100.0	100.0	100.0
	65至69岁	老人现在居住的房屋属于哪种类型？	楼房	6438707	6534665	12973372	37.6	38.3	37.9
			平房	10688859	10509016	21197875	62.4	61.6	62.0
			土坯房	0	3015	3015		0.0	0.0
			其他类型（请说明）	7375	6715	14090	0.0	0.0	0.0
			总计	17134941	17053411	34188352	100.0	100.0	100.0
	70至74岁	老人现在居住的房屋属于哪种类型？	楼房	4214961	4424309	8639270	35.5	36.7	36.1
			平房	7666297	7610988	15277285	64.5	63.2	63.8
			土坯房	4191	1846	6037	0.0	0.0	0.0
			其他类型（请说明）	2863	4478	7341	0.0	0.0	0.0
			总计	11888312	12041621	23929933	100.0	100.0	100.0
	75至79岁	老人现在居住的房屋属于哪种类型？	楼房	2532675	2840793	5373468	34.6	36.1	35.4
			平房	4781485	5030888	9812373	65.3	63.9	64.6
			土坯房	0	1822	1822		0.0	0.0
			其他类型（请说明）	2898	3877	6775	0.0	0.0	0.0
			总计	7317058	7877380	15194438	100.0	100.0	100.0
	80至84岁	老人现在居住的房屋属于哪种类型？	楼房	1437901	1849514	3287415	33.5	35.7	34.7
			平房	2852484	3327363	6179847	66.5	64.2	65.2
			土坯房	0	1337	1337		0.0	0.0
			其他类型（请说明）	1745	3971	5716	0.0	0.1	0.1
			总计	4292130	5182185	9474315	100.0	100.0	100.0
	85岁及以上	老人现在居住的房屋属于哪种类型？	楼房	950052	1414944	2364996	33.5	32.4	32.8
			平房	1884707	2945836	4830543	66.4	67.4	67.0
			土坯房	0	4122	4122		0.1	0.1
			其他类型（请说明）	2821	3343	6164	0.1	0.1	0.1
			总计	2837580	4368245	7205825	100.0	100.0	100.0

续表

城乡 年龄（岁）			男	女	总计	男	女	总计
			人数（人）			%		
农村 总计	老人现在居住的房屋属于哪种类型？	楼房	21766345	22892901	44659246	36.5	37.0	36.7
		平房	37908978	38973421	76882399	63.5	63.0	63.2
		土坯房	11765	13877	25642	0.0	0.0	0.0
		其他类型（请说明）	22713	30981	53694	0.0	0.1	0.0
		总计	59709801	61911180	121620981	100.0	100.0	100.0

10-2-1 按年龄、性别分的老年人健康状况（调查员主观判断）

年龄（岁）			男	女	总计	男	女	总计
			人数（人）			%		
60至64岁	对被访老年人的健康判断	非常健康，头脑灵活，精力充沛，可正常工作或打理家务	24666040	21316230	45982270	65.7	57.3	61.5
		比较健康，体力精力有所减退，可协助工作或帮衬家务	8624786	10386471	19011257	23.0	27.9	25.4
		一般，有慢性疾病，易疲倦或乏力，基本可自理	3341686	4516132	7857818	8.9	12.1	10.5
		比较不健康，反应迟缓，有时需要陪伴或陪同上医院	700620	793097	1493717	1.9	2.1	2.0
		非常不健康，卧床或痴呆，需要照护	210450	195747	406197	0.6	0.5	0.5
		总计	37543582	37207677	74751259	100.0	100.0	100.0
65至69岁	对被访老年人的健康判断	非常健康，头脑灵活，精力充沛，可正常工作或打理家务	21041145	18414229	39455374	58.0	48.9	53.4
		比较健康，体力精力有所减退，可协助工作或帮衬家务	9790602	11508376	21298978	27.0	30.6	28.8
		一般，有慢性疾病，易疲倦或乏力，基本可自理	4233761	6134244	10368005	11.7	16.3	14.0
		比较不健康，反应迟缓，有时需要陪伴或陪同上医院	952659	1301396	2254055	2.6	3.5	3.0
		非常不健康，卧床或痴呆，需要照护	282958	271249	554207	0.8	0.7	0.7
		总计	36301125	37629494	73930619	100.0	100.0	100.0

续表

年龄（岁）			男	女	总计	男	女	总计
			人数（人）			%		
70至74岁	对被访老年人的健康判断	非常健康，头脑灵活，精力充沛，可正常工作或打理家务	11419743	9589749	21009492	47.5	37.9	42.6
		比较健康，体力精力有所减退，可协助工作或帮衬家务	7565331	8545535	16110866	31.5	33.8	32.7
		一般，有慢性疾病，易疲倦或乏力，基本可自理	3823006	5508003	9331009	15.9	21.8	18.9
		比较不健康，反应迟缓，有时需要陪伴或陪同上医院	951382	1354026	2305408	4.0	5.4	4.7
		非常不健康，卧床或痴呆，需要照护	269736	300902	570638	1.1	1.2	1.2
		总计	24029198	25298215	49327413	100.0	100.0	100.0
75至79岁	对被访老年人的健康判断	非常健康，头脑灵活，精力充沛，可正常工作或打理家务	5439315	4773022	10212337	37.0	29.2	32.9
		比较健康，体力精力有所减退，可协助工作或帮衬家务	5114354	5690745	10805099	34.8	34.8	34.8
		一般，有慢性疾病，易疲倦或乏力，基本可自理	2988279	4261610	7249889	20.3	26.0	23.3
		比较不健康，反应迟缓，有时需要陪伴或陪同上医院	912572	1312750	2225322	6.2	8.0	7.2
		非常不健康，卧床或痴呆，需要照护	240430	333630	574060	1.6	2.0	1.8
		总计	14694950	16371757	31066707	100.0	100.0	100.0
80至84岁	对被访老年人的健康判断	非常健康，头脑灵活，精力充沛，可正常工作或打理家务	2431732	2250713	4682445	26.6	20.1	23.0
		比较健康，体力精力有所减退，可协助工作或帮衬家务	3094278	3557728	6652006	33.8	31.8	32.7
		一般，有慢性疾病，易疲倦或乏力，基本可自理	2362032	3366481	5728513	25.8	30.1	28.2
		比较不健康，反应迟缓，有时需要陪伴或陪同上医院	945784	1495334	2441118	10.3	13.4	12.0

续表

年龄（岁）			男	女	总计	男	女	总计
			人数（人）			%		
80 至 84 岁	对被访老年人的健康判断	非常不健康，卧床或痴呆，需要照护	324147	507964	832111	3.5	4.5	4.1
		总计	9157973	11178220	20336193	100.0	100.0	100.0
85 岁及以上	对被访老年人的健康判断	非常健康，头脑灵活，精力充沛，可正常工作或打理家务	929135	879385	1808520	15.3	9.7	11.9
		比较健康，体力精力有所减退，可协助工作或帮衬家务	1913911	2373789	4287700	31.5	26.1	28.3
		一般，有慢性疾病，易疲倦或乏力，基本可自理	1838496	2921663	4760159	30.2	32.1	31.4
		比较不健康，反应迟缓，有时需要陪伴或陪同上医院	919573	2010186	2929759	15.1	22.1	19.3
		非常不健康，卧床或痴呆，需要照护	480246	906076	1386322	7.9	10.0	9.1
		总计	6081361	9091099	15172460	100.0	100.0	100.0
总计	对被访老年人的健康判断	非常健康，头脑灵活，精力充沛，可正常工作或打理家务	65927110	57223328	123150438	51.6	41.8	46.5
		比较健康，体力精力有所减退，可协助工作或帮衬家务	36103262	42062644	78165906	28.2	30.8	29.5
		一般，有慢性疾病，易疲倦或乏力，基本可自理	18587260	26708133	45295393	14.5	19.5	17.1
		比较不健康，反应迟缓，有时需要陪伴或陪同上医院	5382590	8266789	13649379	4.2	6.0	5.2
		非常不健康，卧床或痴呆，需要照护	1807967	2515568	4323535	1.4	1.8	1.6
		总计	127808189	136776462	264584651	100.0	100.0	100.0

10-2-2 按城乡、年龄、性别分的老年人健康状况（调查员主观判断）

城乡	年龄（岁）			男	女	总计	男	女	总计
				人数（人）			%		
城镇	60至64岁	对被访老年人的健康判断	非常健康，头脑灵活，精力充沛，可正常工作或打理家务	15225371	14174056	29399427	71.5	65.0	68.2
			比较健康，体力精力有所减退，可协助工作或帮衬家务	4162575	5207552	9370127	19.5	23.9	21.7
			一般，有慢性疾病，易疲倦或乏力，基本可自理	1504333	2032727	3537060	7.1	9.3	8.2
			比较不健康，反应迟缓，有时需要陪伴或陪同上医院	308582	296884	605466	1.4	1.4	1.4
			非常不健康，卧床或痴呆，需要照护	102942	108120	211062	0.5	0.5	0.5
			总计	21303803	21819339	43123142	100.0	100.0	100.0
	65至69岁	对被访老年人的健康判断	非常健康，头脑灵活，精力充沛，可正常工作或打理家务	12278081	11751402	24029483	64.1	57.1	60.5
			比较健康，体力精力有所减退，可协助工作或帮衬家务	4582662	5569153	10151815	23.9	27.1	25.5
			一般，有慢性疾病，易疲倦或乏力，基本可自理	1776741	2619840	4396581	9.3	12.7	11.1
			比较不健康，反应迟缓，有时需要陪伴或陪同上医院	402957	517020	919977	2.1	2.5	2.3
			非常不健康，卧床或痴呆，需要照护	125743	118669	244412	0.7	0.6	0.6
			总计	19166184	20576084	39742268	100.0	100.0	100.0
	70至74岁	对被访老年人的健康判断	非常健康，头脑灵活，精力充沛，可正常工作或打理家务	6591556	5938775	12530331	54.3	44.8	49.3
			比较健康，体力精力有所减退，可协助工作或帮衬家务	3407932	4253476	7661408	28.1	32.1	30.2
			一般，有慢性疾病，易疲倦或乏力，基本可自理	1614708	2417641	4032349	13.3	18.2	15.9

续表

城乡	年龄（岁）			男	女	总计	男	女	总计
				人数（人）			%		
城镇	70至74岁	对被访老年人的健康判断	比较不健康，反应迟缓，有时需要陪伴或陪同上医院	382212	536377	918589	3.1	4.0	3.6
			非常不健康，卧床或痴呆，需要照护	144480	110326	254806	1.2	0.8	1.0
			总计	12140888	13256595	25397483	100.0	100.0	100.0
	75至79岁	对被访老年人的健康判断	非常健康，头脑灵活，精力充沛，可正常工作或打理家务	3184105	2993373	6177478	43.2	35.2	38.9
			比较健康，体力精力有所减退，可协助工作或帮衬家务	2430489	2868848	5299337	32.9	33.8	33.4
			一般，有慢性疾病，易疲倦或乏力，基本可自理	1257721	1991449	3249170	17.0	23.4	20.5
			比较不健康，反应迟缓，有时需要陪伴或陪同上医院	387829	519627	907456	5.3	6.1	5.7
			非常不健康，卧床或痴呆，需要照护	117749	121080	238829	1.6	1.4	1.5
			总计	7377893	8494377	15872270	100.0	100.0	100.0
	80至84岁	对被访老年人的健康判断	非常健康，头脑灵活，精力充沛，可正常工作或打理家务	1473282	1487605	2960887	30.3	24.8	27.3
			比较健康，体力精力有所减退，可协助工作或帮衬家务	1680649	2022968	3703617	34.5	33.7	34.1
			一般，有慢性疾病，易疲倦或乏力，基本可自理	1146682	1643623	2790305	23.6	27.4	25.7
			比较不健康，反应迟缓，有时需要陪伴或陪同上医院	418929	598481	1017410	8.6	10.0	9.4
			非常不健康，卧床或痴呆，需要照护	146301	243360	389661	3.0	4.1	3.6
			总计	4865843	5996037	10861880	100.0	100.0	100.0
	85岁及以上	对被访老年人的健康判断	非常健康，头脑灵活，精力充沛，可正常工作或打理家务	563706	478724	1042430	17.4	10.1	13.1

续表

城乡	年龄（岁）			男	女	总计	男	女	总计
				人数（人）			%		
城镇	85岁及以上	对被访老年人的健康判断	比较健康，体力精力有所减退，可协助工作或帮衬家务	1073395	1276699	2350094	33.1	27.0	29.5
			一般，有慢性疾病，易疲倦或乏力，基本可自理	936982	1556380	2493362	28.9	33.0	31.3
			比较不健康，反应迟缓，有时需要陪伴或陪同上医院	415527	1025707	1441234	12.8	21.7	18.1
			非常不健康，卧床或痴呆，需要照护	254171	385343	639514	7.8	8.2	8.0
			总计	3243781	4722853	7966634	100.0	100.0	100.0
	总计	对被访老年人的健康判断	非常健康，头脑灵活，精力充沛，可正常工作或打理家务	39316101	36823935	76140036	57.7	49.2	53.3
			比较健康，体力精力有所减退，可协助工作或帮衬家务	17337702	21198696	38536398	25.5	28.3	27.0
			一般，有慢性疾病，易疲倦或乏力，基本可自理	8237167	12261660	20498827	12.1	16.4	14.3
			比较不健康，反应迟缓，有时需要陪伴或陪同上医院	2316036	3494096	5810132	3.4	4.7	4.1
			非常不健康，卧床或痴呆，需要照护	891386	1086898	1978284	1.3	1.5	1.4
			总计	68098392	74865285	142963677	100.0	100.0	100.0
农村	60至64岁	对被访老年人的健康判断	非常健康，头脑灵活，精力充沛，可正常工作或打理家务	9440669	7142174	16582843	58.1	46.4	52.4
			比较健康，体力精力有所减退，可协助工作或帮衬家务	4462211	5178919	9641130	27.5	33.7	30.5
			一般，有慢性疾病，易疲倦或乏力，基本可自理	1837353	2483405	4320758	11.3	16.1	13.7
			比较不健康，反应迟缓，有时需要陪伴或陪同上医院	392038	496213	888251	2.4	3.2	2.8
			非常不健康，卧床或痴呆，需要照护	107508	87628	195136	0.7	0.6	0.6
			总计	16239779	15388339	31628118	100.0	100.0	100.0

续表

城乡	年龄（岁）			男	女	总计	男	女	总计
				人数（人）			%		
农村	65至69岁	对被访老年人的健康判断	非常健康，头脑灵活，精力充沛，可正常工作或打理家务	8763064	6662827	15425891	51.1	39.1	45.1
			比较健康，体力精力有所减退，可协助工作或帮衬家务	5207940	5939223	11147163	30.4	34.8	32.6
			一般，有慢性疾病，易疲倦或乏力，基本可自理	2457021	3514404	5971425	14.3	20.6	17.5
			比较不健康，反应迟缓，有时需要陪伴或陪同上医院	549702	784376	1334078	3.2	4.6	3.9
			非常不健康，卧床或痴呆，需要照护	157215	152580	309795	0.9	0.9	0.9
			总计	17134942	17053410	34188352	100.0	100.0	100.0
	70至74岁	对被访老年人的健康判断	非常健康，头脑灵活，精力充沛，可正常工作或打理家务	4828186	3650974	8479160	40.6	30.3	35.4
			比较健康，体力精力有所减退，可协助工作或帮衬家务	4157400	4292058	8449458	35.0	35.6	35.3
			一般，有慢性疾病，易疲倦或乏力，基本可自理	2208299	3090362	5298661	18.6	25.7	22.1
			比较不健康，反应迟缓，有时需要陪伴或陪同上医院	569170	817649	1386819	4.8	6.8	5.8
			非常不健康，卧床或痴呆，需要照护	125257	190576	315833	1.1	1.6	1.3
			总计	11888312	12041619	23929931	100.0	100.0	100.0
	75至79岁	对被访老年人的健康判断	非常健康，头脑灵活，精力充沛，可正常工作或打理家务	2255210	1779649	4034859	30.8	22.6	26.6
			比较健康，体力精力有所减退，可协助工作或帮衬家务	2683866	2821897	5505763	36.7	35.8	36.2
			一般，有慢性疾病，易疲倦或乏力，基本可自理	1730558	2270161	4000719	23.7	28.8	26.3
			比较不健康，反应迟缓，有时需要陪伴或陪同上医院	524743	793124	1317867	7.2	10.1	8.7

续表

城乡	年龄（岁）			男	女	总计	男	女	总计
				人数（人）			%		
	75至79岁	对被访老年人的健康判断	非常不健康，卧床或痴呆，需要照护	122681	212550	335231	1.7	2.7	2.2
			总计	7317058	7877381	15194439	100.0	100.0	100.0
	80至84岁	对被访老年人的健康判断	非常健康，头脑灵活，精力充沛，可正常工作或打理家务	958449	763108	1721557	22.3	14.7	18.2
			比较健康，体力精力有所减退，可协助工作或帮衬家务	1413630	1534760	2948390	32.9	29.6	31.1
			一般，有慢性疾病，易疲倦或乏力，基本可自理	1215350	1722859	2938209	28.3	33.2	31.0
			比较不健康，反应迟缓，有时需要陪伴或陪同上医院	526855	896854	1423709	12.3	17.3	15.0
			非常不健康，卧床或痴呆，需要照护	177847	264604	442451	4.1	5.1	4.7
			总计	4292131	5182185	9474316	100.0	100.0	100.0
农村	85岁及以上	对被访老年人的健康判断	非常健康，头脑灵活，精力充沛，可正常工作或打理家务	365429	400661	766090	12.9	9.2	10.6
			比较健康，体力精力有所减退，可协助工作或帮衬家务	840516	1097090	1937606	29.6	25.1	26.9
			一般，有慢性疾病，易疲倦或乏力，基本可自理	901514	1365283	2266797	31.8	31.3	31.5
			比较不健康，反应迟缓，有时需要陪伴或陪同上医院	504046	984479	1488525	17.8	22.5	20.7
			非常不健康，卧床或痴呆，需要照护	226074	520732	746806	8.0	11.9	10.4
			总计	2837579	4368245	7205824	100.0	100.0	100.0
	总计	对被访老年人的健康判断	非常健康，头脑灵活，精力充沛，可正常工作或打理家务	26611007	20399393	47010400	44.6	32.9	38.7
			比较健康，体力精力有所减退，可协助工作或帮衬家务	18765563	20863947	39629510	31.4	33.7	32.6
			一般，有慢性疾病，易疲倦或乏力，基本可自理	10350095	14446474	24796569	17.3	23.3	20.4

续表

城乡	年龄（岁）			男	女	总计	男	女	总计
				人数（人）			%		
农村	总计	对被访老年人的健康判断	比较不健康，反应迟缓，有时需要陪伴或陪同上医院	3066554	4772695	7839249	5.1	7.7	6.4
			非常不健康，卧床或痴呆，需要照护	916582	1428670	2345252	1.5	2.3	1.9
			总计	59709801	61911179	121620980	100.0	100.0	100.0

10-3-1 按年龄、性别分的老年人是否是残疾人（调查员主观判断）

年龄（岁）			男	女	总计	男	女	总计
			人数（人）			%		
60 至 64 岁	被访老年人是否是残疾人?	是	2033950	1379906	3413856	5.4	3.7	4.6
		否	35509632	35827771	71337403	94.6	96.3	95.4
		总计	37543582	37207677	74751259	100.0	100.0	100.0
65 至 69 岁	被访老年人是否是残疾人?	是	2043461	1646991	3690452	5.6	4.4	5.0
		否	34257664	35982504	70240168	94.4	95.6	95.0
		总计	36301125	37629495	73930620	100.0	100.0	100.0
70 至 74 岁	被访老年人是否是残疾人?	是	1469554	1291724	2761278	6.1	5.1	5.6
		否	22559644	24006491	46566135	93.9	94.9	94.4
		总计	24029198	25298215	49327413	100.0	100.0	100.0
75 至 79 岁	被访老年人是否是残疾人?	是	990359	982439	1972798	6.7	6.0	6.4
		否	13704592	15389319	29093911	93.3	94.0	93.6
		总计	14694951	16371758	31066709	100.0	100.0	100.0
80 至 84 岁	被访老年人是否是残疾人?	是	595962	740810	1336772	6.5	6.6	6.6
		否	8562011	10437411	18999422	93.5	93.4	93.4
		总计	9157973	11178221	20336194	100.0	100.0	100.0
85 岁及以上	被访老年人是否是残疾人?	是	418522	759152	1177674	6.9	8.4	7.8
		否	5662839	8331947	13994786	93.1	91.6	92.2
		总计	6081361	9091099	15172460	100.0	100.0	100.0
总计	被访老年人是否是残疾人?	是	7551808	6801022	14352830	5.9	5.0	5.4
		否	120256382	129975443	250231825	94.1	95.0	94.6
		总计	127808190	136776465	264584655	100.0	100.0	100.0

10-3-2 按城乡、年龄、性别分的老年人是否是残疾人（调查员主观判断）

城乡	年龄（岁）			男	女	总计	男	女	总计
				人数（人）			%		
城镇	60 至 64 岁	被访老年人是否是残疾人?	是	1056128	647578	1703706	5.0	3.0	4.0
			否	20247675	21171761	41419436	95.0	97.0	96.0
			总计	21303803	21819339	43123142	100.0	100.0	100.0
	65 至 69 岁	被访老年人是否是残疾人?	是	921126	728164	1649290	4.8	3.5	4.1
			否	18245057	19847921	38092978	95.2	96.5	95.9
			总计	19166183	20576085	39742268	100.0	100.0	100.0
	70 至 74 岁	被访老年人是否是残疾人?	是	633140	508136	1141276	5.2	3.8	4.5
			否	11507747	12748460	24256207	94.8	96.2	95.5
			总计	12140887	13256596	25397483	100.0	100.0	100.0
	75 至 79 岁	被访老年人是否是残疾人?	是	401175	352346	753521	5.4	4.1	4.7
			否	6976718	8142031	15118749	94.6	95.9	95.3
			总计	7377893	8494377	15872270	100.0	100.0	100.0
	80 至 84 岁	被访老年人是否是残疾人?	是	264839	336660	601499	5.4	5.6	5.5
			否	4601003	5659375	10260378	94.6	94.4	94.5
			总计	4865842	5996035	10861877	100.0	100.0	100.0
	85 岁及以上	被访老年人是否是残疾人?	是	204784	364540	569324	6.3	7.7	7.1
			否	3038997	4358313	7397310	93.7	92.3	92.9
			总计	3243781	4722853	7966634	100.0	100.0	100.0
	总计	被访老年人是否是残疾人?	是	3481192	2937424	6418616	5.1	3.9	4.5
			否	64617197	71927861	136545058	94.9	96.1	95.5
			总计	68098389	74865285	142963674	100.0	100.0	100.0
农村	60 至 64 岁	被访老年人是否是残疾人?	是	977822	732329	1710151	6.0	4.8	5.4
			否	15261957	14656010	29917967	94.0	95.2	94.6
			总计	16239779	15388339	31628118	100.0	100.0	100.0
	65 至 69 岁	被访老年人是否是残疾人?	是	1122334	918827	2041161	6.5	5.4	6.0
			否	16012607	16134583	32147190	93.5	94.6	94.0
			总计	17134941	17053410	34188351	100.0	100.0	100.0
	70 至 74 岁	被访老年人是否是残疾人?	是	836414	783588	1620002	7.0	6.5	6.8
			否	11051897	11258031	22309928	93.0	93.5	93.2
			总计	11888311	12041619	23929930	100.0	100.0	100.0
	75 至 79 岁	被访老年人是否是残疾人?	是	589184	630092	1219276	8.1	8.0	8.0
			否	6727874	7247288	13975162	91.9	92.0	92.0
			总计	7317058	7877380	15194438	100.0	100.0	100.0

续表

城乡	年龄（岁）			男	女	总计	男	女	总计
				人数（人）			%		
农村	80 至 84 岁	被访老年人是否是残疾人?	是	331123	404150	735273	7.7	7.8	7.8
			否	3961008	4778035	8739043	92.3	92.2	92.2
			总计	4292131	5182185	9474316	100.0	100.0	100.0
	85 岁及以上	被访老年人是否是残疾人?	是	213738	394612	608350	7.5	9.0	8.4
			否	2623841	3973634	6597475	92.5	91.0	91.6
			总计	2837579	4368246	7205825	100.0	100.0	100.0
	总计	被访老年人是否是残疾人?	是	4070615	3863598	7934213	6.8	6.2	6.5
			否	55639184	58047581	113686765	93.2	93.8	93.5
			总计	59709799	61911179	121620978	100.0	100.0	100.0

第五次中国城乡老年人生活状况
抽样调查领导小组

组　长

王建军

成　员

蔡　菲　李邦华　王新祥　吴玉韶　何　翔　王深远

第五次中国城乡老年人生活状况
抽样调查领导小组办公室

主　任

吴玉韶

成　员

张晓斌　孙文灿　蒋　义　孔　伟　王丽娟　党俊武

第五次中国城乡老年人生活状况抽样调查专家委员会

主　任

金勇进

委　员

（按姓氏笔画排序）

王广州　冯乃林　庄亚儿　张车伟

杨菊华　杨燕绥　胡　英　原　新　穆光宗

附 录

附录一：

国家卫生健康委员会、民政部、财政部、全国老龄工作委员会办公室、中国老龄协会、中国计划生育协会关于开展第五次中国城乡老年人生活状况抽样调查的通知

各省、自治区、直辖市及新疆生产建设兵团卫生健康委（老龄办）、民政厅（局）、财政厅（局）、计划生育协会：

为贯彻落实党中央、国务院关于健康中国建设和实施积极应对人口老龄化国家战略的决策部署，全面掌握新发展阶段我国城乡老年人的生活状况，为统筹制定实施应对人口老龄化战略、规划和政策提供科学数据支撑，国家卫生健康委、民政部、财政部、全国老龄办、中国老龄协会、中国计划生育协会决定开展第五次中国城乡老年人生活状况抽样调查（以下简称第五次抽样调查），现将有关事宜通知如下：

一、调查内容与调查方式

调查内容主要包括老年人口基本情况、家庭状况、健康状况、照料护理服务状况、经济状况、宜居环境状况、社会参与状况、维权意识与行动状况、精神文化生活状况以及老年人所在家庭的家庭成员状况等。调查采取电子化问卷形式收集数据。

二、调查对象、范围和样本量

调查对象为居住在中华人民共和国境内的（不包括港澳台地区）60周岁及以上的中国公民。调查范围为全国31个省、自治区、直辖市和新疆生产建设兵团，涉及315个县（市、区），3320个乡镇（街道），6300个村（居）委会；涉及新疆生产建设兵团5个师，40个团场。调查样本规模为12.76万（总抽样比约为0.5‰），抽样在省级层面具有代表性，经统计技术处理获得全国代表性。

三、调查时间安排

调查工作在2021年底前主要分三个阶段：

准备阶段（2021年2月至7月）：完成第五次抽样调查的各项基础准备工作，包括组建专家队伍、设计调查问卷、完成立项申报；组织试调查、建设调查平台、完善APP软件设计；召开第五次抽样调查工作部署会议；举办第五次抽样调查国家级培训班，各省份对督导员、调查员进行分级培训。

调查阶段（2021年8月）：对31个省（区、市）及新疆生产建设兵团全覆盖开展入户调查工作。

以8月1日零时为调查标准时点，8月31日前完成。根据工作需要，适时组织调查督导组赴各地进行调查督导工作。

分析阶段（2021年9月至12月）：初步汇总主要数据、进行数据清理、审查和校验、发布调查主要数据，撰写数据发布报告；经批准，全国及各地可以公开发布或使用相关统计结果；中国老龄协会将组织有关部门、高校和研究机构对调查数据进行研究开发；各地可按程序申请使用本地区调查数据，结合自身需求进行数据开发。

四、组织领导

第五次抽样调查在全国老龄委的领导下，由国家卫生健康委、民政部、财政部、全国老龄办、中国老龄协会、中国计划生育协会等单位共同组织。

国家卫生健康委、全国老龄办作为牵头单位，负责协调地方卫生健康部门组织推进调查工作，协调解决调查过程中可能遇到的有关问题。民政部负责协调地方民政部门协助计划生育协会落实抽样方案、开展入户调查等工作。财政部负责指导地方财政部门做好相关经费保障工作。中国老龄协会负责承办调查各项具体工作，其所属中国老龄科学研究中心提供调查有关的技术支持。中国计划生育协会负责指导地方计划生育协会参与落实抽样方案，配合做好各地督导员、调查员选拔培训，开展入户调查等工作。

第五次抽样调查成立领导小组及办公室、第五次抽样调查专家委员会。国家卫生健康委党组成员、全国老龄办常务副主任、中国老龄协会会长王建军担任第五次抽样调查领导小组组长，领导小组办公室设在中国老龄协会。

五、工作要求

（一）加强组织领导

各地卫生健康（老龄）、财政、民政、计生协等部门要高度重视，加强领导，把第五次抽样调查工作摆上重要议事日程。各地卫生健康委（老龄办）是本地区第五次抽样调查的牵头单位，要按照调查实施方案要求，认真做好本地区抽样调查的组织实施。

（二）保障调查经费

各地要根据调查工作需要，将调查经费列入同级预算予以保障。中国老龄协会将对督导员、调查员以及被访老年人给予适当补助，标准不低于每份问卷50元。各地卫生健康部门可以统筹现有财政预算，对第五次抽样调查工作予以资金支持。各有关单位应统筹使用好各级各类资金，提高资金使用效益，做好调查工作。

（三）充分利用基层和社会力量

各地要充分发挥各系统工作组织网络和社区基层组织的优势，调动计生协干部、民政专干、社区工作者及社会工作者、城乡社区老年协会骨干、志愿者等积极参与，统一组织，形成合力，共同做好调查工作。

（四）做好调查宣传工作

各地要积极开展调查宣传工作，宣传调查的意义与作用，努力扩大调查的社会影响力，增强全社会人口老龄化国情意识。

（五）确保数据安全和质量

各地应认真选拔调查督导员、调查员，组织好培训工作。各地计生协在指导实施入户调查时，要如实采集、处理、存储和报送数据。各省级卫生健康委（老龄办）可以通过现场督导、事后质量抽查等方式，对调查各阶段进行质量控制，对出现明显问题的问卷要重新调查。

（六）注重调查成果转化

各地各部门要开发利用好第五次抽样调查数据，为统筹制定应对人口老龄化的战略、规划和政策提供基础数据支撑，为社会各界使用第五次抽样调查数据开展老龄事业和产业领域的研究提供支持，为建立和完善老龄统计制度夯实基层基础。

（七）做好联络协调工作

请各省级卫生健康委（老龄办）确定1名调查主管处室负责人为省级联络员，请各抽中县（市、区）确定1名业务骨干为县级联络员。各省级联络员负责汇总本省份各县级联络员名单信息，统一报送至中国老龄协会。

国家卫生健康委联系人：老龄司　徐冲

联系电话：010-62030882

中国老龄协会联系人：事业发展部　徐平、祁莹

联系电话：010-58122083、58122085，58122076（传真）

电子邮箱：qiying@ cncaprc. gov. cn

附件：1. 第五次抽样调查抽中县（市、区）名单

2. 第五次抽样调查经费预算编制和使用说明

3. 第五次抽样调查督导方案

附件 1

第五次抽样调查抽中县（市、区）名单

北京市（5 个）

丰台区、石景山区、海淀区、房山区、密云区

天津市（5 个）

南开区、北辰区、滨海新区、静海区、蓟州区

河北省（15 个）

桥西区（石家庄市）、新乐市（石家庄市）、路北区（唐山市）、乐亭县（唐山市）、遵化市（唐山市）、宁晋县（邢台市）、巨鹿县（邢台市）、阜平县（保定市）、容城县（保定市）、泊头市（沧州市）、河间市（沧州市）、大厂回族自治县（廊坊市）、桃城区（衡水市）、饶阳县（衡水市）、辛集市（省直辖县级行政区划）

山西省（7 个）

小店区（太原市）、广灵县（大同市）、屯留区（长治市）、泽州县（晋城市）、平遥县（晋中市）、原平市（忻州市）、曲沃县（临汾市）

内蒙古自治区（7 个）

回民区（呼和浩特市）、托克托县（呼和浩特市）、科尔沁左翼后旗（通辽市）、开鲁县（通辽市）、准格尔旗（鄂尔多斯市）、兴和县（乌兰察布市）、察哈尔右翼中旗（乌兰察布市）

辽宁省（11 个）

大东区（沈阳市）、皇姑区（沈阳市）、铁西区（沈阳市）、普兰店区（大连市）、瓦房店市（大连市）、台安县（鞍山市）、振兴区（丹东市）、黑山县（锦州市）、铁岭县（铁岭市）、北票市（朝阳市）、建昌县（葫芦岛市）

吉林省（7 个）

农安县（长春市）、德惠市（长春市）、桦甸市（吉林市）、铁西区（四平市）、伊通满族自治县（四平市）、前郭尔罗斯蒙古族自治县（松原市）、敦化市（延边朝鲜族自治州）

黑龙江省（9 个）

道外区（哈尔滨市）、香坊区（哈尔滨市）、建华区（齐齐哈尔市）、萨尔图区（大庆市）、向阳区（佳木斯市）、东风区（佳木斯市）、汤原县（佳木斯市）、海伦市（绥化市）、加格达奇区（大兴安岭地区）

上海市（6 个）

黄浦区、闵行区、嘉定区、浦东新区、金山区、崇明区

江苏省（19个）

秦淮区（南京市）、高淳区（南京市）、惠山区（无锡市）、江阴市（无锡市）、沛县（徐州市）、邳州市（徐州市）、新北区（常州市）、金坛区（常州市）、吴江区（苏州市）、昆山市（苏州市）、启东市（南通市）、东海县（连云港市）、滨海县（盐城市）、广陵区（扬州市）、宝应县（扬州市）、仪征市（扬州市）、靖江市（泰州市）、宿豫区（宿迁市）、沭阳县（宿迁市）

浙江省（12个）

拱墅区（杭州市）、临安区（杭州市）、北仑区（宁波市）、余姚市（宁波市）、鹿城区（温州市）、洞头区（温州市）、南湖区（嘉兴市）、桐乡市（嘉兴市）、安吉县（湖州市）、上虞区（绍兴市）、浦江县（金华市）、遂昌县（丽水市）

安徽省（13个）

蜀山区（合肥市）、肥西县（合肥市）、弋江区（芜湖市）、怀远县（蚌埠市）、寿县（淮南市）、太湖县（安庆市）、明光市（滁州市）、临泉县（阜阳市）、阜南县（阜阳市）、裕安区（六安市）、舒城县（六安市）、绩溪县（宣城市）、宁国市（宣城市）

福建省（7个）

长乐区（福州市）、闽侯县（福州市）、翔安区（厦门市）、南安市（泉州市）、诏安县（漳州市）、顺昌县（南平市）、福鼎市（宁德市）

江西省（8个）

东湖区（南昌市）、新建区（南昌市）、分宜县（新余市）、龙南市（赣州市）、永新县（吉安市）、上高县（宜春市）、丰城市（宜春市）、鄱阳县（上饶市）

山东省（22个）

市中区（济南市）、莱芜区（济南市）、李沧区（青岛市）、城阳区（青岛市）、淄川区（淄博市）、博山区（淄博市）、沂源县（淄博市）、市中区（枣庄市）、龙口市（烟台市）、寒亭区（潍坊市）、坊子区（潍坊市）、青州市（潍坊市）、安丘市（潍坊市）、高密市（潍坊市）、曲阜市（济宁市）、东平县（泰安市）、莒县（日照市）、沂南县（临沂市）、夏津县（德州市）、沾化区（滨州市）、无棣县（滨州市）、巨野县（菏泽市）

河南省（19个）

中原区（郑州市）、新密市（郑州市）、祥符区（开封市）、孟津县（洛阳市）、浚县（鹤壁市）、原阳县（新乡市）、封丘县（新乡市）、长垣市（新乡市）、解放区（焦作市）、华龙区（濮阳市）、清丰县（濮阳市）、临颍县（漯河市）、民权县（商丘市）、柘城县（商丘市）、川汇区（周口市）、商水县（周口市）、上蔡县（驻马店市）、平舆县（驻马店市）、济源市（省直辖县级行政区划）

湖北省（12个）

青山区（武汉市）、东西湖区（武汉市）、房县（十堰市）、樊城区（襄阳市）、宜城市（襄阳市）、梁子湖区（鄂州市）、掇刀区（荆门市）、云梦县（孝感市）、浠水县（黄冈市）、黄梅县（黄冈市）、曾都区（随州市）、仙桃市（省直辖县级行政区划）

湖南省（14 个）

芙蓉区（长沙市）、浏阳市（长沙市）、攸县（株洲市）、耒阳市（衡阳市）、大祥区（邵阳市）、湘阴县（岳阳市）、鼎城区（常德市）、临澧县（常德市）、慈利县（张家界市）、赫山区（益阳市）、桂阳县（郴州市）、桂东县（郴州市）、祁阳县（永州市）、溆浦县（怀化市）

广东省（15 个）

海珠区（广州市）、天河区（广州市）、南雄市（韶关市）、福田区（深圳市）、金平区（汕头市）、高明区（佛山市）、吴川市（湛江市）、广宁县（肇庆市）、梅县区（梅州市）、连平县（河源市）、英德市（清远市）、市辖区（东莞市）、市辖区（中山市）、普宁市（揭阳市）、罗定市（云浮市）

广西壮族自治区（9 个）

兴宁区（南宁市）、横县（南宁市）、临桂区（桂林市）、全州县（桂林市）、岑溪市（梧州市）、平南县（贵港市）、兴业县（玉林市）、南丹县（河池市）、宁明县（崇左市）

海南省（10 个）

秀英区（海口市）、琼山区（海口市）、吉阳区（三亚市）、天涯区（三亚市）、琼海市（省直辖县级行政区划）、文昌市（省直辖县级行政区划）、屯昌县（省直辖县级行政区划）、澄迈县（省直辖县级行政区划）、白沙黎族自治县（省直辖县级行政区划）、保亭黎族苗族自治县（省直辖县级行政区划）

重庆市（8 个）

涪陵区、渝中区、九龙坡区、黔江区、永川区、璧山区、潼南区、梁平区

四川省（20 个）

武侯区（成都市）、成华区（成都市）、新都区（成都市）、简阳市（成都市）、富顺县（自贡市）、龙马潭区（泸州市）、合江县（泸州市）、叙永县（泸州市）、涪城区（绵阳市）、苍溪县（广元市）、大英县（遂宁市）、东兴区（内江市）、犍为县（乐山市）、蓬安县（南充市）、彭山区（眉山市）、仁寿县（眉山市）、汉源县（雅安市）、通江县（巴中市）、平昌县（巴中市）、德昌县（凉山彝族自治州）

贵州省（7 个）

观山湖区（贵阳市）、息烽县（贵阳市）、红花岗区（遵义市）、普定县（安顺市）、紫云苗族布依族自治县（安顺市）、丹寨县（黔东南苗族侗族自治州）、龙里县（黔南布依族苗族自治州）

云南省（8 个）

盘龙区（昆明市）、嵩明县（昆明市）、富源县（曲靖市）、峨山彝族自治县（玉溪市）、隆阳区（保山市）、龙陵县（保山市）、威信县（昭通市）、洱源县（大理白族自治州）

西藏自治区（5 个）

城关区（拉萨市）、昂仁县（日喀则市）、卡若区（昌都市）、左贡县（昌都市）、朗县（林芝市）

陕西省（8个）

莲湖区（西安市）、灞桥区（西安市）、凤翔县（宝鸡市）、武功县（咸阳市）、大荔县（渭南市）、城固县（汉中市）、汉阴县（安康市）、洛南县（商洛市）

甘肃省（11个）

七里河区（兰州市）、安宁区（兰州市）、武山县（天水市）、张家川回族自治县（天水市）、天祝藏族自治县（武威市）、甘州区（张掖市）、泾川县（平凉市）、肃州区（酒泉市）、礼县（陇南市）、和政县（临夏回族自治州）、卓尼县（甘南藏族自治州）

青海省（5个）

城中区（西宁市）、湟中区（西宁市）、大通回族土族自治县（西宁市）、民和回族土族自治县（海东市）、尖扎县（黄南藏族自治州）

宁夏回族自治区（6个）

西夏区（银川市）、金凤区（银川市）、惠农区（石嘴山市）、原州区（固原市）、西吉县（固原市）、中宁县（中卫市）

新疆维吾尔自治区（5个）

水磨沟区（乌鲁木齐市）、托克逊县（吐鲁番市）、英吉沙县（喀什地区）、沙湾县（塔城地区）、布尔津县（阿勒泰地区）

新疆生产建设兵团（40个团场）

一团（一师）、四团（一师）、五团（一师）、六团（一师）、七团（一师）、十一团（一师）、十三团（一师）、十六团（一师）、六十二团（四师）、六十四团（四师）、六十六团（四师）、六十七团（四师）、七十团（四师）、七十五团（四师）、七十六团（四师）、七十九团（四师）、一二四团（七师）、一二五团（七师）、一二六团（七师）、一二七团（七师）、一二八团（七师）、一二九团（七师）、一三一团（七师）、一三七团（七师）、一八一团（十师）、一八二团（十师）、一八三团（十师）、一八四团（十师）、一八五团（十师）、一八六团（十师）、一八七团（十师）、一八八团（十师）、红星一场（十三师）、红星二场（十三师）、红星四场（十三师）、火箭农场（十三师）、淖毛湖农场（十三师）、黄田农场（十三师）、柳树泉农场（十三师）、红山农场（十三师）

附件 2

第五次抽样调查经费预算编制和使用说明

根据第五次抽样调查工作需要，为确保调查顺利进行，现就第五次抽样调查相关经费的预算编制和使用说明如下。

一、省级可向同级财政预算申请经费项目

（一）培训费。主要用于组织全省培训费用。

（二）补助费。主要用于补助财政困难的县（市、区）的被访老年人。

（三）资料费。主要用于编制、印刷第五次抽样调查相关文件、培训教材等。

（四）宣传费。主要用于新闻媒体宣传、制作横幅等。

（五）其他费用。比如少数民族和方言地区翻译费用等。

二、抽中县（市、区）可向同级财政预算申请经费项目

（一）培训费。主要用于参加全省培训及组织县级培训费用。

（二）补助费。主要用于补助被访老年人。

（三）资料费。主要用于编制、印刷第五次抽样调查相关文件、培训教材等。

（四）交通费。主要用于偏远地区入户调查的公务用车运行费。

（五）通讯费。主要用于调查队员实施电子问卷填报过程中发生的通信费用。

（六）礼品费。主要用于入户调查时，给被访老年人准备的小礼品。

（七）宣传费。主要用于新闻媒体宣传、制作横幅等。

（八）其他费用。比如少数民族和方言地区翻译费用等。

为保障第五次抽样调查顺利进行，中国老龄协会将对督导员、调查员以及被访老年人给予适当补助，标准不低于每份问卷 50 元。各抽中县（市、区）卫生健康委（老龄办）、计划生育协会可以参照补助标准，申请同级财政支持。请各省级卫生健康委（老龄办）将资金往来凭证（附表 1、2、3、4）邮寄回第五次抽样调查领导小组办公室。

请各省级计生协将本省份抽中县（市、区）账户信息省级汇总表（附表5），于 2021 年 7 月 16 日前报送第五次抽样调查领导小组办公室。

邮寄地址：北京市东城区安定门外大街甲 57 号中国老龄协 202 室（邮编 100011）

联系人：中国老龄科学研究中心　邱沫

联系电话：010-58122236

附表：1. 第五次抽样调查抽中县（市、区）参与入户调查督导员、调查员相关费用发放明细表

2. 第五次抽样调查参与入户调查督导员、调查员相关费用发放省级汇总表
3. 第五次抽样调查抽中县（市、区）参与入户调查被访老年人礼品慰问金发放明细表
4. 第五次抽样调查参与入户调查被访老年人礼品慰问金发放省级汇总表
5. 第五次抽样调查抽中县（市、区）账户信息省级汇总表

附表 1

第五次抽样调查抽中县（市、区）参与入户调查督导员、调查员相关费用发放明细表

______省（自治区、直辖市）______市______县（市、区）______乡镇/街道______村（居）委会（盖章）

姓　　名	督导员/调查员	身份证号码	联系电话	工作补助（元）	盖　　章	县（市、区）卫生健康委（老龄办）审核（盖章）
金额合计						

注：此表可自行复印，填写后盖章即可。

附表 2

第五次抽样调查参与入户调查督导员、调查员相关费用发放省级汇总表

_____年_____月_____日

省份名称	抽中县（市、区）汇总数量（个）	抽中村（居）委会汇总数量（个）	已发放的督导员、调查员相关费用总金额（元）	省级卫生健康委（老龄办）审核（盖章）

注：此表可自行复印，填写后盖章即可。

附表 3

第五次抽样调查抽中县（市、区）参与入户调查被访老年人礼品/慰问金发放明细表

_____省（自治区、直辖市）_____市_____县（市、区）_____乡镇/街道_____村（居）委会（盖章）

姓名	性别	年龄（出生 年月日）	身份证号码	联系电话	□礼品 □慰问金（元）	签字	县（市、区）卫生健康委（老龄办）审核（盖章）
金额合计							

注：发放礼品在礼品前□上打钩，发放慰问金在慰问金前□上打钩；礼品折算为现金价值；此表可自行复印，填写后盖章即可。

附表 4

第五次抽样调查参与入户调查被访老年人礼品/慰问金发放省级汇总表

______年______月______日

省份名称	抽中县（市、区）汇总数量（个）	抽中村（居）委会汇总数量（个）	已发放的被访老年人礼品/慰问金总金额（元）	省级卫生健康委（老龄办）审核（盖章）

注：此表可自行复印，填写后盖章即可。

附表 5

第五次抽样调查抽中县（市、区）账户信息省级汇总表

______省（自治区、直辖市）（省级计划生育协会盖章）

单位名称	开户行	开户账号	统一社会信用代码	经办人	联系方式	县（市、区）计划生育协会审核（盖章）	备注

注：此表可自行复印，填写后盖章即可。

附件3

第五次抽样调查督导方案

为贯彻落实《国家卫生健康委 民政部 财政部 全国老龄办 中国老龄协会 中国计划生育协会关于开展第五次中国城乡老年人生活状况抽样调查的通知》精神，扎实做好第五次抽样调查督导工作，制定本方案。

一、督导职责与内容

督导是确保调查质量的主要措施，做好督导工作对于提高调查质量具有重要意义。主要职责：一是督促指导下级调查组织开展调查工作，及时发现问题并提出改进意见；二是对入户调查进行全程跟踪督导，确保调查质量；三是通过调查系统在线跟踪调查进度，确保按时完成；四是通过调查系统在线复核，确保数据真实准确。

二、督导架构与重点

第五次抽样调查实行四级督导，即国家级、省级、县（市、区）级和乡镇（街道）级，抽中县（市、区）较多的地市级酌情增加地市级督导。实施逐级督导制，国家级负责对各省份的督导，省级、地市级负责对县（市、区）督导，县（市、区）级负责对乡镇（街道）督导，乡镇（街道）级负责对村（居）委会的督导。

入户调查督导是督导工作的基础环节，各地各级都要重点进行入户调查督导：

（一）现场督导，要求调查员事先约定时间入户调查。督导员至少要协助并跟随参与10户调查。

（二）事后复核、检查问卷。在调查完成后，督导员要通过调查平台仔细复核、检查问卷。发现问题，及时与调查员联系。对于不合格问卷，要重新调查。

三、时间安排

调查督导工作，原则上与入户调查同步开展。

四、问题处理

各级督导组发现以下情况，应当及时处理并上报：

（一）因意外事故、自然灾害、疫情等特殊原因，不能在规定时间内完成调查任务的，由省级牵头单位向第五次抽样调查领导小组办公室汇报，经批准后，可以调整调查时间。

（二）调查问卷作假。调查员没有入户调查而采取把老年人集中在一起填写问卷的；调查员虽然入户，但未遵从老年人回答而擅自填写问卷的，或者调查员虽然入户，但未逐项询问后填写而由老年人自行填写问卷的。上述情况均属于问卷作假，按要求重新组织调查。

（三）不按照村（居）委会老年人抽样名单，随意选择老年人填写调查问卷的，按要求重新组织调查。

（四）不按照调查方案要求，随意替换被抽中的县（市、区）、乡镇（街道）、村（居）委会进行调查的，按要求重新组织调查。

（五）选择未经过调查培训或经过调查培训而未能获得调查培训合格证书的人员作为调查员参与调查的，按要求重新组织有资质人员进行调查。

发生上述情况要及时逐级上报，对于情节较轻的，通报批评；对于情节严重的，要追究当事人和责任人、督导员的责任。

五、防疫措施

调查期间要严格遵守疫情防控要求，每次入户的调查员和督导员合计不超过 2 人，严格落实防疫措施，入户必须全程佩戴口罩，并与被访老年人保持适当距离。

附录二：

调查流程与规范

（一）调查队伍的组建

在本次调查中，各省、自治区、直辖市、计划单列市、新疆生产建设兵团的卫生健康委（老龄办）是本地区第五次抽样调查的牵头单位，各地要按照有关要求组建调查督导员和调查员队伍。

督导员的主要职责是：调查的具体组织、联络、指导调查员入户调查、问卷核查校验等工作，省级督导员配备至少 2 人，县级督导员配备至少 2 人，乡镇街道级督导员按实际工作需要至少配备 1 人。

调查员的工作职责是：依据调查软件内置的名单确定访问对象，按照问卷要求完成对老年人的入户访问。每个县（市、区）配备 40 名左右调查员，负责调查 20 个社区/村，每个社区/村调查 20 个有效样本。

省级督导员一般由第五次抽样调查省级联络员担任。县级督导员一般由第五次抽样调查县级联络员担任。

（二）督导员的选派原则、职责和要求

第五次抽样调查是一项时间紧、任务重、专业性强的细致工作，对督导员的工作责任心和素质均有较高的要求。人员选派的一般原则是：

1. 督导员的选派原则

（1）具有高中以上文化程度。

（2）具有一定的实际调查工作经验。

（3）能够熟练使用电脑。

（4）具有组织和管理能力。

（5）作风正派，责任心强，认真细致。

2. 督导员主要职责

（1）卫生健康系统督导员	（2）计生协系统督导员
①负责对本地区民政、财政、计生协等部门的联络协调工作	①省级督导员负责确定本地区各抽中县（市、区）是否存在区划调整。如有调整，统一上报第五次抽样调查领导小组办公室
②负责组织实施本地区的调查工作，指导调查员开展入户	②县级督导员负责确定本地区各抽中村（居）委会是否存在区划调整。如有调整须汇总上报，由省级督导员统一上报第五次抽样调查领导小组办公室

③负责组织所在地区的调查督导及问卷核验等调查质量控制工作	③县级督导员收集汇总本地区抽中村（居）委会60岁以上老年人花名册，由省级督导员统一报送至第五次抽样调查领导小组办公室邮箱
④调查期间，组织开展本地区的入户督导工作，全程佩戴督导员证	④县级督导员负责将经费补助接收单位账号信息，汇总上报后由省级督导员统一上报第五次抽样调查领导小组办公室
⑤负责协调解决本地区调查过程中可能遇到的其他有关问题	⑤县级督导员负责协调经费补助接收单位签订经费补助协议（一式三份），并按协议要求完整填写回邮相关信息
⑥按要求参加全国省、县级骨干督导员培训班，并在"五调问卷学习成效评估"小程序中通过在线测试	⑥县级督导员负责整理邮寄资金往来凭证、经费补助协议、《第五次抽样调查抽中县（市、区）参与入户调查督导员、调查员相关费用发放明细表》、《第五次抽样调查抽中县（市、区）参与入户调查被访老年人礼品/慰问发放明细表》至第五次抽样调查领导小组办公室
	⑦按要求参加全国省、县级骨干督导员培训班，并在"五调问卷学习成效评估"小程序中通过在线测试。
	⑧调查期间，参与本地区的入户督导工作，全程佩戴督导员证

3. 督导员的要求

（1）严格遵守《中华人民共和国统计法》规定的保密要求，督导员必须对老年人信息予以保密。本调查中获得数据信息，不得对外提供、泄露，不得用于统计以外的目的。

（2）严格按照《第五次抽样调查督导方案》中的要求开展调查工作，认真完成督导任务。

（3）诚实负责，不得弄虚作假，不得擅自更改调查程序。

（4）对调查过程中出现的问题，要及时向上级督导员请示报告，协商解决。

（5）注意安全，配合当地防疫要求，保证调查顺利进行。

（6）对违反上述要求的人员，将视其情节轻重给予其个人必要的处罚，情节严重并造成不良影响者，将严肃查处，并追究相关领导的责任。

（三）调查员的选派原则、职责和要求

第五次抽样调查对调查员的责任心和沟通能力均有较高的要求。人员选派的一般原则是：

1. 调查员的选派原则

（1）具有初中以上文化程度，年龄不宜超过50周岁，能够讲当地方言，说话吐字清楚，具有较好的语言表达能力。

（2）能够熟练使用安卓（Android）系统智能手机。

（3）有较强的沟通能力。

（4）作风正派、责任心强、耐心细致、服从管理。

2. 调查员主要职责

调查员对本县（市、区）的抽中的村（居）委会调查工作负责。

（1）参与调查培训，并在“五调问卷学习成效评估”小程序中通过在线测试。

（2）入户调查前按照《入户流程与规范》要求做好各项准备工作。

（3）调查期间按照《入户流程与规范》的要求进行入户访问、按要求在调查 APP 中完成填选。

（4）入户后，首先向被访老年人出示第五次抽样调查调查员证，核查老年人身份信息，宣读调查导语后开始正式调查。

（5）问卷填答结束后与被访老年人合影，发放老年人礼品/慰问金并填写《第五次抽样调查抽中县（市、区）参与入户调查被访老年人礼品/慰问发放明细表》。

（6）对问卷进行复核，完成数据回传。

3. 调查员的要求

（1）严格遵守《中华人民共和国统计法》规定的保密要求，调查员必须对老年人个人信息予以保密。本调查中获得数据、信息不得对外提供、泄露，不得用于统计以外的目的。

（2）诚实负责，不得弄虚作假，不得擅自更改调查程序和更换被访者。

（3）调查员应提前熟悉、掌握第五次抽样调查问卷及题目之间的逻辑关系、调查 APP 的使用方法，确保调查质量。

（4）对调查过程中出现的问题，要及时向上级督导员请示报告，协商解决。

（5）注意安全，文明礼貌，保证调查顺利进行。

（6）严格服从疫情防控要求，做好防控措施。

（7）对违反上述要求的人员，将视其情节轻重给予其个人必要的处罚。情节严重并造成不良影响者，将严肃查处，并追究相关领导的责任。

（四）调查人员的培训

1. 培训内容及目的

（1）明确本次调查的目的和意义；

（2）明确调查工作的任务和要求；

（3）熟悉并掌握调查的流程及规范；

（4）掌握第五次抽样调查问卷的指标定义和询问技巧；

（5）掌握调查软件使用方法；

（6）对调查中出现的各种问题能依据有关规定做出正确和妥善的处理。

2. 培训时间及组织安排

第一阶段由国家卫生健康委（全国老龄办）、中国老龄协会、中国计划生育协会联合对省级督导员、抽中县（市、区）督导员进行现场培训。

第二阶段由抽中县（市、区）对本地区督导员和调查员进行培训。

培训教材可使用中国老龄科学研究中心编写的培训手册，调查的培训教学视频可通过“五调问卷学习成效评估”小程序浏览学习。

3. 督导员、调查员岗前考核

各级调查督导员和调查员必须认真学习培训教材，观看培训教学视频。通过“五调问卷学习成效评估”小程序在线测试，成绩合格后，方可取得调查平台使用权限。

（五）入户流程与规范

入户调查是获取调查数据的重要阶段，也是保证调查质量的关键环节。入户调查工作能否顺利开展，将直接关系到调查的质量。

1. 入户调查开始前

（1）在调查开始前通知抽中村（居）委会相关工作人员，张贴调查宣传海报，明确本次调查的目的和意义，保证调查顺利完成。

（2）调查员要提前安装好最新版本调查 APP，确保手机电量充足，按程序提示，允许调查 APP 的各种访问权限。

（3）调查员应根据调查 APP 提供的老年人名单，通过电话或实地确定抽中老年人是否可以接受访问，约定入户调查的时间和地点并提醒老年人准备好个人身份证或户口簿。

（4）准备好宣传折页、调查员证、老年人礼品/慰问金、签字笔及《第五次抽样调查抽中县（市、区）参与入户调查被访老年人礼品/慰问发放明细表》。

2. 入户调查过程中

（1）入户调查工作要严格以 2021 年 8 月 1 日零时为调查时点，9 月 1 日零时前全部完成，不得擅自提前或推迟。

（2）调查员必须入户直接询问被访老年人，不准集中调查，不准通过打电话等远程方式询问。

（3）调查员要尽最大努力提高与被访老年人的见面率，不得轻易确定“无法联系”。对“拒答”被访者，调查员应积极宣传此次抽样调查的目的和意义，争取被访老年人的配合。

（4）调查员要佩戴并主动出示第五次抽样调查调查员证，通过身份证或户口簿核查老年人身份信息，宣读调查导语后开始正式调查。

（5）调查员在询问、填写过程中，要保持公正、客观的态度，使用规范性语言，不能诱导被访老年人，更不能代替被访老年人回答。

（6）调查员应努力创造一个调查对象积极配合的环境。遇到被访者不能理解的问题时，调查员可以重复问题，用被访者能够听懂的语言提问或解释，但是必须忠实于问卷提问的原义，直到被访者理解问题并做出自己的回答为止。

（7）由于调查问卷内容涉及个人隐私及敏感问题，为了保证调查数据真实性，调查过程中应尽量避免他人在场的影响。如无法做到这一点，则要尽量避免在场他人对调查的影响。

（8）问卷填答完成后，宣读调查结束语，使用调查 APP 与被访老年人合影，发放老年人礼品/慰问金并填写《第五次抽样调查抽中县（市、区）参与入户调查被访老年人礼品/慰问发放明细表》。

3. 入户调查结束后

（1）调查员应在网络稳定的条件下及时回传调查数据。

（2）各级督导员在调查平台对负责地区样本进行抽查，如发现问题，应及时解决。

（3）调查完成后，调查人员对被访老年人的情况要严格保密，不得同其他人员谈论被访老年人的回答结果，不得将调查数据用于其他用途。

调查质量控制及数据安全

参照《国家统计局数据质量评估管理办法》《国家统计质量保证框架（2021）》《统计业务流程规范（2021）》《数据安全管理办法》等相关办法、文件，第五次抽样调查设计了全流程的质量控制措施保证数据真实，通过周密的数据安全措施保证调查过程中的数据采集、传输、存贮的安全。

（一）调查质量控制

第五次抽样调查的质量控制直接关系到数据的代表性和可靠性。为了确保调查数据的准确性，在整个调查过程中必须进行严格的质量控制。

1. 调查筹备阶段的质量控制

（1）领导组织机构完善，分工明确

第五次抽样调查由国家卫生健康委（全国老龄办）、民政部、财政部、中国老龄协会、中国计划生育协会等五个单位共同组织。国家卫生健康委（全国老龄办）是牵头单位，民政部、财政部、中国计划生育协会、中国老龄协会按照职责分工共同做好调查各项工作。第五次抽样调查成立领导小组及办公室、第五次抽样调查专家委员会。

（2）方案设计科学规范

第五次抽样调查由中国老龄协会所属中国老龄科学研究中心负责技术支持。调查筹备阶段，中国老龄科学研究中心修订了调查问卷，编制了调查实施方案、调查抽样方案、调查宣传方案、调查督导方案。调查相关方案在通过了国家统计局部门调查管理平台的审核批准，为科学和规范地开展调查打下了良好的基础。

（3）调查队伍组建与选拔

第五次抽样调查高度重视调查队伍的建立，对调查队伍的组建提出了明确要求，形成分层督导、分层负责的管理机制，对调查队伍中督导员和调查员的数量、比例进行了规定；对督导员和调查员选拔的基本素质进行了规定；对督导员和调查员的行为规范提出了明确要求。

（4）抽样的质量控制

为了避免基层抽样过程中的质量风险，第五次抽样调查的抽样工作均由第五次抽样调查领导小组在调查平台内完成，最大程度减少了抽样误差。针对老年人拒访、无法回答等情况，中国老龄科学研究中心设计了严格的换样操作审核流程，严控出现私自换样的情况。

2. 调查培训阶段的质量控制

（1）全国骨干督导员现场培训会

第五次抽样调查组织现场培训，对调查的背景、流程、规范、问卷的指标定义及调查软件的使用方法进行系统全面的讲解。现场培训会后，由县级组织对所在地区的调查员进行再培训，确保调查过程中督导员、调查员都能做到流程清晰、熟悉问卷、操作规范。

（2）线上培训及评估

为确保整体培训质量，中国老龄协会委托开发了“五调问卷学习成效评估”小程序，实现了线上的培训与考核评估功能。督导员和调查员能够在小程序上，通过文字材料和培训视频进行在线的全流程学习。学习完成后，督导员和调查员须通过在线考试后才可以取得调查平台使用权限，保证调查员和督导员达标上岗。

3. 调查实施阶段的质量控制

（1）调查软件内置逻辑控制

调查 APP 中的调查问卷内置逻辑控制，能够根据调查员填写内容与相关内容的进行比较，提醒调查员问卷中存在的不合理内容，提示调查员做出正确填答，提高填答的正确率。

（2）入户全程质量监控

调查 APP 在调查过程中通过全程录音，记录 GPS 轨迹，问卷完成后提示合影拍照等功能，确保真实入户，操作规范。

（3）软件操作可追溯

调查软件采用可追溯、防篡改设计，所有操作人员注册使用真实姓名+身份证号码，通过人工分级审核，保证了调查工作人员的真实性和可靠性。督导员及调查员登录平台后的任何操作均以日志的方式在系统后台记录，防止个人对调查数据进行误操作或非法修改，导致数据损失。

4. 数据回收后的质量控制

（1）分级审核调查问卷

各级督导员按照《第五次抽样调查督导方案》要求，应在调查平台内对所在地区的问卷进行录音核查，通过在线复核，确保数据真实准确。

（2）电话回访

数据回收后，第五次抽样调查领导小组办公室会按照比例随机抽选问卷进行电话回访，确保调查的真实性及规范性。

（3）数据清理

第五次抽样调查领导小组办公室将对调查问卷进行数据清理，通过数据分析，发现调查问卷中的逻辑错误及填写错误，如发现问题会进行电话核实。

（二）调查的数据安全措施

为了确保调查开展过程中收集的老年人花名册数据、督导员和调查员个人信息数据、被访老年人调查数据等各类信息数据的安全保密，在调查的质量控制流程中设计了多层次的安全措施。

1. 制度保障

第五次抽样调查在调查整体实施的方案设计上科学规范，通过了国家统计局的审批。方案设计中，明确的督导员和调查员的职责，要求每个使用调查系统的督导员及调查员均需在注册软件时进行保密承诺，在每次调查前都按要求对老年人朗读调查导语，明确保密责任。

2. 流程保障

第五次抽样调查是中国城乡老年人生活系列调查的第九次调查，业务流程经过多次检验，安全可靠。我们与技术支持单位鉴定了独立的保密协议对老年人花名册数据、督导员和调查员个人信息数据、被访老年人调查数据等各类信息数据的保密责任进行了明确要求。

在花名册收集环节，我们要求各级督导员对名单压缩加密后，点对点发送至中国老龄协会邮箱（政府邮箱，三级等保）；花名册标准化环节，我们采用计算机离线处理（无网线、无 WIFI），计算机经特殊处理，仅支持指定的存储设备访问；花名册导入环节，我们采用线下存储设备导入方式，调查系统内采用加密存储。

调查过程中，我们设计了分级的权限，督导员及访问员均能看到所负责地区的老年人信息，并且全部级别督导员均不能导出老年人个人信息。调查结束后，调查产生的数据、图片、GPS 轨迹、录音文件等均导出离线存储。

数据共享服务使用中国老龄科学研究中心的数据云服务平台，通过虚拟机技术对外提供数据服务，确保原始数据的安全。

3. 技术保障

对外服务的服务器使用的腾讯 CVM 云服务器，在 T3 级以上数据中心中运行，保证网络高可用性，提供达 99.975%的服务可用性和 99.9999999%的数据可靠性。CVM 搭载的云硬盘提供三副本存储策略，保证数据在任一副本出现故障时快速进行迁移和恢复。调查平台服务器做好了安全策略，拒绝外来的恶意攻击、保障系统正常运行，同时关闭了系统中不使用的服务功能以及相关端口。调查平台服务器上安装了最新版本的防病毒软件，对计算机病毒等有相应的防范措施，防止有害信息对系统进行干扰和破坏。

调查平台系统中的 Ngnix 保存长时间的系统访问日志，记录 IP 等相关信息。调查实施期间，技术支持单位每天对数据进行了全量备份，并且同步到其他本地服务器，实现物理备份；如果服务的系统出现异常，可以快速切换至其他服务器进行服务，减少损失，待服务器恢复之后再进行数据整合。

附录三：

第五次中国城乡老年人生活状况抽样调查抽样方案

一、设计原则、目标与思路

1. 抽样原则

第五次调查设计遵循信息利用、一般性和重点性结合、科学性、重点城市全覆盖和精度费用平衡的原则。

信息利用原则。在进行本次核查评估之前，已有许多已知的先验信息，例如各地区的老年人口的数量及密度，哪些地区经济发展水平差异较大且老年人生活水平有明显差异等，在抽样过程中，尤其是使用非随机抽样时，利用这些先验信息可以进一步保证抽样的科学性和结果的准确性。同样，在正式调查之前进行指标体系调研可以进一步收集先验信息，了解实际情况。

一般性和重点性相结合原则。本次抽样建立在一般性的随机抽样基础上，在具体抽样过程中将利用外界辅助信息，对随机抽样的基本数量进行修正，例如对区县较多、人口密度较大且经济发展水平不均衡的区域可多抽，在基础样本上进行样本补充，做到重点关注，加大重点区域的入样概率，使得在问卷调查执行中更具效率。

抽样科学性原则。本次抽样将利用多阶段分层抽样方法，使得抽样在整体和部分上均有充足的代表性，同时对不同区域才采用不同的抽样方法，如对方差较大的城市进行更多的样本覆盖，对方差较小的农村进行较少的样本覆盖，同时结合各区县人口城镇化率的指标进行抽样设计，使得样本城乡比既符合各地人口特征又具有充足城乡代表性。此外，对具有对经济发展水平较高且较为均衡区域的抽样与经济发展水平较低且不均衡区域的抽样可有所差异，使得抽样设计因地制宜，保证最大效率和质量。

重点城市全面覆盖原则。本次抽样确保了样本在各重点城市全覆盖，重点城市包含直辖市、国家计划单列市、各省省会、一线城市及新一线城市。重点城市全覆盖原则为分析我国各省内发达地区老龄事业的发展现状和趋势，预测我国老龄事业的未来发展方向打下了数据基础。同时，本次抽样还确保了各省内的二线城市、三线城市、四线城市、五线城市和五线以外的其他城市，每一层级均有样本覆盖。这对分析和对比中国老年人在不同经济发展阶段和水平的生活状况具有重要意义。

精度和费用相平衡结合。本次抽样设计设定置信度为99%，概率度 t 为 2.58，相对允许误差为5%，基于各省老年人自评健康比进行样本测算，后依据各省老年人口规模进行调整，从科学角度保证抽样精度。与此同时，本次抽样还保证对抽样成本的控制，把抽样精度与费用预算相结合，确保整体抽样设计的效率最大化。

2. 抽样目标

第五次调查设计目标是样本具有全国代表性和省级代表性，此外，尽力做到城乡代表性、不同年龄组代表性以及不同性别代表性。课题组在确保样本满足抽样目标的同时，充分考虑样本分布维度的广泛性，使得后期数据的分析具有丰富的数据支撑，为更全面的研究我国老龄事业的现状及发展方向奠定坚实的基础。因此，课题组充分考虑区域发展差异，力求样本在不同城市、不同区县做到分布的均衡性、合理性：第一是要确保样本在所有重点城市都有覆盖；第二是要确保样本在各省内不同发展水平的区域中均有覆盖。按照全国、分城乡老年人生活状况主要指标有代表性的原则设计并选取样本。全国样本保证除了台湾地区、香港与澳门特别行政区以外的全国内地地区具有充分而有效的代表性，兼顾区域代表性。

3. 抽样思路

第五次调查总体设计思路是，按照“分层、多阶段 PPS、最后阶段等概率”近似自加权样本抽样设计。这种方法有完整的理论论证和效率评估文献查证，目前被广泛应用于大型抽样调查。

二、分城乡设计

考虑我国城乡二元社会经济结构现状，第五次调查采用城乡设计，以居委会所在地域代表城市，以村委会所在地域代表农村。按照国家统计局关于统计上划分城乡的规定，居委会指社区（乡镇政府所在地的城关镇）、村委会指乡镇以下村委会。

三、全国总样本量设定

足够的样本规模是确保调查代表性与数据精度的基本前提。方案在全国一共计划抽取 12.76 万位老年人。抽样技术论证过程如下：

1. 样本计算思路

以第四次中国城乡老年人生活状况抽样调查数据获得的“自评老年人健康占比”为核心指标，在置信度为 99%，概率度 t 为 2.58，相对允许误差 3.75%，推算简单随机抽样条件下各省基础样本量。

考虑到复杂抽样带来的设计效应，因此对各省基础样本进行再次扩大。

考虑到在调查中的人户分离、人口流动、死亡、访问不到等情况造成的无法回答情况，预估无法回答比例，对各省的样本量的再次扩大。

考虑到部分省市在区域分布上的代表性和均衡性，以及人口密度上的特征等，从全国层面进行整体调整。利用全国层面的“自评老年人健康占比”，通过总体比例估计法得到全国样本量并依照各省老年人口规模进行样本比例分配，与步骤三中得到的各省样本量进行对比，对各省样本量及拟抽区县数进行微调，取较大者作为各省最终样本量。

新疆生产建设兵团进行单独抽样。

2. 各省样本量初步计算

在各省样本量的计算中，设计效应采用方案的综合设计效应 2.34，无回答比例为 5%，由于省内不用考虑后期的各种分组，因此不使用“开柔法”进行样本扩大，设定置信度为 99%，概率度 t 为 2.58，相对允许误差为 5%，各省具体的计算情况如下所示：

表1 各省老年人计算

省、市、自治区	老年人自评健康比例	老年人基础数量	设计效应扩大	无回答扩大
安徽省	72.40%	1015	2375	2500
北京市	88.90%	332	778	819
福建省	83.20%	538	1258	1324
甘肃省	60.50%	1738	4068	4282
广东省	83.30%	534	1249	1315
广西壮族自治区	73.00%	985	2304	2426
贵州省	73.10%	980	2293	2413
海南省	62.30%	1611	3770	3969
河北省	73.00%	985	2304	2426
河南省	70.30%	1125	2632	2771
黑龙江省	78.50%	729	1706	1796
湖北省	74.30%	921	2155	2268
湖南省	71.80%	1046	2447	2576
吉林省	71.30%	1072	2508	2640
江苏省	84.90%	474	1108	1166
江西省	74.60%	907	2121	2233
辽宁省	78.20%	742	1737	1828
内蒙古自治区	69.40%	1174	2747	2892
宁夏回族自治区	74.00%	935	2189	2304
青海省	77.40%	777	1819	1915
山东省	81.10%	620	1452	1528
山西省	74.70%	902	2110	2221
陕西省	78.00%	751	1757	1850
上海市	87.00%	398	931	980
四川省	72.30%	1020	2387	2513
天津市	86.40%	419	981	1032
西藏自治区	77.00%	795	1861	1959
新疆维吾尔自治区	74.90%	892	2088	2198
云南省	68.50%	1224	2865	3016
浙江省	82.20%	577	1349	1420
重庆市	72.60%	1005	2351	2475
总计	75.73%	27223	63703	67055

由上表可知，在满足特定的抽样目标下，各省、市、自治区样本量的总和最终为67055。

3. 各省样本量调整

首先依据全国老年人自评健康比得到全国样本量估算值，其次根据各省老年人口规模进行样本比例分配，得到全国样本量在各省的比例分配量，之后取二者中较大者确定为各省样本量调整结果，最后根据实际抽样结果进行最终样本量确定。

由第四次中国城乡老年人生活状况抽样调查数据可知，全国“老年人自评健康比例”为75.73%，置信度为99%，概率度t为2.58，相对允许误差3.75%（因为全国样本计算是整体设计，因此样本的精度比上一步中各省单独计算时要求更高），即绝对允许误差为75.73%×3.75%=2.84%，相对允许误差根据中国家庭金融调查数据和第四次中国城乡老年人生活状况抽样调查数据的“老年人自评健康比例”离均值的相对误差设置，设计效应采用方案三的综合设计效应为2.34，考虑到进行城乡、省级（31个省（市）、自治区）、性别、年龄分组（划分为60-64、65-69、70-74、75-79、80-84、85-89、90岁及以上）分析，样本你利用开柔法扩大的倍数为 $\sqrt{2 \times 31 \times 2 \times 7} \approx 29.46$，无回答比例设定为5%（由于疫情原因，各地政府对于人口的摸排较之往年有所增强，因此无回答比例较之第四次调查的7%可下降），因此全国样本总量估算的计算如下所示：

$$\frac{2.58^2 \times 75.73\% \times (1 - 75.73\%)}{(3.75\% \times 75.73\%)^2} \times 2.34 \times 29.46 \times \frac{100}{95} \approx 110079$$

对全国估算样本量按照各省老年人规模进行分配，与表1中的结果对比得到：

表2　综合样本调整

省、市、自治区	各省老年人占比	（1）中各省样本量	（2）中各省按比例分配量	样本量调整	最终实际抽取样本量
安徽省	4.86%	2500	5353	5353	5200
北京市	1.42%	819	1560	1560	2000
福建省	2.39%	1324	2626	2626	2800
甘肃省	1.76%	4282	1933	4282	4400
广东省	5.63%	1315	6196	6196	6000
广西壮族自治区	3.24%	2426	3563	3563	3600
贵州省	2.43%	2413	2674	2674	2800
海南省	0.53%	3969	586	3969	4000
河北省	5.47%	2426	6024	6024	6000
河南省	6.83%	2771	7514	7514	7600
黑龙江省	2.94%	1796	3239	3239	3600
湖北省	4.45%	2268	4893	4893	4800
湖南省	5.27%	2576	5799	5799	5600
吉林省	2.18%	2640	2398	2640	2800

续表

省、市、自治区	各省老年人占比	（1）中各省样本量	（2）中各省按比例分配量	样本量调整	最终实际抽取样本量
江苏省	6.96%	1166	7666	7666	7600
江西省	2.86%	2233	3149	3149	3200
辽宁省	3.97%	1828	4371	4371	4400
内蒙古自治区	1.68%	2892	1853	2892	2800
宁夏回族自治区	0.34%	2304	378	2304	2400
青海省	0.29%	1915	322	1915	2000
山东省	8.03%	1528	8841	8841	8800
山西省	2.39%	2221	2626	2626	2800
陕西省	2.73%	1850	3009	3009	3200
上海市	2.01%	980	2211	2211	2400
四川省	7.27%	2513	8006	8006	8000
天津市	1.01%	1032	1108	1108	2000
西藏自治区	0.13%	1959	138	1959	2000
新疆维吾尔自治区	1.14%	2198	1258	2198	2000
云南省	2.80%	3016	3079	3079	3200
浙江省	4.21%	1420	4640	4640	4800
重庆市	2.79%	2475	3067	3067	3200
总计	100%	67055	110079	123371	126000

由上表可知，经过最终样本调整，全国（除新疆生产建设兵团）最终样本总量为126000。

4. 新疆生产建设兵团抽样

新疆生产建设兵团由于情况较为特殊，所以单独进行抽样和样本量计算。预计从新疆生产建设兵团14个师、1个兵团直属单位中采用分层PPS抽样共抽取5个师。抽中的每个师下辖的团（农场、牧场、公司）中利用老年人口规模进行PPS抽样，每个师抽取8个团场，每个抽中的调查单元随机抽取40名老年人进行访问。

由上可知，新疆生产建设兵团样本总量为1600。

所以，最终全国的样本量为126000+1600=127600。

四、抽样框编制

1. 目标总体抽样框

本次调查总体为到调查时年满60周岁及以上的、居住在中华人民共和国内（港、澳、台地区除外）境内的社区（村）委会内、具有中国籍的公民。2019年末底，我国60周岁及以上的老年人口25388万人。按照我国老年人口年平均增长率3%推算，到2020年末我国60周岁及以上的老年人口将达到26150万人。通过研究，我们发现历年普查数据显示，老年人口年初死亡水平在32‰左右，与老年人口年平均增长率接近，因此我们可以假定各省市、区（县）老年人口死亡模式不变的条件下，以2010年中国第六次全国人口普查数据中50周岁及以上人口数替代到调查时我国老年人口的总数。

2. 辅助数据抽样框

为体现城乡、区域经济发展水平的差异，本次调查利用2017年各省市、区（县）人均GDP作为分层变量，以2020年国家统计局最新公布的“全国统计用区划代码和城乡划分代码”社区（村）名称清单作为社区抽样框。

五、抽样单元的确定与抽取方法

以区（县）作为抽样设计的初级抽样单元（PSU）已成为国内调查抽样设计的共识。本次抽样共抽中全国31省（自治区、直辖市）中的315个区县、6300个社区（包含村委会和居委会），以及新疆生产建设兵团5个师级单位、40个团场作为初级抽样单元，并从中抽取一定数量的区（县）作为初级抽样单元（PSU）。

1. 抽样单元的确定。

第五次调查的全国基本方案对各阶段抽样单元定为：

第一阶段抽样单元：以区（省会城市、直辖市市辖区和计划单列市，地级市）、县（包括县级市）、新疆生产建设兵团为初级抽样单位（PSU）。

第二阶段抽样单元：以社区（居/村委会）为次级抽样单位。

第三阶段抽样单元：编制社区（居/村民委会）所有60周岁以上老年人名单，随机抽取20位老年人为最终单位。

2. 辅助变量的选择

采用多阶段PPS抽样方法，依次计算各阶段的抽样单元的入选概率，需要选择恰当的辅助变量，第五次调查选取老年人口规模为辅助变量。通过研究，我们发现历年普查数据显示，老年人口年初死亡水平在3.2%左右，与老年人口年平均增长率（3%）接近，我们决定选择与第五次调查时间最近的第六次人口普查（2010年）资料为基础编制调查抽样框，从数据的可靠性、可获性与目标变量高相关性考量，认为选择第六次人口普查省、区（县）、乡镇（街道）、居（村）委会数据中50周岁及以上常住人口数作为辅助变量比较合理。

3. 抽取程序

按照“分层、多阶段PPS、最后阶段等概率”近似自加权样本抽样设计，首先确定各省应抽取的区（县）数，中间各阶段以老年人口规模作为辅助变量采用PPS抽样方法，最后阶段采取简单系统抽样。

第一阶段，抽取区（县）。总样本量按照第六次人口普查各50周岁以上老年人口占全国老年人口的比例分配，在31个省中取一定数量的区（县）。

第二阶段，抽取居委会或村委会。采用与入选区（县）内社区（村）委会随机抽样方法，在入选的区（县）内抽取相同数量居委会或村委会。

第三阶段，抽取老年人。采用简单随机抽样方法，在入选的居委会或村委会编制的老年人名单中随机抽取一定数量的老年人作为调查对象。

六、具体抽样步骤

本次调查抽样采用分层多阶段PPS抽样设计，分三阶段抽样。第一阶段抽取区（县），第二阶段抽取社区（村）委会，第三阶段抽取末端老人。详细的抽样步骤如下。

1. 第一阶段：区（县）抽样

直辖市抽样，我国直辖市共四个，北京、上海、天津、重庆，其抽样步骤如下所示：

根据各直辖市对应区（县）的数量，选择相应的分层标准。

北京共抽取5个区（县），将北京市各区（县）的人均GDP进行排序，分为5层，利用老年人口规模进行PPS抽样，每层抽取一个区（县）；

上海共抽取6个区（县），则按照上海市各区（县）的人均GDP进行排序，分为3层，利用老年人口规模进行PPS抽样，每层抽取2个区（县）；

天津共5个区（县），则按照天津市各区（县）的人均GDP进行排序，分为5层，利用老年人口规模进行PPS抽样，每层抽取1个区（县）；

重庆市共8个区（县），则按照重庆市各区（县）的人均GDP进行排序，分为4层，利用老年人口规模进行PPS抽样，每层抽取2个区（县）。

一般省市抽样：

第一步计算各省省会、计划单列市、新一线城市（一线城市已覆盖）在对应省份老年人口规模占比，根据老年人规模占比分配对应抽取的区（县）个数，若对应区（县）个数不足1的，则必须抽取一个，若区（县）个数大于1的，则根据该城市区（县）GDP进行排序，按照老年人口规模进行PPS抽样，保证其城市抽样差异性的体现。

第二步，对各省其余城市（除去省会、计划单列市、新一线城市）按照城市分类（二线、三线、四线、五线、其他城市）进行划分，按照各线级城市老年人口规模进行剩余区（县）划分。若部分线级城市分配区（县）数量不足1的则补足到1，保证剩余每个线级的城市均有样本分布。之后将每个线级的城市区（县）按照人均GDP进行排序，同时依据该线级分配的抽取区（县）个数，进行分层，在每层按照老年人口规模进行PPS抽样。由于此步骤有补样操作，部分省会的样本量可能会扩大，使总体样本量进一步扩大。

新疆生产建设兵团抽样：

新疆生产建设兵团由于情况较为特殊，所以单独进行抽样和样本量计算。预计从新疆生产建设兵团14个师、1个兵团直属单位中采用分层PPS抽样共抽取5个师。抽中的每个师下辖的团（农场、牧场、公司）中利用老年人口规模进行 PPS 抽样，每个师抽取 8 个团场，每个抽中的调查单元随机抽取 40 名老年人进行访问。

2. 第二阶段：社区（村）委会抽样

第二阶段以第一阶段抽中的所有区（县）所下辖的社区（村）委会为抽样框，以社区（居/村委会）为抽样单元，每个区（县）固定抽取 20 个社区（居/村委会）。社区（村）委会的抽样按照区县的城镇化率进行居委会和村委会的数量分配，确保区县内居委会和村委会抽样比例与城乡人口比例相近。之后在每个代码类型的村居委以社区人口数为抽样的辅助变量进行 PPS 抽样。

3. 第三阶段：末端个人抽样

以第二阶段抽中的所有社区（村）委会，由当地社区（村）提供调查时年满 60 周岁及以上老年人的名单作为末端抽样框，利用简单随机等距抽样的方式，从每个社区（村）抽取 20 位老年人。

七、样本权数问题

为了得到全国目标量的无偏或近似无偏估计，需要利用每个最终样本单元的调查值乘以该单元的权数，因而权数的确定是对目标量进行估计中的一个重要问题。

符号说明：N 表示实际老年人口数量，h 表示省、自治区、直辖市，i 代表省内分类抽到的第 i 个区县、县，j 表示区县内抽到的第 j 个村居委会，k 表示村居委会内抽到的第 k 个人，m 表示调查中实际有效样本单元个数。

（1）初始权数。初始权数为各阶段样本单元入样概率倒数的乘积。由于本次调查数据所限，无法获得各村居委会的老年人口数，故无法计算第二阶段样本单元的入样概率，因此设计权数的计算公式较之一般的多阶段抽样而言有所简化。

第 h 个省、直辖市、自治区或新疆建设兵团的第 i 个区县中抽到的老年人的设计权数公式为：

$$W_{hi} = W_h^1 \times W_{hi}^2 = \frac{N_h}{m_h} \times \frac{N_{hi}}{m_{hi}}$$

（2）无回答调整。在调查中，不可避免地会出现无回答。无回答调整就村居委会层面进行调整，无回答调整得到的权数是各个村居委会拟抽取人数 20 人除以实际调查的人数再乘以设计效应，调整后的权数为：

$$W_{hij}^{adj1} = W_{hij}^{nr} \times W_{hi} = \frac{m_{hij}}{nhij} \times \frac{N_h}{m_h} \times \frac{N_{hi}}{m_{hi}}$$

（3）单独抽样、部分省市因自主扩大样本量还需进行权数调整。

（4）最终权数的确定。最终的权数等于初始权数、主问卷的无回答、样本调整权数的乘积。

八、非抽样误差控制问题

针对非抽样误差的来源，结合国内各大型调查的经验和中国城乡老年人生活状况系列调查的特点，进行非抽样误差控制方案设计。

1. 调查前非抽样误差控制

调查设计阶段非抽样误差的控制主要集中在三个方面：

第一，编制抽样框过程中非抽样误差控制。从内涵和外延上明确界定抽样总体是减少误差的基础，以老年人生活状况调查为例，其内涵可定义为：年满 60 周岁的中国公民。如果以户为单位调查老年人生活情况，抽样框应是有老年人的总体。

第二，调查项目设计中的非抽样误差控制。调查项目是指根据调查主题和目的应该收集资料的范围，是设计问卷的前提。设计调研项目，一是必须涵盖调查主题的所有范围；二是调研项目的含义要明确和具体等。

第三，问卷设计过程中非抽样误差控制。在农村调查中，问卷设计不要过长，否则被访者没有耐心而随便应付；问卷要通俗易懂，不要过于专业，设计问卷事先要了解调查区域农民文化背景、地方语言特点，使设计的问卷易于被访者接受，如“平常是否使用网络”，是什么网络指向不明，可以是电视网络，也可以是电信、计算机等；问卷还应注明选项，否则有的人会把单选填写成多选；要准确定义测量调查对象的尺度，如对社区老年服务工作的满意度，不能仅仅设计为“您对当前社区的老年服务工作是否满意？”这一问句并不能准确测定被调查者对老年服务工作的评价。因为满意度包含了服务内容、服务方式、服务效果等多方面，应该分别测量。

2. 调查中非抽样误差控制

在资料收集阶段，要采取措施杜绝或减少产生非抽样误差的可能性。

第一，认真挑选和培训调查员。根据农村调查特点，精心挑选调查人员，认真组织好对调查员的培训，组织调查员进行实验性调查等，以加强调查员对调查主题和问卷的理解。

第二，多次访问。对没有遇上的被访者，要多次访问，直至找到并取得信息资料。对确实找不到的被访者，可考虑更换，但必须遵循随机原则。

第三，注重交流与沟通。对被访者理解有误的回答，要及时予以纠正、解释，如果是被访者自填，调查者要注意观察其回答的情况，现场给予指导。如某老年人退休前为大型国企正式员工，有 2 个子女，每月支付赡养费，但选择的年收入却明显低于全村/社区平均水平。所以，当涉及敏感问题的调查时，调查者要现场进行核对，及时询问并修正数据资料。

第四，严格审核甄别环节。对访问员搜集回来的调查问卷要进行逻辑和计算审核、鉴别，对不符合情理的问卷要核实其真伪性。

3. 调查后非抽样误差控制

在数据处理过程中，主要把握两个环节，一是科学划分分组组别与频数归类；二是对录入的数据要进行认真检查与审核。

附录四：

第五次中国城乡老年人生活状况抽样调查个人问卷（短表）

表　　号：卫健统 01 表
制定机关：国家卫生健康委
批准机关：国家统计局
批准文号：国统制〔2021〕号
有效期至：2021 年　月

调查问卷编号：□□ □□ □□ □□□ □□□ □□□
省码　县码　乡码　村/居委会码　类型码　随机码

A	基本情况
A1	被访老年人性别：1 男　2 女
A2	被访老年人出生日期：______年______月______日【调查员：根据身份证/户口簿填写】
A3	您属于哪个民族？【调查员根据身份证/户口簿填写】 （调查 APP 软件自动显示 56 个民族列表，调查员从中选择民族名称） 1 汉族　2 少数民族（全称）______
A4	您现在信仰哪个宗教？ 1 不信仰任何宗教　2 佛教　3 道教　4 基督教　5 天主教　6 伊斯兰教 7 其他宗教（请说明）______
A5	您的文化程度： 1 文盲及半文盲　2 小学　3 初中　4 高中/技校/中专　5 大学专科及以上
A6	您现在的婚姻状况： 1 已婚【追问 A601】 A601 您对现在的婚姻状况满意吗？ 1 非常满意　2 比较满意　3 一般　4 比较不满意　5 非常不满意 2 离婚，A602 离婚距今______年了？ 3 丧偶，A603 丧偶距今______年了？ 4 从未结婚
A7	您的政治面貌： 1 群众　2 中共党员　3 民主党派　4 无党派人士
B	家庭成员信息【调查员：我们想了解您的家庭成员信息】
B1	请问现在与您共同居住（同吃同住）的有哪些人？（多选题）【调查员：逐项询问】 □只有自己（一个人独立居住）　□配偶 □父亲______人（含配偶的父亲）　□母亲______人（含配偶的母亲） □儿子______人　□儿媳______人

B1	□女儿______人　　□女婿______人 □孙子女/外孙子女______人　　□保姆（长期居住在家）______人 □其他人（请说明）______ B101 与您共同居住（同吃同住）的一共有______人（包括老年人自己）
	【调查员：如果被访老年人属于无子女的情况，B2-B7 问题跳过不问】
B2	请问您现在有几个子女______？ 其中 B201 ______个儿子，B202 ______个女儿。
B3	您的子女中，在外地（指不在本市/县）有______个人？ 【调查员：如果有子女在外地，追问 B301-B303；如果没有子女在外地，跳问 B4】 如果有子女在外地，那么 B301 ______个儿子，B302 ______个女儿。 B303 他们与您经常联系吗？　1 每天　2 每周　3 每月　4 每年　5 不联系
B4	您在经济上支持子女吗？ 1 有　2 无【跳问 B5】 B401 您是否觉得您的子女存在"啃老"的现象？　1 是　2 否
B5	您愿意和子女长期一起生活吗？　1 愿意　2 不愿意
B6	您现在帮子女做以下事情吗？（多选题）【调查员：逐项询问】 □照看家　□做家务　□照看孙子女/外孙子女　□干农活 □其他情况（请说明）______ □都没有做
B7	【调查员：无子女的，不用询问】 B701　您是不是由子女轮流赡养？　1 是　2 否 B702　您觉得您的子女孝顺吗？　1 孝顺　2 一般　3 不孝顺　4 有的孝顺，有的不孝顺
C	**健康医疗状况【调查员：接下来，我们想了解您的健康医疗状况】**
C1	【调查员：了解被访老年人日常生活习惯，逐项询问】 C101　您抽烟吗？　1 经常　2 偶尔　3 不抽烟 C102 您吃保健品吗？　1 经常　2 偶尔　3 不吃【跳问 C103】 C1021 您去年在保健品上的花费是？ 1 1000 元以下　2 1000-2999 元　3 3000-4999 元　4 5000 元及以上 C103　您有喝酒的习惯吗？　1 从不　2 偶尔　3 经常　4 经常醉酒 C104　您平时的睡眠质量如何？　1 非常好　2 比较好　3 一般　4 比较差　5 非常差 C105　您平时都锻炼身体吗？　1 从不　2 偶尔　3 经常 C106　您的牙齿影响吃饭吗？　1 影响很大　2 有一些影响　3 没有影响
C2	您是否患有下列慢性疾病（经过医院确诊的）吗？（多选题）【调查员：逐项询问】 □白内障　□青光眼　□糖尿病　□高血压 □高血脂　□冠心病　□脑卒中（中风） □慢性气管炎、肺气肿　□哮喘 □胃肠疾病　□慢性肾炎　□颈椎病 □腰椎病　□关节炎　□骨质疏松 □风湿　□癌症　□帕金森病

C3	□阿尔茨海默病（老年痴呆症） □其他慢性病（请说明）______ □都没有【跳问 C4】
C3	【调查员：如果被访老年人患有慢性病】对以上慢性病，现在是否在治疗？ 1 都在治疗　2 部分在治疗　3 均未治疗
C4	调查前两周，您是否生过病？　1 是　2 否【跳问 C5】 C401　最近两周，您到医院或诊所看过几次病？______次
C5	2020 年，您到医院看过病吗？　1 有　2 无【跳问 C9】 C501　2020 年，您到医院看过______次病
C6	平时您主要在哪里看病？【调查员：选最经常去的医疗卫生机构】 1　社区（村）卫生服务中心 2　乡镇/街道卫生院 3　县/市医院 4　其他医疗机构（请说明）______ 5　没有看过病，不清楚
C7	您感觉就医过程方便吗？　1 方便　2 不方便
C8	2020 年，您住院几次？______次（没有填 0）【调查员：如果没有住过院，跳问 C9】 C801 您因为住院自己花了多少医药费？______元【除去已经报销的费用后，自己交的费用】 C8011 其中，您的孩子或他人替您支付了多少医药费？______元
C9	2020 年，您自费购买药物花了多少钱？______元【指不能报销的费用】
C10	您参加了以下哪些医疗保险？（多选题）【调查员：可查看被访老年人的医保卡，也可逐项询问】 □城镇职工基本医疗保险 □城乡居民基本医疗保险 □公费医疗 □商业医疗保险 □其他医疗保险（请说明）______ □都没有
C11	总的来说，您对现在的医疗卫生服务满意吗？ 1 非常满意　2 比较满意　3 一般　4 不太满意　5 非常不满意
C12	现在您觉得自己的健康状况如何？ 1 非常好　2 比较好　3 一般　4 比较差　5 非常差
C13	【仅询问女性老年人】您是否上过环？ 1 是　2 否【跳问 C14】 C1301 如果曾经上过环，如何取出的？ 1 一直未取出　2 自己去医院取出　3 由计生干部通知，在医院取出 4 其他情况（请说明）______ C1302 如果曾经取环，取环的时间在： 1 绝经前　2 绝经后
C14	您平时看病，会选择中医还是西医？ 1 中医　2 西医　3 中西医结合　4 其他（请说明）______

C15	您知道下面两个疾病吗？（多选题）【调查员：逐项询问】 □抑郁症　□阿尔茨海默病（老年痴呆症）　□都不知道【跳问 D1】 C1501 您知道如何防治这两个疾病吗？（多选题）【调查员：逐项询问】 □知道防治抑郁症　□知道防治阿尔茨海默病（老年痴呆症）　□都不知道
D	**照料护理服务状况【调查员：接下来，我们想了解您的照料护理服务状况】**
D1	您在进行下列日常活动中属于哪种情况？　做得了　有些困难　做不了 D101 吃饭　1　2　3 D102 穿衣　1　2　3 D103 上厕所　1　2　3 D104 上下床　1　2　3 D105 在室内走动　1　2　3 D106 洗澡　1　2　3
D2	您是否有失禁情况？（多选题）【调查员：逐项询问】 □大便失禁　□小便失禁　□都没有
D3	您现在使用下列辅具用品吗？（多选题）【调查员：逐项询问】 □老花镜　□助听器　□假牙　□拐杖　□轮椅　□血压计 □血糖仪　□成人纸尿裤/护理垫　□按摩器具　□智能穿戴用品 □护理床　□其他（请说明）______　□都没有
D4	您现在的日常生活需要别人照料吗？　1 需要　2 不需要【跳问 D5】 D401 现在是否有人照料您？　1 有　2 无【跳问 D5】 D4011 其中，经常的照护者是谁？（多选题）【调查员：逐项询问】 □配偶　□儿子　□儿媳 □女儿　□女婿　□孙子女/外孙子女 □其他亲属　□朋友/邻居　□志愿人员 □家政服务人员（保姆，小时工等）【追问 D40111】 D40111 每个月花多少钱？______元/月 □医疗护理机构人员（上门服务） □养老机构人员（上门服务） □其他人（请说明）______ D4012 其中，最主要照护您的人是谁？ 1 配偶　2 儿子　3 儿媳 4 女儿　5 女婿　6 孙子女/外孙子女 7 其他亲属　8 朋友/邻居　9 志愿人员 10 家政服务人员（保姆，小时工等） 11 医疗护理机构人员（上门服务） 12 养老机构人员（上门服务） 13 其他人（请说明）______ D4013 她/他的年龄？______周岁【调查员：不清楚的填 999】 D4014 您被照料多长时间了？______年______月【从开始被照料到现在】
D5	您家里还有其他需要照护的人吗？【需要照护是指需要照看的其他老年人、儿童、残疾人、病人等】 1 有　2 没有【跳问 D6】 D501 她/他是谁？（多选题）【调查员：逐项询问】 □配偶　□儿子　□儿媳　□女儿　□女婿　□孙子女/外孙子女 □其他亲属　□其他人（请说明）______

D5

D502 是您在照护她/他吗？

1 是【跳问 D6】　2 不是

D5021 照护她/他的人是谁？（请说明）______

D6

D601 如果有一天您需要有人照料，您最愿意在哪里接受照料服务？

1 在家里【跳问 D602】

2 白天在社区（村）日间照料中心（站/点）晚上回家【跳问 D602】

3 在养老机构

D6011 如果入住养老机构，每月能承受的最高价格是多少元？

1 1000 元以下　2 1000-1999 元　3 2000-2999 元

4 3000-3999 元　5 4000-4999 元　6 5000-9999 元

7 10000 元及以上

D602 您是否希望在本社区（村）内或附近兴建养老机构？

1 希望　2 不希望　3 无所谓

D7

您现在对以下社区（村）养老服务项目的需要、知晓和利用情况：【调查员：逐项询问】

服务项目	是否需要	是否知晓	本社区是否有	是否用过
D701 助餐服务（老年饭桌/老年食堂）	1 是　2 否	1 是　2 否	1 是　2 否	1 是　2 否
D702 助浴服务	1 是　2 否	1 是　2 否	1 是　2 否	1 是　2 否
D703 上门做家务	1 是　2 否	1 是　2 否	1 是　2 否	1 是　2 否
D704 上门看病	1 是　2 否	1 是　2 否	1 是　2 否	1 是　2 否
D705 日间照料	1 是　2 否	1 是　2 否	1 是　2 否	1 是　2 否
D706 康复护理	1 是　2 否	1 是　2 否	1 是　2 否	1 是　2 否
D707 陪同看病	1 是　2 否	1 是　2 否	1 是　2 否	1 是　2 否
D708 文化娱乐	1 是　2 否	1 是　2 否	1 是　2 否	1 是　2 否
D709 老年辅具用品租赁	1 是　2 否	1 是　2 否	1 是　2 否	1 是　2 否
D7010 健康教育服务	1 是　2 否	1 是　2 否	1 是　2 否	1 是　2 否
D7011 心理咨询/聊天解闷	1 是　2 否	1 是　2 否	1 是　2 否	1 是　2 否
D7012 高龄（独居）巡视探访	1 是　2 否	1 是　2 否	1 是　2 否	1 是　2 否
D7013 家庭养老床位	1 是　2 否	1 是　2 否	1 是　2 否	1 是　2 否

D8

您对所住社区（村）已有的养老服务项目是否满意？

1 满意　2 一般　3 不满意　4 没用过　5 没有相关服务项目【跳问 E1】

D801 您觉得的本社区（村）的养老服务项目存在哪些问题？（多选题）【调查员：逐项询问】

□服务项目少　□服务水平较低

□场地设施条件差　□服务人员少

□服务价格高　□离家远

□缺乏与医疗卫生服务的衔接　□其他原因（请说明）______

□都没有

E　**经济状况【调查员：接下来，我们想了解您个人和家庭的基本经济状况】**

E1

E101 您离退休时的单位：

1 国家机关　2 企业　3 事业单位

4 农村农民（无工作单位）【跳问 E2】

5 城镇居民（无工作单位）【跳问 E2】

E102 您现在是否已经办理了离退休手续？　1 是　2 否【跳问 E2】

E1021 您离退休时的年龄是多少岁？______周岁

E1022 您是否属于提前离退休？　1 是　2 否

E2	您现在还在从事有收入的工作吗（包括兼职、返聘、务农、务工、做生意等）？ 1 是　2 否【跳问 E3】 E201 每月收入多少元？______元
E3	＊（农村）您现在是否从事农林牧副渔等经济活动？ 1 是　2 否【跳问 E4】 E301 2020 年，您从事上述经济活动的纯收入是？______元
E4	您现在是否愿意从事有收入的工作（包括兼职、返聘、务农、务工、做生意等）？ 1 是　2 否
E5	您现在每月有以下固定收入吗？ 【调查员：逐项询问，有则填具体金额，没有则填 0】 E501 离退休费/退休人员基本养老金______元 E502 居民基本养老金（城乡居民基本养老保险基础养老金）______元 E503 职业/企业年金______元　E504 遗属抚恤金______元 E505 商业养老保险金______元　E506 高龄津贴______元 E507 养老服务补贴______元　E508 护理补贴______元 E509 社会救助金（包括最低生活保障金，特困人员救助供养金）______元 E5010 ＊（农村）计划生育家庭奖励扶助金______元（针对农村年满 60 周岁计划生育家庭） E5011 计划生育家庭特殊扶助金______元（针对所有年满 49 周岁以上独生子女死亡或伤残家庭） E5012 其他社会保障收入（请说明）______，______元
E6	2020 年，您和老伴还有以下收入吗？ 【调查员：逐项询问，有则填具体金额，没有则填 0】 E601 房租收入______元 E602 利息收入______元 E603 ＊（农村）土地出租/承包收入______元 E604 原单位福利/集体补贴/分红______元 E605 子女（孙子女/外孙子女）们给的钱（含实物）______元 E606 其他亲戚给的钱（含实物）______元 E607 人情往来收入______元 E608 拆迁收入______万元 E609 其他收入______万元
E7	您现在有下列哪些投资理财活动？（多选题）【调查员：逐项询问】 □国债/债券　□股票　□基金　□外汇　□贵金属 □其他理财产品　□其他（请说明）______ □都没有【跳问 E8】 E701 2020 年，您从这些活动获得的收入是______万元
E8	您有产权属于自己（或老伴）的房子吗？ 1 有　2 没有
E9	您现在居住的住房属于哪种情况？ 1 自有产权　2 子女的房产　3 孙子女/外孙子女的房产　4 租公房 5 租私房　6 借住　7 其他（请说明）______
E10	平均每月，您个人日常生活开支情况：______元（不包括日常用药开支）

E11	您家平均每月食品支出（伙食费）是______元
E12	您认为您家经济状况属于下列哪种情况？ 1 非常宽裕（完全够用，尚有盈余） 2 比较宽裕（足够维持基本生活） 3 基本够用（勉强维持基本生活） 4 比较困难（难以维持基本生活） 5 非常困难（完全靠救济生活）
F	**宜居环境状况【调查员：接下来，我们想了解您的宜居环境状况】**
F1	您现在居住房子的建筑面积共有多少？______平方米 F101 这个房子是什么年代建的？ 1 1949 年前　2 1950 至 1969 年　3 1970 至 1989 年 4 1990 至 1999 年　5 2000 至 2010 年　6 2010 年以后
F2	您觉得现在的住房需要做哪些适老化改造？（多选题）【调查员：逐项询问】 □加装电梯 □楼门坡道改造 □地面改造（防滑处理、高低处理、平整硬化等） □加装扶手/护栏 □门改造（房门拓宽、改推拉门、把手改造等） □如厕洗浴设备改造（蹲便器改坐便器、水龙头改造、淋浴房改造） □厨房设备改造（台面改造等） □物理环境改造（安装自动感应灯具、电源插座及开关改造、安装防撞护角/防撞条） □老年用品配置（轮椅、助行器、助听器、淋浴椅、防压疮垫、防走失手环等） □适老家具配置（换鞋凳、适老椅、电动升降晾衣架等） □加装紧急呼叫设备 □其他（请说明）______ □都不需要
F3	您对现在的住房满意吗？ 1 非常满意　2 比较满意　3 一般　4 比较不满意　5 非常不满意
F4	F401 本社区（村）是否有下列设施，您是否满意？ F4011 指示牌/标识　1 没有　2 有，是否满意？ □ 满意　□ 不满意 F4012 道路照明　1 没有　2 有，是否满意？ □ 满意　□ 不满意 F4013 生活设施　1 没有　2 有，是否满意？ □ 满意　□ 不满意 F4014 无障碍设施　1 没有　2 有，是否满意？ □ 满意　□ 不满意 F4015 公共卫生间　1 没有　2 有，是否满意？ □ 满意□ 不满意 F4016 健身活动场所　1 没有2 有，是否满意？ □ 满意□ 不满意 F402 您对自己所居住社区（村）的感受是否达到以下指标：（多选题）【调查员：逐项询问】 □居住舒适　□环境优美　□设施齐全　□交通便利 □服务完善　□活动便捷　□队伍健全　□和谐安康 □都未达到　□说不好
F5	日常生活中，您与邻居交往状况？ 1 基本不来往　2 偶尔走动　3 关系密切，相互帮助

G	社会参与状况【调查员：接下来，我们想了解您的社会参与状况】
G1	您经常参加以下公益活动吗？（多选题）【调查员：逐项询问】 □维护社区（村）治安　□维护社区（村）卫生环境 □帮助邻里　□关心教育下一代（不包括教育自己孙子女/外孙子女） □科技文化教育活动　□其他动（请说明）______　□都没有
G2	您参加了下列哪些社会团体或组织？（多选题）【调查员：逐项询问】 □社区（村）治安小组　□人民调解委员会 □社会公益组织（志愿/慈善等）　□文体娱乐组织 □婚丧嫁娶/民间文化组织　□专业技术团体或组织 □老年互助组织　□其他组织（请说明）______ □都没有
G3	您参加过下列家族活动吗？（多选题）【调查员：逐项询问】 □家风教育　□祭祖活动　□家族/宗族组织的慈善/公益活动 □家族互助活动　□其他活动（请说明）______　□都没参加
G4	您居住的社区（村）有老年协会吗？ 1 有　2 没有【跳问 G5】　3 不知道【跳问 G5】 G401 您加入了本社区（村）的老年协会了吗？ 1 加入　2 未加入【跳问 G5】 G402 您对本社区（村）的老年协会的活动满意吗？ 1 非常满意　2 比较满意　3 一般　4 比较不满意　5 非常不满意 G403 您希望本社区（村）老年协会多开展哪些活动？（多选题）【调查员：逐项询问】 □文体娱乐活动 □卫生保健讲座 □法律讲座 □老年志愿活动 □困难老人帮扶活动 □其他活动（请说明）______
G5	您是否愿意参加互助养老？　1 是　2 否
G6	您是否关心以下事务？（多选题）【调查员：逐项询问】 □社区（村）选举　□社区（村）事务公开　□社区（村）征求意见 □国家大事　□其他活动（请说明）______ □都不关心
G7	新冠肺炎疫情期间，您是否存在以下情形？ G701 每当接收到疫情相关信息，我的身体会出现心悸、战栗、血压升高、冒冷汗等不适现象 1 从来没有　2 比较少　3 一般　4 比较多　5 非常多 G702 疫情期间我出现了类似失眠、食欲降低等身体功能下降的情况 1 从来没有　2 比较少　3 一般　4 比较多　5 非常多 G703 疫情让我负面情绪（悲观、失望、焦虑及抑郁）增多，情绪波动大 1 从来没有　2 比较少　3 一般　4 比较多　5 非常多 G704 疫情期间我的家人、朋友、亲戚给我很多支持与帮助 1 从来没有　2 比较少　3 一般　4 比较多　5 非常多 G705 相较于疫情暴发前，我养成了更好的卫生习惯（如佩戴口罩、咳嗽捂住口鼻、勤洗手等）

G7	1 从来没有　2 比较少　3 一般　4 比较多　5 非常多 G706 相较于疫情暴发前，我的收入变少了 1 从来没有　2 比较少　3 一般　4 比较多　5 非常多 G707 疫情给就医、购物、出行带来了不便 1 从来没有　2 比较少　3 一般　4 比较多　5 非常多 G708 疫情导致与亲人、朋友团聚少了 1 从来没有　2 比较少　3 一般　4 比较多　5 非常多
H	**维权状况【调查员：接下来，我们想了解您的维权状况】**
H1	您知道我国《老年人权益保障法》吗？　1 知道　2 不知道
H2	您是否办了老年人优待证（卡）？　1 是　2 否
H3	您享受过以下老年人优待吗？（多选题）【调查员：逐项询问】 □普通门诊挂号减免 □公共交通票价减免 □公园门票减免 □旅游景点门票减免 □博物馆、公共图书馆等公共文化场所门票减免 □其他情况（请说明）______ □都没有享受过
H4	今年以来，您家人对您有过下列行为吗？（多选题）【调查员：逐项询问】 □在您要求提供基本生活费时不给您提供 □给您提供的住所条件差　□不给您吃饱/吃得很差 □不给您看病　□在您需要时不照顾您 □侵占您的财产　□长期不来探望/问候/不和您说话 □经常打骂您　*（仅对丧偶、离异老年人）□阻止您再婚 □其他行为（请说明）______　□都没有【跳问 H5】 H401 如果存在以上情况之一，您采取了什么措施解决？（多选题）【调查员：逐项询问】 □自己委屈/忍气吞声　□找亲属/宗族调解 □向居/村委会寻求帮助　□向老年协会求助 □找家人单位调解　□打官司/找司法机关解决 □向媒体反映　□其他（请说明）______
H5	今年以来，您遇到过下列哪些情况？（多选题）【调查员：逐项询问】 □上当受骗　□被抢劫　□被盗 □被打骂/恐吓　□其他（请说明）______ □都没有
H6	您认为您的合法权益是否得到了应有的保障？　1 是　2 否
I	**精神文化生活状况【调查员：接下来，我们想了解您的精神文化生活状况】**
I1	现在，您参加了下列哪些日常休闲活动？（多选题）【调查员：逐项询问】 □看电视/听广播　□读书/看报 □去影院看电影/去戏院听戏　□散步/慢跑 □打太极拳/做保健操　□跳舞（广场舞/扭秧歌等）

I1	□打门球/乒乓球/羽毛球 □打麻将/打牌/下棋等 □种花养草等 □养宠物 □钓鱼/书画/摄影/收藏等 □其他休闲娱乐活动（请说明）______ □都没有
I2	I201 您上网吗？ 1 经常 2 偶尔 3 从不 I202 您会使用智能手机吗？ 1 会 2 不会【跳问 I3】 3 没有智能手机【跳问 I3】 I2021 您会使用智能手机做以下哪些事情？（多选题）【调查员：逐项询问】 □网络聊天（微信、QQ） □使用健康码 □电子支付（微信、支付宝、网银支付） □网上缴费（水、电、燃气、手机话费等） □使用网约车软件 □预约挂号就诊 □看新闻、看视频、看娱乐讯息 □网络购票（火车票、机票等） □使用手机银行 □其他（请说明）______ □都不会
I3	您会使用哪些支付方式？（多选题）【调查员：逐项询问】 □手机支付 □使用线下银行卡（包括信用卡） □使用现金 □其他（请说明）______ □都不会
I4	您参加了老年大学/学校（含远程老年教育及其他学习类活动）吗？ 1 参加了 2 没参加【跳问 I5】 I401 您参加老年大学/学校的方式是哪种？ 1 线上 2 线下 3 都有
I5	2020 年，您出去旅游了吗？ 1 是 2 否【跳问 I6】 I501 去了哪里旅游？（多选题）【调查员：逐项询问】 □本省（自治区、直辖市） □外省（自治区、直辖市） □境外（港澳台地区） □国外 I502 旅游大约花费了多少元？： 1 1000 元以下 2 1000–2999 元 3 3000–4999 元 4 5000–9999 元 5 10000 元及以上
I6	您感到孤独吗？ 1 经常 2 有时 3 从不
I7	以下说法您赞同吗？（多选题）【调查员：逐项询问】 □老年人应该发挥余热，参与社会发展 □老年人就应该享受生活，得到家庭和社会供养 □老年人是家庭的负担 □老年人是社会的负担 □老年人是国家和社会的宝贵财富 □老年人应该自强自立
I8	总体而言，您觉得现在的生活幸福吗？ 1 非常幸福 2 比较幸福 3 一般 4 比较不幸福 5 非常不幸福

<table>
<tr><th>J</th><th>调查员后记【调查结束后，请调查员依据本次调查情况继续填写下面问题】</th></tr>
<tr><td>J1</td><td>老人现在居住的房屋属于哪种类型？
1 楼房
2 平房【跳问 J2】
3 土坯房【跳问 J2】
4 其他类型（请说明）______【跳问 J2】
J101 如果是楼房，被访老年人住几层？______层【如果是地下室，写负（-）层】
J102 如果是楼房，是否有电梯？　1 有　2 没有
J103 如果是楼房，是否有无障碍过道？　1 有　2 没有</td></tr>
<tr><td>J2</td><td>在整个调查过程中，是否有其他人代答问题？
1 是　2 否【跳问 J3】
J201 如果有其他人代答，那么代答人（与被访老年人的关系）是：
1 配偶　2 子女　3 孙子女/外孙子女　4 其他人（请说明）______
J202 代答原因：（多选题）【调查员：逐项询问】
□因聋哑无法回答　□因痴呆无法回答　□回答不清
□听觉障碍　□语言障碍　□其他原因（请说明）______</td></tr>
<tr><td>J3</td><td>对被访老年人的健康判断：
1 非常健康，头脑灵活，精力充沛，可正常工作或打理家务
2 比较健康，体力精力有所减退，可协助工作或帮衬家务
3 一般，有慢性疾病，易疲倦或乏力，基本可自理
4 比较不健康，反应迟缓，有时需要陪伴或陪同上医院
5 非常不健康，卧床或痴呆，需要照护</td></tr>
<tr><td>J4</td><td>被访老年人是否是残疾人？　1 是　2 否</td></tr>
</table>

（调查到此结束！）

调查员签名：______________________　电话：______________　日期：2021 年______月______日

乡镇（街道）督导员签名：__________　电话：______________　日期：2021 年______月______日

县（区）督导员签名：______________　电话：______________　日期：2021 年______月______日

附录五：

第五次中国城乡老年人生活状况抽样调查个人问卷
（长表）

表　　号：卫健统 02 表
制定机关：国家卫生健康委
批准机关：国家统计局
批准文号：国统制〔2021〕号
有效期至：2021 年　月

调查问卷编号：□□　□□　□□　□□□　□□□　□□□
省码　县码　乡码　村/居委会码　类型码　随机码

A	基本情况
A1	被访老年人性别：1 男　2 女
A2	被访老年人出生日期：______年______月______日【调查员：根据身份证/户口簿填写】
A3	您属于哪个民族？【调查员根据身份证/户口簿填写】 （调查 APP 软件自动显示 56 个民族列表，调查员从中选择民族名称） 1 汉族　2 少数民族（全称）______
A4	您现在信仰哪个宗教？ 1 不信仰任何宗教　2 佛教　3 道教　4 伊斯兰教　5 天主教　6 基督教 7 其他宗教（请说明）______
A5	您的文化程度： 1 文盲及半文盲　2 小学　3 初中　4 高中/技校/中专　5 大学专科及以上
A6	您现在的婚姻状况： 1 已婚【追问 A601】 　A601 您对现在的婚姻状况满意吗？ 　1 非常满意　2 比较满意　3 一般　4 比较不满意　5 非常不满意 2 离婚，A602 离婚距今______年了？ 3 丧偶，A603 丧偶距今______年了？ 4 从未结婚
A7	您的政治面貌： 1 群众　2 中共党员　3 民主党派　4 无党派人士
B	**家庭成员信息【调查员：我们想了解您的家庭成员信息】**
B1	请问现在与您共同居住（同吃同住）的有哪些人？（多选题）【调查员：逐项询问】 □只有自己（一个人独立居住）　□配偶 □父亲______人（含配偶的父亲）　□母亲______人（含配偶的母亲） □儿子______人　□儿媳______人

B1	□女儿______人　　□女婿______人 □孙子女/外孙子女______人　　□保姆（长期居住在家）______人 □其他人（请说明）______ B101 与您共同居住（同吃同住）的一共有______人（包括老年人自己）
	【调查员：如果被访老年人属于无子女的情况，B2-B7 问题跳过不问】
B2	请问您现在有几个子女______？ 其中 B201 ______个儿子，B202 ______个女儿。
B3	您的子女中，在外地（指不在本市/县）有______个人？ 【调查员：如果有子女在外地，追问 B301-B303；如果没有子女在外地，跳问 B4】 如果有子女在外地，那么 B301 ______个儿子，B302 ______个女儿。 B303 他们与您经常联系吗？　1 每天　2 每周　3 每月　4 每年　5 不联系【跳问 B4】 B304 联系方式主要是： □ 打电话　□ 回家探亲　□ 微信或短信　□ 其他方式（请说明）______
B4	您在经济上支持子女吗？ 1 有　2 无【跳问 B5】 B401 您是否觉得您的子女存在“啃老”的现象？　1 是　2 否
B5	您愿意和子女长期一起生活吗？　1 愿意【跳问 B6】　2 不愿意 B501 不愿意的主要原因是： 1 怕在一起生活不方便　2 我们要享受退休生活　3 其他原因（请说明）______
B6	您现在帮子女做以下事情吗？（多选题）【调查员：逐项询问】 □照看家　□做家务　□照看孙子女/外孙子女　□干农活 □其他情况（请说明）______ □都没有做
B7	【调查员：无子女的，不用询问】 B701　您是不是由子女轮流赡养？　1 是　2 否 B702　您觉得您的子女孝顺吗？　1 孝顺　2 一般　3 不孝顺　4 有的孝顺，有的不孝顺
B8	今年以来，您家发生了哪些重大事件？（多选题）【调查员：逐项询问】 □子女失业　□子女离异　□纠纷/官司 □亲人大病　□亲人去世 □其他（请说明）______ □都没有
B9	B901 您每个月至少见一次面或能联系的亲属有几人？ 1 0人　2 1人　3 2人　4 3-4人　5 5-8人　6 9人及以上 B902 您能放心地与其谈论心里话的亲属有几人？ 1 0人　2 1人　3 2人　4 3-4人　5 5-8人　6 9人及以上 B903 您需要时，能帮上忙的亲属有几人？ 1 0人　2 1人　3 2人　4 3-4人　5 5-8人　6 9人及以上 B904 您每个月至少见一次面或能联系的朋友有几人？ 1 0人　2 1人　3 2人　4 3-4人　5 5-8人　6 9人及以上 B905 您能放心地与其谈论心里话的朋友有几人？ 1 0人　2 1人　3 2人　4 3-4人　5 5-8人　6 9人及以上

B9	B906 您需要时，能帮上忙的朋友有几人？ 1 0人　2 1人　3 2人　4 3-4人　5 5-8人　6 9人及以上
C	**健康医疗状况【调查员：接下来，我们想了解您的健康医疗状况】**
C1	【调查员：了解被访老年人日常生活习惯，逐项询问】 C101　您抽烟吗？　1 经常　2 偶尔　3 不抽烟 C102 您吃保健品吗？　1 经常　2 偶尔　3 不吃【跳问 C103】 C1021 您去年在保健品上的花费是？ 1 1000 元以下　2 1000-2999 元　3 3000-4999 元　4 5000 元及以上 C103　您有喝酒的习惯吗？　1 从不　2 偶尔　3 经常　4 经常醉酒 C104　您平时的睡眠质量如何？　1 非常好　2 比较好　3 一般　4 比较差　5 非常差 C105　您平时都锻炼身体吗？　1 从不　2 偶尔　3 经常 C106　您的牙齿影响吃饭吗？　1 影响很大　2 有一些影响　3 没有影响
C2	您是否患有下列慢性疾病（经过医院确诊的）吗？（多选题）【调查员：逐项询问】 □白内障　□青光眼　□糖尿病　□高血压　□高血脂 □冠心病【追问 C201】 C201 是否发生过心肌梗死？　1 是　2 否 □脑卒中（中风）【追问 C202】 C202 是否有肢体无力、言语不清、感觉障碍等后遗症？　1 是　2 否 □慢性气管炎、肺气肿　□哮喘 □胃肠疾病　□慢性肾炎　□颈椎病 □腰椎病　□关节炎　□骨质疏松 □风湿　□癌症　□帕金森病 □阿尔茨海默病（老年痴呆症） □其他慢性病（请说明）______ □都没有【跳问 C4】
C3	【调查员：如果被访老年人患有慢性病】对以上慢性病，现在是否在治疗？ 1 都在治疗【跳问 C4】　2 部分在治疗　3 均未治疗 C301 未治疗原因是什么？（多选题）【调查员：逐项询问】 □基本上不影响日常生活 □治疗无效 □就医麻烦 □治疗费用太高 □其他原因（请说明）______
C4	调查前两周，您是否生过病？　1 是　2 否【跳问 C5】 C401 最近两周，您到医院或诊所看过几次病？______次 C402 您这次生病属于哪种情况？ 1 两周内新发生 2 急性病两周前开始发病延续到两周内 3 慢性病两周前开始发病延续到两周内
C5	2020 年，您到医院看过病吗？　1 有　2 无【跳问 C9】 C501　2020 年，您到医院看过______次病

C6	平时您主要在哪里看病？【调查员：选最经常去的医疗卫生机构】 1 社区（村）卫生服务中心 2 乡镇/街道卫生院 3 县/市医院 4 其他医疗机构（请说明）______ 5 没有看过病，不清楚 C601 您到距离最近的医疗机构需要多久到达？______分钟
C7	您感觉就医过程方便吗？ 1 方便【跳问 C8】 2 不方便 C701 您就医不方便的原因是哪些？（多选题）【调查员：逐项询问】 □排队时间太长 □手续烦琐 □无障碍设施不健全 □不能及时住院 □服务态度不好 □收费太高 □医院太远 □其他（请说明）______
C8	2020 年，您住院几次？______次（没有填 0）【调查员：如果没有住过院，跳问 C9】 C801 您因为住院自己花了多少医药费？______元【除去已经报销的费用后，自己交的费用】 C8011 其中，您的孩子或他人替您支付了多少医药费？______元
C9	2020 年，您自费购买药物花了多少钱？______元【指不能报销的费用】
C10	您参加了以下哪些医疗保险？（多选题）【调查员：可查看被访老年人的医保卡，也可逐项询问】 □城镇职工基本医疗保险 □城乡居民基本医疗保险 □公费医疗 □商业医疗保险 □其他医疗保险（请说明）______ □都没有
C11	总的来说，您对现在的医疗卫生服务满意吗？ 1 非常满意 2 比较满意 3 一般 4 不太满意 5 非常不满意
C12	现在您觉得自己的健康状况如何？ 1 非常好 2 比较好 3 一般 4 比较差 5 非常差
C13	【仅询问女性老年人】您是否上过环？ 1 是 2 否【跳问 C14】 C1301 如果曾经上过环，如何取出的？ 1 一直未取出 2 自己去医院取出 3 由计生干部通知，在医院取出 4 其他情况（请说明）______ C1302 如果曾经取环，取环的时间在： 1 绝经前 2 绝经后
C14	您平时看病，会选择中医还是西医？ 1 中医 2 西医 3 中西医结合 4 其他（请说明）______
C15	您知道下面两个疾病吗？（多选题）【调查员：逐项询问】 □抑郁症 □阿尔茨海默病（老年痴呆症） □都不知道【跳问 D1】 C1501 您知道如何防治这两个疾病吗？（多选题）【调查员：逐项询问】 □知道防治抑郁症 □知道防治阿尔茨海默病（老年痴呆症） □都不知道

<table>
<tr><th>D</th><th>照料护理服务状况【调查员：接下来，我们想了解您的照料护理服务状况】</th></tr>
<tr><td>D1</td><td>
您在进行下列日常活动中属于哪种情况？ 做得了 有些困难 做不了
D101 吃饭 1 2 3
D102 穿衣 1 2 3
D103 上厕所 1 2 3
D104 上下床 1 2 3
D105 在室内走动 1 2 3
D106 洗澡 1 2 3
D107 做饭 1 2 3
D108 洗衣 1 2 3
D109 扫地 1 2 3
D110 日常购物 1 2 3
D111 上下楼梯 1 2 3
D112 乘坐公交车 1 2 3
D113 提起 10 斤重物 1 2 3
D114 打电话 1 2 3
D115 管理个人财务 1 2 3
</td></tr>
<tr><td>D2</td><td>
您是否有失禁情况？（多选题）【调查员：逐项询问】
□大便失禁 □小便失禁 □都没有
</td></tr>
<tr><td>D3</td><td>
您现在使用下列辅具用品吗？（多选题）【调查员：逐项询问】
□老花镜 □助听器 □假牙 □拐杖 □轮椅 □血压计
□血糖仪 □成人纸尿裤/护理垫 □按摩器具 □智能穿戴用品
□护理床 □其他（请说明）______ □都没有
</td></tr>
<tr><td>D4</td><td>
您现在的日常生活需要别人照料吗？ 1 需要 2 不需要【跳问 D5】
D401 现在是否有人照料您？ 1 有 2 无【跳问 D5】
D4011 其中，经常的照护者是谁？（多选题）【调查员：逐项询问】
□配偶 □儿子 □儿媳
□女儿 □女婿 □孙子女/外孙子女
□其他亲属 □朋友/邻居 □志愿人员
□家政服务人员（保姆，小时工等）【追问 D40111】
D40111 每个月花多少钱？______元/月
□医疗护理机构人员（上门服务）
□养老机构人员（上门服务）
□其他人（请说明）______
D4012 其中，最主要照护您的人是谁？
1 配偶 2 儿子 3 儿媳
4 女儿 5 女婿 6 孙子女/外孙子女
7 其他亲属 8 朋友/邻居 9 志愿人员
10 家政服务人员（保姆，小时工等）
11 医疗护理机构人员（上门服务）
12 养老机构人员（上门服务）
13 其他人（请说明）______
D4013 她/他的年龄？______周岁【调查员：不清楚的填 999】
D4014 您被照料多长时间了？______年______月【从开始被照料到现在】
</td></tr>
</table>

D5	您家里还有其他需要照护的人吗？【需要照护是指需要照看的其他老年人、儿童、残疾人、病人等】 1 有　2 没有【跳问 D6】 D501 她/他是谁？（多选题）【调查员：逐项询问】 □配偶　□儿子　□儿媳　□女儿　□女婿　□孙子女/外孙子女 □其他亲属　□其他人（请说明）______ D502 是您在照护她/他吗？ 1 是【跳问 D6】　2 不是 D5021 照护她/他的人是谁？（请说明）______
D6	D601 如果有一天您需要有人照料，您最愿意在哪里接受照料服务？ 1 在家里【跳问 D602】 2 白天在社区（村）日间照料中心（站/点）晚上回家【跳问 D602】 3 在养老机构 D6011 如果入住养老机构，每月能承受的最高价格是多少元？ 1 1000 元以下　2 1000-1999 元　3 2000-2999 元 4 3000-3999 元　5 4000-4999 元　6 5000-9999 元 7 10000 元及以上 D602 您是否希望在本社区（村）内或附近兴建养老机构？ 1 希望　2 不希望　3 无所谓
D7	您现在对以下社区（村）养老服务项目的需要、知晓和利用情况：【调查员：逐项询问】

服务项目	是否需要	是否知晓	本社区是否有	是否用过
D701 助餐服务（老年饭桌/老年食堂）	1 是　2 否	1 是　2 否	1 是　2 否	1 是　2 否
D702 助浴服务	1 是　2 否	1 是　2 否	1 是　2 否	1 是　2 否
D703 上门做家务	1 是　2 否	1 是　2 否	1 是　2 否	1 是　2 否
D704 上门看病	1 是　2 否	1 是　2 否	1 是　2 否	1 是　2 否
D705 日间照料	1 是　2 否	1 是　2 否	1 是　2 否	1 是　2 否
D706 康复护理	1 是　2 否	1 是　2 否	1 是　2 否	1 是　2 否
D707 陪同看病	1 是　2 否	1 是　2 否	1 是　2 否	1 是　2 否
D708 文化娱乐	1 是　2 否	1 是　2 否	1 是　2 否	1 是　2 否
D709 老年辅具用品租赁	1 是　2 否	1 是　2 否	1 是　2 否	1 是　2 否
D7010 健康教育服务	1 是　2 否	1 是　2 否	1 是　2 否	1 是　2 否
D7011 心理咨询/聊天解闷	1 是　2 否	1 是　2 否	1 是　2 否	1 是　2 否
D7012 高龄（独居）巡视探访	1 是　2 否	1 是　2 否	1 是　2 否	1 是　2 否
D7013 家庭养老床位	1 是　2 否	1 是　2 否	1 是　2 否	1 是　2 否

D8	您对所住社区（村）已有的养老服务项目是否满意？ 1 满意　2 一般　3 不满意　4 没用过　5 没有相关服务项目【跳问 E1】 D801 您觉得的本社区（村）的养老服务项目存在哪些问题？（多选题）【调查员：逐项询问】 □服务项目少　□服务水平较低 □场地设施条件差　□服务人员少 □服务价格高　□离家远 □缺乏与医疗卫生服务的衔接　□其他原因（请说明）______ □都没有
E	**经济状况【调查员：接下来，我们想了解您个人和家庭的基本经济状况】**
E1	E101 您离退休时的单位： 1 国家机关　2 企业　3 事业单位

E1	4 农村农民（无工作单位）【跳问 E2】 5 城镇居民（无工作单位）【跳问 E2】 E102 您现在是否已经办理了离退休手续？　1 是　2 否【跳问 E2】 E1021 您离退休时的年龄是多少岁？______周岁 E1022 您是否属于提前离退休？　1 是　2 否
E2	您现在还在从事有收入的工作吗（包括兼职、返聘、务农、务工、做生意等）？ 1 是　2 否【跳问 E3】 E201 每月收入多少元？______元 E202 获得这份工作的途径？ 1 个人关系　2 单位返聘　3 市场招聘　4 政府帮助　5 自己创业　6 其他
E3	＊（农村）您现在是否从事农林牧副渔等经济活动？ 1 是　2 否【跳问 E4】 E301 2020 年，您从事上述经济活动的纯收入是？______元
E4	您现在是否愿意从事有收入的工作（包括兼职、返聘、务农、务工、做生意等）？ 1 是　2 否
E5	您现在每月有以下固定收入吗？ 【调查员：逐项询问，有则填具体金额，没有则填 0】 E501 离退休费/退休人员基本养老金______元 E502 居民基本养老金（城乡居民基本养老保险基础养老金）______元 E503 职业/企业年金______元　　E504 遗属抚恤金______元 E505 商业养老保险金______元　　E506 高龄津贴______元 E507 养老服务补贴______元　　E508 护理补贴______元 E509 社会救助金（包括最低生活保障金，特困人员救助供养金）______元 E5010 ＊（农村）计划生育家庭奖励扶助金______元（针对农村年满 60 周岁计划生育家庭） E5011 计划生育家庭特殊扶助金______元（针对所有年满 49 周岁以上独生子女死亡或伤残家庭） E5012 其他社会保障收入（请说明）______，______元
E6	2020 年，您和老伴还有以下收入吗？ 【调查员：逐项询问，有则填具体金额，没有则填 0】 E601 房租收入______元 E602 利息收入______元 E603 ＊（农村）土地出租/承包收入______元 E604 原单位福利/集体补贴/分红______元 E605 子女（孙子女/外孙子女）们给的钱（含实物）______元 E606 其他亲戚给的钱（含实物）______元 E607 人情往来收入______元 E608 拆迁收入______万元 E609 其他收入______万元
E7	您现在有下列哪些投资理财活动？（多选题）【调查员：逐项询问】 □国债/债券　□股票　□基金　□外汇　□贵金属 □其他理财产品 □其他（请说明）______ □都没有【跳问 E8】 E701 2020 年，您从这些活动获得的收入是______万元

E8	您有产权属于自己（或老伴）的房子吗？ 1 有　2 没有 E801 一共有几套？______套 E802 现在这些房子大约值多少钱？______万元 E803 如果把房子处理以换取养老金，您愿意吗？ 1 愿意　2 不愿意【跳问 E9】 E8031 您愿意以哪种方式处理？（多选题）【调查员：逐项询问】 □出售　□出租　□抵押　□其他方式（请说明）______
E9	您现在居住的住房属于哪种情况？ 1 自有产权　2 子女的房产　3 孙子女/外孙子女的房产　4 租公房 5 租私房　6 借住　7 其他（请说明）______
E10	E1001 平均每月，您个人日常生活开支情况：【调查员：逐项询问，无则填 0】 E10011 个人用品类支出（包括烟酒、化妆品、洗漱用品等）______元 E10012 交通支出______元 E10013 通讯支出______元 E10014 雇用保姆/钟点工/护工支出______元 E10015 卫生保健支出（美容美发、保健品、按摩等）______元 E10016 文体娱乐支出（看电影、订书报等）______元 E1002 2020 年，您个人下列开支情况：【调查员：逐项询问，无则填 0】 E10021 衣装鞋帽类支出______元 E10022 旅游支出______元 E10023 给子女/孙子女/外孙子女______元 E10024 购买辅助器具（镶牙、轮椅、助听器等）______元 E1003 2020 年，您和老伴以下支出情况：【调查员：逐项询问，无则填 0】 E10031 房租______元 E10032 取暖费______元 E10033 物业费______元 E10034 人情往来支出______元 E10035 购房/装修______万元 E10036 购买家具家电______元 E10037 购买车辆______万元 E10038 贵重首饰______万元
E11	您家平均每月食品支出（伙食费）是______元
E12	您认为您家经济状况属于下列哪种情况？ 1 非常宽裕（完全够用，尚有盈余） 2 比较宽裕（足够维持基本生活） 3 基本够用（勉强维持基本生活） 4 比较困难（难以维持基本生活） 5 非常困难（完全靠救济生活）
F	**宜居环境状况【调查员：接下来，我们想了解您的宜居环境状况】**
F1	您现在居住房子的建筑面积共有多少？______平方米 F101 这个房子是什么年代建的？

F1	1 1949 年前　　2 1950 至 1969 年　　3 1970 至 1989 年 4 1990 至 1999 年　　5 2000 至 2010 年　　6 2010 年以后 F102 您在本社区住多少年了？ ______年 F103 如果让您搬到生活条件更好的外地（本市以外）住，不考虑其他因素，您愿意去吗？ 1 愿意　2 不愿意　3 说不好
F2	您觉得现在的住房需要做哪些适老化改造？（多选题）【调查员：逐项询问】 □加装电梯 □楼门坡道改造 □地面改造（防滑处理、高低处理、平整硬化等） □加装扶手/护栏 □门改造（房门拓宽、改推拉门、把手改造等） □如厕洗浴设备改造（蹲便器改坐便器、水龙头改造、淋浴房改造） □厨房设备改造（台面改造等） □物理环境改造（安装自动感应灯具、电源插座及开关改造、安装防撞护角/防撞条） □老年用品配置（轮椅、助行器、助听器、淋浴椅、防压疮垫、防走失手环等） □适老家具配置（换鞋凳、适老椅、电动升降晾衣架等） □加装紧急呼叫设备 □其他（请说明）______ □都不需要
F3	您对现在的住房满意吗？ 1 非常满意　2 比较满意　3 一般　4 比较不满意　5 非常不满意 F301 您对这个房子哪些方面不太满意？（多选）【调查员：逐项询问】 □没电梯　□没有无障碍坡道　□面积小　□通风采光不好 □噪音大　□地面滑/有高差　□洗澡不方便　□上厕所不方便 □做饭不方便　□没有紧急呼叫设备　□网络信号不好
F4	F401 本社区（村）是否有下列设施，您是否满意？ F4011 指示牌/标识　1 没有　2 有，是否满意？ □ 满意　□ 不满意 F4012 道路照明　1 没有　2 有，是否满意？ □ 满意　□ 不满意 F4013 生活设施　1 没有　2 有，是否满意？ □ 满意　□ 不满意 F4014 无障碍设施　1 没有　2 有，是否满意？ □ 满意　□ 不满意 F4015 公共卫生间　1 没有　2 有，是否满意？ □ 满意□ 不满意 F4016 健身活动场所　1 没有2 有，是否满意？ □ 满意□ 不满意 F402 您对自己所居住社区（村）的感受是否达到以下指标：（多选题）【调查员：逐项询问】 □居住舒适　□环境优美　□设施齐全　□交通便利 □服务完善　□活动便捷　□队伍健全　□和谐安康 □都未达到　□说不好
F5	日常生活中，您与邻居交往状况？ 1 基本不来往　2 偶尔走动　3 关系密切，相互帮助
G	**社会参与状况【调查员：接下来，我们想了解您的社会参与状况】**
G1	您经常参加以下公益活动吗？（多选题）【调查员：逐项询问】 □维护社区（村）治安　□维护社区（村）卫生环境 □帮助邻里　□关心教育下一代（不包括教育自己孙子女/外孙子女）

G1	□科技文化教育活动　　　□都没有【跳问 G101】 G101 您为什么没参加上述活动呢？（多选题）【调查员：逐项询问】 □不感兴趣 □健康状况不允许 □要工作/务农 □要照料家人 □没人组织（不知道如何参加） □其他原因（请注明）
G2	您参加了下列哪些社会团体或组织？（多选题）【调查员：逐项询问】 □社区（村）治安小组　　□人民调解委员会 □社会公益组织（志愿/慈善等）　　□文体娱乐组织 □婚丧嫁娶/民间文化组织　　□专业技术团体或组织 □老年互助组织　　□其他组织（请说明）______ □都没有
G3	您参加过下列家族活动吗？（多选题）【调查员：逐项询问】 □家风教育　　□祭祖活动　　□家族/宗族组织的慈善/公益活动 □家族互助活动　□其他活动（请说明）______　□都没参加
G4	您居住的社区（村）有老年协会吗？ 1 有　2 没有【跳问 G5】　3 不知道【跳问 G5】 G401 您加入了本社区（村）的老年协会了吗？ 1 加入　2 未加入【跳问 G5】 G402 您对本社区（村）的老年协会的活动满意吗？ 1 非常满意　2 比较满意　3 一般　4 比较不满意　5 非常不满意 G403 您希望本社区（村）老年协会多开展哪些活动？（多选题）【调查员：逐项询问】 □文体娱乐活动 □卫生保健讲座 □法律讲座 □老年志愿活动 □困难老人帮扶活动 □其他活动（请说明）______
G5	您是否愿意参加互助养老？　1 是　2 否
G6	您是否关心以下事务？（多选题）【调查员：逐项询问】 □社区（村）选举　□社区（村）事务公开　□社区（村）征求意见 □国家大事　　□其他活动（请说明）______ □都不关心
G7	新冠肺炎疫情期间，您是否存在以下情形？ G701 每当接收到疫情相关信息，我的身体会出现心悸、战栗、血压升高、冒冷汗等不适现象 1 从来没有　2 比较少　3 一般　4 比较多　5 非常多 G702 疫情期间我出现了类似失眠、食欲降低等身体功能下降的情况 1 从来没有　2 比较少　3 一般　4 比较多　5 非常多 G703 疫情让我负面情绪（悲观、失望、焦虑及抑郁）增多，情绪波动大 1 从来没有　2 比较少　3 一般　4 比较多　5 非常多

G7	G704 疫情期间我的家人、朋友、亲戚给我很多支持与帮助 1 从来没有　2 比较少　3 一般　4 比较多　5 非常多 G705 相较于疫情暴发前，我养成了更好的卫生习惯（如佩戴口罩、咳嗽捂住口鼻、勤洗手等） 1 从来没有　2 比较少　3 一般　4 比较多　5 非常多 G706 相较于疫情暴发前，我的收入变少了 1 从来没有　2 比较少　3 一般　4 比较多　5 非常多 G707 疫情给就医、购物、出行带来了不便 1 从来没有　2 比较少　3 一般　4 比较多　5 非常多 G708 疫情导致与亲人、朋友团聚少了 1 从来没有　2 比较少　3 一般　4 比较多　5 非常多 G709 相较于疫情暴发前，我更加注重锻炼身体了。 1 从来没有　2 比较少　3 一般　4 比较多　5 非常多
H	**维权状况【调查员：接下来，我们想了解您的维权状况】**
H1	您知道我国《老年人权益保障法》吗？　1 知道　2 不知道
H2	您是否办了老年人优待证（卡）？　1 是　2 否
H3	您享受过以下老年人优待吗？（多选题）【调查员：逐项询问】 □普通门诊挂号减免 □公共交通票价减免 □公园门票减免 □旅游景点门票减免 □博物馆、公共图书馆等公共文化场所门票减免 □其他情况（请说明）______ □都没有享受过
H4	今年以来，您家人对您有过下列行为吗？（多选题）【调查员：逐项询问】 □在您要求提供基本生活费时不给您提供 □给您提供的住所条件差　□不给您吃饱/吃得很差 □不给您看病　□在您需要时不照顾您 □侵占您的财产　□长期不来探望/问候/不和您说话 □经常打骂您　*（仅对丧偶、离异老年人）　□阻止您再婚 □其他行为（请说明）______　□都没有【跳问 H5】 H401 如果存在以上情况之一，您采取了什么措施解决？（多选题）【调查员：逐项询问】 □自己委屈/忍气吞声　□找亲属/宗族调解 □向居/村委会寻求帮助　□向老年协会求助 □找家人单位调解　□打官司/找司法机关解决 □向媒体反映　□其他（请说明）______
H5	今年以来，您遇到过下列哪些情况？（多选题）【调查员：逐项询问】 □上当受骗　□被抢劫　□被盗 □被打骂/恐吓　□其他（请说明）______ □都没有
H6	您认为您的合法权益是否得到了应有的保障？　1 是　2 否
I	**精神文化生活状况【调查员：接下来，我们想了解您的精神文化生活状况】**

I1	现在，您参加了下列哪些日常休闲活动？（多选题）【调查员：逐项询问】 □看电视/听广播　□读书/看报 □去影院看电影/去戏院听戏　□散步/慢跑 □打太极拳/做保健操　□跳舞（广场舞/扭秧歌等） □打门球/乒乓球/羽毛球　□打麻将/打牌/下棋等 □种花养草等　□养宠物 □钓鱼/书画/摄影/收藏等　□其他休闲娱乐活动（请说明）______ □都没有
I2	I201 您上网吗？　1 经常　2 偶尔　3 从不【跳问 I202】 I2011 您经常用什么设备上网？（多选题）【调查员：逐项询问】 □智能手机　□台式机　□笔记本电脑　□平板电脑等 I2012 您每天上网大致多长时间？ 1 1 个小时以内　2 1-3 个小时　3 3-5 个小时　4 5-8 小时　5 8 个小时以上 I202 您会使用智能手机吗？ 1 会　2 不会【跳问 I3】　3 没有智能手机【跳问 I3】 I2021 您会使用智能手机做以下哪些事情？（多选题）【调查员：逐项询问】 □网络聊天（微信、QQ） □使用健康码 □电子支付（微信、支付宝、网银支付） □网上缴费（水、电、燃气、手机话费等） □使用网约车软件 □预约挂号就诊 □看新闻、看视频、看娱乐讯息 □网络购票（火车票、机票等） □使用手机银行 □其他（请说明）______ □都不会 I2022 您经常用的社交 APP 软件是什么？（多选题）【调查员：逐项询问】 □微信　□抖音　□QQ　□快手　□微博 □其他社交软件（请说明）______
I3	您会使用哪些支付方式？（多选题）【调查员：逐项询问】 □手机支付　□使用线下银行卡（包括信用卡）　□使用现金 □其他（请说明）______　□都不会
I4	您参加了老年大学/学校（含远程老年教育及其他学习类活动）吗？ 1 参加了　2 没参加【跳问 I5】 I401 您参加老年大学/学校的方式是哪种？ 1 线上　2 线下　3 都有
I5	2020 年，您出去旅游了吗？　1 是　2 否【跳问 I6】 I501 去了哪里旅游？（多选题）【调查员：逐项询问】 □本省（自治区、直辖市）　□外省（自治区、直辖市） □境外（港澳台地区）　□国外 I502 旅游大约花费了多少元？： 1 1000 元以下　2 1000-2999 元　3 3000-4999 元　4 5000-9999 元　5 10000 元及以上

I6	I601 您感到孤独吗？　1 经常　2 有时　3 从不 I602 最近一周您的感受如何？ I60201 您对自己的生活基本上满意吗？　1 是　2 否 I60202 您是否已放弃了很多以往的活动和爱好？　1 是　2 否 I60203 您是否觉得自己的生活不够充实？　1 是　2 否 I60204 您是否常常感到心烦？　1 是　2 否 I60205 您是否多数时候都感到精神好？　1 是　2 否 I60206 您是否担心将会有不好的事情发生在您身上？　1 是　2 否 I60207 您是否多数时候都感到幸福？　1 是　2 否 I60208 您是否常常感到无依无靠？　1 是　2 否 I60209 您是否宁愿待在家里，而不愿出去做些自己不太熟悉的事情？　1 是　2 否 I60210 您是否觉得自己的记忆力要比其他老年人更差一些？　1 是　2 否 I60211 您是否认为现在还活着真是太好了？　1 是　2 否 I60212 您是否觉得自己现在很没用？　1 是　2 否 I60213 您是否感到精力充沛？　1 是　2 否 I60214 您是否觉得自己的处境没有希望了？　1 是　2 否 I60215 您是否觉得多数人都比自己富有？　1 是　2 否 I603 您心理上觉得您的年龄是多少岁？ ______岁
I7	以下说法您赞同吗？（多选题）【调查员：逐项询问】 □老年人应该发挥余热，参与社会发展 □老年人就应该享受生活，得到家庭和社会供养 □老年人是家庭的负担 □老年人是社会的负担 □老年人是国家和社会的宝贵财富 □老年人应该自强自立
I8	总体而言，您觉得现在的生活幸福吗？ 1 非常幸福　2 比较幸福　3 一般　4 比较不幸福　5 非常不幸福
J	**调查员后记【调查结束后，请调查员依据本次调查情况继续填写下面问题】**
J1	老人现在居住的房屋属于哪种类型？ 1 楼房 2 平房【跳问 J2】 3 土坯房【跳问 J2】 4 其他类型（请说明）______【跳问 J2】 J101 如果是楼房，被访老年人住几层？______层【如果是地下室，写负（-）层】 J102 如果是楼房，是否有电梯？　1 有　2 没有 J103 如果是楼房，是否有无障碍过道？　1 有　2 没有
J2	在整个调查过程中，是否有其他人代答问题？ 1 是　2 否【跳问 J3】 J201 如果有其他人代答，那么代答人（与被访老年人的关系）是： 1 配偶　2 子女　3 孙子女/外孙子女　4 其他人（请说明）______ J202 代答原因：（多选题）【调查员：逐项询问】 □因聋哑无法回答　□因痴呆无法回答　□回答不清 □听觉障碍　□语言障碍　□其他原因（请说明）______

J3	对被访老年人的健康判断： 1 非常健康，头脑灵活，精力充沛，可正常工作或打理家务 2 比较健康，体力精力有所减退，可协助工作或帮衬家务 3 一般，有慢性疾病，易疲倦或乏力，基本可自理 4 比较不健康，反应迟缓，有时需要陪伴或陪同上医院 5 非常不健康，卧床或痴呆，需要照护
J4	被访老年人是否是残疾人？　1 是　2 否

（调查到此结束！）

调查员签名：____________________　电话：______________　日期：2021 年______月______日

乡镇（街道）督导员签名：__________　电话：______________　日期：2021 年______月______日

县（区）督导员签名：______________　电话：______________　日期：2021 年______月______日

附录六：

第五次中国城乡老年人生活状况抽样调查
主要指标解释

A 基本情况

出生日期 指被访老年人的出生年、月、日，用阿拉伯数字填写，年份用4位数来表示，月份用2位数表示，日用2位数表示。调查员要求被访老年人提供身份证/户口簿，然后按照身份证/户口簿填写。

民族 少数民族要注明具体民族名称。以户口簿或身份证上填写的内容为准。

文盲及半文盲 指从未接受过国家或其他办学机构实施的各级各类学校教育的人。包括参加过各种扫盲班或成人识字班学习，且以后再没有接受过各级各类学校教育的人。

小学 指接受的最高一级教育为小学，无论其是否在校、毕业、肄业或辍学的人。小学还包括新中国成立前的私塾学校。

初中 指接受的最高一级教育为初中，无论其是否在校、毕业、肄业或辍学的人。相当于初中程度的技工学校，也填写此选项。

高中/技校/中专 指接受的最高一级教育为普通高中、职业高中和中等专业学校，无论其是否在校、毕业、肄业或辍学的人。相当于高中程度的技工学校，也填写此选项。

大学专科及以上 指接受的最高一级教育为大学专科及以上。在普通高等学校学习大学专科及以上的，无论其是否在校、毕业、肄业或辍学的人，都填写此选项。凡在国家授权承认学历的广播电视大学、职工大学、高等院校举办的函授大学、夜大学和其他形式的大学，按教育部颁布的大学专科及以上教学大纲进行授课的，其毕业生填写此选项；其肄业生、在校生按原有受教育程度填写。通过自学，经国家统一举办的自学考试合格，并取得大学专科及以上毕业证书的，也填写此选项。

已婚 指被访老年人办理了结婚手续且调查时有配偶的人。

离婚 指被访老年人曾经有配偶但调查时处于无配偶的状态。如果被访老年人离婚多于1次，则填写最后一次离婚时点距今的时间。

丧偶 指被访老年人曾经有配偶，但在调查时配偶已经去世，且没有再结婚的人。如果被访老年人丧偶多于1次，则填写最后一次丧偶时点距今的时间。

B 家庭成员信息

共同居住（同吃同住） 指目前与被访老年人共同吃住的生活状态。虽然户口在一起，但长期

（半年以上）不生活在一起，不能算同吃同住。其中，保姆指吃住都在老年人家里的家政服务人员。仅白天在老年人家中的钟点工，不属于同吃同住的情况。如果老年人由子女轮流赡养，则填写调查时点与被访老年人同吃同住的子女家庭的情况。

子女 指健在的亲生子女、养子女、继子女，不包括儿媳、女婿。

啃老 指已成年、具有生存能力的年轻人在不“断奶”的状态下，依靠父母生活的情况。但子女因上学、身体残疾、因病致贫等原因接受父母资助的不属于此种情况。

C 健康医疗状况

保健品 指保健品食品的通俗说法。为增进健康、防治疾病而服用的非药物性的具有预防疾病性质的营养品和滋补品，统称为保健品。国标 GB16740-97《保健（功能）食品通用标准》第 3.1 条将保健食品定义为：“保健（功能）食品是食品的一个种类，具有一般食品的共性，能调节人体的机能，适用于特定人群食用，但不以治疗疾病为目的。”

帕金森病 又称特发性帕金森病，也称为震颤麻痹，是中老年人常见的神经系统变性疾病，也是中老年人最常见的锥体外系疾病。65 岁以上人群患病率为 1000/10 万，随年龄增长，男性稍多于女性。该病的主要临床特点：静止性震颤、动作迟缓及减少、肌张力增高、姿势不稳等为主要特征。

阿尔茨海默病（老年痴呆症） 是一种起病隐匿的进行性发展的神经系统退行性疾病。临床上以记忆障碍、失语、失用、失认、视空间技能损害、执行功能障碍以及人格和行为改变等全面性痴呆表现为特征，病因迄今未明。

住院 指被访老年人作为病人，在医院至少住 24 个小时以上，当日门诊不计入在内。

自费购药花费 指去医疗机构看病和住院之外发生的自行购买、不能报销的药费。

职工基本医疗保险制度 是依法对职工的基本医疗权利给予保障的社会医疗保险制度，是通过法律、法规强制推行的，实行社会统筹医疗基金与个人医疗账户相结合的基本模式，与养老、工伤、失业和生育保险一样，都属社会保险的一个基本险项。

居民基本养老金（城乡居民基本养老保险基础养老金） 居民基本养老金（城乡居民基本养老保险基础养老金）是整合城镇居民基本医疗保险（简称城镇居民医保）和新型农村合作医疗（简称新农合）两项制度，建立统一的居民基本养老金（城乡居民基本养老保险基础养老金）制度。

公费医疗 是指国家为保障国家工作人员而实行的、通过医疗卫生部门按规定向享受人员提供免费医疗及预防服务的一项社保制度。目前，除特定的离休人员、老红军、二等乙级以上革命伤残军人还享受此医疗待遇，其他的国家机关、企业事业单位的公职退休人员基本上都纳入职工基本医疗保险制度。

上环 上环就是宫内放置节育环，可以起到避孕的作用。

抑郁症 抑郁症是最常见的抑郁障碍，以显著而持久的心境低落为主要临床特征，是心境障碍的主要类型。临床可见心境低落与其处境不相称，情绪的消沉可以从闷闷不乐到悲痛欲绝，自卑抑郁，甚至悲观厌世，可有自杀企图或行为；甚至发生木僵；部分病例有明显的焦虑和运动性激越；严重者可出现幻觉、妄想等精神病性症状。每次发作持续至少 2 周以上，长者甚或数年，多数病例有反复发作的倾向，每次发作大多数可以缓解，部分可有残留症状或转为慢性。

D 照料护理服务状况

吃饭 指用餐，不包括做饭。

穿衣 包括从衣橱、抽屉里找到衣服（包括内衣、外套、鞋子）并穿上。

上厕所 包括解衣、大小便、便后洗手、穿衣等。

洗澡 指站在喷头下洗澡、坐在浴缸内洗澡或盆浴或擦洗上下身。

做饭 包括准备原材料，做饭菜，端上餐桌。

日常购物 包括决定买什么并付款。

智能穿戴用品 指应用穿戴式技术对日常穿戴进行智能化设计、开发出可以穿戴的设备的总称，如智能眼镜、智能手表、智能手环等。

养老机构 指为老年人提供集中居住和照料服务的机构。主要有以下几种类型：

（1）敬老院：指在城市街道、农村乡镇、村组设置的供养“三无”“五保”老人、残疾人员和接待社会寄养老人安度晚年的养老服务机构。

（2）社会福利院：社会福利院主要任务是收养市区“三无”老人，孤残儿童、弃婴，实行养、治、教并举的工作方针，保障弱势群体的合法权益，维护社会稳定。

（3）老年社会福利院：享受国家一定数额的经济补助，接待老年人安度晚年而设置的社会养老服务机构，设有起居生活、文化娱乐、医疗保健等多项服务设施。

（4）养老院：养老院主要是为老年人提供集体居住，并具有相对完整的配套服务设施。是专为接待自理老人或综合接待自理老人、介助老人、介护老人安度晚年而设置的社会养老服务机构，设有生活起居、文化娱乐、康复训练、医疗保健等多项服务设施。

（5）老年公寓：是专供老年人集中居住，符合老年体能心态特征的公寓式老年住宅，具备餐饮、清洁卫生、文化娱乐、医疗保健服务体系，是综合管理的住宅类型。老年公寓是指既体现老年人居家养老，又能享受到社会提供的各种服务的老年住宅，属于机构养老的范畴。

（6）护养院：又称之为“护理养老机构”或“护理院”，专为接收生活完全不能自理的介护老人安度晚年的社会养老服务机构，设有起居生活、文化娱乐、康复训练、医疗保健等多项服务设施。

（7）护理院：护理院是指的由医护人员组成的，在一定范围内，为长期卧床老年患者、残疾人、临终患者、绝症晚期和其他需要医疗护理的老年患者提供基础护理、专科护理，根据医嘱进行支持治疗、姑息治疗、安宁护理，消毒隔离技术指导、社区老年保健、营养指导、心理咨询、卫生宣教和其他老年医疗护理服务的医疗机构。根据中国老龄事业发展基金会的爱心护理工程，全国各地均有专业爱心护理院服务各类老年人群。爱心护理院专业为失能老人提供专业护理、生活照料服务。

日间照料 指社区老年人日间照料中心提供的服务。

日间照料中心 指为社区内生活不能完全自理、日常生活需要一定照料的半失能老年人提供膳食供应、个人照顾、保健康复、休闲娱乐等日间托养服务的场所。是一种适合半失能老年人的“白天入托接受照顾和参与活动，晚上回家享受家庭生活”的社区居家养老服务新模式。

助餐服务 指是为解决部分老年人吃饭问题而提供的老年配餐或上门做饭的服务。

助浴服务 指为洗澡有困难的老年人提供的洗浴服务。

文化娱乐 是指为老年人开展的各种类型有益于身心健康的各类活动。

心理咨询 是指运用心理学的方法，对心理适应方面出现问题并企求解决问题的求询者提供心理援助的过程。需要解决问题并前来寻求帮助者称为来访者或者咨客，提供帮助的咨询专家称为咨询者。来访者就自身存在的心理不适或心理障碍，通过语言文字等交流媒介，向咨询者进行述说、询问与商讨，在其支持和帮助下，通过共同的讨论找出引起心理问题的原因，分析问题的症结，进而寻求摆脱困境解决问题的条件和对策，以便恢复心理平衡、提高对环境的适应能力、增进身心健康。

康复护理 是指除包括一般基础护理内容外，还应用各科专门的护理技术，对患者进行残余机能的恢复。

辅具用品租赁 指租用辅助用品。辅助用品指有助于老年人康复或提供行动便利的设备或工具。

家庭养老床位 指由养老机构上门提供专业化的养老服务，同时对居家做适老化改造并配备相应老年产品。

E 经济状况

提前离退休 离退休是指老年劳动者达到规定的年龄、工龄等条件后脱离工作，享受社会保险和劳动补偿性质的养老待遇和权益的一种制度及由此而产生的社会行为。提前离退休是指员工在没有达到国家或企业规定的年龄或服务期限时就退休的行为。

有收入的工作 指为获取工资、实物报酬或经营收入而实际从事的各种生产、经营和服务性活动，不包括义务劳动和公益性劳动。

返聘 指离退休人员的再次聘用。

净收入 等于年毛收入减去经营成本之后的收入。如果被访老年人是与家庭成员共同经营的收入，需要估算出被访老年人的净收入。

离退休费/退休人员基本养老金 也称退休金、退休费，是公民退休后，由企事业单位、国家发放的养老保险待遇。

职业年金 指机关事业单位及其工作人员在参加机关事业单位基本养老保险的基础上建立的补充养老保险制度。

企业年金 指企业及其职工在依法参加基本养老保险的基础上，依据国家政策和本企业经济状况建立的、旨在提高职工退休后生活水平、对国家基本养老保险进行重要补充的一种养老保险形式。

商业养老保险金 是指被保险人年老退休或保期届满时，由保险公司按合同规定支付养老金。商业保险中的年金保险、两全保险、定期保险、终身保险都可以在不同程度起到养老的目的，都属于商业养老保险范畴。

高龄津贴 是指针对高龄老人发放的一种福利性津贴。为了解决这部分老年人养老服务的资金保障问题，中国民政部提出有条件的地区可建立困难老人、高龄老人津贴制度。2019 年，全国 31 个省份均已建立高龄津贴制度。与此同时，有 30 个省份建立了老年人服务补贴制度，29 个省份建立了老年人护理补贴制度，29 个省份建立了农村留守老年人关爱服务制度，各类津补贴共惠及 3000 多万老年人。

养老服务（补贴）券 又称养老券。它是实行养老服务补贴制度的地方政府，对于低收入的高龄、独居、失能等养老困难老年人，经过评估，采取政府补贴的形式，为他们入住养老机构或者接受社区、居家养老服务，提供支持的一种制度。

护理补贴 属于高龄津贴中的一种，指政府针对部分残疾老年人、高龄老年人、离退休干部的照料护理提供的补贴或补助。

社会救助 是指国家和社会对由于各种原因而陷入生存困境的公民，给予财物接济和生活扶助，以保障其最低生活需要的制度。

社会救助金 指当地政府民政部门，针对三类人员发放的生活救助金。

（1）无依无靠又没有生活来源的社会成员。这主要是指“三无”人员，即无劳动能力；无生活来源、无法定抚养人的社会成员。

（2）有收入来源，但生活水平低于国家公布的最低生活水平的社会成员。这主要包括家庭收入过低，不能达到最低生活水平的在职人员、下岗人员、离退休人员及其家庭成员。

（3）遭受天灾人祸等突发性灾害而生活陷于困境的社会成员。这类社会成员有劳动能力或有生活来源，或既有劳动能力又有生活来源，但由于天灾人祸的发生，使其财产甚至人身遭到了严重的损害，从而在生活上发生了一时或永久的困难，不能达到国家公布的最低生活水平。

计划生育家庭奖励扶助金 指政府针对农村只有一个子女或两个女孩的计划生育家庭，夫妇年满 60 周岁以后发放的扶助金。农村部分计划生育家庭奖励扶助制度的计生部门，对农村部分计划生育家庭的一项基本的奖励制度。奖励扶助的重点为：按照国家及我省有关计划生育法律法规和政策性规定实行计划生育的农村独生子女和双女户夫妻。各地情况不一致，有的地方每年一次性发放，有的地方按月发放。

计划生育家庭特别扶助金 指计划生育家庭特别扶助金，指政府针对我国城镇和农村独生子女死亡或伤、病残后未再生育或收养子女家庭的夫妻发放的扶助金。2010 年，根据《国务院办公厅转发人口计生委财政部关于印发全国独生子女伤残死亡家庭扶助制度试点方案的通知》，由各地计生部门针对符合条件的城乡计划生育家庭实行特别扶助的专项资金。

国债/债券 指政府、金融机构、工商企业等直接向社会借债筹措资金时，向投资者发行，同时承诺按一定利率支付利息并按约定条件偿还本金的债权债务凭证。

股票　指股份公司发行的所有权凭证，是股份公司为筹集资金而发行给各个股东作为持股凭证并借以取得股息和红利的一种有价证券。每股股票都代表股东对企业拥有一个基本单位的所有权。

基金　指证券投资基金，是通过公开发售基金份额募集资金，由基金托管人托管，基金管理人管理和运作，为基金份额持有人的利益，以资产组合方式进行证券投资的一种利益共享、风险共担的金融产品。

外汇　是货币行政当局（中央银行、货币管理机构、外汇平准基金及财政部）以银行存款、财政部库券、长短期政府证券等形式保有的在国际收支逆差时可以使用的债权。包括外国货币、外币存款、外币有价证券（政府公债、国库券、公司债券、股票等）、外币支付凭证（票据、银行存款凭证、邮政储蓄凭证等）。

贵金属　既包括金、银等实物，又包括带杠杆的电子盘交易投资以及银行类的纸黄金、纸白银等。

产权　指房产的所有者按照国家法律规定所享有的权利，也就是房屋各项权益的总和，即房屋所有者对该房屋财产的占有、使用、收益和处分的权利。既包括大产权，又包括小产权。

租公房　指租用单位或集体拥有产权的住房。

租私房　指租用个人拥有产权的住房。

日常生活开支　指个人用品、交通、通讯等日常生活开支。

食品支出　指伙食费或吃饭钱，在农村地区自家生产的粮食、蔬菜、水果等也应按一般价格计算费用支出。

F 宜居环境状况

住房建成年代　指本户住房所属建筑的建成时间。本户住房翻修过的，按翻修时的年份填写；本户住房经过改建的，如改建面积大于原面积的，建成时间填写改建时的时间；如改建面积小于原面积的，建成时间填写原住房的建成时间。

住房建筑面积　按照本户住房的建筑面积填写。只知道使用面积的，可用下面的公式换算：

使用面积（包括扩建的使用面积）÷0.7=建筑面积

填写此项目时应当注意以下几点：

在旅馆或租借的房屋居住的户，一律按现住所的实际情况填写其住房面积。

居住在工作场所的户，住房面积应该填写其居住房间的建筑面积。

合住在同一所住房里的住户，其建筑面积为各户所独立使用的房间面积加上公共使用面积（包括厨房、厕所、门厅、阳台等）的一部分：两户合住的，各按二分之一计算；三户合用的各按三分之一计算；四户及以上合用的依此类推。

适老化改造　指由于很多老建筑、老设施建造的时候并没有过多地考虑中老年人，现在要适应中老年人的使用习惯，只能进行设施的改造升级，这样的一个过程简称为适老化改造。

G 社会参与状况

人民调解委员会 人民调解委员会是依法设立的调解民间纠纷的群众性组织。村民委员会、居民委员会设立人民调解委员会。企业事业单位根据需要设立人民调解委员会。依照法律规定，人民调解委员会在基层人民政府和基层人民法院的指导下开展工作，用调解的方法解决一般的民事纠纷和轻微的刑事案件。经调解自愿达成的协议，当事人应自觉履行，不愿调解或调解不成或调解后反悔的，一方或双方当事人可以向人民法院起诉。人民调解委员会不是国家司法机关的组成部分，也不是一级行政组织，它的活动及结果不具有法律和行政的强制性。人民调解委员会的主要任务：一、及时发现纠纷，迅速解决争端。二、防止矛盾激化，预防，减少犯罪的发生。三、积极为城市，农村经济体制改革服务。四、进行社会主义法制宣传教育。五、教育挽救失足青少年。六、推动社会主义精神文明建设。

社会公益组织 指那些非政府的、不把利润最大化当作首要目标，且以社会公益事业为主要追求目标的社会组织。

家族 指以血统为基础的几代人或者是几十代人，小范围家族和宗族可以混淆使用。

老年协会 又称基层老年协会，通常由被访老年人所在的社区（村）委会组织领导的，是老年人自我管理、自我教育、自我服务的基层老年群众组织。

困难老人帮扶 对经济有困难的老年人、身体残疾或生病需要帮助的老年人无偿提供的帮助，不包括作为保姆或钟点工提供服务的情况。

互助养老 是指由低龄老年人照顾高龄老年人，由身体好的老年人照顾身体弱的老年人，通过“代际接力”方式完成互助养老。部分农村地区互助养老的表现形式为建立互助幸福院，就是通过国家奖补，集体投入，在村民集中居住的地方建起的，由村庄低龄老年人帮助高龄老年人，身体好的老年人照顾身体弱的老年人如此便可以在村庄熟人社会形成以互惠为主的互助养老。

新型冠状病毒肺炎 是一种急性感染性肺炎，国家卫生健康委员会将“新型冠状病毒感染的肺炎”命名为“新型冠状病毒肺炎”，简称“新冠肺炎”，世界卫生组织命名为“COVID-19”。

H 维权状况

老年人优待证（卡） 指由政府发放的老年人优待凭证，老年人持证可以在就医、交通等公共服务方面享受优先、优惠或减免等待遇。

I 精神文化生活状况

平板电脑 平板电脑也叫便携式电脑，是一种小型、方便携带的个人电脑，以触摸屏作为基本的输入设备。

社交 APP 软件 通过网络来实现这一目的的软件便是社交软件，在中国通常指微信、QQ、抖音、快手、微博等社交软件。

微信 是指腾讯公司于 2011 年推出的一个为智能终端提供即时通讯服务的免费应用程序。微信具有语音短信、视频、图片和文字，同时，也可以使用通过共享流媒体内容的资料以及微信支付等功能。

抖音 全称抖音短视频，是一款音乐创意短视频社交软件。

QQ 是指腾讯 QQ 的简称，是一款基于 Internet 即时通信（IM）软件。腾讯 QQ 支持在线聊天、视频聊天以及语音聊天、点对点断点续传文件、共享文件、网络硬盘、自定义面板、远程控制、QQ 邮箱、传送离线文件等多种功能。

快手 是指用于用户记录和分享生产、生活短视频的社区平台。

微博 是指一种基于用户关系信息分享、传播以及获取的通过关注机制，分享简短实时信息的广播式的社交媒体、网络平台。可以通过 PC、手机等多种移动终端接入，以文字、图片、视频等多媒体形式，实现信息的即时分享、传播互动。

旅游 指被访老年人为了休闲的目的离开惯常的生活环境，到某些地方并停留在那里，但连续不超过一年的活动。如果被访老年人打算去外地子女或亲戚家，主要目的是养老或照看儿童，则不算旅游。但老年人季节性去异地养老算旅游。

附录七:

第五次中国城乡老年人生活状况抽样调查
调查员与督导员名单

安徽省

省督导

王秋月 吴京华 杨惠茹

区县督导

常凯 陈玲 陈艳 翟林林 方志辉 高璇 顾葆箭 管晓芳 郭劲松 郭郁 何兵 黄磊 金传霞 李春晖 李华 陆永庆 邵宁 束梦晨 唐洁 同莉莉 王世荣 王霞 王旭东 叶祥生 余红宇 张丽丽 张向红 章霞 赵昌明 赵允洁 左天豪

乡镇/街道督导

敖诚 曹乐平 柴晓梅 陈碧媚 陈彬 陈功琼 陈良艳 陈敏 陈小芳 陈旭 陈奕静 程华兰 储金玉 戴悦 丁明月 丁小云 董枫芸 董志强 杜娟双桥 杜晓波 樊丙超 樊杨 范庆 方德持 方军 方文再 冯贤友 凤良君 高玉春 高允 郭道兵 郭广杰 郭建生 郭明明 郭相侠 郭心宽 海婷 韩健 韩琴 韩润 何莉 侯艳 胡继承 胡秋琴 胡晓云 胡雪祺 黄菊 黄茂茜 黄祝珣 江秋香 解菲 阚培培 李翠云 李华菊 李荣荣 李晓景 李欣 李兴 李旭峰 李雪芹 李媛媛 刘家珠 刘克祥 刘丽丽 刘囡 刘星星 刘颖 陆秀翠 罗云超 吕玉石 马程程 马传芹 马士虎 梅宏生 缪海燕 缪永春 牛海燕 牛涛 潘婷 彭繁宁 彭坤芳 祁学柱 秦明明 任菊 戎海军 尚昌文 束汪祥 宋美娟 宋燕 宋志云 孙国辉 孙亚军 汤荣彩 陶丽 陶绍龙 田为群 童杰 汪令君 汪令尧 汪文年 王大伟 王利芳 王淑娟 王卫 王小玲 王晓燕 王旭 王雅竹 王业俊 王永平 卫琼 翁仕玲 吴和燕 吴晶晶 熊雅萍 徐慧 徐亮 徐夏清 闫瑞 杨莉 杨睦弘 姚慧英 叶梦琦 尤振宇 袁亮 袁鑫 张传松 张德军 张冬寅 张慧 张婕 张金生 张龙 张名宇 张素堂 张文海 张颖 张宇 张月婷 章丹丹 章晓云 赵家炜 赵然 赵勇 郑红霞 郑群芳 郑宗英 周超 周明 周同敏 朱莎莎 朱晓丹

调查员

白娟娟 白义萍 班曙松 毕如梦 蔡义舜 蔡志敏 曹化成 曹素梅 曹小英 柴旭修 常永华 常正荣 陈宝珠 陈常艳 陈超 陈冬霞 陈芳林 陈光菊 陈惠 陈佳 陈丽燕 陈美兰 陈明霞 陈平 陈萍 陈琼 陈仕璐 陈涛 陈喜梅 陈小兰 陈笑如 陈雪侠 陈永芳 陈泽鹏 陈竹景 程福莲 程洁玲 程景 程丽 程嫚茹 程梦可 程晓静 程亚

军 程业峰 储月婷 储照勇 春晖 崔光珍 崔海兰 崔介英 代俊杰 党会华 丁芬芬 丁玲 丁梅 丁西芳 丁雅杰 丁雨晴 丁云云 董梅 董照华 杜南江 段才锦 樊春兰 范利亚 方成梅 方静 方莉 方平 方贤燕 冯翠霞 冯利平 冯荣华 付子文 甘世君 高单单 高芳 高红 高龙英 高培 高统新 葛春静 耿宝翠 宫秀文 顾思梦 桂宝 郭吟 郭幼武 海婷 韩露 韩世芳 郝倩 何爱玲 何桂花 何新 洪少强 胡爱云 胡冬时 胡多华 胡海红 胡继红 胡娟 胡军 胡俊茹 胡良群 胡媚红 胡敏 胡淑云 胡文菊 胡小燕 胡燕 胡玉翠 胡云婷 黄慧榕 黄家俊 黄洁 黄莲芳 黄勤勤 黄蕊蕊 黄庭品 黄先凤 黄训令 黄燕 黄义凤 黄友金 黄媛媛 计杰 季松 季艳华 贾文秀 贾玉香 江福丽 姜凤 姜艳 蒋梦云 靳宏连 阚红英 孔倩 孔维刚 孔伟涛 兰鑫 李传振 李春梅 李从城 李道花 李淏楠 李家佳 李丽 李利 李玲 李萍 李琼 李婷 李伟伟 李文淑 李习琴 李霞 李小君 李晓丽 李燕芬 李有芳 李云霞 梁娟 廖娜娜 刘道广 刘菲菲 刘枫 刘国兰 刘晶 刘静 刘科 刘利芹 刘梦娟 刘倩倩 刘万青 刘秀云 刘易静 刘宇 卢静 鹿才俊 罗元环 罗珍 吕丹丹 吕可 吕婉茹 吕祚琴 马守荣 马玉萍 苗苗 苗全影 苗文文 莫文志 倪世艳 年如芳 牛玉芳 潘娣 潘明 潘瑞 潘欣华 庞好 钱爱香 钱昌艳 钱朝芳 钱小虎 乔世州 乔晓明 乔芝忠 秦雪 邱金宝 任成露 任响玲 任燕美 戎冰 荣先华 芮萍萍 桑士文 商凤 邵宁 邵泼勤 邵贤三 邵宜清 沈金花 沈润 沈思洁 盛建清 盛莹 石崎 宋琼 苏俊 苏明伍 苏少兰 苏心兰 孙成荣 孙海梅 孙宏梅 孙杰 孙金凤 孙玲玲 孙晓伟 孙秀兰 孙玉杰 孙自淑 覃国均 汤孝云 唐红艳 唐娟 唐吕 唐淑珍 唐晓妹 陶林 陶敏 陶钺 陶真峰 田兰 童菊 童庆年 汪冬梅 汪梅 汪萍 汪倩 汪瑞萍 汪武爱 汪悟生 汪仙 汪永宏 王德琴 王芳 王芬 王锦霞 王静 王娟 王丽 王丽荣 王利华 王玲 王梅菊 王敏 王品凤 王青 王蕊 王雅婷 王艳 王燕 王燕文 王咏华 王玉环 王玉英 王云 王正芳 王子银 韦丽 卫来 卫茹 魏灯旭 魏灵敏 温晓娟 闻玲 吴丽华 吴淑娟 吴向欢 吴玉 吴中群 夏保玲 夏蕾 夏伦梅 夏攀攀 夏显红 夏义芳 谢培娟 谢尚东 邢化珍 邢利 徐彩菊 徐纪云 徐娟娟 徐启红 徐琴 徐瑞收 徐中楠 许冬雪 许庆荣 许新 许秀红 闫永华 杨怀志 杨家静 杨金菊 杨文秀 杨雪 杨悦 仰孝群 姚素苹 叶红 叶清 叶双 殷盼 于荣贤 余晓雯 余艳玲 余永琴 俞红花 虞红琦 袁舒南 臧杰 张爱琴 张春梅 张德存 张红秀 张宏舒 张洪娥 张建荣 张菊红 张娟 张俊翠 张蕾 张连香 张灵利 张嫚 张美华 张明娥 张萍 张俏冉 张绍红 张世连 张同芳 张霞 张小丹 张晓宇 张新会 张雪 张影 张玉玲 张玉如 张远远 张志华 章艾平 章昱 赵萍德 赵茜 赵然 赵双双 赵亭亭 赵同凤 赵文丽 赵晓凤 赵晓荣 郑家慧 郑珊珊 支丽芹 周海玲 周海美 周洪涛 周静 周看看 周蓉 周小霞 周晓艳 朱冬冬 朱冠凯 朱建华 朱磊 朱萌 朱绵芝 朱守兰 朱姝 朱玉传 朱志慧 祝云 庄守侠 宗敏 邹春燕

北京市

省督导

谢自娟

区县督导

陈亚娇 邓峰 李欣 刘艳红 乔彦云 史文思 宋秀梅 王伯雅 王敬宏 王诗录 邢井连 张利军 张天 张艳红 赵霏雯 赵书立 赵文艳 郑伟

乡镇/街道督导

白金萍 卜滨 曹春青 曹亚男 柴丽 程婧怡 戴书蕊 刁佳欣 高海艳 高萌萌 郭华 郝小童 赫英杰 李娜 李杉杉 李秀丽 刘坤燕 刘来凤 马华 马晓晶 宋鑫鑫 宋影 田莹 王彬 王春梅 王新雨 王秀平 王煦 肖洋 谢治国 邢延敏 徐向玲 杨英俊 杨子君 要建荣 张广珍 张茜 张雪玲 张亚春 朱营莉 朱玉梅

调查员

安金花 安丽荣 白净 毕琳琳 毕秋红 边闻博 蔡春霞 曹美梨 常佳 陈海红 陈宏燕 陈佳希 陈静 陈松 陈文琴 陈雪梅 陈媛 崔凤华 崔凌宇 代岩 翟丽媛 董茂刚 董晓璐 杜娟 杜怡 范琳 冯玲 高迪 高乐 高娜 郭丽 郭梦阳 郭淑丽 郭帅 郭思含 郭欣怡 韩迎春 郝佳福 何嵘 贺妙荣 胡宏伟 胡仪侠 纪爱英 季婷婷 贾文颖 金小红 孔凡青 劳春莉 李爱杰 李辰 李凤 李姣 李静 李娟 李兰一 李蕾 李铁英 李婷 李雪 李雪灵 李亚明 李扬 李叶 李玉英 梁书影 刘芳 刘敬 刘丽洁 刘莉 刘萌 刘瑞英 刘思斯 刘思雨 刘伟 刘新伟 刘雪静 刘雅楠 刘玉清 刘振伟 鲁娜 吕菲 马书红 马田媛 马学伶 么羽 孟梦 苗立红 苗晓雪 牛桂媛 牛洪艳 潘晨 庞瑞 彭慧 彭玉梅 朴郝丽 齐贺良 齐金红 祁洪静 秦云 任秋伟 任蕊 任莹 商自英 沈电芹 盛欣冉 石艺 史德忠 宋洁 苏洋 唐乐园 陶雅洁 滕彩虹 田玉香 万静 汪征 王超 王春华 王东艳 王凤侠 王港 王佳宇 王京京 王静 王立志 王丽娜 王璐 王淼 王娜 王蕊 王文慧 王晓英 王旭 王燕申 吴昊明 吴志英 武影 奚红燕 夏丽娟 夏维雅 夏妍飞 肖颖 徐鸿雁 徐婧 徐玲玲 许红学 许红艳 颜存 杨菲 杨凯龙 杨梅梅 杨默然 杨茜 杨雪莲 杨艳辉 杨艳军 杨哲霞 姚剑虹 姚珅珅 殷思晴 英剑 于翠云 于婧 禹静杰 袁蕙兰 苑菊红 臧晓雪 张海荣 张鹤 张红霞 张楠 张秋风 张伟 张卫东 张文超 张希 张馨予 张闫 张艳 张英斌 张宇 张振彬 赵开阳 赵萌 赵爽 赵思维 赵燕妮 赵杨 赵一航 郑宏鹏 郑平 周杰 周璐 周梦恬 周生红 周岩 朱红翠 祝清云 宗内真

福建省

省督导

冯韵 周爽

区县督导

陈森森 郭翠芸 何华义 黄添龙 黄晓萍 兰雪梅 李燕芬 林琛 林燕林 卢必鼎 裘见广 苏子鹏 王秋美 吴启荣 严灵敏 张婉秋 朱开清 庄文静

乡镇/街道督导

白辉华 包爱华 蔡伟文 曹梦怡 陈宾玲 陈丽清 陈丽云 陈丽真 陈丽珠 陈榕 陈文彩 陈晓煌 陈义荣 陈哲源 程採云 戴栋菊 董珊珊 范丽英 方巧云 方诗玮 傅亚芳 耿宗泉 郭家传 郭贞玲 何燕彬 洪丽萍 洪

双双 胡小玲 黄浩 黄雅博 江丽娜 李斌斌 李佳宁 李秀玲 李周荣 林宝云 林彩平 林建芳 林睿滢 林细贞 林依珠 林振彬 刘惠龙 刘俊凌 卢丹 卢智云 马景树 马千金 彭丽娟 邱碧荣 邱友青 沈栋 沈冠华 沈清燕 沈永国 沈子豪 施苏其 苏芳镇 苏双龙 苏婉珍 王丽平 吴绿娟 吴天珠 夏影南 谢兰英 谢世祖 许晓晴 颜梦菲 颜思思 颜维织 杨志祥 叶海丹 张惠云 张晶晶 张美华 张新城 张雪珠 郑光星 郑丽清 郑为民 朱文楷 卓志气

调查员

蔡葱花 蔡丽婷 蔡秋贤 蔡玉惠 曹芝云 陈爱容 陈宝妹 陈炳旺 陈常福 陈常宁 陈存水 陈惠婷 陈惠新 陈金容 陈锦冰 陈礼兴 陈丽旋 陈琳 陈美贞 陈茜茜 陈钦如 陈维动 陈文国 陈文秀 陈小玲 陈晓花 陈晓萍 陈秀秀 陈雪钗 陈玉容 陈玉仙 陈月萍 陈振琼 程香兰 程秀真 戴婉玲 董平 范华丽 范素聪 冯水仙 高秋妹 高秀玲 高月芬 郭金掌 郭淑婉 何福娣 何馥丽 洪慧 洪顺江 洪燕 洪玉姿 胡佳 黄灿煌 黄崇旭 黄丹云 黄火元 黄井晓 黄敏芬 黄容 黄绍玲 黄田伟 黄伟玲 黄小玲 黄兆荣 黄志伟 纪艳君 江凤金 江五妹 江秀梅 蒋光玉 蒋海悦 蒋小蓉 蒋艳玲 康美招 柯金妹 蓝访珠 雷晓琴 李端真 李海棠 李洪敏 r 李丽娟 李美芳 李秋凤 李小红 李雪芬 李宴 李玉珠 李忠周 梁华文 廖肖娟 林爱凤 林爱华 林宝儿 林宝香 林碧玲 林彬 林春 林兰香 林美钦 林美香 林敏芳 林敏慧 林南区 林琪 林香 林晓清 林晓云 林秀芳 林秀珠 林燕 林燕芳 林燕玉 林烨 林燚婷 林友用 林玉凤 林玉云 林振体 刘端彬 刘经前 刘丽娟 刘丽英 刘武 卢芳 罗盛铭 罗淑鸿 罗夏慧 吕吉顺 吕小云 吕秀榕 吕志娟 毛贞香 潘艺龙 邱德相 沈金娇 沈丽珠 沈木恋 沈培勇 沈琼英 沈武华 沈雪英 施清 苏尔禄 苏清清 苏秀评 孙邦育 唐秋芳 王鸿斌 王兰娟 王丽华 王梅 王敏芳 王秋冷 王瑞卿 王寿义 王伟华 王文惠 王小燕 王缘 吴本隆 吴春花 吴春艳 吴端蓉 吴汉贞 吴坤治 吴丽香 吴丽珠 吴美秀 吴赛娥 吴晓玲 吴秀菊 吴雪萍 吴永晓 吴月香 夏华树 肖丽梅 肖志铭 谢友兴 徐美燕 许鸿豹 许华妹 许木权 许亚琼 杨明光 杨振念 姚少玲 叶发严 叶孔武 叶奇红 游锦锋 余凤荣 张阿龙 张昌弦 张贵发 张惠娟 张丽先 张美莺 张勤荣 张如雄 张新玲 张新茂 张兴莲 张艳青 章秋盛 郑阿妹 郑昌旦 郑春燕 郑惠春 郑锦秀 郑平龙 郑青霞 郑秋芳 郑仕华 郑水义 郑雪玉 郑瑶聪 郑玉华 周道鑫 周庆源 周秋燕 朱佑乐 卓花英 邹淑芳

甘肃省

省督导

侯红敏 朱英萍

区县督导

曾雅莉 陈秀红 高兴宇 郭娜 黄建军 孔燕 雷洁 卢红梅 牛海霞 祁小倩 钱阔运 沈满庭 田堃 王丽蓉 吴玲丽 吴琼 徐树全 杨龙 张宁贤 张宗南 赵慧珍

乡镇/街道督导

曹人方 曹永林 曾倩倩 车小朦 陈彩霞 陈怀勤 陈吉声 陈丽 代春红 党兵兵 党皓雪 邓莲珍 丁青霞 董林平 董锐锋 董宇明 杜郁明 段喜平 范海霞 冯丽彬 冯志婕 付小娜 高桂兰 关晨 管彩凤 韩雪莹 后锁科 候海燕 胡金 华拉毛尕 黄贵平 黄晶晶 蒋艳 金伟军 巨磊 康芳兰 雷亦 李彩霞 李春玲 李贾锋 李莉 李雪雯 李咏梅 李珍 李卓琳 刘军鹏 刘拴民 卢好奇 罗天琪 吕杰 吕明明 吕雪峰 马嫦娥 马凤梅 马光杰 马海东 马海燕 马治平 毛黎明 潘维耀 裴雪梅 裴英茹 彭宏保 彭丽 漆爱红 祁新龙 秦媛 尚亚萍 石英 苏广慧 孙得忠 孙鹏旭 谈小燕 王旦春 王芳珍 王瑾钰 王沙金草 王世雄 王思理 王小娟 王晓刚 王晓霞 王永龙 王钰云 王政刚 魏喜宏 吴常琴 线忠义 肖苗苗 邢旺 许小亮 闫金花 闫俊民 颜小青 杨彩娟 杨春菊 杨建昌 杨俊锋 杨满仓 杨素英 杨婷 杨小兰 杨义同 杨永强 杨忠才 姚南南 姚小芬 姚元元 于娟 于桃丽 扎西次旦 张碧映 张博生 张鼎国 张浩天 张冀 张丽 张攀 张婷 张万福 张艳琴 赵宝亮 赵红艳 赵佳 赵建军 赵彦臻 赵银 赵玉霞 郑延虹 周逢玲 周毛 周燕 朱佳蓉 卓玛草 宗海星

调查员

安永才 巴元林 包刀嘉 包改平 包怀亮 包香红 贲林学 边疆 边沁 蔡嘉珏 曹春君 曹娟 曹梦华 柴艳芳 柴迎春 常关英 常海平 陈彪 陈彩霞 陈露露 陈淑玲 陈馨 陈永富 程砚君 迟东华 褚红英 崔月香 戴溱 党引弟 丁文文 董文华 董文平 董玉育 豆小斌 窦改霞 窦小东 窦秀菊 杜平 杜小艳 段瑾 范玉萍 方莉霞 冯小维 冯招儿 付婷玉 高花 高晶 高亚丽 高作琴 公布草 缑润莲 关鹏 关升 郭红霞 郭文瑞 郭小静 哈成良 韩晓红 韩晓媛 韩义 韩雨露 何斌 何俊年 何跃武 贺强 候秀梅 胡春梅 黄金山 贾桂萍 金冬霞 康平义 康文英 康艳艳 雷瑶 李彩云 李冬梅 李海梅 李海云 李娟 李康 李生玉 李世益 李万梅 李文桃 李雪萍 李雪雁 李彦文 李祎斐 李玉梅 李志强 李卓梅 蔺张补 刘炳赟 刘凤平 刘福全 刘隽 刘丽君 刘桃 刘瑛 刘永波 刘瑜 芦勤 罗琪 罗元红 吕晓萌 吕岩鑫 麻东东 麻美峰 马彪 马斌 马成梅 马成文 马程 马芳 马韩 马佳宝 马健 马洁 马金岚 马静 马菊芳 马军军 马兰英 马莲梅 马明 马强 马清山 马日占草 马生光 马文雯 马小芳 马小梅 马小英 马孝 马杏花 马旭乾 马学良 马学梅 马雪莲 马雪艳 马岩 马玉华 马玉梅 马长瑞 马振杰 毛小丽 毛颖玲 毛宇轩 莫亚娟 南福婷 牛春林 牛旭东 潘婷 平佳玉 蒲凤玲 蒲坤 蒲珍芳 戚金梅 乔红梅 乔仁增召玛 秦福玲 任婷婷 桑霞 邵伟 沈银霞 师晓娣 师跃红 石金玲 石锦霞 史红玉 史勇 宋小娟 苏丽丽 苏月玲 孙淑霞 孙涛 孙燕 铁昌瑞 汪敏敏 汪云霞 汪祯英 王爱娟 王多忠 王芳莉 王富星 王桂香 王国俊 王宏 王虎 王建林 王剑峰 王乐琴 王立 王丽 王亮 王露煜 王麦荣 王明明 王琴 王庆文 王瑞麟 王生发 王守秀 王庭梅 王彤 王维 王文誉 王小红 王小梅 王小燕 王晓娟 王艳萍 王玉洁 王中义 卫鸿财 魏冬琴 魏万菊 魏治平 温小霞 吴贵栋 吴燕燕 武晓艳 夏朝元 谢宝梅 邢君胜 徐登建 徐文琦 许菊兰 薛呈祥 薛峰 薛浩浩 薛梅 薛秀芳 杨丰英 杨光斌 杨佳妮 杨建国 杨丽梅 杨明林 杨小丽 杨彦德 杨艳红 杨永秀 于红俊 于小英 于秀娟 于艳华 于玉华 张阿芳 张百玲 张彬 张凤霞 张国兴 张海锋 张海涛 张金秀 张钧政 张丽莎 张玲芳 张祁 张巧艺 张涛 张小凤 张小鹏 张亚玲 张燕 张忆慧 张英 赵芳芳 赵红娥 赵佳佳 赵娟 赵芩 赵婷叶 赵小龙 赵鑫 赵忠生 钟铭 周孝惠 朱国强 朱丽萍 朱水萍 朱文生 朱亚绒 宗雅莉

广东省

省督导

林宝儿 罗伟潜

市督导

柳凌 杨琳 张东

区县督导

蔡冬媛 曾润琦 陈蓝馨 方再跃 黄英晓 赖康乐 李冲 梁剑 梁绮宁 林洪江 林小丹 凌俐 刘锦堂 卢柯 罗泉 莫桂泉 欧阳爱兰 唐燕霞 王红丽 文桂林 吴金凤 谢浩阳 谢文光 杨显峰 叶会连 张淳 张静 郑定飞 郑浩锐 朱冬平

乡镇/街道督导

贝婉珠 卜世雄 蔡鈺灵 曹苏粤 曾彩璇 曾凤姬 车燕梨 陈海兰 陈海桃 陈华燕 陈辉茂 陈金霞 陈丽春 陈美好 陈敏怡 陈少燕 陈素红 陈泰和 陈涛 陈维忠 陈潇雅 陈晓茗 陈晓涛 陈晓英 陈新梅 陈燕娇 陈颖 陈余 陈月 陈泽萍 陈钊熊 陈志锋 陈志勇 程丽瑶 崔喜兴 邓彩兰 邓康强 邓少萍 邓志文 丁军华 杜翠兴 杜丽颜 范敏欣 方君建 冯新志 高娜 高若诗 郭梦娇 何家碧 何芹 何晓文 何秀珍 何烨文 侯婉仪 胡俊 黄炽辉 黄淳 黄佳娜 黄儒林 黄瑞群 黄珊珊 黄少凤 黄晓凤 黄月心 黄志辉 蒋经昌 金娟 康德红 赖冬青 赖海珠 赖洪捷 赖建越 赖丽丹 赖小春 赖晓玲 赖跃华 赖子金 黎嘉敏 黎晶晶 李德仪 李海云 李汉荣 李欢欢 李建文 李静 李可可 李敏敏 李培才 李佩敏 李启勇 李淑珠 李贤淑 李心宇 李雪芳 李月桂 利枚芮 利涛 梁冰玲 梁家俊 梁金华 林春放 林冬阳 林海波 林汉杰 林红燕 林惠强 林金雪 林立怡 林丽珣 林敏佳 林思瑜 林炜旗 林梓花 凌焕琪 刘俊宏 刘柳崧 刘绵芬 刘晓虹 刘漾璐 刘莹慧 卢冰姿 罗静 罗丽珊 罗妙环 罗新茹 马秋菊 麦秋霞 莫金强 莫颖恩 莫子谚 彭建萍 秦怡盈 丘文铮 丘玙 邱翠明 邱乐丹 瞿莉君 阮智海 沈芳芳 施秀如 石燕飞 宋美丽 孙智涛 谭明燕 唐璧楷 王浩 王华英 王俊贤 王康锦 王文愉 王映旋 韦捷凤 文静 吴焯明 吴汉华 吴键斌 吴灵琪 吴平辉 吴寿泽 吴婉莹 吴薇 吴先荼 吴小烨 吴晓娜 吴子铭 冼淑欣 谢婷君 谢雨平 辛春璇 熊立祥 徐淑芳 许梦娟 许映丽 严丽贞 杨鉴 杨夏莲 杨一梅 杨宇 叶建仪 叶薇 尹萍屏 余少珊 余小川 袁锦凤 张海婷 张辉岸 张继忠 张莉 张文森 张潇夏 张晓芝 赵晓彤 郑建高 郑斯格 郑伊祺 钟良明 钟南燕 钟淑敏 钟水晶 钟长飞 周东梅 周慧婷 周勇词 朱慧芬 朱建军

调查员

白素红 蔡发生 蔡嘉辉 蔡静瑜 蔡亮华 蔡仁光 蔡舒琪 蔡晓贤 蔡雪云 蔡莹莹 蔡镇标 曹文婷 岑海珊

曾彩芳 曾美琳 曾珊珊 曾志鑫 陈保林 陈碧云 陈彬浩 陈春芳 陈春花 陈春梅 陈纯洁 陈丹 陈飞利 陈光扬 陈海欣 陈海燕 陈海银 陈鹤妹 陈泓 陈剑华 陈剑妹 陈洁瑜 陈金连 陈俊宇 陈峻斌 陈峻豪 陈康寿 陈敏静 陈佩玲 陈秋霞 陈少芳 陈淑玉 陈文婕 陈晓敏 陈晓宜 陈燕芳 陈燕玲 陈银秀 陈英勇 陈宇昌 陈玉珍 陈玉珠 陈苑毅 陈宗乾 成雄 程超和 程宏霞 程信雄 程妍琳 崔笑兰 邓超辉 邓锦文 邓壬华 邓蓉 邓雪琼 邓映新 邓云莲 丁燕娟 董利芳 董泽章 杜利英 范秀英 范玉春 方佩虹 冯春成 冯德凯 冯华敏 冯欢娣 冯少英 冯绍维 冯先绿 冯颖瑜 冯政飞 高利娜 高祖波 古慧娟 古少美 官雪清 郭国辉 郭慧 郭加平 郭文超 郭艳姬 郭志富 何丹 何道满 何慧萍 何金喜 何绮红 何清涛 何淑闲 何素玲 何伟钧 何泳鸿 何子毅 洪建斌 洪燕璇 洪应杰 黄春玲 黄翠怡 黄带章 黄桂转 黄国华 黄惠梅 黄慧青 黄佳华 黄建阳 黄健斌 黄六生 黄妙芹 黄木军 黄启芬 黄世华 黄淑宜 黄思菡 黄素群 黄桃芳 黄婉芬 黄伟昌 黄小梅 黄小燕 黄晓玲 黄晓彦 黄耀华 黄宇兴 黄运新 纪锦瑜 纪夏莲 纪业英 简碧霞 简志冬 江爱娣 江兰娇 江里平 江敏端 江钦桦 江素琴 江天赐 江小玲 江子蓓 江子健 柯丽玲 孔海欣 孔树林 孔潇 赖炳泉 赖惠红 赖文慧 赖希少 赖小运 赖秀叶 赖银娣 赖育兰 赖苑君 蓝翠芬 蓝嘉翔 蓝妍鑫 黎福丽 黎海 黎秋雄 黎思东 李本珍 李冰 李灿洪 李超均 李春燕 李春照 李东杰 李飞龙 李锋 李广权 李国庆 李韩杰 李惠先 李佳媚 李家伟 李嘉萍 李建城 李剑丽 李杰娣 李洁琼 李井妹 李琳 李梅芳 李妙君 李麒 李荣琛 李思婷 李小芳 李秀凤 李秀娇 李雅苑 李燕林 李燕霞 李烨 李一艳 李益惠 李泳芳 李勇 李瑜芝 李煜培 李招娣 李周灿 李佐珈 利杨辉 梁婵 梁海燕 梁嘉欣 梁炯文 梁丽先 梁林坤 梁晓玲 梁玄烨 梁雪苑 梁远辉 廖彩贵 廖承定 廖华贵 廖志冰 林宝祯 林翠琳 林翠莘 林弟 林芬 林凤娟 林国强 林海华 林佳慧 林金娣 林康清 林莉霞 林敏怡 林其文 林倩霞 林淑卿 林婉玲 林香莲 林学超 林妍鸿 林燕 林智冲 凌丽萍 刘成杰 刘红兵 刘宏涛 刘华 刘华达 刘辉凤 刘惠文 刘嘉宝 刘建 刘开云 刘梅华 刘美琪 刘明健 刘娜 刘倩莹 刘庆芬 刘润南 刘天恩 刘威 刘炜 刘雅雅 刘燕华 刘倚汝 刘殷延 刘永坚 刘宇君 刘宇行 刘裕嘉 刘苑芬 刘运萍 龙美桥 龙永洪 卢鸣强 卢贤政 卢映锐 陆展能 陆姿霖 罗彩琴 罗冬娥 罗冠麟 罗广辉 罗广盛 罗海平 罗俊岳 罗利利 罗淑宜 罗兴旺 罗秀娜 罗振文 骆观明 马汉城 马惠如 马荣枝 马亚四 麦建梅 莫凤连 莫素薇 莫小丽 莫秀云 莫志华 聂得政 聂文峰 宁康德 农雨梦 欧翠凤 欧燕飞 欧阳文灏 欧振杰 欧智光 欧宗文 潘柳萍 潘秀玲 潘耀曦 彭巧灵 彭秋兰 秦婉莹 丘灿飞 邱丽芸 区嘉恩 区伟娟 饶山林 任婉文 阮汝凤 邵宝连 沈敏敏 帅泽楠 苏嘉锦 苏李波 苏文悦 苏燕珊 孙学英 覃珺 覃秀淼 谭带娣 谭栋文 谭静云 谭开权 谭美玉 谭倩婷 谭少娟 谭晓锷 汤淑珍 唐翠娟 唐吉芬 唐志坚 滕晶晶 涂福泉 万丝婷 王带娣 王秋 王秋玲 王汝坤 王淑华 王晓 王秀珍 王燕秀 王瑶瑶 王余妹 王玉兰 王悦泉 韦必秋 韦利坚 魏建娇 魏丽莉 温惠荣 温葵珍 邬小丽 巫有钱 吴春凤 吴翠珍 吴丹 吴红梅 吴惠文 吴慧玲 吴金航 吴美玲 吴姗姗 吴水秀 吴思惠 吴秀丽 吴志刚 伍丽君 伍绮琳 伍世娟 伍阳娇 伍钰颖 香丽红 香婉兰 萧懿行 肖红 肖琴 肖诗洁 肖卫丰 肖瑶 谢彩芬 谢翠芳 谢家兴 谢林 谢玲玲 谢涛林 谢晓南 谢秀芬 谢秀丽 谢绚梅 谢银梅 谢育敏 谢嫄 熊敏梅 熊志强 徐慧雯 许健怡 许小珊 许校迎 薛梅玲 颜志恒 杨春宜 杨冠莲 杨冠仁 杨海珠 杨红梅 杨惠清 杨杰 杨丽云 杨美芳 杨敏玲 杨诗坤 杨晓敏 杨鑫全 杨展婷 姚嘉琪 姚岚 姚棋辉 姚琼 姚威 姚钰 叶翠凤 叶凤缤 叶桂美 叶惠娟 叶庆华 叶少芬 叶素娥 叶伟强 叶文彬 叶文君 叶晓春 叶秀 叶阳 殷雪云 游育雨 余惠莲 余雅清 余燕芬 余志鹏 袁丽云 袁强 袁伟 袁运芳 詹晓云 张宝珠 张碧莲 张凤玲 张宏旭 张玲 张满足

张茂永 张巧露 张秋连 张锐辉 张婉 张文辉 张文艺 张小嫘 张秀珍 张颖蕾 招彩仪 招锦英 赵丽仪 赵秋实 赵松钊 赵文清 赵雅男 郑东洪 郑家乐 郑金达 钟春霞 钟惠露 钟丽娟 钟利丽 钟少娟 钟文燕 钟雁彬 钟映东 钟苑 钟云娟 周金环 周润莹 周善维 周世铨 周先娣 朱国明 朱建军 朱金菊 朱金连 朱丽娥 朱宁宁 朱杏容 朱卓盈 庄乐乐 庄秋霞 卓观普

广西壮族自治区

省督导

温舒 许征难

区县督导

陈洁宇 窦理 冯静姬 何海霞 黄国宏 黄梅英 蒋纪东 蒋莉 蒋燊 赖枝培 梁战阳 罗兰芬 马安花 庞业丹 万增群 吴敬任 叶立华

乡镇/街道督导

宾玲花 曾小慧 陈爱珍 陈爵辉 陈乾 陈艳环 陈颙 邓平 董基伟 董琦 方开麟 龚国春 何深 胡文忠 胡宗碧 黄凤秀 黄焕昌 黄丽丽 黄丽萍 简泉 蒋礼妃 蒋丽兰 蒋有明 赖正仪 李春红 李海容 李兰 李理 李青 李正光 李志 梁桂琼 梁坚 梁金梅 梁水波 廖燕英 刘珈卉 刘义强 刘玉红 刘月姣 龙兵 龙艳 卢秀花 陆雪媚 陆云宝 罗育仁 马志静 莫超 莫全球 宁封顺 农彩芬 农常春 农桂香 欧金灵 潘巨祥 秦荣珍 秦月玉 索斌贵 覃前鹏 唐冬林 唐上奇 滕荫国 王兰香 王云龙 韦洪浪 韦金萍 韦庆业 韦献廉 文嫦 文云云 吴恩强 吴杰杏 吴爵宾 吴坤超 吴良森 吴强 谢蕾 谢丽 谢明芳 谢武忠 薛友娟 颜小艳 阳青秀 杨继新 叶海东 张献兰 张谢龙 赵春艳 赵伍荣 赵严 赵有利 赵元梅 周雨晖 朱方强 朱石强

调查员

闭兰新 闭祖进 蔡李琴 岑巨悦 曾霜霜 陈春辉 陈丹丹 陈锦华 陈晶晶 陈丽萍 陈敏 陈明德 陈琼华 陈胜锋 陈顺才 陈伟杨 陈卫元 陈西南 陈星光 陈业江 陈英翔 陈雨 陈玉丽 陈月英 陈中英 邓洪涛 邓靖 邓绍芬 邓世仁 邓舒欣 邓燕红 邓宇丽 翟冬梅 丁怀志 洞安石 杜正国 方立美 冯健文 冯艺 俸峰 符佳 甘邓娇 甘钧荣 甘露 郭熙明 何凯威 何少萍 何天勇 何雪飞 何艳玲 何永军 何珍琳 胡小燕 黄德军 黄冬妮 黄刚 黄浩法 黄辉 黄健珍 黄均先 黄开森 黄丽妃 黄丽华 黄龙彬 黄铭铎 黄日方 黄善钦 黄似榕 黄细芬 黄晓 黄玉珍 黄珍 霍妙燕 蒋凤华 蒋海元 蒋来建 蒋明生 蒋艳 蒋友明 来承池 兰波 兰小安 劳飞燕 雷丽萍 黎桂梅 黎均勇 黎柳廷 黎庆 黎庆武 黎群 黎贤佩 黎媛媛 李昌华 李丹艳 李发兵 李芬华 李凤英 李光任 李菊轩 李美霞 李其兰 李青玉 李秋惠 李瑞刚 李水明 李天进 李晓明 李永卫 李云龙 梁彩升 梁灿强 梁词谊 梁光义 梁国庆 梁慧 梁丽君 梁清艳 梁盛滨 梁小燕 梁雪明 梁燕翠 梁子健 廖春龙 廖文锋 林斌凤 林静 林绿云 林树倩 林婷婷 林志敏 刘芳华 刘飞兰 刘佳秀 龙伟娣 龙小英 卢春松 卢丹丹 卢汉伟 卢

俊全 卢琴 卢魏梅 陆海霞 陆美珍 陆清儒 陆素华 陆佷 陆文峰 陆叶莲 陆迎阳 罗昌颖 罗超 罗江霞 罗妹群 罗仲权 马彬彬 马齐玺 马秋琴 马文育 马祖成 麦金燕 蒙金海 蒙颖源 莫彩芬 莫健 莫平 莫文裕 莫晓斌 莫羽芬 莫志杰 倪艳飞 聂荣聪 欧慧珍 欧文丽 潘春晓 潘福林 潘天德 庞昌智 秦金美 秦强 秦星元 秦云鹊 区炯强 阮坚英 邵锦荣 施冠能 石海林 宋圣莹 苏洪媛 苏科烨 粟恒丽 覃翠志 覃汉金 覃浩梅 覃何琴 覃基 覃开伟 覃兰 覃善进 覃香梅 覃鑫 覃燕金 覃英 覃永利 覃永章 覃宇祥 覃月微 覃祖美 唐凤香 唐桂珍 唐华玲 唐建飞 唐建华 唐新华 唐新军 唐言化 唐宇荣 陶静华 滕兰芬 田露雪 王兵 王丽 王勋钰 韦彩春 韦昌林 韦春盼 韦桂文 韦佳材 韦乃芬 韦其鑫 韦庆连 韦仕合 韦万姗 韦威雄 韦一 韦媛媛 韦祖宏 文明秀 吴安换 吴春树 吴进善 吴燕梅 伍娟 伍秋香 伍星香 伍永楼 谢滨琳 谢春秀 谢怀号 谢佳利 谢凌燕 谢琼琼 谢小梅 谢绪煌 谢雪颜 徐海梅 徐凌林 许彬 许洁清 禤德志 禤莉宽 颜业强 颜增军 杨春燕 杨海澜 杨金丽 杨清群 杨育梅 姚胜平 叶海东 银小红 银艳燕 余雄业 袁桂娴 张彩红 张海俊 张家明 张科森 张美俭 张雪红 张勋 张耀仁 赵梅兰 赵竹秀 郑北林 钟宝妮 钟防霞 钟坤丽 钟秋文 钟树文 周桂芳 周良凡 周少杰 周晓平 朱承杰 朱方强

贵州省

省督导

张巾

区县督导

陈吕 蒋宏 龙家澔 罗云 罗正菊 罗仲香 毛永保 邱菲菲 宋竞 孙平 王文季 王曦 王泽丽 魏红 杨勋 赵仕勘

乡镇/街道督导

蔡惠琴 岑龙 陈春贤 陈仕佳 陈雯昕 陈遗建 杜高华 杜泉文 杜娅 方华 冯世雨 冯文琼 侯贻艳 胡微微 黄菲 黄璐璐 黄振辉 简荣巾 江政卉, 蒋业敏 况再珍 赖明 李娇 李涛 李欣 李修丽 李姚雨 李英 李永辉 刘彩霞 刘丽 刘梅 刘天扬 刘余华 陆霞 罗小柳 罗杨 罗应锦 莫优 彭红梅 平琳 任昌辉 舒江南 宋丽宋玺 田洪飞 田华勇 田建辉 王国英 王欢 王丽 王攀敏 王诗奎 韦小传 吴兵 吴德敏 吴行刚 肖睿龄 熊旭阳 许爱斓 鄢其会 杨德华 杨翻翻 杨军 杨倩 杨胜毅 叶艳 余厚英 喻本琴 张凯 张梦玲 张青海 张秋萍 张伟 张兴俊 钟登云 朱建华

调查员

白凯莉 白小荟 补国祥 蔡秋苹 蔡绍娟 蔡喜 蔡长琴 常静 陈昌友 陈朝惠 陈橙 陈春燕 陈刚 陈国芬 陈红芬 陈洁 陈利霏 陈念 陈萍 陈雯昕 陈显德 陈小茂 陈兴莉 陈兴龙 陈玉凤 邓洪江 邓首珍 邓迎春 邓中华 刁天吉 范小丽 冯龙生 高红云 高文敬 高艳 宫俊芝 龚芳 龚雪 苟先江 桂仕娥 郝昌贵 何黔梅 何小

权 贺俊堂 侯贻艳 胡朝霏 胡君凤 胡琴 胡舜 胡玉明 黄光碧 黄海 黄梅 黄晓艳 黄信全 黄永碧 贾娜娜 江小青 姜巧 蒋志美 鞠凤 康忠琼 孔维艳 雷何英 李白麟 李必友 李常鹏 李德燕 李桂菊 李洪平 李军 李乐李龙秀 李露 李梦 李天兰 李毅 廖茂翠 廖茂菊 凌仲坚 刘超 刘东群 刘桂花 刘建荣 刘世林 刘依国 刘友红 刘志韬 刘忠政 龙安霖 龙明莲 卢文艳 陆莉 罗朝福 罗传菊 罗达梅 罗贵兰 罗国兵 罗欢萍 罗锦伦 罗立芳 罗仁杰 罗瑞英 骆於嵘 吕建平 马菊 马廷周 毛本宏 米中华 穆伦菊 倪永霞 潘才鑫 潘会 潘家富 潘青 潘相艳 潘有华 潘泽庆 彭杰 彭梅 彭艳 齐小浪 齐云祥 祁燕丽 秦楠 邱菲菲 邱跃文 饶如仙 饶应群 阮培香 佘国琴 佘晓丽 石光琴 石荷琳 石应梦 宋艺 宋正敏 孙安洋 孙明玉 唐红禄 唐华 唐金美 唐小旭 田合香 田水香 田煜 汪孙云 王成优 王大胜 王红 王家明 王杰 王镜羽 王均琴 王梅 王平 王生芹 王秀清 王轩 王尧 王应松 王英 王由才 王珍荣 王志全 韦朝勇 韦国海 韦梅 韦美琼 韦胜标 韦世友 韦摇 文兴祥 吴贵兰 吴金明 吴克勇 吴婷婷 吴行刚 伍爱华 向梦杰 向顺利 肖林江 谢庆冰 熊莉 熊普成 徐龙泉 徐英 薛莲 闫元会 严灯丽 晏玉明 杨昌谬 杨芳 杨光德 杨光芬 杨光华 杨汉益 杨恒 杨娟 杨浪 杨丽 杨曼利 杨梅杨明艳 杨庆映 杨胜其 杨胜珍 杨仕勇 杨顺桃 杨万森 杨显祥 杨小兰 杨亚欣 姚德新 姚福忠 殷少涛 俞光凤 袁朝智 袁顶菊 袁飞 袁国义 袁愈梅 张家敏 张晶鸿 张丽 张玲 张文祥 张晓梦 张盈盈 张映兰 张羽翠 赵朝花 赵靖华 赵霞 赵艳 赵永兴 赵友丽 赵志琴 郑儒琴 郑艳 周朝芬 周红梅 周平平 朱诗雅 朱玉顺

海南省

省督导

胡福金 全江林

区县督导

曾爱心 陈达红 陈德月 陈晓丁 程芸 董希雪 符芳玉 符珊梅 高敏敏 郭运程 黄冰 黄海宁 黎祝琼 梁竣翔 梁良 廖丽霞 林海燕 林菁 林美岑 林诗 林书莹 林雅珍 石妍 王德军 王琳 王秋锦 王维 王谊平 吴芳吴家顺 谢青周 徐凡婷 袁美叔 赵倩 郑玉芳

乡镇/街道督导

陈丽 陈马威 陈敏 陈明月 陈肖霞 陈彦冰 陈益杰 陈育全 冯丁 符艾 符国婉 符海芬 符雪子 符月彬高溪 耿绪康 黄恋傈 黄平 黄启勇 黄日旭 纪定才 黎炳 李春檀 李家弦 李庆君 李亿容 李玉伟 李志刚 梁才芬 梁艳丽 刘思思 莫少玲 莫雅雯 莫宗谊 邵秀青 石俏丽 苏运旺 王澄环 王春琼 王春燕 王德圣 王娇王丽 王莉莉 王柳 王瑞麒 王燕敏 王云 韦微 蔚薇 魏朝煜 文云霞 吴慧君 吴明清 吴淑妃 吴学娇 吴燕 徐容颜 严秋花 杨丽芳 张宏霞 张虹 张玲 张晓红 周安敏 卓莉媛

调查员

白其宁 蔡海连 蔡仁煌 蔡太雄 蔡燕萍 蔡云妹 曾飞 曾美花 曾其谋 曾婷 曾晓晓 曾云 陈保月 陈昌

平 陈春瑾 陈春雨 陈冬美 陈芳 陈辉 陈甲彬 陈金苗 陈克浩 陈来发 陈李妹 陈玲 陈銮 陈罗迪 陈妹 陈娜 陈萍 陈强 陈青叶 陈世雷 陈谭 陈婷 陈伟萍 陈霞 陈小妹 陈秀丽 陈亚梅 陈燕玲 陈懿媚 陈运德 陈运明 陈泽春 陈增海 陈真真 陈卓亚 邓安妮 邓丹苹 董恩明 董立群 董莉芳 董偲偲 董小勋 董学荣 董涯密 董泽涛 杜少环 杜世晔 杜心灵 杜秀兰 冯朝霞 冯海秋 冯进英 冯恋 冯淑敏 冯秀丽 符冰 符彩连 符春苗 符春香 符春叶 符丹丽 符韩慧 符洪章 符慧联 符健扬 符杰 符丽琴 符丽霞 符连妹 符龙爱 符蔓 符美霞 符史旺 符世茂 符宋美 符素萍 符文香 符小静 符晓康 符行欢 符秀娟 符秀平 符雪曼 符一青 符永颜 符玉翠 符忠杏 甫春莹 甫江涛 高红曼 高山 郭春霞 郭春燕 郭绍君 郭艳 韩壮衍 何冬云 何敬练 何秋云 何小芳 洪怡刚 洪姿 胡滨 胡彩曼 胡朝清 胡鸿盛 胡华文 胡奇娜 胡志刚 黄春瑛 黄冬青 黄海丽 黄华明 黄家婵 黄金影 黄俊 黄梅 黄南琼 黄平 黄雄 黄秀娃 黄业营 黄以雪 黄友燕 黄玉美 黄玉意 黄悦 吉琴 吉唯宝 吉晓亮 纪金帆 纪美霞 贾莉莎 姜琼波 蒋宿英 黎耿 黎丽 黎铭杰 黎天祥 黎伟云 黎元尤 黎宗美 李拔宝 李冰 李春燕 李芳英 李姑 李海玉 李好重 李会 李惠 李建功 李景娜 李景照 李灵 李清明 李清太 李日花 李儒刍 李蕊 李世保 李小玲 李小倩 李亚女 李振 李振腾 梁芬 梁考华 梁其政 梁艳 梁珍 林艾金 林道会 林方沈 林继勤 林健 林兰婷 林琼芳 林书荣 林小娟 林珍亮 凌梦云 凌小芳 刘显宁 刘玉香 卢家良 卢家庄 卢秋恋 罗美艳 罗上 罗长青 马进莲 麦文秀 蒙金梅 明平 明英花 倪江苗 农惠钦 欧由吉 潘小娟 裴燕秋 盆照明 彭丽 蒲升远 钱小妹 邱蔡如 苏美燕 苏青梅 苏英美 苏运展 孙智平 覃松 谭爱花 谭鼎行 谭海琛 谭青红 谭肖晓 谭新浪 唐少奇 唐新凯 田红梅 王春水 王大恩 王德星 王冬雪 王芳梅 王国源 王海春 王海荣 王何书 王继亮 王江 王菊云 王兰转 王浪 王丽芬 王丽萍 王莲花 王莲叶 王林生 王梅容 王敏 王明须 王明珠 王培文 王旗东 王琼兰 王日成 王瑞金 王绍精 王身智 王诗妹 王淑娟 王太娃 王小兰 王小莉 王晓燕 王雪丽 王雅雅 王燕 王英 王英培 王英荣 王远旭 王云飞 王者震 王祚霞 魏小霞 温青 文秀江 翁书善 吴春玉 吴芬荣 吴海蝶 吴海英 吴宏新 吴景日 吴菊英 吴清诚 吴秋荣 吴荣丽 吴少敏 吴星达 吴业昌 吴育慧 伍彩安 l 冼雪花 肖艳虹 肖怡 谢森 谢少明 谢小慢 谢英连 邢维捷 邢雪联 邢奕蕾 邢月平 邢增力 邢政 徐春香 许昌兰 许大娟 羊梅玲 杨婵 杨广平 杨惠媛 杨君 杨美丽 杨明 杨微 杨叶宇 姚雅静 叶龙华 叶少美 张继山 张洁 张盈 张远莉 张月飞 章菊花 郑曼芷 郑云娥 郑在敏 周彩虹 周凤康 周红秋 周军红 周乐 周麟葵 周婷婷 周晓丽 周秀丽 周玉 朱伟华 卓扬琴

河北省

省督导

秦丽霞 张琳

区县督导

陈瑟 陈雨童 程梦雅 段志昱 高庆周 关万军 贺翠翠 李春艳 李琳 李然 李秀梅 梁强泽 刘国路 刘海峰 刘慧颖 刘长青 孟桂玲 缪建兵 庞敏莉 彭增智 乔须勇 孙立娟 田伟 王胜喜 王新刚 王秀菊 王艳忠 王英 小李 徐红英 张立民 张艳璞 朱林洁

乡镇/街道督导

安红梅 白秀艳 蔡磊娜 曾蕾 常江杰 常霞 陈秀欣 程延红 崔晓莹 董建民 董志金 杜虹滔 段书强 敦景丽 高鹤 高咪 高冉 郜汝胜 韩琳 韩亭亭 洪珊 侯旭阳 胡平坤 胡卫民 胡长雨 贾惠博 贾素蕊 姜许 焦向炜 康菲菲 孔会晓 李宝琴 李碧成 李纯瑛 李嘉晨 李金秀 李美美 李孟姣 李擎 李世超 李伟 李振宇 栗欣梁淑君 林秀丽 刘艾艳 刘茶 刘芳 刘国新 刘红霞 刘宏民 刘静 刘乐乐 刘祥军 刘亚曼 刘义鹏 刘议优 刘莹 刘振宇 柳建勋 路华 路晓燕 吕彦菊 马文辉 马艳明 马悦 孟红梅 孟华 苗萃 南东霞 牛嘉 潘一萱 齐培良 任雪彦 桑凤辉 尚德柱 申辉琴 沈晶茹 沈腾维 史红芳 宋雅妹 宋永海 唐素文 田念 王聪 王冬云 王贺强 王继花 王景 王立国 王明明 王楠 王赏 王童 王晓虹 王雪 王瑶 王永红 王玉竹 王兆华 魏向飞 魏学义武金领 熊蕲荣 徐兆威 闫佳敏 闫磊 杨敏霞 杨亚梅 杨志岳 于丙田 袁保宁 臧青娜 臧文超 张春红 张春艳 张军 张立彪 张连军 张敏华 张双松 张温霞 张小霞 张鑫 张星 张亚丽 张娅菲 张尧 张玉 张悦 赵会芬赵洁 赵彦城 郑红敏 郑洁 郑尚 郑艳荣 周立晶 周丽 周涛 周宇 宗梅津

调查员

安菲 安海英 白凤丽 白会如 白晓风 白肖丽 白鑫 白雪茹 蔡双全 曹灵芝 曹业 曹振涛 陈爱霞 陈聪惠 陈洪灿 陈阔 陈蕾 陈丽静 陈青 陈蕊新 陈双双 陈影 陈云玲 陈珠 陈姿 程月华 崔雪娇 崔玉荣 戴依江邓瑞廷 邓天 邓学迪 翟丽君 丁凤英 丁梅娟 董媛元 窦敬华 杜世玲 段丽艳 段吖吖 段艳苗 段志梅 范志叶 冯宝琴 冯娜 付国军 付换峰 高凡迪 高凤英 高海新 高华 高记亭 高立志 高蒙 高淑平 高新美 耿和瑞耿彦林 耿洋 耿云睿 顾玲 关秒 郭成林 郭洪旗 郭会兰 郭丽军 郭天烁 郭香莲 韩晓丽 韩旭静 韩彦彦 韩勇娟 何红雷 何梦元 何蕊 侯春梅 侯玥 胡姗 胡素英 胡艳荣 黄丽亚 黄珊 贾四花 金华友 金涛 康雪平 孔令军 雷小勤 李彬 李冰玉 李宠 李春艳 李德春 李东辉 李海霞 李红爽 李红艳 李红玉 李佳鑫 李靖 李静李俊 李力爽 李丽 李莉 李梦龙 李梦珠 李巧艳 李蕊 李胜男 李石磊 李树青 李思纯 李素洁 李霞 李晓阳李欣 李杨 李云叶 李泽浩 连银莉 梁超 梁俊刚 梁露凡 梁雪波 凌玉成 刘波 刘东梅 刘冠华 刘红倩 刘佳斐 刘建辉 刘凯 刘立艳 刘利红 刘佩 刘素霞 刘天宇 刘彦云 刘燕 刘洋 刘英林 刘玉霞 刘云鹏 刘正杰 卢妹真 卢娜 卢跃兵 鲁莹 陆宇 逯建清 吕东芳 吕红明 吕军力 吕立英 吕平平 麻芳芳 马朝利 马辉 马灵灵马芹芹 马艳荞 马玉存 马悦森 孟凡江 孟芳芳 孟航宇 孟辉 孟慧芬 孟志成 牛丽杰 彭刚 郄进彦 秦曼 曲金盼 曲永娟 任利静 任小明 任雪 沙焕红 尚利德 邵建辉 邵彦霞 沈天阳 绳春春 石红 史同娟 宋红红 宋晓萌 宋泽辉 苏红生 苏军喜 孙浩翔 孙红娟 孙建英 孙克东 孙林松 孙宁 孙思东 孙迎新 谈敏 谭玉匣 田兴 王宝柱 王晨阳 王国兰 王海洋 王昊邈 王会民 王佳瑞 王建芬 王建伟 王晶 王克新 王坤 王垒 王淑欣王所馈 王文敬 王文爽 王新霞 王秀秀 王艳爽 王燕玲 王烨 王一宁 王义娥 王艺蓉 王毅 王盈 王永丽 王玉皋 王玉贤 王子仪 位晓燕 位艳朵 魏璇 温晓松 吴浩瀚 吴立梅 武文博 武艳琴 武永申 肖兰生 肖喜俊谢莹 邢爱梅 邢静静 邢盛真 徐日华 许彩美 许丹丹 许丽曼 许桃桃 许增慧 杨爱茹 杨冬梅 杨高山 杨光杨红侠 杨金花 杨晶磊 杨静 杨丽 杨秀风 杨艳生 杨怡然 杨英 杨玉鑫 姚淑媛 姚永丽 姚勇 尹晶晶 游翠霞 于海江 于潜 袁飞 岳敬杰 张宝 张蓓 张兵立 张彩霞 张春立 张翠 张恩浩 张福建 张晗影 张浩楠 张家

望 张剑 张杰 张金香 张靖 张娟 张俊梅 张兰琴 张立娟 张丽娜 张丽瑞 张连凤 张录肖 张璐瑶 张楠 张念 张佩环 张仁强 张瑞香 张士双 张淑红 张淑艳 张淑智 张文彬 张文东 张秀芳 张亚芳 张亚珍 张艳 张艳慈 张智慧 赵爱君 赵卜 赵风磊 赵会茹 赵建 赵建敏 赵建腾 赵立坤 赵苓风 赵淑果 赵伟娜 赵雪飞 赵雅娟 赵玉考 甄思航 甄紫依 郑进成 郑飒飒 郑香春 郑玉亮 钟艳 种香志 周富仿 周鹏 周艳红 朱宁 庄孟青 俎爱华 祖庆霞

河南省

省督导

范洪振 张立群 郑冬冬

市督导

李姗景 史立志

区县督导

畅巧明 陈方蕾 陈建涛 陈淑敏 党丽霞 翟珂珂 董金友 段自超 高东旭 关春香 郭红春 黄华奎 黄俊霞 黄燕 贾国忠 焦典 焦玉花 孔维龙 李海枫 李丽 李梦威 李瑞鹏 李影 梁增杰 刘金霞 刘淑莉 刘素红 刘雪平 刘宗民 娄斌 毛孟杰 毛义军 牛红军 裴峥峥 乔军武 乔威 宋丽娜 苏雯 王辉 王伟 王向平 王英阁 王云鸽 王志平 吴明志 吴亚伟 邢建设 邢小亚 杨振江 袁议府 张克超 张绍勇 张晓丽 张莹 赵浩 赵丽君 赵雪改 朱奇剑

乡镇/街道督导

白娜 白婷婷 鲍翠花 鲍秀勤 蔡尚忠 曹丽丽 柴宏宇 常守东 钞志远 陈爱辞 陈广贤 陈国华 陈红 陈建军 陈兰哲 陈莹莹 陈颖 程海博 程祖国 崔欢胜 崔静梅 崔瑞 崔希云 崔新立 代丹丹 邓德龙 翟春燕 丁晓红 丁玉仙 董立振 杜利荣 段明伟 范树奇 冯凤梅 冯国建 高源 耿风英 耿鑫 宫春桃 勾秀娟 郭春菊 郭东平 郭光辉 郭青青 韩红霞 韩利霞 韩文恒 韩艳萍 韩艳云 何香兰 侯杰 胡娟娟 皇晓红 黄会娟 黄珂 黄松枝 贾清华 姜惠丽 蒋海兵 焦占波 金玲 金星 靳瑞 靳秀杰 孔杰 李德明 李登明 李冬艳 李改平 李广清 李寒冰 李红光 李佳佳 李建强 李静 李克建 李娜 李瑞娟 李嫣嫣 李艳丽 李燕利 李玉鹏 李跃 李忠诚 刘聪聪 刘芳 刘芳芳 刘静 刘蕾芬 刘秋荣 刘瑞杰 刘炎铎 刘营超 刘振 卢遂红 芦庆利 马彩群 马大宝 马多马国锐 毛明勇 牛玉会 裴莹莹 秦培华 秦长江 邱凡海 屈晓锁 佘倚梦 盛亚齐 时春丽 时向花 宋刚峰 宋桃辉 宋玉果 宋长鑫 陶莉 田利田 万艳娜 王建坤 王洁新 王进文 王隽飞 王俊然 王丽红 王蒙蒙 王世谦 王涛 王卫华 王香梅 王小雨 王晓丹 王晓瑞 王亚丽 王亚敏 王亚楠 王艳玲 王勇凯 王宇辉 王志广 王志武 魏慧雅 吴红艳 吴巧梅 谢慧英 邢玲玲 邢颖 徐宝林 徐洪涛 许慧丽 薛芳 薛红雨 薛玉勋 闫进京 闫宇杨红果 杨君萍 杨瑞萍 于利革 于青玲 袁俊涛 袁连花 原庆芳 原昕 张常真 张叠 张海燕 张会清 张绘绘

张慧敏 张佳佳 张珂珂 张乃心 张全兴 张森 张淑娟 张素芝 张文军 张新礼 张莹 张云玲 张战胜 赵金花 赵均平 赵庆军 赵素芳 赵卫巍 赵小巧 赵燕莉 赵燕燕 赵胤涵 赵永立 郑国良 郑贺雷 郑晓 郑娅敏 周彩云 周参军 周妍 周永红 朱东东 朱凤丽 朱丽峰 祝茜茜 訾连登

调查员

艾娜 白德峰 白荣华 卜志娟 蔡晓娜 曹伟 曹莹 柴宏宇 常保银 常培丽 常胜岩 常文 常月霞 晁丽华 晁丽丽 车金香 陈晨 陈丹 陈海洋 陈军伟 陈兰香 陈明彩 陈平安 陈亭亭 陈伟红 陈卫青 陈希顺 陈晓金 陈晓珂 陈晓妍社 陈秀玲 陈援 陈媛媛 承金忠 程翠云 程文妍 程艳娟 褚其花 崔欢胜 崔先隆 崔迎春 代俊 单合旗 单文秋 邓美云 翟志伟 底洪涛 丁国红 丁贺喜 丁宇航 董艳霞 董志永 杜百帅 段晓 段召永 樊秋霞 樊志敏 范浩然 范红霞 冯慧芳 冯秋鸽 冯顺强 高峰磊 高丽娜 高曼丽 高鹏 高茜 高永涛 高原 古燕子 郭翠翠 郭广辉 郭红令 郭建学 郭静 郭静静 郭娟 郭立琴 郭丽娜 郭林林 郭凌云 郭卫霞 郭鑫 郭旭 郭亚楠 韩冰 韩春辉 韩豪杰 韩伟 韩希芹 何慧晶 何书华 何彦松 和珊珊 贺红梅 洪丽洁 侯海明 候晓华 胡欠欠 胡肖宇 滑世伟 黄俊美 黄鹏 黄艳 黄燕 姬秋艳 姬生云 姬小红 吉晓英 贾雯琳 贾跃杰 江林娣 姜二花 姜红宽 蒋广鹏 焦书 康跟党 康素云 康园园 孔维倩 寇忠粉 库亚鑫 雷千里 黎月 李爱云 李超志 李春雨 李丹丹 李丹荔 李东霖 李冬利 李高峰 李国杰 李红伟 李红霞 李会敏 李会平 李佳 李金琴 李静 李丽帆 李丽利 李玲 李梦如 李敏 李楠楠 李倩莹 李巧云 李青 李瑞丽 李瑞新 李爽 李素梅 李涛 李体玲 李霞 李晓艳 李亚杰 李亚荣 李娅 李彦 李艳花 李盈利 李颖 李玉豪 李玉红 李运动 李真真 李正茹 李智慧 李自芬 连连 梁二平 梁静静 梁书梅 梁艳艳 梁拥棋 林营 刘仿超 刘高洁 刘国令 刘合功 刘华高 刘晖 刘会停 刘晶 刘静 刘静娟 刘娟 刘娟娟 刘萍萍 刘乾坤 刘瑞霞 刘绍远 刘守永 刘素萍 刘晓华 刘晓倩 刘心春 刘亚冰 刘一博 刘颖芳 刘云飞 刘长城 刘子一 柳红玲 柳同舟 柳晓飞 卢会玲 卢慧娴 卢江南 卢文清 卢五利 卢效玲 鲁梅花 陆朝红 路金金 罗彩霞 罗清华 吕文杰 马金侠 马娟娟 马宁涛 马仰骥 买书芳 毛丹 毛素利 毛伟伟 毛艳欣 毛月玲 孟娟 孟留凯 孟思铭 孟阳 米雪 苗妞 穆绍玲 牛营春 牛真理 裴利霞 裴启航 彭恒 皮蒙可 齐保玉 齐春会 齐杰 齐晓利 钱聪聪 钱亚鸽 秦苏灵 邱凡海 权雅利 任保磊 任艳 任玉苹 尚卫参 邵亚宁 沈瑞利 师书刊 石利娟 石盼盼 时进友 时新卫 史冰倩 史风莲 司桂凤 司鑫荟 宋桂梅 宋焕庆 宋龙钢 宋萍 宋小敏 宋学军 宋亚娟 宋玉彬 苏聪聪 苏惠 苏善彬 孙广寒 孙桂花 孙秋彦 孙小丽 孙银香 汤喜梅 唐世德 唐艳芳 陶伟伟 田磊 田卫国 王爱俊 王安琪 王岑 王春灵 王春胜 王春霞 王刚强 王广州 王国亮 王海江 王红霞 王洪玲 王慧芳 王慧慧 王慧敏 王佳琪 王建玲 王建文 王金花 王静 王俊红 王俊杰 王俊兰 王俊丽 王丽娟 王利娟 王林 王宁丽 王茜 王巧芝 王青枝 王琼 王瑞娜 王瑞仙 王森伟 王胜利 王双慧 王素玲 王卫华 王文旭 王西灵 王向丽 王小红 王晓霞 王欣欣 王秀平 王银枝 王永杰 王玉芳 王玉宗 王煜杰 王在军 卫亚军 卫长伟 魏会霞 魏梅晓 魏士勇 温丽 毋爱玲 毋海荣 吴爱玲 吴美兰 吴盼盼 吴亚飞 吴云凤 武宝河 夏耿强 肖高松 谢俊香 谢素苹 邢春华 徐换可 徐佳丽 徐涛 许帅 闫冰冰 闫梦凡 闫庆艳 闫永勋 杨慧敏 杨洁 杨金和 杨利芬 杨萌萌 杨萍 杨巧兰 杨瑞业 杨士霞 杨晓芳 杨晓静 杨艳丽 杨燕 杨振利 姚兵兵 尹世帅 雍培培 尤洁云 尤伟川 于广娣 于凯 于想竹 袁小艳 袁雪莲 袁祎 臧放放 张波 张春生 张此梅 张丹丹 张方慧 张广彬 张广辉 张海燕 张含含 张红娟 张红霞 张花然 张祎果 张

会歌 张慧 张俭 张静 张娟娟 张俊英 张丽红 张利波 张萌萌 张梦蝶 张梦凯 张敏杰 张倩倩 张秋萍 张秋霞 张顺 张松航 张素丽 张万飞 张文军 张霞 张现兵 张小贺 张小竹 张晓光 张晓丽 张晓莉 张晓晴 张晓岩 张新莲 张雪 张亚坤 张亚美 张燕歌 张仪晨 张永娜 张振国 赵爱琴 赵变玲 赵博 赵红杰 赵讳丽 赵建波 赵静 赵静霞 赵秋娟 赵荣诃 赵霞 赵晓燕 赵艳方 赵玉花 赵自安 郑彩霞 郑冬艳 郑国军 郑婧 郑鑫 郑秀荣 支慧 智大勇 周爱霞 周俊鹏 周瑞霞 周妍 周永鹏 朱晨飞 朱丹丹 朱东东 朱慧芳 朱佳莉 朱南南 朱晴文 朱亚敏

黑龙江省

省督导

揣丰羽 周鹤

区县督导

董峻佟 董威 付博 李秦峰 马捷 牟振东 孙运华 王伟 王文艳 王新 辛春梦 徐金艳 杨丽爽 张慧萍 张金玲

乡镇/街道督导

安媛媛 包洪峰 曹春雁 曹术东 陈迪 陈磊 陈莉娟 初光辉 初晓宇 崔永旭 代欣华 房静 冯雪 谷艳香 郭昭明 韩冰 何姝颖 胡春杨 胡文荟 姜利鑫 巨涛 孔健 李东 李卉 李欧 李如柳 李巍 李艳艳 李祎歆 李颖 李自钰 凌宗芳 刘红梅 刘立武 刘璐 刘颖 罗艳平 吕莉 马丽 门海菲 齐月佳 曲冰冰 沈喜杰 沈玥 石少敏 宋春燕 孙冰 孙红菊 孙爽 田忠 王丹娜 王菲 王平 王姝 王雪莹 王雨佳 王彧姮 王展 王志荣 魏来 魏振东 吴圣君 吴亚娟 武飞 肖瑶 徐丽娟 许丹丹 许雪峰 许子梅 薛红 杨丹 杨鹤 杨丽影 姚莉莉 伊翠翠 尹莉 印洪雨 张宏霞 张丽萍 张明慧 张萍 张晴 张亚贤 赵佳男 赵健男 赵丽 赵鑫鹏 赵研 周健

调查员

白金亮 卜慧平 蔡立英 陈红雪 陈丽荣 陈长梅 褚淑英 崔刚 崔睿思 戴海娟 翟坤 刁瑞 董磊 董丽影 董雨萌 董玉屏 段少君 范立杰 冯志峰 付冬琛 付敏 富蕊 高慧鹏 高珊 高艳静 高艳香 葛洪芳 郭福祥 郭莹莹 郭钰滢 韩丹丹 韩鹤 韩家慧 韩杰 韩雪峰 郝和平 侯凤丹 胡静 胡丽娜 黄玉 姜洪影 姜琳 姜秋发 姜彝 姜伟 金丹丹 金杰 靳彩霞 鞠芳洁 鞠玉敏 孔凡丽 孔庆玲 李丹丹 李菲 李福蕾 李桂荣 李桂侠 李季霏 李佳雯 李明笛 李明珠 李双 李晓微 李亚娟 李宇航 李远洋 李志刚 廉晓雪 梁淑红 林佳 林荣娜 刘恩佳 刘菲 刘丰 刘凤梅 刘洪梅 刘洪颖 刘华 刘梦璐 刘淑萍 刘爽 刘硕 刘欣 刘秀华 刘雪梅 刘雪琪 刘彦霞 刘艳 刘艳秀 刘玉凤 陆春英 陆明玉 罗德方 骆爱英 吕鑫 吕艳南 吕艳芹 吕玉兰 吕智慧 马春红 马维红 马文波 马相君 孟颖 牛宏杰 乔小梅 秦明尽 秦明娟 邱淑娟 任晓玲 尚磊 沈洪柳 沈影 石炜琪 史艳 史志姣 宋丹丹 宋国玲 孙丽微 孙巍 孙秀文 唐健蕾 唐杰 佟雅君 佟玉兰 万冬梅 王丹 王迪 王付国 王焕南 王辉

王惠耘 王继华 王金艳 王晶 王静 王丽 王丽群 王秋燕 王双 王铁柱 王婷婷 王婉露 王微 王巍 王秀华 王雪瑶 王艳平 王玉婷 王悦 王越 魏妗抚 魏珊珊 魏文 温颖 闻传霞 吴彬彬 吴金平 吴庭秀 吴悠 武克敏 夏红霞 夏重阳 肖雯雯 谢贵菲 辛淑霞 邢燕南 徐帆 徐莹莹 玄丽明 闫华鑫 杨春 杨福立 杨立丽 杨丽 杨莉 杨守杰 杨松 杨晓秋 杨懿暄 杨悦 姚过 姚慧子 衣帅 于克伟 于坤 于孟丹 于晓庆 于秀杰 袁明媚 张丹丹 张冬华 张桂珍 张国华 张海生 张贺 张红 张慧萍 张吉媛 张靖悦 张静波 张开宇 张历梅 张丽梅 张明慧 张娜 张秋菊 张荣红 张婷婷 张晓波 张晓彤 张兴群 张秀丽 张雪 张亚娣 张艳红 张野 张雨纯 张玉萍 张照宇 赵琛 赵佳 赵洁琼 赵金祥 赵静 赵丽娟 赵丽君 赵娜 郑良英 郑钱钱 郑学丽 郑玉粉 周芳 周琳 周墨 周莹 朱翠峰 朱晶 朱莹莹 邹国信

湖北省

省督导

赵国兴

区县督导

蔡亚芳 操家康 操炼 陈甫国 褚翠萍 丁璇 董晓云 高超林 何琳琳 胡李军 胡玉露 黄华 柯贞佳 罗田 吕莉 吕玲 马昕媛 散兴文 王雅钦 吴蒲珍 杨明桂 殷伟 张晓琼 朱厚根

乡镇/街道督导

蔡兴俊 曹春晓 曾兆芳 陈汉荣 陈金玲 陈琼 陈素珍 陈维捷 陈俞含 戴长珍 邓红梅 邓进东 丁欢 杜伟 段克梅 范华杰 范俊希 戈俊 韩慧 韩旺 郝婵 胡亚敏 黄河 黄帅 黄勇 蹇平 蒋言慧 金慧 金小华 李爱华 李红梅 李红艳 李慧 李帅 李文芳 李玉娥 刘青梅 刘问珍 刘栩 罗红芬 罗双兰 马文彪 明艳梅 聂容 彭晖 彭慧玲 彭雪 彭云桂 邱艳 沈胜强 绳典 孙思玮 谭春梅 汪爱芬 汪淼 王丹 王建新 王金霞 王秋萍 王守龙 王雪松 王永春 闻超凝 吴莉 吴巧芝 夏君 夏友英 肖灯秀 邢丽玲 熊小兰 徐波 徐险峰 许小泉 许英群 鄢丹 杨丽玲 姚昌萍 叶花丽 易建皋 尹艳华 余炳枝 张建萍 张娇 张丽 张丽云 张玲 张卫 张幺梅 张雨梦 张玉芬 赵聪 赵芳 周丽红 周维宪 周小明 周颖

调查员

别一平 蔡春艳 蔡金菊 蔡亮 蔡艳萍 蔡煜 曹芳 曾迪 曾令洲 曾维娇 曾俞豪 查伟东 陈冲 陈含 陈红艳 陈乐星 陈丽春 陈明利 陈佩佩 陈四荣 陈婉娟 陈小华 陈晓兰 陈雅茜 陈亚平 陈燕 陈阳 陈玉萍 陈运兰 陈珍玉 陈棕 成红涛 程翠华 程丽萍 程肖肖 程友华 程月芳 褚四桃 崔聪 代大忠 代林 戴欧文 邓芳玲 邓来柱 邓青云 邓伍 邓玉娇 邓志华 丁梦璇 丁雪玲 丁永成 董萍 董燕珍 杜金荣 樊胜丽 范婷婷 方春辉 房玉琴 冯香菊 冯雪莉 付红枝 付玲 付婷婷 付燕 傅涛 甘丽 高红 高俊 高丽 高丽丽 高伟 高屹 龚芬荣 龚加香 龚佳欣 龚涛 龚圆圆 顾德进 顾红星 桂倩 郭荣华 韩枫 何方梅 何荣荣 何志云 贺爱娥 胡蓓 胡传

梅 胡凤敏 胡红梅 胡锦绣 胡兰军 胡梦琪 胡盛雄 胡双华 胡伟 胡玉兰 胡运兰 胡志平 华瑶 黄阿玲 黄成玲 黄大梅 黄迪 黄建荣 黄江莹 黄金芳 黄黎静 黄莉 黄莉莎 黄群 黄盛娣 黄艺文 黄雨新 黄志兵 贾荷影 江琴 揭翔 金花 金柱春 柯翠英 柯丽丽 柯玉珍 柯园芳 寇群慧 蒯小红 乐保新 雷靓雯 雷胜全 黎红梅 李碧波 李昌敏 李春梅 李德 李桂桃 李虹 李会珍 李金华 李黎琼 李玲燕 李明灿 李强 李巧玲 李珊 李书梅 李书英 李爽 李桃仙 李婷 李霞 李晓盼 李艳丽 李颖 李雨欣 李志翔 凌建华 凌露 刘爱香 刘彩和 刘芬 刘冯元 刘红霞 刘会兵 刘杰 刘静文 刘康 刘梦 刘明梅 刘攀 刘启芳 刘琼慧 刘文英 刘祥玉 刘焱 刘莹莹 柳颖 龙文霞 卢春艳 卢进凤 卢敏 卢艳 卢颖 鲁必娥 鲁慧芳 罗惠芳 罗婷 罗文举 罗雅 罗永洪 罗芝英 吕芳艳 吕美群 吕天 马妮 马香莲 马正飞 毛三云 梅武松 孟凤云 孟立志 孟祥辉 孟艳清 明慧敏 潘花球 潘丽平 潘圣鳌 庞玲玲 裴先梅 彭聪 彭红芳 彭瑶 彭有志 濮天择 齐桠 钱佳磊 邱成鹏 邱川川 邱欢 任翔燕 阮晓霞 佘星星 沈希如 盛梦玲 盛新娟 帅志娟 宋丹丹 宋美兰 苏少轩 苏炫瑒 孙开燕 孙丽娟 孙森森 孙琪 孙晓红 孙艳萍' 覃楠 谭斯瑞 谭显春 唐凤琼 唐又丽 陶萍 陶勤 田晶 田雨 童军 童鹏 屠海燕 宛秀红 万卓林 汪欢 汪俊 汪盼盼 汪秀霞 汪艳 王芳 王红 王洪玉 王华 王娟 王琳 王琪 王苒 王小莲 王晓丹 王雄 王璇 王艳 王艳丽 王艳林 王怡 王勇元 王友莉 王玉红 魏德江 温翠兰 邬丽 吴红林 吴金兰 吴俊 吴连桂 吴锁娟 吴文倩 吴小霞 武小枝 夏梅 夏微 向澄 向姣 向玲 向月 肖慷妮 肖思萌 熊凤鸣 熊玲 熊梦男 熊仙英 徐红艳 徐丽文 徐璐 徐讷 徐文菊 徐晓黎 徐云云 许记玉 许荣花 许亚丽 严玲 严小菊 杨陈陈 杨传林 杨芬 杨惠 杨兰梅 杨明春 杨万丽 杨艳 杨姿 姚光娟 叶冬香 易赛娥 尹海兰 于美春 余保平 余金玉 余利平 余玲 余微 余文娟 余文婷 余序彬 余艳玲 余引娣 余云花 於秀兵 袁记良 袁廷娇 袁苇 占慧 占丽娟 张晨 张海平 张海燕 张寒 张欢 张慧 张锦华 张娟 张克斌 张利平 张伦 张漫漫 张梦 张敏 张娜 张芹 张晴晴 张诗敏 张文丽 张曦瑶 张霞 张小红 张玉珍 张云云 张珍尼 张真真 赵天雄 赵天珍 赵云 赵珍 郑享红 周翠萍 周代菊 周梦 周琼颜 周荣 周胜华 周雪娇 朱德森 朱秋元 邹道芳 督导员 程再先 邓雁冰 卢国安 毛徐文 梅介平 饶青松 商宗卫 张德汉 张维维 张耀宏 邹文斌

湖南省

省督导

曹映红 杨冰玲

区县督导

曹湘黔 陈海波 陈林云 丁艳青 方艳华 付爱平 高洁 韩丽芳 旷进南 李闳睿 李锦红 李菁 李罗根 刘松林 刘媛媛 卢刚 罗朝霞 罗解君 全春燕 邵红 孙颂华 谭小辉 谭宇 唐瑛 谢兴宇 张春龙 张翔华 张志维 邹齐

乡镇/街道督导

卜波萝 蔡佳良 曹建国 曹小斌 曾沁 曾宪文 陈立新 陈莉娟 陈庆元 陈亚林 陈燕 陈业峰 陈勇 陈志军 程恒军 邓红凤 邓皎明 邓祁明 邓艳晖 丁剑雄 段兰花 范蓉 方建鹏 方世良 高献珍 龚庆章 龚佑辉 郭

瑶敏 何胜利 何小阳 何志文 贺碧生 胡金军 胡晓东 黄彩红 黄玲 黄梦影 黄世俊 黄晓华 黄学林 黄玉容 黄钰慧 黄毓峰 江丹 蒋成学 蒋后国 蒋杰 蒋先明 蒋智娟 雷小勇 黎竞芳 李海文 李红兵 李军华 李俐 李美 李攀峰 李期琴 李双玲 李晓霓 李星 李衍铭 李一明 李志方 梁秋娥 廖红梅 林建军 刘桂 刘开荣 刘鹏 刘秋中 刘莎莎 刘彦波 刘义法 刘志坚 刘志颖 刘子慧 龙伊那 卢刚 卢娟 陆菊香 陆志华 罗方 罗娇兰 罗丽花 罗小燕 罗育军 罗正全 马骏 毛伶君 闵丽亚。欧阳蕙 饶欢 佘飚 申喜军 舒采华 舒艳 舒艳波 宋大喜 粟卫民 孙绍文 谭秋香 谭润娇 谭忠新 唐奥林 唐丽君 田南岳 万鹏 汪娜 王凤姣 王少康 吴纯霞 吴刘利君 夏玉蝶 向春霞 肖灿红 肖峰 肖淑兰 肖阳 徐朝辉 徐桂平 徐建冰 徐晓媚 徐元 严丁元 颜凤姣 杨慧英 杨家贵 杨江龙 杨理 杨生传 杨卫星 杨霞林 杨中意 杨忠义 姚炎辉 余瑶 喻凯 袁慧敏 张海滨 张海洋 张文平 张银华 张勇 张志红 郑淳 郑金霞 郑亮军 钟敏军 周文伟 周云曦 朱兵芬

调查员

柏霞云 包琴 卜世军 蔡成 蔡赛群 曾秋红 曾为 曾霞 曾雨香 曾中 陈单余 陈定文 陈芳芳 陈红英 陈华英 陈化英 陈焕松 陈佳 陈洁 陈金金 陈静 陈兰珍 陈丽 陈龙梅 陈璐 陈璐璐 陈秋芳 陈全群 陈双春 陈伟 陈晓玉 陈兴 陈彦梅 谌和仙 成凌飞 戴紫嫣 邓丰收 邓美菊 邓伍云 邓正尤 奠文娇 丁小玲 董红丽 杜群 段之琳 樊胜利 方顺波 龚绍芬 郭灿 郭兰萍 郭赛群 郭细军 郭小丹 郭星灿 韩付喜 何必 何春华 何红漫 何湖萍 何莲蕊 何小平 贺丽容 胡春紫 胡和平 胡娟 胡丽 胡俏枝 黄爱华 黄斌权 黄灿 黄芳琳 黄丽红 黄玲玲 黄桐君 黄跃珍 黄贞瑜 黄志 黄志慧 贾梨 蒋冬梅 蒋宏林 蒋群英 蒋虽义 蒋婷婷 蒋小红 蒋茵 蒋运 孔莎 寇芳 寇召云 赖慧群 雷建平 黎红 黎丽 黎苗苗 李蓓 李斌 李浩 李花 李加佳 李莉 李连彩 李亮 李伶俐 李美华 李萍 李群林 李莎 李桃花 李婉颖 李卫华 李枭 李小兰 李新月 李雪梅 李依儒 李怡 李毅 李勇 李赞 廖莎 廖香英 林伟娟 刘柏燕 刘桂英 刘汉英 刘华芳 刘慧 刘江兰 刘丽萍 刘玲玲 刘露 刘敏 刘敏杰 刘鹏飞 刘平英 刘谦 刘清香 刘珊珊 刘绍先 刘婷 刘新生 刘艳 刘艳兰 刘燕 刘一文 刘瑛 刘咏艳 刘玉梅 刘赞凯 刘泽敏 刘真真 刘振明 龙莉荣 卢莉 罗冬玲 罗辉华 罗建华 罗晶 罗菊华 罗连香 罗学武 罗友青 罗玉凤 罗玉姑 毛定威虎 莫阿敏 莫彬 宁春荣 欧金梅 欧密英 欧明红 欧阳小军 彭辉 彭建香 彭杰 彭黎琼 彭雯 彭缘 邱贤星 瞿成香 饶晓 申玉琼 盛培瑛 石安丽 石同 水晓霜 宋载波 苏凌银 谭杰 汤群 唐光球 唐红英 唐慧 唐利华 唐美维 唐婷 唐文学 唐秀芳 唐璇 田苗 田伟 万凤山 汪次沅 汪娇 王娟 王娟娟 王军 王科 王科云 王立芳 王丽 王令辉 王梦玲 王淑妮 王维 王杨清 王瑜 王志伟 危德海 文辉 文建纯 文丽波 文龙 吴奠芳 吴冬翠 吴芳玲 吴豪 吴恒 吴清华 吴素 吴湘娥 吴小平 吴玉芝 吴正麒 伍鑫 武福容 武海燕 武香珍 夏曼 向蕊 肖红姣 肖玲 谢芳 谢红梅 谢红霞 谢梅花 谢亚球 谢友文 熊腊梅 熊群 熊思怡 熊婷 熊瑶 徐晖 徐景菊 徐玲 徐舜 徐向前 徐学仕 许彩云 许廉洁 颜慧 颜劲 晏清 晏鑫 阳丽 杨华 杨慧英 杨菊英 杨立军 杨立霞 杨琴 杨群 杨婷 杨昔飞 杨小丽 姚飞腾 姚帅 姚文娟 易瑾宇 尹登科 尹青平 游清 于铖 于芳敏 余浩 余璐 余霞 袁金花 袁美南 张丹 张德瑜 张峰 张华 张杰 张平安 张巧云 张俏 张秋云 张群英 张如意 张少华 张薇 张细毛 张霞 张新艳 张燕 张泽怡 张中平 赵娜 赵青 赵鑫 郑菊香 钟文 周爱明 周灿辉 周凡 周君 周蕾 周清 周蓉 周双玲 周双苹 周文俊 周贤 周艳红 周艳平 周勇 朱亨 朱惠琳 朱恋 朱璐冉 朱娜 朱喜英 朱张燕 卓林绒 卓晓芳 邹敏 邹小清

吉林省

省督导

李春燕 赵玉林

区县督导

陈国辉 崔立恒 贾秀丽 李福春 李静一 李林倩 李哲 罗雪莲 万军 王卓 徐劲松 徐晴 杨洪春 赵伟 赵欣平

乡镇/街道督导

毕影 陈洪梅 邓玉坤 高迟 高秀环 高志新 高子云 关敏 郭立强 韩东 韩景全 韩小玲 杭艳伟 何晶波 胡广芬 姜静娟 姜莹 姜玉伟 焦凤艳 金璐 孔令杰 兰学梅 李春影 李东玲 李红彦 李建刚 李全超 李守英 李淑芳 李长荣 梁丰缘 梁晓宇 梁修丽 林许萍 林艳双 凌云燕 刘贺 刘康生 刘清华 刘宇 马庆梅 马占琴 毛俊惠 齐艳梅 申楠 沈民 苏丽 隋雪 孙丽姝 孙义忠 王春书 王贺 王开健 王璐璐 王术 王喜国 王晓辉 王新宇 王旭 王彦波 王艳 王艳娥 王志杰 卫国庆 魏连财 温晶莹 吴龙 吴洋 肖寒 谢晓乐 徐剑 徐晶 徐万春 薛春伟 薛立新 闫若男 杨乃芳 尹立梅 尹义娟 于雷 于万欣 张丽娜 张明军 张望 张先悦 张秀杰 张岩 张英芝 张玉锋 张振艳 郑铁明 周岩 周玉杰 朱珂昕

调查员

曹建华 曹志敏 曾秀莲 陈庆娟 陈习伟 代晓娟 翟帅 丁柏心 董丽波 董丽娜 董晓荣 董艳玲 方芳 封长花 冯柏峰 冯伟东 高春梅 高虹 高强 高淑侠 高秀环 高英辉 高玉华 高志华 宫桂娟 谷丽娥 官明辉 郭金凤 郭景霞 郭鑫 韩雪阳 何珊珊 何寅萍 洪俊生 侯飞飞 胡楠 胡小春 黄显忠 霍岩 吉艳芳 贾凤云 贾英姜大成 姜伶利 姜永芝 金璐 李彩凤 李春兰 李丹 李国 李惠芝 李晶 李琳 李玲 李敏春 李明赫 李天夫 李秀霞 李雅君 李岩岩 李艳玲 李依璇 李昱晓 林继宏 刘德凤 刘海英 刘慧敏 刘晶 刘丽 刘威威 刘文文 刘喜云 马淑梅 马维梅 马玉坤 孟祥民 苗桂云 穆荣 聂庆威 牛爽 牛艳汝 潘爱玲 潘贺 彭春杰 彭艳辉 乔晶秦立萍 曲秀敏 曲艳秋 任丹阳 沙敏 邵小苹 沈洪波 石成文 石立宏 石洋 石卓利 宋晓峰 宋艳龙 苏广源孙国和 孙海凤 孙丽红 孙丽萍 孙利 孙利利 孙娜 孙新 陶瑞新 田丽娜 田昕欣 佟照影 万艳杰 王畅 王春霞 王翠环 王丹丹 王桂乐 王金霞 王丽辉 王楠楠 王锐 王淑杰 王树平 王显臣 王香云 王向春 王雪 王艳华 王莹 王瑜 王玉秋 王志勇 吴平 邢长红 徐佳月 徐靖 徐立雪 徐巍巍 徐远娇 颜峰 杨晶 杨庆杰 杨瑞侠姚德萍 于波 于福娥 于秋梅 于淑华 于小辉 于晓堂 臧佟旭 张安君 张红 张慧 张丽 张丽平 张圣雅 张铁霞 张兴俊 张莹光 张营 张勇刚 张振江 赵丹 赵冬平 赵杰 赵京京 赵丽 赵丽立 赵文笛 赵长杰 郑金华 郑晓艳 郑亚玲 郑玉清 周金玲 周景丽 周永波 朱凤玲 朱国侠 朱秀晶 祖学凤

江苏省

省督导

黄晓晔 张黎明

市督导

潘明霞

区县督导

蔡婷 陈恒强 陈美珍 程丹丹 仇慧萍 董红梅 高丹 韩丽婷 黄美雪 季丹 蒋元华 孔令梅 李娜 李蓉 李雯 李莹 林明仁 刘文东 刘亚玲 陆文婷 陆燕华 马金颖 潘敏 濮阳华娣 沈军 沈玉娟 施连群 童宝全 王冰 温春蕾 翁文忠 吴翠萍 吴海霞 吴静瑜 吴之雯 谢丹 谢丽 胥福信 薛怡 杨晓娟 于林钰 于启月 袁芬 张玉美 张云 赵静 郑燕 周红文 朱彤

乡镇/街道督导

包苏龙 蔡婷 曹云龙 陈翠娣 陈丹丹 陈华 陈绿明 陈敏 陈松菊 陈晓琳 陈燕 崔丽媛 邓桂花 翟怀敏 翟亚芳 丁坤 董红军 窦芹 杜欣 范雪峰 方燕丹 费美华 冯艳琳 伏娟 高庆云 高炜 高新宝 高智清 戈剑岚 葛伟红 葛文凤 龚卫娟 顾丰华 顾建红 顾美琴 顾伟 管杨风 韩建华 韩建珍 韩娟 韩正学 何军健 何少君 何小娟 洪敏 胡超 胡萍 胡群 胡蓉艳 华红凤 华阳桥 黄爱香 黄雪梅 黄玉梅 纪月萍 季秀玲 解航 经俊 荆立梅 康雨莎 李娟 李fatal李明芳 李培勇 李秋霞 李心志 李宇杰 梁爽 刘诚铿 刘传卫 刘翠连 刘强 刘寅静 刘勇琴 刘宇 陆丹 陆宏娣 陆珂卉 栾嘉辉 骆菊香 吕明晶 吕晓娟 吕仲生 茅晓花 潘燕波 戚传龙 戚风梅 钱景 钱玲梅 钱璐 钱松 任红 任雪燕 任艳 桑迎春 邵春兵 沈俊华 沈玲 沈玮 沈祥斌 石清玲 史悦炜 宋学军 宋于英 苏凤 谭向峰 王爱玲 王丹 王凡红 王庚会 王海峰 王海鹏 王红梅 王红喜 王娟 王敏 王舒 王炜 王卫宁 王晓星 王艳 王宇玉 魏兰美 魏小庆 魏秀红 翁文超 吴兵凤 吴国江 吴建武 吴静瑜 吴盼 吴萍 吴倩 吴燕清 谢岑 徐海兵 徐宏 徐鹏 徐霞 徐晓旭 许红亚 薛芳 薛梦婷 薛月红 闫四洋 杨同高 姚朋芳 尤新艳 余映红 袁稳 张春燕 张凤琪 张光成 张欢 张静 张磊 张蕾 张丽丽 张琳 张梅芳 张沁 张淑梅 张树美 张硕 张晓红 章超 章晓兰 赵坊 赵佳瑶 赵连芬 赵淑娴 周嘉叶 周明哲 周培慧 周勤芬 朱晨 朱连海 朱珉

调查员

艾保兄 白中顶 柏浩 包娟 卞俊杰 卞玲玉 卜丽君 蔡丽 蔡晓涯 蔡英 曹春芹 曹利娜 曹文毫 曹亚英 曹友凤 曾志良 陈蓓 陈晨 陈妲 陈大兵 陈芳 陈宏康 陈洪刚 陈佳瑜 陈洁素 陈金兰 陈京花 陈珂 陈蕾 陈伶俐 陈培华 陈平玉 陈倩雯 陈润萍 陈亭秀 陈婷 陈霞 陈祥树 陈昕 陈亚露 陈越崎 陈镇 成玉梅 程彬 程

彩云 程燕 仇丽 崔军长 戴晨娟 戴娟 戴燕敏 戴钰 单慧芳 单文政 邓波 邓志平 刁含娟 丁冬英 丁鹏 丁琦 丁盛隽 丁艳武 丁亦清 董华 董勇 杜玲 杜鹏飞 段严慧 樊晓玲 范继巍 范婷婷 范莹 冯祖芸 付华 高磊 高盟涵 高雅 高勇 高中英 戈丽娟 葛良佳 葛小燕 龚海彪 龚芸 顾红玉 顾洁玉 顾敏妹 顾琴莉 顾燕 顾越 管锦花 郭成亮 郭典典 郭海雪 郭洪伟 郭力彰 郭伟 韩娇 韩卫生 韩玉梅 郝保华 何国俊 何思威 贺召印 洪伟 侯娟 胡爱华 胡建国 胡杰 胡居洋 胡晴晴 花修球 花迅 郇伟乐 皇甫红芳 黄靖 黄利玲 黄敏慧 黄文静 黄喜蕾 黄小金 黄周 纪东升 纪红飞 纪洪林 季裕平 冀婷婷 贾良 江菡珺 江亮亮 姜东娟 姜海艳 姜华 姜姗 姜新挺 姜园园 姜珠 蒋春雨 蒋琳 蒋晓红 蒋旭 金超 金周洲 荆黎 孔桂梅 孔连娣 郎建萍 李成林 李丹 李丹红 李功林 李华美 李娟 李莉 李良凤 李琳琳 李佩云 李秋雯 李蓉 李瑞 李伟 李相红 李燕 李玉萍 李玉强 梁男 梁苏静 梁醒醒 梁洋 林虎 林雅 刘春兰 刘帆 刘桂连 刘建民 刘建平 刘杰 刘军 刘磊 刘蕾 刘利敏 刘毛红 刘描 刘萍萍 刘齐 刘秋兰 刘帅 刘维香 刘晓芬 刘彦珍 刘银 刘勇 刘雨琳 刘玉凤 刘彧倩 刘中敏 芦风 陆爱华 陆桂红 陆海东 陆佳佳 陆建忠 陆美燕 陆善花 陆伟娟 陆艳雯 陆怡悦 陆治华 栾嘉辉 罗耀惠 吕慧敏 吕盟盟 吕欣乐 吕宜红 马晶花 马雷 马丽 马秋香 马文斐 马雪棋 马正兵 茅枫 孟庆龙 孟庆芝 苗玲 苗云飞 闵海霖 南莹莹 倪莹 聂新光 钮建妹 潘海霞 潘丽娜 潘丽霞 彭海明 齐敦亚 钱娟 钱丽娟 钱赛贤 钱文莲 钱越仪 乔婷婷 秦涵千 秦红芬 邱静 邱文娟 阙海东 任娟 任娜 任烨霞 芮水龙 桑志凤 沙飞 沙志伟 尚晓红 邵奇 申忠阳 沈彬彬 沈广兄 沈慧婷 沈洁 沈立勇 沈莉 沈琦峰 沈倩聪 沈顺德 沈浠 沈香花 沈小燕 沈怡倩 沈莺莺 盛玉凤 施春卫 施国娣 施丽娜 施美萍 施潇蔚 施裕花 石芳芳 石荣富 石晓静 时根香 史红娟 宋海艳 宋龙龙 宋亭亭 苏芳芳 苏焰 眭海燕 孙爱华 孙花梅 孙倩 孙求福 孙甜静 孙统科 孙迎生 孙莹 孙永霞 谈超 谈贤 谭桢俊 汤敦霞 汤振华 唐春红 唐鼎红 唐明懿 唐昕 陶娜 陶媛媛 屠萍 万丽萍 汪清云 汪颖 王栋 王菲 王光娟 王海龙 王昊阳 王华 王欢 王惠彩 王建 王健 王劲松 王娟 王丽华 王丽敏 王荔群 王梅娟 王美芬 王梦 王木来 王启美 王茜 王勤 王姝婧 王苏妍 王苏阳 王玮 王曦璐 王喜 王霞 王香玉 王忻 王兴启 王雅丽 王亚平 王延伟 王艳静 王永 王月月 王振海 王智萍 王中娥 王竹君 韦静 韦钰 卫翩 魏虹 魏哲伦 温红娟 翁秋燕 巫福琴 吴爱国 吴春燕 吴东妹 吴海涛 吴鸿雁 吴美琴 吴敏 吴沁涛 吴庆喜 吴芸 武良诚 武珍珍 夏爱玲 夏敏 夏琪 夏雯 夏妍 夏业凤 夏云斌 项艳林 肖素娟 谢春芳 谢丹 谢小丽 邢玉花 胥燕华 徐冰 徐春兰 徐国珠 徐海波 徐宏飞 徐环娣 徐建兰 徐婧 徐凯 徐立君 徐连山 徐玲 徐美荣 徐佩 徐鹏 徐萍 徐清 徐素兰 徐文婷 徐翔宇 徐旭东 徐烨 徐永琴 许晶晶 许孟飞 许平 许炜芳 玄志迎 薛兵兵 薛丽 薛灵花 薛鹏 薛薇 薛唯一 严金星 严铭 严琪 羊莉惠 杨本敬 杨春香 杨婕 杨岚 杨雷 杨蕾 杨柳 杨梦玉 杨铭 杨倩云 杨钦永 杨秀莲 杨玉娣 杨月佳 杨智凤 杨子荣 杨紫琼 姚淑颖 姚玉娇 姚元红 叶灵芳 殷建珍 殷萍 尹若文 尤爱琴 尤红玉 于慧 于良 于文婷 余从花 俞城香 俞惠芬 虞秋园 袁唐剑 岳兰 岳文婷 张宝洪 张兵兵 张春霞 张红 张红惠 张红磊 张红萍 张洁 张金 张婧 张磊 张明霞 张楠 张宁 张盘凤 张茜 张倩 张倩楠 张琴霞 张薇 张霞 张晓侠 张新松 张雅茹 张艳 张焱焱 张雨 张玉 张悦 张允科 章建 赵冬娣 赵赫 赵红 赵君燕 赵镭 赵连芬 赵林风 赵亭亭 赵晓苏 赵燕 赵阳 赵毅 周彩兰 周彩苹 周芳 周虹 周乎洁 周佳 周黎斌 周维理 周炫均 周洵 周一凡 周贞 朱宝玲 朱崇敏 朱慧勤 朱林美 朱天曙 朱甜甜 朱雪琴 朱亚洁 朱艳 朱影霞 朱雨潇 祝利娟 庄丽辉 邹燕 左靖

江西省

省督导

洪涌 宁莉

区县督导

蔡静 戴兰娟 邓莹 黄海涛 黄小梅 姜文婷 廖彩娓 刘军 裘以鑫 汪轶琼 徐爱萍 徐宗一 钟岱汲 钟生根

乡镇/街道督导

曾巧珍 陈细根 陈小兵 陈页仔 仇会平 邓美兑 丁忠女 高子敏 桂露雨 郭瑾 郭莲花 何庆华 胡泉润 胡陶兰 胡伍红 胡心怡 黄林 黄密新 黄慕华 黄清 黄小玲 黄小梅 黄学文 黄志华 姜艳 京团 赖翠花 黎流球 李兵 李鼎亚 李光宇 李辉 李江洪 李群英 李玉娇 李重辉 廖彬瑜 廖建峰 林珊 刘东菲 刘华美 刘菊秀 刘丽丽 刘伟华 刘为寿 刘文洁 龙娈 罗华静 罗玲娇 闵爱银 欧阳慧华 欧阳艳萍 潘斯昂 舒敏 舒小林 宋丽蓉 苏剑 孙荷花 唐明妮 涂肖 涂欣 万兰兰 吴赛斌 夏晖 夏明清 夏雪飞 谢娇 熊琴 熊燕平 徐红连 徐菊英 鄢朝阳 晏寰宇 晏秀珍 杨玲娟 尹卫星 余丽娟 喻冬莲 袁佳 袁新礼 袁志辉 詹毅 张艳萍 张莹 章海燕 钟桂英 钟小红 钟小兰 周璟 周艳琴 周智文 朱水平 邹宜荣 左燕

调查员

敖海青 巴爱金 蔡秋霞 曹洪琴 曹金敏 曹玉云 曾果秀 曾泉润 陈丽君 陈美艳 陈梦颖 陈南华 陈日娣 陈鑫 陈雨宣 陈玉珍 程春凤 程德萍 程海峰 程如红 程武林 程细媛 仇红梅 戴丹根 戴南英 邓洁 邓力 邓水妹 丁玉玲 丁钰茹 范玮 范幼荣 方小民 付思思 付小平 甘丽娟 甘增福 高腾红 高育勤 龚家阳 龚金美 郭飞飞 郭敏 郭清发 韩露青 何华 贺雪梅 胡爱国 胡红峰 胡秋萍 黄辉英 黄慧巧 黄秋雨 黄蕊 黄喜秀 黄侠辉 黄小玲 黄艳 黄银华 黄佳敏 江海 蒋保珍 金芳芳 金鹏 金志军 来丽 赖彩英 赖风坤 赖利群 赖七娣娣 赖薇 赖紫亿 勒春桃 冷招龙 黎栋明 黎娜 李兵 李沣霞 李美珍 李梦露 李启莉 李叔金 李燕 李瑜俊 李云 李云光 廖美云 廖小秀 林春梅 林玲 刘娣 刘国华 刘玲珑 刘苏文 刘小琳 刘晓林 刘艳 刘艳梅 龙冬梅 卢润香 罗芳 罗陆珍 罗日群 罗小红 罗月珍 骆伟玲 吕锦华 毛端深 梅韦明 孟文 聂海飞 欧阳玲君 欧阳升 潘慧荣 潘丽红 潘秋英 彭海园 彭华龙 彭寿明 彭玉娇 彭宗亮 漆平平 饶懿华 任春凤 任春霞 任玲娟 圣三平 舒诗玮 舒志强 宋林辉 宋小芳 唐文姬 唐小金 唐小云 陶小慧 滕宝庚 涂小花 涂序国 万丽阳 万小峰 汪香华 汪小妹 王剑琴 王莉 王琦 王全英 王雪 王雪飞 王燕 王珍 吴丹 吴娟 吴東兰 吴苏琪 吴小宁 夏小虎 肖红梅 肖友德 谢建 谢美云 谢钦伟 谢胜芳 谢晓莲 幸世平 熊翠琳 熊凤花 熊佳玲 熊尚潇 熊淑军 熊雪花 熊雪萍 熊玉兰 徐憾憾 徐红娟 徐满妹 徐平平 徐双 徐水红 徐勇 严新芳 严智源 颜伏龙 晏飞

燕 晏梅生 杨宝荣 杨鹏 杨淑珍 易小梅 尹三毛 尹小伟 尹页兰 余雪娥 虞四媚 虞永久 喻婷 喻雄德 喻桢 袁广花 袁青青 袁晓梅 月桂珍 占梦霞 张凤贵 张贵兰 张蕾 张林 张鹏鹏 张琼 张世春 张修龙 张有为 张振兴 章荣辉 钟国兰 钟莉萍 钟龙龙 钟青香 钟心言 钟雪梅 周陈红 周广华 周经辉 周蔷薇 朱锴 朱雅婕 卓菁 邹丰 左发虎

辽宁省

省督导

武凤娇

区县督导

王静文 陈广明 刁美玉 董爽 韩淑贤 韩莹 李丹 刘红霞 刘振园 卢艳 孙悦 田雪梅 汪丽娜 王静文 魏菊 徐寰宇 徐向阳 杨晓彤 张冰冰

乡镇/街道督导

巴家强 白茹 常爽 陈慧琴 陈宇 陈郁 程谟萍 程勇 崔凯 崔晓峰 单新娟 董泓毅 董君 杜丽 范天娇 冯桂芹 冯丽华 冯渼喆 冯秀静 高秀华 葛珈含 弓学生 谷中琼 郭宏艳 郭杰 郭静 郭俊 韩超 何雅茹 胡彬彬 姜德梅 姜洪文 解涛 孔晓辉 孔莹 李博学 李多强 李宏波 李晶晶 李俊杰 李丽 李玲 李璐 李美娟 李琦 李全庆 李双羽 李文仲 李晓菲 李亚楠 李妍 李瑛 李有海 李宇帅 梁玉丹 刘东兴 刘桂平 刘厚平 刘铭 刘爽 刘晓旭 刘欣 刘艳军 刘洋 龙颖 卢连云 陆文龙 马占英 孟令开 孟庆余 潘文忠 庞丽丽 乔晓华 盛亭亭 石金娣 石晓明 宋婷婷 宋媛媛 孙晨宇 孙宏宇 孙立舟 孙楠 孙奇 孙燕 汪秀娥 汪羽嘉 王丹 王金红 王金伟 王蕾 王美玉 王启嘉 王茜 王珊珊 王淑 王晓妍 王秀娟 王炎冰 王杨 王卓 魏广利 温东辉 吴宝柱 吴婕 吴艳梅 邢瑶 徐百香 杨冬影 杨礼 杨长春 叶萍 于婷 于艳霞 袁明 岳秀岭 张春阳 张海城 张海艳 张宏梅 张维维 张武 张秀 张岩 张艳 赵海梅 赵环 赵静 赵立臣 赵琪 赵秋平 赵莎莎 赵文江 赵忠清 周洪徵 周金月 周雪 朱莉 禚国营 邹军

调查员

安秀敏 白英 蔡娟 曹丹 曹欢欢 曹雪 曹雅茜 柴璐 常晶 常青 陈立红 陈笑昨 陈秀丽 陈雪 程谋丽 崔玉祥 代建强 戴洪敬 邓蕾 董丽娜 董术贤 董中华 杜娜 杜清华 杜玉英 段淑凤 范琳琳 符晓晨 付洁 付颖 高冬梅 高丽娟 高莳宇 高阳 耿运红 宫兵 顾杰 顾玉华 关宁 管秀娥 郭满玉 郭薇 韩春梅 郝金龙 郝长旭 何莹 侯宝坤 侯巍巍 黄凤云 黄俊 黄娜 黄宇 贾红梅 姜兴库 姜严杰 姜长清 姜振红 蒋凤秋 解洪梅 金春丽 金茜 景文艳 鞠世爽 康秋霞 孔静 孔瀛 蓝德晶 郎抒情 李波 李成永 李春莲 李丹 李桂娟 李翰宇 李华 李金萍 李晶 李晶晶 李林芝 李娜 李琪 李文红 李贤 李香君 李小径 李秀梅 李雪 李岩 李艳红 李一凡 李莹 李颖 李永香 李月 李长英 李争 李卓 李遵 梁秀贤 梁亚军 刘安娜 刘畅 刘春芳 刘冬 刘娇 刘晶 刘景

清 刘静 刘明月 刘硕 刘思宇 刘巍 刘欣 刘雪 刘亚娟 刘艳 刘玉彦 刘媛媛 卢佳琪 卢时鹏 陆萍 罗曼 洛传林 吕政军 马春清 马双 门国栋 那学春 倪忠萍 宁波 牛海博 裴雪娜 钱士华 邱朋 邱中举 任英 申玉霞 沈萍 石萍叶 史丽媛 宋葳 宋相风 宋秀琴 苏桂平 隋影 孙本哲 孙冬青 孙家滨 孙俏岩 孙瑞婷 孙晓鹤 孙晓婷 孙晓云 孙秀玲 孙雪莲 孙永梅 谭桂艳 谭蕾 唐伟丽 田白璐 田仁杰 王兵 王丹 王顶君 王刚 王珩 王红梅 王辉 王金戈 王晶 王景森 王俊红 王珺 王立玲 王丽 王丽丹 王丽杰 王丽利 王庆岩 王琼 王若梅 王帅 王婷婷 王婉婷 王喜元 王欣 王秀君 王雅娜 王杨 王一乾 王颖 王玉春 王玉梅 王玉贞 王月娥 王志国 王紫云 卫洪梅 魏德宏 温馥荧 吴寒 吴红伟 吴红艳 吴龙 吴小雪 吴秀丽 吴振馥 吴忠斌 武艳华 夏春红 缐碧荷 肖杰 肖悦燕 辛佳娟 邢玉英 修秋 修婷婷 徐波 徐海芳 徐静 徐萍萍 徐天烨 徐向阳 徐鑫 徐亚学 徐梓涵 许颖 闫常艳 闫雪 阎菡 杨春城 杨弟 杨莲 杨淑香 杨雪 杨艳 杨炀 姚丽丽 姚占佳 叶淑兰 殷桂平 于岚 于丽晖 于淼 于璇 于振静 袁玲玲 张丹 张芳 张红芳 张红梅 张红艳 张洪囡 张丽 张丽君 张丽巍 张栾 张明洋 张娜 张平平 张曲洋 张若驰 张诗淼 张双苹 张晓倩 张晓婷 张栩峰 张艳丽 张艳玲 张政安 赵东东 赵红梅 赵金波 赵丽 赵丽杰 赵敏 赵文生 赵晓莉 赵悦 赵志华 郑蔓莉 周敏 周润 周珊珊 周诗惠 周鑫 周艳红 周莹 周子祯 朱家宝 朱美学 朱威 朱晓敏 朱玉婷 宗岩 邹英华

内蒙古自治区

省督导

张红梅 赵鹏

区县督导

曹月霞 邓志刚 高杰 郭锦 韩晓燕 贾海花 李可夫 梁艳霞 吕秀峰 马艳红 石潇慧 王诺 王彦荣 许向东 杨吉君 杨军 岳存桃 张宏飞 张前厚 赵建波

乡镇/街道督导

白慧敏 白秀兰 包桂琴 包卫莲 董晓庆 高春梅 韩领杰 韩晓峰 好毕斯嘎拉吐 何霞 花荣 黄玉山 贾建云 解涛 刘宝红 刘培红 刘希望 刘晓娜 刘艳芬 马丽荣 马录 祁玉喜 乔剑虹 任改玲 任丽娥 沙如拉 师红叶 史晓君 宋艳红 田福清 图雅 王春梅 王福军 王炜 王莹 温永新 希龙 许宏伟 杨根 杨海平 杨建男 杨金明 玉荣 张春雨 张翠菲 张存利 张贺锋 张建英 张立荣 张丽英 张艳平 张有林 张玉平 郑莎 俎波涛

调查员

安继胜 敖敏 白美莲 包桂兰 包国英 包梅荣 包永亮 宝音 曹文省 常贵宝 陈福喜 陈贵英 陈惠文 陈秀连 程军 初琦 春梅 崔爱英 崔海侠 崔景红 翠英 达拉胡 单洪燕 党飒 邓朝花 丁改叶 董铖 杜贵运 杜丽峰 额尔敦布和 樊改先 樊建国 樊蓉 范素珍 范志强 冯丽慧 嘎日迪 高爱生 高芳芳 高海霞 高升旺 高艳红 高元芳 根兄 郭改兰 郭金花 郭凌云 郭美花 郭平 郭全奎 郭晓慧 郭雅娟 郭源 郭子明 哈申高娃 哈申

图雅 韩雪飞 郝换清 郝婷 何秀兰 贺爱荣 贺婧 贺心爱 侯国权 侯月梅 胡学锋 胡英芝 皇三反 皇胜 贾海 贾箬薇 贾文刚 焦英 金景贤 靳二丽 康晓庆 兰巧枝 雷天文 李福生 李海宽 李海燕 李虎 李计云 李嘉成 李金艳 李景东 李俊辉 李丽萍 李敏 李七来 李青 李淑杰 李双喜 李宛桐 李威风 李文忠 李喜元 李霞霞 李小霞 李艳宏 李艳辉 李志芳 梁桂杰 刘春霞 刘冬梅 刘二欢 刘红霞 刘俊 刘俊英 刘丽娟 刘敏 刘书丽 刘舒予 刘文杰 刘晓飞 刘秀兰 刘艳文 刘银梅 刘宇 卢爱仙 罗冬青 罗培英 罗仝宽 吕利珍 吕淑清 吕艳靖 马树云 马秀平 蒙来云 孟瑞青 牡丹 牧兰 潘晨 潘燕云 祁燕 乔海艳 乔艳芳 乔在明 秦海燕 秦美玲 秦少平 曲换娣 任德虎 任改改 任俊飞 任伟 任学飞 萨日楞 散敦 申琳 师国辉 石文书 史佳音 史如云 史文雪 史小宏 斯琴莫日根 宋晶 孙春梅 孙孟香 孙启 孙琴 佟桂芬 图雅 王成拴 王丹 王二军 王粉团 王富宽 王桂梅 王海艳 王建华 王姣 王金良 王俊河 王丽平 王丽艳 王利英 王瑞花 王瑞清 王淑丽 王帅 王素花 王微微 王霞 王小侠 王亚东 王艳杰 王玉兰 王渊 魏淑珍 温小平 温滢滢 文莲 邬鲜枝 邬永胜 吴芳芳 吴万林 吴振福 武军梅 武明 小荣 晓荣 肖永成 邢永霞 兴格乐 许丽英 许晓娟 闫四莲 杨二霞 杨粉团 杨改花 杨丽 杨林梅 杨瑞青 杨艳 杨子君 姚平 于慧琴 于久珍 于志鹏 玉月 苑培凤 张宝志 张春瑜 张道婧 张富国 张改桃 张根贵 张海霞 张焕霞 张建平 张九林 张俊芳 张兰弟 张丽琴 张利华 张美兰 张美林 张萌 张敏 张明利 张培峰 张青枝 张霞霞 张晓军 张欣 张兴兴 张玉宽 长林 赵风枝 赵高 赵海香 赵明霞 赵培芬 赵妍 赵云 郑洪明 郑微玲 郑晓雨 钟俊梅 周利峰 周三兰 朱五子 俎波涛

宁夏回族自治区

省督导

李雅楠 苏国荣

区县督导

董文辉 何红娟 孔娜 李红 马翠梅 慕祺 田虹 田志兰 王彩虹 王峰 王乐 王永 闫蓉 张晶晶

乡镇/街道督导

蔡金花 陈丽 陈培玲 陈致用 翟爱芹 董暾炯 杜学明 范彩莲 冯云丽 高乐 葛燕 海霄云 郝荷香 康启迪 李惠琴 李嘉丽 李瑞霞 李晓燕 李永梅 刘娜 刘鹏 刘婷 柳焱 卢秀虹 马丽萍 马晓燕 马杨 马银春 纳浩祁小梦 全保国 施学清 施亚芳 王春梅 王根梅 王金龙 王生萍 夏冬梅 谢金凤 徐瑞 杨桂萍 杨莉 姚宗荣 张春霞 张润月 张正聪 赵满霞 周小艳 邹新蕊

调查员

白凤龙 白洲洋 摆丽 毕金娥 常会蓉 陈红 陈静 陈亮军 陈书霞 陈燕 翟银萍 丁辉 丁淑娟 董建玲 董玉梅 段娅娅 高洪浏 高继琴 高倩雯 耿静 古定向 顾彩云 郭丽萍 郭美英 郭银丽 海娟 海小东 何亚玲 贺永平 黑学花 洪梅 洪秀琴 侯晶晶 侯小佳 侯永春 候旭芬 胡红叶 胡美丽 胡娜 胡怡峰 黄静娴 黄娟 黄英

黄玉斌 惠菊花 贾慧慧 贾伟杰 贾艳 蒋鸿 金桂兰 金玉龙 康学红 郎素华 雷彩琴 李爱娟 李爱芹 李芳 李飞虎 李峰 李高琴 李洁洁 李静 李梅 李品 李世清 李文云 李莹 刘翠丽 刘娟丽 刘璐 刘琴 刘小英 刘云霞 路小兰 吕慰 马波 马彩萍 马德俊 马桂花 马汉文 马慧芳 马继珍 马金程 马莉 马莉蓉 马米丽 马宁 马鹏礼 马鹏泽 马瑞虹 马甜慧 马文斌 马小虎 马小琴 马小薇 马小艳 马晓华 马学强 马学秀 马燕荣 马乙平 买晓红 孟繁磊 勉学霞 勉志霞 穆晓军 牛亚明 牛珍 牛治学 潘怀梅 潘艳红 任红 任瑞 撒成丽 撒玉莲 邵波 邵蓉 师晓艳 史玲云 苏广平 孙鹏蓉 田进贵 田小云 田晓霞 王海青 王红侠 王惠 王丽萍 王少娟 王双红 王艳 魏金萍 温蕊 巫国清 吴汉升 吴立雅 吴学琴 吴学艳 吴育涵 邢春艳 徐明栋 徐莹莹 许亚亚 演海霞 杨彩霞 杨芳 杨贵菊 杨建云 杨娟 杨瑞花。杨小红 杨小琪 杨学琴 杨云云 姚晓君 姚瑶 冶蒙清 雍伟 于亚方 禹雅倩 岳小慧 张阿媚 张炳乾 张红萍 张惠 张剑锋 张丽萍 张楠 张枢茂 张双萍 张霞 张小平 张秀平 张玉琳 赵百宁 赵健雪 赵倩 赵西霞 郑立静 周宝 周晓艳 周颖 朱芳 朱润花

青海省

省督导

谢艳丽

县级督导

关萍 刘珍 罗娟 沙玉花 宋正元 万玛吉 魏静 扎西东智 冯双红 罗梅芳 苏菲娅 张丽萍

乡镇/街道督导

蔡有芳 董宝琴 都金花 多吉措 俄尖旦增 伏晓玲 尕藏吉 尕措卓玛 高玉莲 关却合吉 郭有明 贺盈娟 华尖扎西 姜晓玲 靳立峰 孔爱云 寇玉莲 奎启兰 黎文英 李发艳 李小婷 刘生清 马婧 马俊英 马兰 马晓红 马秀清 马媛 朋毛卓玛 彭毛叶专 却吉 三措 桑杰措 苏丽丽 索富珍 谈秋花 完么吉 王梅英 王秀艳 王玉梅 夏琴忠 项毛卓玛 羊尖卓玛 杨尖拉姆 杨赟琴 赵国春 赵溶萍 赵伟斌 赵雪梅 赵嫭珺 钟凤雁 周加本 祝英华 钻吉

调查员

阿晒牙 白春霞 白统莲 包玺元 毕月玲 才让当知 才让卓玛 晁桂香 陈香莲 陈玉芳 达日措 达瓦卓玛 代玉兰 邓西萍 多杰才旦 范玉霞 冯小萍 尕藏加 高冬梅 格日多杰 公保扎西 郭玉生 郭玉忠 哈增寿花 韩彩萍 郝洁 侯继梅 胡他郎 吉毛加 加华加 贾成伟 贾青青 姜占萍 解登兰 孔庆风 喇春花 雷发莲 李丙顺 李存梅 李得英 李桂兰 李桂业 李花龙 李连 李秋梅 李全明 李润红 李永芳 李占秀 李长焕 李长明 刘得福 刘建让 刘建秀 刘金兰 刘萍 刘晓辰 刘志春 卢世青 马芳 马红霞 马娟 马六月 马麦日元 马赛力买 马生胜 马小燕 马晓梅 马永静 马玉霞 马长青 满拉措 毛宝菊 米占平 苗金莲 娘盖先 娘加先 娘秀加 祁凤清 祁永来 祁有连 祁正明 乔甲子 乔秀春 全秀莲 沙玉花 施生玉 石三月梅 时杰 宋生芳 宋生英 苏延青

宿芸 隋鑫慧 索南才让 唐福林 土登 瓦梅元 王春莲 王連兄 王玲萍 王庆玲 王统霞 王秀清 王燕 王重香 奚玉姣 夏巴东周 夏吾卓玛 谢德芬 星桂孝 薛桂芳 杨成霞 杨富贵姐 杨生秀 杨晓芳 姚晓珍 冶其梅 叶西措姆 张克萍 张玲 张苹 张启芳 张维秀 张有霞 张长霞 赵彩虹 赵风莲 赵更兄 赵胜英 赵有兰 周倩 朱建亭

山东省

省督导

刘万晖 彭申春 朱圣军

市督导

李耀

区县督导

白仕光 曹彦彬 陈险峰 陈欣 陈钰霞 程英爽 丁爱武 董翠连 董雪 范存晓 丰红梅 付倩 耿耿 耿立群 姜悦辉 解国清 李文霞 李玉娟 林静 林兴科 刘国娟 刘介增 刘小端 鹿克兰 平振圣 邵长玲 宋祥燕 苏翠翠 孙颖 王超 王道强 王东芳 王桂富 王红梅 王红旗 王景利 王维琪 魏娅楠 徐如杰 徐艳双 杨立华 于爱卿 袁花 岳强 张洪波 张连新 张铭橦 张巍 张文萍 张雯雯 赵芳 赵瑞岭

乡镇/街道督导

巴忠芹 白义兰 薄兵 毕思军 蔡建民 蔡小惠 曹宝文 柴艳萍 常立芬 车欣怡 陈立云 陈丽 陈彤彤 陈卫东 崔斌斌 单保东 单文玉 单馨语 范存礼 范丽萍 范文新 范玉婷 方晓新 房传军 房艳 丰晓鸣 付春霞 付方方 耿莉 宫雪原 郭君霞 郭玲 郭曼雅 郭涛 韩爱英 韩国清 韩玲 韩文茂 郝翠霞 胡瑞芳 胡亚南 胡彦青 华紫玉 纪翠芹 贾若鑫 江鹏飞 江运玉 解彩霞 金仁斌 靳婷婷 孔令芝 孔祥春 孔祥岱 蓝淑霞 李爱芹 李保晶 李翠凤 李观霞 李贵琴 李静 李亮 李琳 李梅 李娜 李树欣 李雯 李晓霞 李秀梅 李雪芹 李艳春 李瑶 李颖 李永奇 李玉芹 李增军 梁昌乐 梁金燕 梁雅娴 梁智堂 廖吉峰 刘宝霞 刘传彬 刘洪丽 刘惠英 刘继英 刘佳佳 刘金钊 刘俊生 刘凯丽 刘密 刘敏 刘清华 刘荣梅 刘相艳 刘晓 刘馨 刘源启 刘兆利 卢星辰 鹿克兰 路婷婷 吕丽云 马红英 马瑞娥 马晓燕 孟凡荣 孟凡兴 苗纪美 穆京芳 牛建华 牛晓君 裴云霞 齐俊霞 齐瑞芝 齐艳群 曲静 曲绍娜 商延会 尚争 佘雪棣 申宝风 沈斌 沈艳芳 司波 司书梓 司晓涵 宋振刚 隋耀炜 孙爱英 孙波 孙芳梅 孙红梅 孙敬敬 孙立斌 孙美玲 孙苗 孙敏 孙树章 孙雪飞 孙雪君 孙义平 唐健 唐敏 陶玲 滕斐 田淑良 田元群 王碧云 王崇香 王春蕾 王春雨 王凤春 王观华 王红梅 王继忠 王娟 王丽丽 王美杰 王青 王庆国 王庆华 王瑞雪 王淑芹 王素梅 王万良 王文英 王晓萍 王欣利 王秀玲 王雪琴 王艳丽 王莹 王玉青 王月华 王真 王志强 王洲 魏薇 魏燕 吴彦丽 吴元松 夏方让 夏欣 肖德花 辛丽 邢玉君 邢志超 徐炳宝 徐桂和 徐林敏 徐双双 徐以玲 薛建国 薛淑秀 薛玉平 杨丰华 杨青 杨书真 杨伟静 杨

晓莲 姚昌修 仪祎 由韶辉 于超男 于秀娟 原丽 张爱清 张宝忠 张博程 张春艳 张春燕 张海宁 张鸿杰 张华丽 张卉 张建 张晶 张珂欣 张茜 张倩 张婷 张卫胜 张秀华 张燕 张耀中 张跃霞 张泽坤 张珍花 张振国 张志永 张智敏 张尊华 赵鸿梅 赵明兰 赵守斌 赵童 仲昭明 周光辉 周辉 周琳 周强 周学磊 朱海英 朱俊美 朱莉莉 朱亭亭 邹健 邹亚 邹焱 邹玉奇

调查员

白友提 白有提 柏美红 鲍淑云 鲍元翠 毕立峰 毕淑珺 毕素兰 毕研平 毕于玲 邴文卿 曹桂娟 曹红艳 曹慧娜 曹际霞 曹荣芝 曹艳强 柴桂芹 常翠香 陈爱华 陈炳芬 陈彩芸 陈常峰 陈芬 陈红 陈洪娟 陈佳丽 陈娟洪 陈兰兰 陈丽娇 陈美玲 陈庆贺 陈荣华 陈双晨 陈维荣 陈心欣 陈新迎 陈修敏 陈秀云 陈学红 陈延学 陈志军 成宝禄 成英华 程岩 仇雪峰 初凡尊 楚宪祥 崔家畅 崔玲 崔培美 崔荣欣 崔淑红 崔维美 崔文卓 崔现珍 崔晓伟 崔孝云 崔新红 崔玉栋 崔玉升 代恩青 代飞 代桂玲 戴建伟 戴静 单红红 单瑞英 单晓风 邓淑娟 翟淑霞 翟文芳 翟相苗 翟秀玲 丁凯丽 丁茹 丁伟峰 董昌娥 董光梅 董加鑫 董健 董士敬 董世娟 董世玲 杜宝叶 杜娟 杜启田 杜瑞花 段秀玲 樊波 范奉贵 范建云 范荣其 范遵华 房晓芬 冯德丽 冯剑锋 冯连周 冯倩倩 冯上梅 冯世钧 冯晓倩 冯云霞 付峰 付守香 付小芹 付瑜 高传甫 高桂荣 高洪霞 高克霞 高连星 高松雪 高秀兰 高延霞 葛成艳 葛辉 葛金平 葛均玲 葛均梅 葛学花 龚欣欣 巩强 勾卫霞 关晓雪 管建华 管金芳 管西民 管祥芳 郭宝芹 郭琛 郭海珍 郭慧 郭金萍 郭俊梅 郭丽 郭书洁 郭书新 韩邦云 韩海云 韩金磊 韩丽丽 韩然然 韩志花 郝豆豆 郝继泉 郝兰英 郝秀英 郝亚男 何凤荣 何茂荣 何瑞满 何晓玲 何召花 侯成华 侯平运 侯仕达 侯玉芳 胡珊珊 胡雪莲 胡艳超 胡宗营 黄进宝 黄艳华 黄志平 姬霞 纪立梅 季维禄 贾桂菊 贾海鹰 贾丽平 江泽山 姜春晓 姜登凤 姜辉 姜惠敏 姜建范 姜金环 姜金涛 姜晓 姜欣雨 姜云焓 蒋凤玉 蒋焕青 蒋锦豪 蒋囡囡 蒋莹莹 蒋玉红 金元玉 金忠璐 靳婷婷 井友霞 鞠海莲 鞠月霞 巨芳美 孔德兰 孔建 孔娟 兰硕 郎晓彤 雷金伟 李爱华 李保燕 李彬 李超群 李成芳 李登会 李冬芹 李芳 李丰红 李丰芹 李峰 李凤云 李光霞 李桂芳 李桂华 李桂娟 李桂兰 李桂梅 李桂荣 李国芳 李国荣 李红霞 李洪豆 李洪福 李洪霞 李洪玉 李花云 李华英 李加昌 李静 李菊香 李娟 李兰兰 李良荣 李民华 李囡 李楠 李骞 李强 李秋琳 李仁颖 李三红 李世琰 李仕富 李素燕 李彤 李伟敏 李伟伟 李霞 李翔 李小清 李晓 李晓倩 李鑫华 李秀花 李秀珍 李学红 李学连 李亚楠 李彦彦 李英香 李玉珍 李月娥 李云兰 李振海 厉新红 梁国强 梁军 梁素珍 梁永贵 梁振芹 林凡玲 林俊芳 林昀 林增竹 刘宝刚 刘存梅 刘德珍 刘都英 刘贵 刘桂丽 刘汉逢 刘昊宇 刘浩妍 刘慧 刘吉新 刘杰 刘金江 刘静 刘立彬 刘密 刘苗苗 刘明希 刘芊羽 刘巧惠 刘钦菊 刘青丽 刘庆梅 刘琼 刘然秋 刘三燕 刘尚霞 刘树鑫 刘廷秀 刘维乾 刘文芳 刘文娟 刘宪梅 刘相助 刘晓梅 刘晓艳 刘效君 刘秀芳 刘学花 刘延军 刘彦公 刘尧 刘晔 刘以伍 刘英航 刘永杰 刘元梅 刘月丽 刘跃鑫 刘云 刘占芳 刘志娟 刘志连 娄本涛 卢芳慧 卢秀花 卢媛媛 卢长利 鲁睿 鲁统玲 鲁卫卫 鲁希公 鲁雪莹 陆斐 栾高维 栾仙子 栾玥葳 罗广东 吕翠英 吕桂香 吕涵 吕会芹 吕伟 吕玉红 麻庆芬 马兵 马德松 马国利 马兰 马连栋 马瑞雪 马爽 马田 马元兴 马之国 孟春英 孟凡荣 孟繁丽 孟文雅 孟祥萍 宓爱娟 苗淑芳 牟庆光 慕德乔 慕庆春 慕永兰 倪红霞 聂逢艳 牛君丽 潘广霜 潘海英 潘加乡 潘立铎 潘欣 裴晶 彭春 蒲姣姣 亓翠艳 亓建玲 亓玲 亓婷婷 亓晓敏 齐阳阳 钱龙滋 曲秀梅 权文芳 任

安香 任翠艳 任昊飞 任辉 任会欣 任惠贤 任纪梅 任静 任姗姗 任淑芳 任思连 任卫军 任晓君 任玉秀 商海军 商和珠 商一然 尚昌玲 沈金娥 沈敏 沈秀燕 盛桂敏 盛生芬 石翠英 石瑞序 时玮寅 时永欣 史美红 宋成钦 宋春燕 宋端芹 宋凤 宋福玲 宋慧敏 宋建华 宋杰 宋景芬 宋开英 宋克玲 宋敏 宋卫 宋祥萌 宋效芳 宋钥霖 宋宜红 宋英 宋余杰 宋忠英 宋作荣 苏大娇 苏静 苏琨 苏莹莹 孙爱玲 孙安省 孙炳英 孙春梅 孙恩坡 孙海霞 孙红英 孙华群 孙会东 孙继英 孙金英 孙静 孙丽荣 孙莉莉 孙敏 孙萍 孙巧 孙巧艳 孙树金 孙希波 孙晓霞 孙新科 孙新泽 孙秀红 孙燕 孙英朵 孙营营 孙玉青 孙兆芹 孙宗来 孙宗平 谭明芹 谭霞 唐可波 唐延琪 唐振永 田春华 田春燕 田红英 田沪杭 田俊红 田历莉 田立桂 田梅娜 田秀萍 田玉丽 田震 万修珍 汪连连 王安珍 王宝祥 王宾 王彩凤 王彩利 王成柱 王传彬 王春红 王翠翠 王丹丹 王德菊 王发芝 王芳 王房 王凤芹 王光波 王海静 王红蕊 王红侠 王洪民 王慧 王嘉华 王婕 王金美 王金山 王京彩 王京英 王俊英 王克兰 王乐鹏 王立峰 王立英 王丽君 王莉莉 王琳 王龙 王敏 王培红 王平莲 王萍萍 王前前 王巧兰 王秋岚 王冉 王嵘臻 王瑞玲 王士美 王世国 王守利 王书翠 王淑春 王树辉 王苏玲 王甜甜 王维顺 王卫 王文娇 王文静 王文君 王熙艳 王霞 王秀红 王秀娟 王秀丽 王雪青 王旬龙 王延芹 王岩 王宜云 王有民 王玉华 王玉南 王玉强 王昱涵 王元勋 王月桂 王悦 王兆苗 王振国 王振鲁 王峥 王志国 王志颖 王志玉 王治福 王仲梅 尉玉华 魏素珍 魏雪萍 温禄芹 温圣萍 闻捷 吴凤芝 吴合秀 吴静 吴军国 吴玲玲 吴敏 吴平 吴兴民 武斌 夏欢欢 夏继群 夏丽娟 夏学远 谢美玲 谢夏禾 谢智翔 辛建英 辛晓桂 辛颖 邢凡 邢晓敏 修先明 徐滨 徐超花 徐法朝 徐芳 徐峰 徐纪英 徐晶晶 徐龙 徐美英 徐明玉 徐沙沙 徐甜甜 徐婷 徐玮 徐文亮 徐小清 徐秀娟 徐延芳 徐衍红 徐以梅 徐玉芬 徐玉芹 徐兆欣 徐遵勇 许贵春 许洪芬 许文彬 许新萌 许秀娟 许允英 许之花 薛凤芹 薛洪连 薛圆圆 薛允华 闫丽君 闫莉莉 闫庆庆 闫秋荣 闫玉平 阎德云 颜丙娟 颜世云 杨爱香 杨传涛 杨帆 杨桂芳 杨加禄 杨金红 杨立刚 杨丽萍 杨倩 杨守金 杨素军 杨文红 杨小璇 杨修德 杨秀娟 杨秀青 杨玉銮 杨振玲 杨宗海 姚成山 姚刚 姚倩 仪娜 尹德荣 尹学艳 尹治英 英成云 于广菊 于后强 于金芳 于静 于培芳 于勤颖 于庆灵 于群 于瑞花 于潍铭 于文丽 于兴敏 于英珍 袁从凤 袁红梅 袁娟娟 袁莉 袁长秀 袁兆霞 苑世灵 苑文洁 岳洪来 岳之亭 臧巧玉 展丽芹 张爱玲 张安芬 张安良 张宝慧 张彩霞 张成芹 张崇丽 张传云 张代君 张道基 张德成 张光娟 张浩扬 张红利 张红芹 张洪波 张洪刚 张洪力 张花果 张记夫 张洁容 张金双 张堃 张乐平 张立花 张丽娟 张利芳 张林结 张玲梅 张美平 张萌 张敏 张明荣 张培芬 张青果 张庆民 张瑞灿 张士超 张世杰 张仕成 张淑莉 张树英 张松涛 张维菊 张伟 张玮玉 张文娟 张秀红 张秀华 张秀兰 张秀平 张旭 张雅鑫 张彦利 张彦美 张阳阳 张银霞 张英梅 张永菊 张永新 张永英 张玉祯 张越 张云红 张振梅 张志凤 赵丙叶 赵炳彩 赵殿兰 赵娟 赵丽平 赵璐 赵梅 赵美红 赵萍济南市市中区陡沟办事处赵庄村 赵淑英 赵帅 赵新强 赵艳 赵玉翠 赵子梅 郑继锋 郑平花 郑淇文 郑素梅 郑兴平 郑玉桂 郑元美 周传平 周春兰 周风英 周红燕 周慧敏 周杰 周靖涵 周凯璇 周兰英 周庆兰 周文莉 周雯夏 周艳芝 周艺轩 周玉营 周自由 朱彩云 朱德艳 朱洪香 朱会 朱文昌 朱艳芳 朱艳阳 朱玉慧 朱玉洁 宗照河 邹凤龙 邹焕喜 邹昕昕 左怀云 左进忠

山西省

省督导

马天旭 秦凤昌

区县督导

代海霞 贺宪强 李爱文 李海云 李娟 李丽 李秀娟 连勇 刘艳红 申建青 师宇莲 孙苗苗 唐东嵘 田盛敏 田秀娟 王俊花 王丽娟 王莉 王娜 王智慧 吴文革 武新立 许建庆 张保铃 张茹 张志宏 周芳

乡镇/街道督导

蔡变根 曹璐 曹志军 常仲婵 陈芳 成庆霞 成雪玲 程宏龙 程巧花 程玉宏 翟兵芹 董园园 段玫平 范辉 冯建萍 巩亚丽 关清华 郭宏 郭怀丙 郭茹 韩慧君 郝淑琴 何美玲 侯建文 胡灵霞 冀月兰 贾永芳 靳银娥 李国香 李红燕 李晋莉 李林波 李龙平 李英 刘金风 刘路路 刘梦雅 刘瑞卿 刘晓青 路小青 马拉娣 孟扁扁 牛改兰 裴永霞 申慧 申俊英 申素红 宋建昕 宋乃英 宋素萍 宋伟 孙学文 田慧 王爱平 王蓓 王静 王莉莉 王淑荣 王文英 王晓艳 王新旺 王学明 王艳芳 王毓芝 武蓬枝 许丽霞 闫宝峰 闫妮妮 杨艳娜 原海燕 原海英 原石榴 原玉梅 苑明 岳焕平 张国平 张节子 张宁 张庆玲 张瑞霞 张小东 张小平 张英英 张悦 赵晋丽 赵丽霞 赵瑞琴 赵亚男

调查员

安琪 白玲瑜 白巧娥 边佳佳 蔡晓蕾 曹彩凤 曹淑玲 柴小苗 常金磊 陈慧 陈婧 陈俊连 陈丽平 陈雪梅 陈长凤 成琼 邓巧云 翟保权 翟小萍 杜碧婷 杜珺 杜媛 段云霞 樊翠变 范兰萍 范平 高水英 葛翠红 弓爱枝 郭辰宇 郭红梅 郭月琴 郭珍珍 郭自平 韩玉红 郝桂琴 郝素红 何水川 贺艳丽 胡海花 霍保卫 冀旭娟 贾焕珍 贾倩 贾新平 姜焱 亢琴琴 郎淑琴 雷海霞 雷文姣 李爱丽 李金枝 李晶晶 李拉拉 李莉 李莉君 李娜 李树斌 李秀平 李秀卿 李学芝 李永玲 梁建富 梁明智 梁世平 梁雪 刘佳翔 刘晋霞 刘玲 刘美桃 刘全保 刘双玲 刘晚梅 刘文丽 刘喜清 刘欣 刘兴梅 刘永军 路保英 罗俊珍 罗学敏 马芬 马琴琴 聂树森 牛彩燕 牛丽仙 乔燕梅 秦爱苗 秦桃红 秦霞 秦志军 任晋花 邵彩琴 申红英 师爱勇 石香兰 宋琪芳 宋媛媛 孙欢欢 孙沛宏 孙卫琴 孙旭梅 谭焕珍 汤宪 田春梅 田小林 仝重香 王博 王昊 王红艳 王花俊 王花廷 王嘉敏 王建丽 王菊香 王丽敏 王莉莉 王林琴 王玲俊 王荣倩 王瑞芳 王瑞洁 王雯雯 王先俊 王晓蓉 王秀芳 王秀枝 王亚红 王月娥 魏计生 魏秀峰 温晓琴 吴全枝 吴秀丽 武变珍 武春仙 武苗 武淑青 武香婵 徐红 许敏 许霞 许秀珍 薛海霞 薛思思 薛艳蓉 闫变琴 闫凤琴 闫丽 闫祥龙 闫小润 阎一杰 杨芙蓉 杨公叶 杨计娥 杨斓 杨晓丽 杨艳清 杨燕 姚铁英 原巧平 张翠平 张富荣 张海珍 张换换 张晶艳 张林英 张明秀 张青彩 张树琴 张素玲 张万玲 张霞 张欣 张秀平 张秀琴 张艳芳 赵粉然 赵海英 赵佳佳 赵晋芳 赵连花

赵倩 赵团莲 赵秀兰 赵亚彬 赵志芳 朱红燕

陕西省

省督导

刘伟 杨亚莉

区县督导

戴妮娜 丁海萍 董利娜 董英锋 杜春燕 房义凯 李厚谋 李君萍 刘新华 沈文娟 史向妮 向平 杨咏梅 岳一博 张金利 周芳

乡镇/街道督导

毕菲 常旭 陈敏 崔晓燕 党晓婧 董江涛 董娅君 樊炳福 范轩 葛瑞 谷指挥 韩彤 韩威卿 郝小莉 何红卫 何君丽 何社洲 何晓英 胡根龙 胡左英 黄芳 惠莎 荆军荣 荆晓玲 兰欣悦 李坤 李立红 李永利 刘少婷 刘新波 刘转玲 罗佳 马花丽 马瑞华 米百峰 彭梦云 齐博辉 屈珊珊 沈迪 苏郁 孙帅 陶锋 田艳红 田永杰 王凡凡 王锋 王欢 王娟 王盛男 王婷 王文杰 王显萍 王霄飞 王雪艳 王亚娟 王燕 王莹 王永强 文英芝 吴丹 吴社军 武利明 夏冬平 辛华 辛录平 杨玲 叶凯军 夜乐涛 余建平 袁阿娜 张宝华 张斌锋 张海燕 张军宏 张刊 张宁 张盼 张媛琨 赵高凯 赵晗萌 赵敏 赵一哲 周学武 朱显峰

调查员

艾春梅 安燕妮 安颖 白静 曹宝梅 曹建国 曾军祥 晁会玲 陈春香 陈丽 陈晓青 陈艳 陈仲姣 程秀琴 程玲 程晓繁 程鑫 储利利 储召林 党丽宁 邸文侠 董红娟 董密芳 董敏 凡利平 樊国欣 冯娟 付洋 高红红 高瑞 高笑 关金峰 郭晶 韩宁宁 郝欠欠 郝小云 何红琴 何小勤 何晓菊 何艳萍 何玉英 何远香 侯花花 侯艳荣 候军华 胡宏斌 胡惠利 胡静 胡相东 胡燕燕 胡左英 户均茹 黄梦玲 黄亚妮 惠力 惠宁 霍娜 冀磊磊 江瑞连 姜爱丽 蒋励 焦锋 孔晨华 孔军 寇芬娜 寇雪 剌晓英 雷晓英 李爱平 李刚 李汉存 李浩 李会 李建民 李盟 李娜 李淑莹 李仙利 李亚玲 李英 李宇平 李支号 栗挺 梁太民 廖永红 林磊 蔺小兵 刘芳 刘凤妮 刘红林 刘会琴 刘庙丽 刘妮 刘琪 刘荣 刘秀进 刘娅会 刘银萍 刘永斌 刘永树 芦云 罗芳 罗海霞 罗茹棉 吕绒 马玲 马巧丽 孟海娟 孟娇 孟妍 宁丽萍 牛佳晨 牛琼亮 牛秋朋 欧小凤 彭丹丹 彭登斌 秦丹 秦民玲 秦迎春 尚敏 石存丽 石修波 石英 孙丹 孙锦靓 孙小梅 孙晓燕 孙秀娟 唐玲玲 田静 汪云 王彩娟 王春娟 王丹 王丰格 王刚 王根劳 王红娟 王宏波 王建正 王静 王丽蓉 王利强 王玲 王梦联 王敏 王娜 王妮 王朋 王倩琴 王强 王珊 王婷 王伟 王香玲 王小文 魏静 魏萍 魏秋霞 魏秋云 文小妮 吴红 吴婧琳 吴玄沙 武莉莉 武萍 肖航侠 肖彦丽 谢传英 谢习文 谢益敏 邢小飞 熊娟娟 徐广杏 许兰 许彤 薛冠军 薛龙军 薛荣闫龙 严江龙 严香宁 杨博 杨创社 杨芳琴 杨光 杨红强 杨会军 杨军钗 杨攀 杨思荣 杨晓慧 杨晓哲 杨欣 杨永利 尹庆顺 尤欣欣 于欢欢 袁辉 张春红 张芳玲 张海仙 张建荣 张莉莉 张莉敏 张娜 张秦玲 张瑞 张森

林 张省梅 张伟歌 张玮 张新华 张亚席 张永莉 张瑜 张元花 张云 赵爱婉 赵桂芳 赵林静 赵胜利 赵伟 赵迎 郑洁 郑卫刚 钟仕月 周蓓 周高玲 周佳佳 周小慧 朱贵 祝培风 左媛媛

上海市

省督导

丁花花 李琳

区县督导

戴娣娣 顾枫艳 姜微微 吕韵佳 王悦 张天阳 周承琪 周佳蕾

乡镇/街道督导

陈璐 陈楠 陈蔚蔚 陈燕 慈龙玉 戴洁琦 丁永芳 窦强霞 杜鹃 杜伟凤 方俭 傅皓渊 干桂云 苟韵燕 胡芳凤 华锋英 黄燕萍 计雯雯 季逸文 姜洁玫 蒋天豪 乐芳 李红 李文婕 李稚岚 刘婧雯 卢瑶 卢烨雯 陆海云 陆瑞萍 陆叶 潘惠凤 潘菁菁 戚春兰 钱璐敏 沈欢欢 沈敏思 沈婷琳 沈玮洁 沈正芳 宋琦 宋伟欣 孙清林 唐爱华 唐涛 陶灵灵 田倩 汪静 汪烨 王丽妍 王瑛 王涌思 翁文婷 吴洁怡 奚伟蓉 谢丽华 胥丽华 许佩蓓 许琪 严涵之 严旻 颜慧杰 杨洪琴 杨嘉雯 杨燕青 杨月华 姚瑜 叶雨凡 袁艳萍 张琦萌 张伟 张伟华 张英 赵瑾雯 赵美琴 赵新星 周静云 周怡 朱乐 朱梦薇 朱民 朱田菁 朱夏玲 庄霞

调查员

蔡蕾 蔡燕丽 陈澄 陈丁燕 陈徽 陈梅娟 陈倩汝 陈思 陈思远 陈闻礼 陈晓红 陈晓慧 陈艳红 陈艳洁 储淑华 邓惠昌 丁德平 丁锋 丁淑婷 杜静凤 杜丽萍 费晓英 甘心愉 高艳 顾晨铭 顾吹芳 顾春华 顾明岚 顾庆 顾诗雯 顾越 郭英瑛 何晓叶 何玉燕 洪兰 侯艳梅 胡洁怡 黄波 黄红娟 黄金娣 黄静 黄敏 黄培慧 黄文俊 黄嫣 计欢欢 季蓉清 季水炎 季亦菲 姜瑛 蒋春琳 蒋兰平 蒋淑怡 金华明 金晓文 金燕 康惠莲 乐扬 李谷霖 李海霞 李海雁 李杰 李靓 李婷 李文俊 李晓菲 李晓峰 李亚萍 李衍 李圆 刘芳 刘妍 卢斌 陆灿鸣 陆春花 陆春艳 陆婕 陆群娥 陆双露 陆晔 陆益华 罗纬 吕燕华 马丹玲 马恩宁 梅金香 闵连红 倪雯 潘春英 潘珺 潘丽君 潘申 潘卫锋 潘雅靖 潘雨婷 皮素萍 钱丹 钱丽琴 钱滢 钱玉英 乔辰 瞿红伟 瞿晓凤 沈冰琳 沈琴 沈晓萍 盛秋妹 施晨菲 施荔荔 石敏珠 宋玲娣 孙彩红 孙靓 孙熹 孙霞 索卫红 唐志国 万秀华 王凤飞 王海清 王慧娟 王继英 王菁 王静 王丽华 王铭宇 王双 王伟琴 王雯宬 王晓燕 王晓屹 王溢 王琢玉 翁春燕 吴蓓蓉 吴静 吴莉敏 吴秋兰 吴奕亭 夏桂凤 肖静 谢晓兰 徐佳 徐丽萍 徐仁韬 徐桑桑 徐顺磊 徐雯静 徐霞 徐玉琳 徐贞花 徐芝兰 许骏 许燕冰 杨红 杨蕾 杨雯洁 杨洋 姚翠英 姚佳玲 姚艳琳 叶奋 于晖 余旻 俞家琨 俞振梁 虞昊良 虞兰树 郁建琴 郁松丽 郁炜烽 袁撷懿 张红星 张可伟 张黎黎 张丽 张丽红 张珊君 张婷 张雪琴 张逊 张益红 张玉梅 赵丽蓉 赵子郡 周建娟 周静 周盛 周艳虹 朱芳 朱纪红 朱家岚 朱菊惠 朱丽 朱烨 祝爱华 邹婷

四川省

省督导

顾洁 彭剑波

区县督导

陈芳 陈云 邓显瑶 方志刚 耿丹 苟振宇 韩效昌 何丽 贺小玲 黄强 李阳 李勇军 李元琴 刘丹 刘苗 刘文波 刘勇 卢茂琳 罗黎明 马俊英 任容 唐洪彬 万先 王冬花 王敏茹 王婷 王伟 王玉婷 向征 肖井国 徐文正 杨林榕 姚娜 张蓓 张丽霜 赵燕平 赵耀 郑梦斯 钟小娜 周晓梅 周永辉

乡镇/街道督导

安董兰 安可桥 毕宗慧 蔡烨 曹时月 曾军 曾鲁强 常芬 陈波 陈函祎 陈骥 陈剑 陈洁 陈昆鹏 陈姝洁 陈先平 陈小梅 陈晓玉 陈晓云 陈艳 陈奕松 陈英 陈迎梅 陈雨婷 陈紫璇 程昌树 程素碧 崔宏 邓杰 邓丽 邓贞祥 刁翠华 杜江 杜荣 杜晓莉 方超 方雪 房丽 冯燕 付才文 付婧 傅敏 甘露 高普华 高原 葛星星 苟希平 辜雪蓉 谷长军 韩龄乐 韩荣 何洪文 何佳蔚 何金桥 何明会 何杉杉 何晓林 胡朝群 胡聪元 胡慧敏 胡雪 黄晶 黄俊 黄林 黄孟雨丝 黄萍 黄强 黄容 黄晓丽 黄羽鑫 姜娜 姜雪 蒋林芳 雷磊 雷雪 李宝山 李朝秀 李丹 李国文 李佳繁 李建明 李林森 李明荣 李萍 李三林 李婷婷 李祥川 李晓栋 李晓芳 李晓梅 李欣 李秀云 李学琴 李玉华 李媛芳 李泽芝 李兆华 林萍 林琼 刘朝中 刘发银 刘娇 刘军 刘丽坪 刘诗平 刘施宇 刘世荣 刘天柱 刘小利 刘欣欣 刘颖 刘玉梅 刘昱君 龙海平 龙佳 龙群英 卢吕军 罗静 罗粒芝 罗姗 罗淑芳 罗婷 罗颖 马海平 马锦泰 马荣华 马伟贵 毛兰 毛小群 明深华 欧冬晴 潘林 潘晓容 彭红梅 彭虹杰 彭娟 彭霄霞 彭燕茜 戚俊敏 邱博 任晓玲 任勇 邵晓东 沈桂珍 沈宗兴 石时敏 石雪 史松 宋洁 苏萍 孙静 孙庶翔 谭德英 谭武 唐彬崎 唐飞 唐蓉 唐善卫 唐小丽 唐旭东 唐正明 王兵川 王传雄 王洁 王婧婧 王丽 王守宇 王素华 王曦 王小雪 王晓君 王薪智 王学涵 王琰 王颖 王永根 王正妮 韦永林 魏春艳 魏俊杰 吴德全 吴惠敏 吴金隆 吴小平 伍丽娅 伍阳林 夏芸 先齐田 鲜鹏 向逍 向小玲 向中秀 肖彩霞 肖霜 肖缘心 谢航 辛阳春 徐冬梅 徐瀚妍 徐璐 徐鹏 徐婷婷 徐焰 许亚琴 薛玉 闫朝廷 颜黎 杨波 杨慧 杨笺 杨林海 杨蓉 杨世文 杨树军 杨霞 杨颖 杨勇 杨镇阳 叶春江 于晓芳 余凤 余江波 余金容 袁冰雪 袁汇杰 袁良宇 袁琦 袁榕 臧超 张本碧 张欢 张金玲 张丽群 张梅 张强 张琴 张涛 张霞 张雪 张勇 张煜 张珍华 章辉 赵帮蓉 赵东 赵贵青 赵俭筠 赵状 郑鹏 郑秀君 郑优淑 郑真强 钟文惠 钟志鹏 周丹凤 周德会 周俊英 周利思 周莉 周苗 周倩 周小红 周杨 周芷伊 朱斌 朱华 朱明

调查员

蔡成海 蔡烨 蔡召容 曹好琪 曹梅馨 曹雄杰 曾春莉 曾娟 曾鲁彪 曾素琼 曾照芸 查红军 常芬 常菁

常丽 车梅 陈斌 陈德良 陈德通 陈虹 陈纪英 陈姣 陈进 陈丽 陈琳 陈美琴 陈琼贤 陈权威 陈绍中 陈淑贞 陈小平 陈晓勤 陈雪梅 陈怡 陈英 陈涌淑 陈雨婷 陈祝玉 成顺平 程昌树 程君 程玉梅 崔慧欣 崔如慧 崔耀文 邓春雪 邓娇 邓杰英 邓婕 邓娟 邓俊明 邓秋霞 邓荣 邓婷婷 邓燕 邓一 邓英 丁建容 董世琴 窦林林 杜道静 杜丽蓉 段建波 段培姣 段绪春 范云春 方雪 冯洪群 冯健 伏晓蓉 付波 付强 傅兴平 傅玉会 干敏 干小培 高灿 高敏 高树英 勾帅 苟雪莲 苟迎凤 苟永安 辜友谊 古进 古小欢 郭元元 韩开云 韩玉梅 郝斌 何克洋 何莉辉 何敏 何明芳 何奇 何翔宇 何小梅 何旭蓉 何智 贺超豪 贺芳琼 贺玉兰 贺跃 衡昌明 洪家琪 候秀方 胡昌平 胡德群 胡良霞 胡萍 黄德玉 黄海春 黄欢 黄家容 黄焦 黄金 黄静 黄兰 黄林 黄敏荣 黄琴 黄清玉 黄雅 黄彦菊 黄月英 黄长涛 惠子明 纪才安 纪银祥 蹇叔娟 江晓兰 姜波 蒋蓓 蒋明军 蒋荣 蒋阳春 蒋永建 赖晓宇 赖心 乐红艳 雷光秀 雷胜 雷小琴 雷叶灵 黎依花 李才华 李承东 李高俊 李桂珍 李海 李海蓉 李红 李红燕 李洪先 李佳璇 李建英 李娟 李科 李利 李林 李玲静 李敏 李南江 李秋军 李群辉 李蓉 李胜 李世斌 李桃 李旺发 李小军 李晓军 李晓林 李绪波 李雪梅 李艳琴 李媛 李云 李云荣 李自琴 梁海军 廖静 廖莉琼 廖雅乐 林继平 林建琼 林永连 刘春香 刘大维 刘冬霞 刘飞 刘红英 刘华恩 刘兰英 刘丽妃 刘丽雯 刘玲 刘青萍 刘霞 刘小丽 刘小伶 刘小蓉 刘晓兰 刘晓林 刘晓萍 刘晏双 刘阳 刘瑶 刘沅辉 龙会秀 龙景村书记 龙英 卢凤 路奎 罗成凤 罗崇波 罗春燕 罗芙容 罗华 罗辉树 罗娟 罗婷 罗霞 罗显波 罗秀琴 罗远萍 罗远琼 罗正秀 骆小雪 吕才秀 吕俐 吕良彬 吕秀英 马波 马铭泽 马清 马逊 毛建萍 毛杰 毛世军 孟吴代 米蓉 闵慧英 闵英 莫仕成 牟崇方 牟泽宣 牟志强 母荆安 木呷长清 倪朝蓉 欧阳杰 潘春燕 潘丽萍 潘茂伶 彭庭会 彭小芳 蒲敏 蒲长勇 邱斌 邱华兰 屈明江 冉晶晶 冉婷 冉秀琼 任财秀 申华华 申长保 沈华秀 沈煜珂 石菊蓉 石强 石赵霞 史佳玉 舒发军 舒李霞 舒利群 宋兵 宋先菊 苏丹 苏兰兰 苏永宏 孙传洪 孙丰静 孙菊英 谭家方 谭位兰 汤丽娟 唐桂波 唐会 唐俊平 唐琴 唐云强 唐忠 田静瑶 晚璐 万洪君 万科汝 王丹 王华 王荟 王惠霖 王俊英 王利 王利霞 王玲 王露 王明 王鹏欢 王平 王强国 王庆兰 王秋庆 王蓉 王锐 王守宇 王溯 王桃 王曦 王霞 王小林 王小琴 王小玉 王晓茜 王晓琴 王兴群 王秀华 王学涵 王燕 王易 王玉梅 王跃军 魏红梅 魏娟 魏小燕 魏卓群 温定钰 文碧 文富兵 文利华 文显芳 闻红 邬天润 邬廷森 吴国云 吴厚萍 吴科 吴凌 吴明友 吴世华 吴文仪 吴兴军 吴绪程 吴雨霞 吴智 伍锋 伍利 伍燕 伍远泽 夏春梅 向露 向志 肖丽 肖丽红 肖佩 肖祥英 肖焱 肖耀 肖原军 谢昌林 谢凤龙 谢红霞 谢雷 谢林甫 谢梅 谢易 谢永登 熊国琴 熊及成 熊荣坪 熊燕 徐亮 徐玲 徐姝 徐桃 徐万金 许江 许琼 薛红梅 薛平 鄢胜罡 闫春华 严梅 羊卫威 杨成丽 杨冬梅 杨建琳 杨金明 杨丽 杨丽娜 杨利 杨梅 杨清 杨莎莎 杨桃红 杨玺 杨雪峰 尧英琼 尧云梅 姚晓娇 姚瑶 姚永昌 叶良 银学桃 余冰 余成蓉 余海忠 余江波 余群 虞海灵 喻明田 喻兴秀 喻扬眉 喻永波 袁光梅 袁凯 袁琴 袁婷 袁英 詹艳 张碧召 张朝兰 张传银 张春梅 张春燕 张东梅 张海桢 张洪英 张加全 张佳 张乐 张莉 张淼 张敏 张强 张瑞雪 张珊 张淑芳 张述仁 张维维 张文 张小梅 张小英 张晓兰 张秀 张亚 张瑶 张英 张优英 张玉琼 张真 张真武 章涛 赵鸿 赵剑 赵俊 赵先华 赵雪琴 赵娅 赵勇 赵友敏 赵元虎 郑伯仙 郑成芝 郑德华 郑恩容 郑兴红 郑艳 钟付义 钟建萍 钟娟娟 钟敏 钟育艳 钟志鹏 仲春蓉 仲晶晶 仲倩 周德秀 周慧 周建芝 周洁 周兰 周亮 周全凤 周小红 周晓静 周英 周英群 朱陈媛 朱珂 朱丽珍 朱思慧 朱晓晗 朱晓莉 祝海能 祝艳 卓光碧 宗然苹 邹国兰 邹容 邹玉清

天津市

省督导

王蕊

区县督导

丁红敬 符燕 李静 林纪伟 邵世英 孙建勋 孙征 王绍宇 魏振云 赵月环

乡镇/街道督导

程耀林 樊星 房桂霞 高红利 巩姗姗 管娇 韩莹莹 贾小昆 姜鹏 靳娜 康迪 康红玉 匡满刚 李晟洁 李红儒 李晶璐 李丽丽 李萍 李嵘 李婷 林永亮 刘承艳 刘海民 刘佳 刘金超 刘竞予 刘莉 刘美英 刘艳 马肖雅 马志军 孟洋 牟国媛 牛小英 牛志爽 潘静 潘志新 齐晓雯 裘铁松 苏家媛 孙娜 孙婉君 孙哲 田仲杰 王丹丹 王梦雨 王倩 王世伟 王晓晨 王昕然 王长松 邢全贺 闫旭 杨帆 杨亚会 张春霞 张恩超 张凤郡 张贺敏 张建梅 张立艳 周瞳

调查员

蔡晓艳 曹建霞 曹素霞 常琳琳 陈冠儒 陈贺芬 陈梦 陈姝璇 仇晓妹 崔宝月 崔丽丽 董倩 董潇月 杜长浩 高峰 高丽 高天秀 高霞霞 郭涵 郭育玮 韩成成 韩美玲 郝丹 何瑞璇 胡连明 胡振 胡志强 黄晓磊 黄志鑫 季娟华 蒋娜 解蕊 金梦 李福新 李康 李莉 李林 李玲 李美 李胜育 李欣 李艳君 李源 李悦祎 李跃李震 廉淑彬 梁淑钰 林媛媛 刘春娟 刘恩芳 刘凤云 刘晶 刘文明 刘雯 刘秀玲 刘雅芳 刘洋 刘占英 刘志萍 秘翠红 庞洪君 裴海生 齐敬 钱秀娟 桑茂莲 邵宁宁 邵晓娜 申丽君 沈以红 时蕾 宋洪梅 宋慧娜 苏娜孙慧 孙晋阳 孙铭璟 孙珊珊 孙晓惠 孙艳 谈春玲 王宝龙 王超群 王宏双 王金元 王静文 王立娟 王明祎王荣凤 王蕊 王爽 王昕 王秀云 王亚丽 王宇 王钰洁 王跃雪 王长红 吴香君 项立涛 项志维 徐爱鑫 徐延达 闫姜婷 闫晶晶 杨冰 杨红书 杨天宇 杨晓新 杨云 袁阳 张革新 张洁 张金娟 张静 张玲 张瑞来 张英男张媛 张征征 赵飞 赵淑云 赵欣 周莉杰 周学君 朱晓曼 诸葛美丽

西藏自治区

省督导

黄仕娟

市督导

达娃扎西

区县督导

格桑德吉 康卓卓玛 李紫凤 四朗拥措 索朗央吉 温帅 夏多拉姆

乡镇/街道督导

巴桑卓玛 白雪 白央啦 边巴卓嘎 次成多吉 次旦央金 次仁拉姆 次仁曲宗 次仁元旦 次旺卓嘎 次旺卓玛 达玛 达娃曲吉 旦增卓玛 德吉央宗 德西 顿珠旺姆 法都玛 嘎玛曲珍 嘎色 嘎松曲西 嘎松曲珍 格桑贡格仁增 贡秋拉措 金宗 李原竹 仁增拉姆 斯郎玉珍 斯朗拉姆 斯朗卓玛 索朗央吉 万红萍 吴红梅 向巴曲措 央吉桑姆 央拉 杨莉 杨旭 拥金 泽仁央金 泽西 扎桑 张兴强 卓玛 卓玛拉姆

调查员

阿旺曲珍 巴桑次仁 巴桑邓达 巴桑拉姆 巴桑普尺 白玛旦增 白玛曲丁 白玛央坚 白玛央金 白珍 仓拉 仓木 仓木拉 次旦旺姆 次旦卓玛 次德吉 次仁 次仁德吉 次仁拉吉 次仁拉姆 次仁旺姆 次仁央宗 次仁卓嘎 次珍 措姆 达娃仓决 旦增德吉 旦增罗杰 德西 丁巴西热 顿珠旺姆 嘎玛曲尼多吉 嘎松曲西 格桑德吉 格桑拉姆 格桑曲珍 格桑卓玛 贡嘎坚参 贡嘎洛布 贡觉玉珍 贡秋拉措 加措 金宗 晋美 拉珍 李瑞华 李钊 伦珠旺姆 罗布曲珍 罗格 洛次平 洛松江措 米玛 米玛普尺 尼玛次仁 尼玛色珍 尼玛卓嘎 皮拉 平措曲宗 平措卓玛 平措尊珠 普布仓决 普姆琼 琼达 曲珍 确珍 仁青巴宗 仁增拉姆 色珍 四郎德拥 四郎卓玛 四朗拥措 宋岚琦 索朗德吉 索朗平措 索朗曲珍 索朗央吉 索朗央金 索朗扎西 索朗卓嘎 万红萍 吾坚平措 西绕平措 严冲 央金 央金卓玛 央宗 益西江村 拥金 扎罗 扎西 扎西白珍 扎西次仁 扎西顿珠 扎西泽仁 周洪 朱林 卓嘎 卓玛

新疆维吾尔自治区

省督导

张植

区县督导

阿力木江·艾散 巴吐尔·亚森 哈丽米热·买买提 韩萍 李秀燕 刘芸 麦麦提艾力·吐尔孙 祁影影 热合曼·阿不拉 吾尔叶提古丽·夏尔皮 西热古丽·托乎提尼亚孜 徐苗

乡镇/街道督导

阿不都拉·阿不都英 阿达来提·莫明 阿尔孜古力·艾依提 阿曼古丽·麦麦提 阿斯古丽·托呼提 阿瓦古丽·麦麦提 阿瓦古丽·努热洪 阿依努尔·胡阿特汗 阿依谢古丽·阿伍提 阿孜亚·阿依提哈孜 艾力米古丽·赛米 安鸿红 奥布力·艾来木夏 巴哈尔古丽·巴赞 巴孜拉·米吉提 比丽柯孜玉斯尹 比

赛丽古丽. 居麦 布瓦杰尔古丽·毛拉 布威艾杰尔·艾则孜 布云齐英克 曹艳萍 程玉霞 崔庆 付冬 高静 高琦云 古丽拜然木·布苏克 古丽妮萨·则比布拉 古丽孜拉·阿不力孜 加孜古丽. 库鲁斯别克 孔祥芝 李艳丽 梁蕾 玛依努尔·吾斯曼 买兰汉·哈德尔 买兰汉哈德尔 麦尔哈巴·阿布来提 裴珊珊 热娜·稍尔堂 热衣玛古丽·赛提瓦力地 热依汗古丽·阿克木 热依汗古丽·艾力木 热依拉古丽·阿山 热孜完古丽·阿不都艾呢 茹鲜古丽 喀迪尔 沙尔玩古·阿布来提 申艳 苏春梅 图热妮萨·色力木 吐汗. 尼亚孜 王霞 王旖 杨家华 叶尔肯·局力德拜 于泳江 袁焕 再克亚·阿不来克 再克娅·赛米 再托尼汗·阿不都斯木 张秀春 仲为艳 朱晓玲

调查员

阿尔达克·胡力木买哈提 阿尔孜古丽·依不拉音 阿拉依江·托合塔尔别克 阿力曼 阿力亚古丽·吐尔逊 阿丽亚·玉素甫 阿曼古丽·赫依提 阿娜尔汗. 赛提瓦迪 阿热依·塔拉普汗 阿斯姆古丽·麦麦提 阿斯义·全米夏提 阿瓦古丽·麦麦提敏 阿依古丽·阿里木 阿依加玛力·哈力克 阿依姆·麦麦提阿依姆古丽·库尔班 阿依妮萨古丽·麦麦提敏 阿依努尔·阿卜力米提 阿依努尔·阿米尔 阿依努尔·艾尼 阿依努尔·巴合提 阿依提拉·喀迪尔 阿孜地古丽. 吐尔逊 阿孜古丽·阿不力孜 艾拉古丽·阿卜杜热依木 艾力木古丽·卡迪尔 艾孜孜古丽·马合木提 巴尔恒古丽·巴合提别克 巴哈尔古丽·米吉提布海丽且姆·赛杜拉 布威阿提开姆·图尔荪 布威阿依夏姆古丽·阿卜杜许库尔 布威艾杰尔·苏普尔盖 曹秋梅 曾乃提古丽·谢日普 曾潇贤 达尔尼古丽·江格尔 地丽热·吐尔洪 迪达尔·加尔恒别克 杜彩媛 俄来汉古力·阿布都热衣木 古丽加合尔·牙生 古丽克孜·阿布力孜 古丽克孜·外力 古丽娜·沙吾提 古丽努尔·胡马尔别克 古丽热依汗 赛丁 古丽沙娜·达吾列提汉 古丽孜热·肉苏力 古扎力阿衣·吐尼牙孜 关秀芳 果海尔妮萨·图尔荪 哈迪夏·阿扎提 哈力古丽·卡德尔 哈山·海那亚提 海丽皮古丽·托合提 海日古丽·阿卜拉 海日古丽·亚森 胡丹丹 加恩阿·河班 加依娜古丽. 哈里马提 姜有琴 金恩斯古丽·托列吾汗 坎拜尔妮萨古丽·木合台尔 库尔班尼萨·奥布力卡斯穆 库力西拉·加肯衣汗 来丽古丽·图尔荪 莱丽古丽. 伊敏 李黛云 梁学梅 廖永风 林玲 刘荣梅 刘卫华 陆平 吕波 麻吾里哈 马建萍 马建荣 马金芳 马满丽 马新国 马旭 马月 玛衣拉·吾加布都力 玛依拉·巴合提汗 买尔孜亚·帕尔丁 买柔也提·巴合提别克 麦尔哈巴·阿卜力孜 麦尔耶姆古丽·阿卜力米提 麦合木提·阿巴 麦热米尼萨·托合提 美兰·阿孜木汉 孟德巴依尔·阿丽玛 米合力古丽·吾甫尔 米克代斯·艾合买提米娜婉·阿不勒拜孜 米日班古丽·苏力旦 木尼拉汗·吾斯曼 娜孜古丽·吐尔逊哈力 努尔古丽·卡德别克 努尔古再丽·奥布力 努尔沙吾列·力亚恒 努尔孜依拉 ·塔拉普汗 努热拉罕·吾普热 欧登吐亚帕热地古丽·艾乃吐力 帕日地古丽·阿木提 帕提古丽·艾力亚斯 帕提古丽·牙库甫 帕提麦·麦麦提伊敏 排则古丽·艾克木 齐曼古丽·塞丁 热娜·喀迪尔 热亚尼古丽·沙它 肉克亚·买买提 肉曼古丽·托合提 茹克亚古丽·外力 茹克娅古丽·艾乃吐力 茹则古丽·阿卜杜热合曼 塞迪古·买买提 赛比拉·木斯来 赛比拉·扎依丁 赛迪古丽· 阿卜来提 桑忠兰 色丽米古丽·艾海提 色丽米古丽·巴克 沙尔哈提·哈孜木别克 宋秀梅 孙淑萍 提拉汗·海里力 图热克孜·萨木萨克 吐尔逊阿依·阿不拉克 吐海涛 妥秀英 王金梅 王小兰 王晓郁 王月波 魏春风 伍雪华 写孜古丽·吾甫尔 谢任古丽·吐尔逊 杨金红 于

嘉欣 于思超 员凤侠 约尔古丽·恰瓦 扎吾热·塔拉斯汉 张红 张杰 张金花 张雅娟 张亚楠 朱燕 佐日古丽·萨伍尔

云南省

省督导

付健

区县督导

董诗琳 黄磊 黄涛 李聪 李永忠 普琼姝 孙全林 王婕 王丽芳 王凌鸿 吴兴国 杨丽 张萍 张顺忠 赵茜

乡镇/街道督导

包云红 茶仔英 陈梦 陈晓芳 丁慧洋 段平珍 段志兰 方红东 高永娇 桂碧聪 韩盛富 韩舒宇 韩雁雁 何丽敏 何全吉 贺艳梅 霍妮 李彩润 李翠香 李能 李婷 李秀珍 李雪雲 李银熙 李永福 廖冬云 刘帮梅 刘建国 刘晋任 刘普余 刘瑞 鲁红刚 鲁少芬 罗丽 马桂华 倪云波 普莲凤 普元春 邱焕芬 冉云伟 任雪莲 施胜甲 宋自良 苏建琼 唐艳 王春艳 王选斌 王媛芬 文楚楚 吴贵仙 肖卫宏 肖焱 徐显粉 晏植敏 杨东丽 杨娟 杨耀琼 杨异霞 叶浩 袁苑舒 张秋月 张莎 张银珠 张玉芬 赵蓬玲 赵盛东 赵轶梅 郑娟 郑有发 周国院 周余聪 朱加国

调查员

白光艳 柏春丽 蔡亚丽 曹建琼 曹长会 茶传仟 陈付林 陈婧 陈思发 陈涛 陈天碧 陈威宗 陈祥军 陈兴顺 邓健 邓坤 丁丽 董文祥 杜福佳 杜金柳 段光美 段建勋 段平华 段荣芝 范玉交 方华 方璐 方霞 方有兰 高利梅 葛燕 龚敏 顾炳芳 顾凌吉 管瑜 郭润泽 郭依依 郭佐仙 何荣胜 胡春英 胡小菊 胡紫玲 花凤彩 黄海艳 黄清飞 江先雄 蒋丹丹 蒋兴林 蒋云 焦鸿谚 孔德英 黎纪董 黎丽萍 李柏霖 李翠兰 李翠萍 李丹娅 李德琴 李飞虎 李国良 李国志 李海丽 李海燕 李花粉 李娇杰 李靖 李俊国 李俊霞 李莲燕 李启凤 李倩珍 李蕊 李双杰 李素芳 李伟国 李小孔 李鑫 李秀兰 李艳蓉 李永芳 李媛 李志瞬 梁天 刘从丹 刘洪华 刘建慧 刘林飞 刘珊珊 刘生琴 刘亚琳 刘艳 刘艳梅 柳建 陆昆琼 罗光贤 罗金胡 罗立明 罗盼芬 罗松婷 马兴攀 毛荣秀 孟枝仙 莫会 缪金良 倪建辉 念加飞 牛靠飞 牛艳缅 潘啟青 潘先波 彭玲 彭义洪 普春月 普虹萍 钱桂花 邱卜美 戎芳 邵宗莉 沈红开 沈红伍 施春映 施富学 施娇 施燕红 施正月 双丽林 宋婷 苏英池 孙济伦 孙有明 汤爽 陶超 陶思德 万仕霖 王芳 王红桃 王继方 王丽娟 王瑞娟 王世先 王树秀 王思华 王娴 王义武 王译漫 王月湄 温凤英 吴满先 吴颜 肖贤 肖植卫 谢静 谢兰琼 谢鑫 熊瑞才 熊相云 徐九 晏文婷 杨超 杨凤桐 杨凤仙 杨光美 杨华坤 杨锦亮 杨菊芳 杨丽池 杨明溪 杨庆梅 杨荣钦 杨婷 杨霞 杨小林 杨星玲 杨永芬 杨在勇 杨转芬 叶艾爽 叶树芬 叶晓欣 叶兴国 叶忠兰 矣金林 尹贵强 尹亚芝 袁媛 岳锦兵 岳永旺 张华芬 张建梅 张利 张连桥 张六伦 张娜 张思兰 张廷跃 张惜净 张晓月 张旭 张永丽 张

育东 赵国花 赵金全 赵琳 赵美琼 赵瑞豪 赵松云 郑曦曦 郑智华 钟馨慧 周芳 周俊波 周玉珍 周志敏 朱丽兵 朱启会 朱树芬 字双泽 左家华

浙江省

省督导

陈兵 葛小寒 江发仂

区县督导

陈淑娜 成伟 冯骅 郭海祝 贾军政 蒋丹红 刘莹 刘长胜 潘海雁 宋子琪 苏向阳 吴丹 刁雪梅 薛雅娟 颜辉 于玉婷 喻迎园 詹红炜 张建敏 张梦琦 张素梅 张志燕 章飞飞 钟晓婧 周斌妙 周国平 周琳 祝应荣

乡镇/街道督导

曹栋姣 陈彩白 陈丹 陈凤英 陈根英 陈海英 陈林芬 陈珊珊 陈艳萍 程晶贞 池晓洁 戴雨洁 董小青 杜娟 冯琴飞 傅碧莲 干庆华 顾登梅 顾惠香 顾守金 何小兰 何晓莹 洪宇婷 胡海梅 胡悦 黄丹丹 黄剑霞 江宁宁 姜安青 郎明镐 乐惠仙 李丽 李络 李燕翁 林海萍 林丽丹 凌晨 刘佳东 刘妙妃 楼青青 卢姗 陆迪娟 陆欢 陆明 陆琴芬 吕春节 密力栋 莫菊英 潘连红 潘平 潘宪赢 潘香红 彭友荣 齐雅琴 钱晨 瞿小玉 任燕 盛国庆 盛丽梅 施琴 石婉婉 水妮 司马琳洁 宋晓庆 孙益 童雪青 屠敏浩 万羿孜 王佳 王珏蓉 王岚 王绣艳 王燕俐 王莺 翁玉霜 巫文建 巫仙斌 吴飞颖 吴江梅 吴琼 吴燕波 夏跃跃 项银秋 谢敏娜 谢素珍 徐凌峰 徐美玉 徐思丹 徐文书 徐晓慧 徐卓茹 许海新 杨美英 杨琦华 杨雅萍 姚晓敏 叶芳 叶佳露 应颖贞 游媛 余晓丹 於仲娜 张晨芍 张丽 张玲玲 张美莲 张姗姗 张晓君 章琳玲 章雅芳 章正卿 赵春亚 郑辉 郑娇 郑礼含 郑巧燕 郑雯 周丽 周婷婷 朱丹 朱丽 朱思逸 朱天虹 朱文姣 朱霞群 朱秀娟 庄园 邹华 邹玉琴

调查员

包玉莲 鲍泓 蔡俊燕 蔡妙英 蔡赛群 蔡晓芬 曹红青 曹文文 曹雯艳 曹意萍 岑巧玲 岑晔 柴建芳 陈爱莲 陈碧丹 陈才宝 陈翠殷 陈娥翠 陈含笑 陈豪翔 陈慧忠 陈佳民 陈建娟 陈炯 陈娟君 陈蕾如 陈黎焕 陈丽华 陈丽菊 陈丽琴 陈玲 陈玲理 陈柳霞 陈娈 陈清清 陈荣琴 陈桑桑 陈素李 陈素蓉 陈婷 陈望忠 陈伟莉 陈相斌 陈小芬 陈晓菲 陈晓丽 陈晓学 陈孝君 陈啸 陈雄峰 陈艳 陈燕勤 陈依涓 陈予州 陈浙芳 陈珍英 成燕 程荣英 程素燕 程微 程宇 程玉成 池园 戴康林 邓爱梅 邓松峰 邓秀芬 丁佳佳 丁金娣 丁若兰 丁燕芬 段梅玲 樊喻倩 范玉美 方蓉蓉 方小红 费秋霞 傅桂芳 傅国妹 傅荷仙 傅响娣 高清 高旋 顾晶晶 顾靓 管丹崯 郭兰萍 郭潘倩 韩惠芳 韩泉群 何丽勤 何晓华 何新珍 洪彩云 洪菊 洪仙宝 胡福银 胡科利 胡双双 胡幼芬 胡云波 黄德强 黄国生 黄红丽 黄建良 黄李园 黄嫔倩 黄望芬 黄微微 黄伟芬 黄蔚蔚 计海英 季洪娟 江秋月 蒋凤园 蒋静静 蒋瑞芬 蒋燕 金力平 金莉 金秀月 金玉燕 琚成阳 蓝丽娟 乐文祥 雷土球 李碧君 李彩红 李丹 李福琴 李洁 李俊 李娜 李素华 李晚霞 李伟丹 李香梅 李小军 李叶琴 李祎阳

连亚丽 廖美艳 林爱珍 林彩芬 林海欧 林丽君 林秀花 林亚芬 凌雪梅 刘茹茹 刘思琦 刘嫣妮 刘燕 娄秀铃 卢桉羽 陆美芳 陆苇玲 陆银瓶 罗健 罗霞 骆春花 吕藕芬 马安安 马佳炜 毛丽凤 茅维 缪孝锋 潘彬园 潘利江 潘绿微 潘小兰 潘珍 彭明娣 彭小英 钱方 钱飞燕 邱玲亚 邱苗芬 邱晓丽 曲晗 阮伟明 邵红芳 邵洁莉 邵黎霞 邵利江 沈慧 沈佳 沈娟芳 沈珏媛 沈丽洁 沈莉 沈青妹 沈清清 盛新蕾 施筱芬 石莹莹 史雅贤 史月芳 宋鋆 苏益敏 孙飞 孙丽琴 孙梅子 唐根梅 唐蓉蓉 唐晓岚 田惠芳 童财钱 童燕燕 屠爱秋 屠佳伟 屠晓飞 万芳 万吉芬 汪金燕 汪雪霞 王聪 王芳 王杭英 王华燕 王建钟 王绿芳 王梦丹 王琦瑛 王树 王炜 王小平 王彦婷 王叶坤 王艺苗 王月娥 邬丽艳 巫红玉 吴聪萍 吴冬琴 吴芳静 吴慧 吴建臻 吴菊仙 吴菊香 吴丽芳 吴玲琳 吴水梅 吴素姣 吴素萍 咸桂芳 项剑丽 谢凯闻 谢清清 谢文娣 谢向明 徐华 徐丽莉 徐丽珍 徐同乐 徐夏萍 徐旭峰 徐亚萍 徐燕 徐意娜 徐月梅 许佳燕 许双 许艳丽 许义兰 宣佳英 颜小梅 杨陈雪尔 杨丽 杨丽萍 杨利军 杨琦华 杨青 杨榕 姚淑琼 姚文林 叶丹 叶钢杰 叶露烨 叶琴 叶群英 叶少珍 殷俊 尹晓华 余淑丽 俞冰菲 俞庆 虞杨佳 袁伟 袁银连 詹丽芬 张晨 张旦霞 张国平 张海明 张惠芳 张丽萍 张丽英 张琳 张玲君 张旻珉 张明海 张其霞 张勤 张荣霞 张卫芬 张文凤 张晓珺 张晓莉 张秀环 张学华 张亚军 张鹰英 张永芳 张月琴 张跃慧 张宗荣 章思哲 章晓青 章燕红 赵彬秀 赵金美 赵莉 赵文亚 赵小军 赵杏娟 郑诚 郑冬缘 郑汉武 郑佳妮 郑琳芸 郑爽 郑晓玲 郑央波 郑瑛 郑勇 郑玉萍 支盛华 钟林华 钟仙云 钟宇迪 周朝飞 周佳倩 周建芬 周娟 周玲艳 周培亚 周胜华 朱春英 朱海红 朱佳镱 朱剑萍 朱晶晶 朱容剑 朱瑞 朱胜男 朱小云 朱晓敏 朱叶 朱一春 祝美娟 庄爱贤 庄宝霜 庄冰蕾 庄妍 庄逸群

重庆市

省督导

何真 刘霄

区县督导

曹宏钧 陈晓琴 傅羽 高平 何群 康欣 李明莉 林玲 刘礼 苏英 唐显平 汪银 邬丽 尹红 郑攀峰 钟晗 钟坪江

乡镇/街道督导

艾春华 白雨鹭 柏兰 曾爽 常青 陈华敏 陈书文 陈维 陈渝 陈远慧 戴昊彤 邓安洲 邓小丽 邓宇乐 方林 付晓峰 傅瑜 龚梦婷 黄超 黄丽华 黄玉洁 贾娟 江多惠 匡维群 李建兰 李武 李霞 李晓娇 李雪莲 李艳丽 李玉萍 刘建冬 刘丽 刘先锋 刘晓莉 刘馨声 刘絮飞 罗阳军 牟小红 彭佳琳 彭琴 秦良燕 秦艳 秦瑜 冉懋琼 谭蕊欣 汤洪荣 滕琼华 田兴芬 万贤美 王斌 王光忠 王会章 王雪 王正兰 王子永 魏雪梅 吴东明 吴慧敏 肖兵 肖佳佳 谢淑惠 谢岳军 徐春秀 杨文琦 杨燕竹 尹丹 喻梅 张蔼姝 张代玉 张林 张雪 张燕 张燕红 张勇 张珍 赵巍 赵永 郑富友 钟彬 钟维平 周梦玲 周意 周翼梅 周英 周永梅 周永勤 朱欢 邹娟

调查员

柏小红 鲍婷婷 蔡曼妮 曹丹丹 曹惠莲 曹霞 曹祥娟 曾维维 曾于 柴静 常仕峰 陈果 陈海林 陈建琼 陈杰 陈昆 陈丽华 陈林 陈敏 陈圣科 陈秀丽 陈艳君 陈月姣 陈云会 陈治芬 程秀珍 代莉 代乾英 邓小玲 邓尤菊 董其林 董远欢 杜芳 杜九蕾 杜莹 樊小燕 方芳 冯梅 傅敏 高勤 葛明友 桂花露 桂晓琴 郭艳 何婵 何川 何春竹 何奉娟 何梦思 何青 胡金艳 胡晓红 胡兴鑫 胡银华 扈雪雪 黄德洪 黄芳宁 黄建金 黄伦 黄梅 黄秋琳 黄杨 江琴 姜建英 蒋大芬 蒋海燕 蒋龙飚 蒋敏 蒋雨浓 亢祖方 孔畅 孔程 匡辉蓉 来小静 蓝春秀 蓝世敏 黎仲先 李根 李桂 李国玉 李红华 李皎月 李兢 李军 李莲梅 李熳 李明芬 李瓯 李奇 李勤 李青 李仁菊 李小容 李娅琴 李永强 李韵羚 梁朝娟 廖代燕 廖贵川 廖品情 廖云英 刘昌兰 刘德菊 刘汉宇 刘继超 刘菊 刘娟 刘康 刘淋 刘文欢 刘小红 刘晓丽 刘炫宏 刘艳 刘英 刘永 刘雨楠 龙公平 龙晓利 罗翠 罗丽 吕国平 吕蓉 马安兰 马小琴 毛世菊 密艺 牟秀英 潘希 庞晓容 彭忠菊 秦勇 秦玉婷 卿小燕 邱月 沈婷 沈杨胜 石晓敏 舒春禹 舒婧 帅贵芝 宋易斌 孙素梅 谭承莉 谭贵生 谭建蓉 谭诗倩 谭维芳 谭雪萍 谭勇 唐波 唐凤 唐家琼 唐丽华 唐利 唐苗苗 唐清峰 唐天玲 唐闻娅 陶洪芬 陶厚政 陶新梅 田静婷 田开霞 田维群 庹春霞 王朝会 王发莉 王海霞 王红 王建波 王菊梅 王娟 王灵仙 王泉 王霜 王艳 王英 王勇 王真 魏新 文其超 吴洁 吴林芝 吴帅英 吴晓庆 吴瑶 吴幼琳 吴玉梅 伍霖 席崇宇 向兰 肖世萍 肖万莉 肖中秀 谢朝阳 谢传友 谢莲霞 谢路 熊秋霞 徐丽梦 徐莹莹 许有蓉 薛南国 严静 颜兴龙 阳荣蓉 杨波 杨慧 杨林 杨巧琳 杨婷婷 杨霞 杨小翠 杨小艳 杨秀辉 杨运珍 尹小琴 印志红 游清廷 余涛 张冰雨 张丹 张芳芳 张海燕 张豪杰 张怀英 张建华 张岚 张玲 张泉丽 张舒 张顺秀 张向英 张艳 赵丹 赵静 赵晓丽 赵益洪 赵莹璐 郑克华 钟陈琳 钟贵川 周春 周盼 周萍 周廷坤 周万利 周燕 邹利 邹琴 左香春

新疆生产建设兵团

省督导

艾力亚尔·热合曼 许慧娟

市督导

方春华 胡心琳 李文靖 刘锦玲 谭君 王冬英 张文霞

区县督导

艾力凯木·艾尔肯 宾婷 陈彦娟 戴丽萍 杜彩玲 冯美 甘晓琴 郭丽琴 韩冠欣 贺镜云 胡鑫花 李娜 刘江波 刘金文 刘娟娟 罗亚飞 马宝玲 马芳 米俊 齐旭伟 桑琴 邵银丽 石晓雯 宋希芳 汤智育 唐清梅 万雪松 王爱民 王金玲 王莹 王照红 许佳 闫海旺 杨博 杨娟 叶景梅 易小玲 殷凤 于敏 俞文波 詹冀坤 张荣 赵蕊 赵盛利 周萍萍 周雪峰

乡镇/街道督导

塞买提·司马义

调查员

阿尔达克·恰尔甫别克 阿木娜汗·柏山 阿依登古丽·阿曼汗 阿依古丽·艾麦提 阿依努尔·赛甫拉 白雪 包瑶 蔡艳霞 常文凤 陈丹 陈方 陈刚 陈坤 陈娜 陈雪银 陈真 成玉霞 崔冰冰 崔家鹏 崔珊珊 邓全红 刁元琴 丁燕子 董树庭 董勇祥 杜兰兰 樊志强 房虹 菲杜热·帕尔哈提 冯玲 付雅琴 改日里 高燕 葛凡 顾莉 关倩茹 桂玲 郭广霞 郭景辉 哈孜曼·哈白 郝燕谱 候娜 胡雅丽 金军霞 金梦萍 库力曼·阿依别克 雷倩 李春艳 李芳 李海玲 李慧 李慧萍 李敬敬 李娟 李丽 李莉 李梁帅 李庆 李秋鸽 李锡琼 李秀梅 李云 梁小英 梁逸梦 梁云平 廖红梅 廖艺 刘芳兰 刘海迪 刘欢 刘惠明 刘慧 刘敏 刘明 刘秋芬 刘为敏 刘杨 卢雪 鲁霞 罗婷 罗艳 罗玉霞 吕小群 马尔哈巴提·莫合布利 马桂花 马洪梅 马琴琴 玛合巴丽·加毛麦迪乃姆 麦迪奴尔·买买提 美合日班·伊萨克 母子悦 南方 牛听听 排丽代木·艾买提 屈江 冉清萍 冉小龙 盛晶晶 石选芳 宋娜 苏比伊努尔·达谷提 孙建叶 汤婷 唐嘉楠 唐玲 陶登江 田真 汪艳红 王芳 王惠芳 王建超 王江钰 王莲秀 王荣 王珊珊 王小梅 王晓燕 王雪薇 文玲 吴小平 吴义真 武慧慧 西林娜依·阿布力米提 谢群 徐海燕 许志平 娅斯曼古丽·阿卜杜哈力克 阳婷 杨冰 杨春燕 杨华英 杨旻佳 杨琴 杨涛 杨雯雯 叶平 殷虹 尹芳 尹虹 尹青娥 于洋 再图乃姆·尤努斯 张康洁 张明香 张琪 张晓 张新田 张艳 张艺 赵明 赵雯 赵雯睿 赵艳勤 钟春华 周凤珍 朱海霞 朱盼盼 朱文艺